Matthias Augustin
Jürgen Kegler

Bibelkunde
des Alten Testaments

Ein Arbeitsbuch

Gütersloher Verlagshaus Gerd Mohn

CIP-Kurztitelaufnahme der Deutschen Bibliothek

Augustin, Matthias:
Bibelkunde des Alten Testaments : e. Arbeitsbuch /
Matthias Augustin ; Jürgen Kegler. –
Gütersloh : Gütersloher Verlagshaus Mohn, 1987.
ISBN 3-579-00079-9
NE: Kegler, Jürgen

ISBN 3-579-00079-9
© Gütersloher Verlagshaus Gerd Mohn, Gütersloh 1987
Gesamtherstellung: Hubert & Co., Göttingen
Umschlagentwurf: Dieter Rehder, Aachen
Printed in Germany

Inhalt

Einleitung

Warum ein Buch über das Buch der Bücher? Warum genügt es nicht, die Bibel einfach zu lesen und sich die Inhalte auf diese Weise einzuprägen? Im Unterschied z. B. zu einem Roman oder einem Schauspiel, von einem Literaten zu einer bestimmten Zeit als eine Einheit geschrieben, liegt dem Alten Testament ein Wachstumsprozeß von etwa einem Jahrtausend und die Verarbeitung sehr heterogenen Textmaterials zugrunde, so daß die fortlaufende Lektüre ohne Anleitung sehr schwierig wird. Die Bibelkunde will deshalb eine Anleitung und Hilfe zur Lektüre des Alten Testaments sein, sie will aber keinesfalls die Lektüre des Alten Testaments selbst ersetzen.

Diese Anleitung zur vertieften Beschäftigung mit dem Alten Testament geschieht in mehrfacher Weise:

● Die *Grobgliederung* will eine erste Hilfe bei der Gliederung und Strukturierung des jeweiligen Textes geben.

● Die *Feingliederung* ist so knapp wie möglich gehalten. Sie ist aber auch so ausführlich wie nötig, indem sie durch Stichworte auf das Wichtigste des Textes hinweist, damit Gelesenes und Gelerntes rekapituliert werden kann.

Zur Arbeit mit diesem Buch werden deshalb folgende Arbeitsschritte empfohlen:

1. Lektüre der Grob- und Feingliederung des jeweiligen Textkomplexes;
2. Lektüre des biblischen Textes;
3. Erneute Lektüre der Grob- und Feingliederung mit Rekapitulation des durch die Lektüre des biblischen Textes Gelernten;
4. Durcharbeiten der Fragen. Dabei sollten – als Lernkontrolle – die Antworten zugedeckt werden.

Die *Fragen* im Anschluß an die Feingliederung haben vor allem fünf Funktionen:

a) Sie wollen zusätzliche Informationen und Hinweise auf weitere Sachverhalte des Textes bieten.

b) Sie dienen der Prüfung des eigenen Wissens. Dieses Arbeitsbuch ist so angelegt, daß es auch ohne eine begleitende Lehrveranstaltung eigenständig durchgearbeitet werden kann.

c) Sie zeigen Linien über einzelne biblische Bücher hinaus durch das gesamte Alte Testament und Querverbindungen vor allem zum Neuen Testament, aber auch zu jüdischen Schriften aus hellenistisch-römischer Zeit hin auf, die vor allem sachlicher, historischer, motiv-, traditions- und kompositionsgeschichtlicher Art sind.

d) Vereinzelt kommen auch Aufgaben vor. Durch sie soll der Benutzer zur aktiven Mitarbeit angeregt werden.

e) Aus didaktischen Gründen finden sich hin und wieder redundante Fragen.

Sie wollen der Selbstprüfung dienen und auf besonders wichtige oder interessante Details verweisen.

Die *Problemhinweise* dienen der Hinführung zu exegetischen Problemen. Auf sie darf in einer Bibelkunde lediglich hingewiesen werden. Ihre Behandlung gehört sachlich und faktisch in den Zusammenhang einer Einleitung in das Alte Testament und seiner Exegese.

Die *Literaturhinweise* stellen eine sehr begrenzte Auswahl dar und sind – wie jede Literaturauswahl – zwangsläufig subjektiv. Ihr Zweck ist es, den mit dieser Bibelkunde Arbeitenden in die Lage zu versetzen, an bestimmten, ihn interessierenden Fragen weiter zu arbeiten. Dies bedingt den Verzicht auf allzu spezielle Literatur. Um den subjektiven Charakter möglichst zu vermindern, ist am Ende dieser Bibelkunde eine Übersicht über alle wichtigen Kommentarreihen angefügt. In diesen Kommentaren, vor allem in den neueren, findet der Interessent weitere Literatur.

Die *Tabellen* möchten einerseits einen Überblick über das jeweilige Thema bieten und andererseits zur vertiefenden Beschäftigung mit dem Alten Testament anregen. Die eigenständige Bearbeitung einer solchen Tabelle eröffnet Einsichten in biblische Vorgänge und Zusammenhänge, deren Auffinden selbständige theologische Erkenntnisse ermöglicht.

Unsere Bibelkunde geht von der vorliegenden Endgestalt des Alten Testaments aus und versucht, die Komposition der biblischen Bücher sichtbar werden zu lassen. Bibelkunde als Kunde von der Bibel ist somit ein Kennenlernen des Inhalts der einzelnen biblischen Bücher in der jetzt vorliegenden Endgestalt. Davon zu unterscheiden ist die Einleitung in das Alte Testament, die nach Entstehungsort und -zeit der einzelnen Bücher, der Geschichte des Werdens und Wachsens der jeweiligen Texte sowie nach dem Werdegang des Kanons fragt. Wir haben uns bemüht, die Bibelkunde des Alten Testaments von der Einleitung in das Alte Testament abzugrenzen. So bleibt z. B. die Frage nach den Quellen bzw. überlieferungsgeschichtlichen Blöcken im Pentateuch ebenso außer Betracht wie die Diskussion um das deuteronomistische Geschichtswerk oder die deuteronomistische Redaktion von Prophetenbüchern. Ähnliches gilt von der Abgrenzung der Bibelkunde zur Theologie des Alten Testaments, wobei Gerhard von Rad im Vorwort zur 1. Auflage seiner Theologie des Alten Testaments darauf verweist, »daß bis heute noch keine Übereinstimmung darüber erzielt werden konnte, was denn nun der eigentliche Gegenstand einer solchen Theologie des Alten Testaments sei ...« (G. von Rad: Theologie des Alten Testaments, Band I, ⁶1969, S. 7).

Einige Hinweise für den Benutzer unserer Bibelkunde sind noch wichtig:

a) Die Angabe der Verse bei den jeweiligen Bibelstellen ist von uns restriktiv gehandhabt worden. Während bei der Feingliederung in der linken Spalte immer die Versangaben aufgenommen worden sind, haben wir dies bei Untergliederungen (a, b, c, ...) nur dort getan, wo man sie sich auch merken soll. Ähnliches gilt bei den Antworten. Normalerweise haben wir nur die Kapitel angeführt, da es in der Regel genügt, sich diese zu merken. Nur dort, wo die Versangaben als Merkstoff oder für die Abgrenzung wichtig sind, haben wir sie aufgenommen. Weicht die Reihenfolge der Textangaben von der kanonischen ab, so hat dies chronologische Gründe oder dient dem besseren Einprägen besonders wichtiger Texte.

b) Die Schreibweise der Eigennamen richtet sich nach dem »Ökumenischen Verzeichnis der biblischen Eigennamen nach den Loccumer Richtlinien«, das der Einheitsübersetzung zugrunde liegt. Diese »Einheitsübersetzung der Heiligen Schrift. Die Bibel. Gesamtausgabe. Psalmen und Neues Testament. Ökumenischer Text, Katholische Bibelanstalt, Stuttgart, Deutsche Bibelstiftung, Stuttgart, Österreichisches Katholisches Bibelwerk, Klosterneuburg, 1980« haben wir bei Zitaten in der Bibelkunde zugrunde gelegt, um damit ein Zeichen ökumenischer Gemeinsamkeit zu geben.

Bei bestimmten, für das Judentum wichtigen Begriffen werden Sie zwei Schreibweisen finden, eine, die sich nach der Einheitsübersetzung richtet (für die direkte Bezugnahme auf den atl. Text), und eine, die sich nach der heutigen, vor allem in Israel gebräuchlichen Schreibweise richtet (für die Bezugnahme auf das Judentum). So finden Sie z.B. sowohl *Pascha* als auch *Pessach*.

c) Bei der Transkription hebräischer Wörter haben wir uns vom Prinzip der Einfachheit und Übersichtlichkeit leiten lassen, nicht jedoch von einer bestimmten Transkriptionstabelle. Der des Hebräischen Kundige wird die Begriffe in der Ursprache nachschauen, den anderen Benutzern der Bibelkunde wollen wir damit helfen, auch ohne hebräische Sprachkenntnisse den Klang des jeweiligen Wortes auf möglichst einprägsame Weise mitgeteilt zu bekommen.

Unsere Bibelkunde ist aus Lehrveranstaltungen erwachsen, die wir an den Universitäten Osnabrück, Heidelberg und Erlangen gehalten haben. Zugleich ist sie aber auch in mehrfacher Weise mit Jerusalem verbunden, haben wir doch dort u.a. das zugrundeliegende Konzept ausgearbeitet. Danken möchten wir Dr. Dafna Mach und Dr. Michael Mach von der Hebräischen Universität Jerusalem und der Universität Tel Aviv für ihre Beratung in Fragen, die das Judentum betreffen.

Erlangen/Heidelberg, im Sommer 1985
Matthias Augustin
Jürgen Kegler

Zur Anordnung der biblischen Bücher

Die Reihenfolge der Bücher des Alten Testaments weicht in den hebräischen, griechischen, lateinischen und den von ihnen abhängigen deutschen Handschriften und späteren Buchdrucken nicht unerheblich voneinander ab. Das zeigt sich schon an der groben Gliederung. Die hebräische Bibel kennt drei Teile: *Tora* (Weisung), das sind die ersten fünf Bücher; *Nebiim* (Propheten), dazu gehören die Bücher Josua bis 2 Könige, die drei großen Propheten Jesaja, Jeremia, Ezechiel und das Zwölfprophetenbuch, nicht jedoch Daniel; und *Ketubim* (Schriften), das sind Ijob, die Psalmen, die Megillot und am Ende Daniel, Esra, Nehemia und die beiden Chronikbücher. Die Anfangsbuchstaben der drei Teile, T (Tora), N (Nebiim) und K (gesprochen »ch«, Ketubim) bezeichnen, als Wort gelesen und *Tanach* gesprochen, die hebräische Bibel. Sie umfaßt in ihren drei Teilen 39 Bücher. Diese Anzahl und ihre jeweilige Aufnahme und Anordnung waren in den letzten vor- und ersten nachchristlichen Jahrhunderten in vielfacher Weise umstritten.

Ein eindrucksvolles Dokument des Streites jüdischer Gelehrter um die Zugehörigkeit der Bücher Kohelet (Prediger) und Schir Haschirim (Hoheslied) besitzen wir in dem Abschnitt 3,5 des Traktats Jadajim des Babylonischen Talmuds. Dort wird über die Frage gestritten, ob diese beiden Bücher »die Hände unrein machen«, d.h. heilig sind. »Alle (Bücher der) Heiligen Schrift machen die Hände unrein. Das Lied der Lieder und Qoheleth machen die Hände unrein; R. Jehuda sagt, das Lied der Lieder mache die Hände unrein und über Qoheleth bestehe ein Streit. R. Jose sagt, Qoheleth mache die Hände nicht unrein und über das Lied der Lieder bestehe ein Streit. R. Šimón sagte, Qoheleth gehört zu den Erleichterungen der Schule Šammajs und den Erschwerungen der Schule Hillels (d.h. nach der Meinung Schammajs mache das Buch Kohelet nicht unrein, nach der Meinung Hillels wohl). R. Šimón b. ʿAzaj sprach: Ich habe eine Überlieferung von den zweiundsiebzig Ältesten vom Tage, an dem sie R. Eleázar b.ʿAzarja zum Schuloberhaupt einsetzten, daß das Lied der Lieder und Qoheleth die Hände unrein machen. R. ʿAqiba sprach: Behüte und bewahre, niemand in Jisraʾel streitet über das Lied der Lieder, ob es nicht die Hände unrein mache; die ganze Welt ist nicht so würdig, wie am Tage, an dem das Lied der Lieder verliehen wurde, denn sind auch alle Hagiographen heilig, aber das Lied der Lieder ist hochheilig. Besteht aber ein Streit, so streiten sie nur über Qoheleth. R. Johanan b. Ješuá, der Sohn des Schwiegervaters R. ʿAqibas, sagte: Es ist wie Ben ʿAzaj gesagt hat; so stritten sie und so entschieden sie« (zitiert nach L. Goldschmidt: Der Babylonische Talmud, 1981, Bd. 12, S. 849). Das Ergebnis des Streites ist also eindeutig: Beide Bücher sind heilig, d.h. gehören zu den heiligen Schriften.

Das wohl älteste Zeugnis über die Dreiteilung des Alten Testaments findet sich im Vorwort zur griechischen Übersetzung des Buches Jesus Sirach (Ende des 2. Jh.s v. Chr.):

»Vieles und Großes ist uns durch das Gesetz, die Propheten und die anderen Schriften, die ihnen folgen, geschenkt worden … So befaßte sich mein Großvater Jesus sorgfältig mit dem Gesetz, mit den Propheten und mit den anderen von den Vätern überkommenen Schriften … Nicht nur dieses Buch, sondern auch das Gesetz, die Propheten und die übrigen Schriften weisen keinen geringen Unterschied auf, wenn man sie in der Grundsprache liest« (Einheitsübersetzung).

Zur Anzahl der Bücher äußern sich etwa zur gleichen Zeit Flavius Josephus (Josef ben Mattatja) und der unbekannte Verfasser des 4. Buches Esra. In seiner Schrift »Contra Apionem« schreibt Flavius Josephus im 8. Kapitel des 1. Buches:

»Denn bei uns giebt es keine Unzahl voneinander abweichender und sich gegenseitig widersprechender Bücher, sondern nur zweiundzwanzig, welche die gesamte Vergangenheit schildern und mit Recht als göttlich angesehen werden. Fünf derselben sind von Moyses; sie enthalten die Gesetze und die Geschichte von der Entstehung des Menschengeschlechtes bis zum Tode des Verfassers. Dieser Zeitraum erstreckt sich über beiläufig drei Jahrtausende. Vom Ableben des Moyses aber bis zur Regierung des Artaxerxers, der nach Xerxes über die Perser herrschte, haben die auf Moyses folgenden Propheten die Begebenheiten ihrer Zeit in dreizehn Büchern aufgezeichnet; die übrigen vier enthalten Lobgesänge auf Gott und Vorschriften für das Leben der Menschen« (Übersetzung nach Clementz: Des Flavius Josephus kleine Schriften, S. 96).

Im 4. Buch Esra XIV, 42–46 heißt es:

»Der Höchste gab den fünf Männern Einsicht. So schrieben sie das Gesagte der Reihe nach in Zeichen auf, die sie nicht kannten, und saßen vierzig Tage lang da. Sie schrieben am Tag und aßen in der Nacht ihr Brot. Ich redete am Tag und schwieg in der Nacht. In den vierzig Tagen wurden vierundneunzig Bücher geschrieben. Als die vierzig Tage zu Ende waren, redete der Höchste mit mir und sagte: Die ersten Bücher, die du geschrieben hast, leg offen hin. Würdige und Unwürdige mögen sie lesen. Die letzten siebzig aber sollst du verwahren, um sie den Weisen aus deinem Volk zu übergeben …« (Übersetzung nach Schreiner: Das 4. Buch Esra, Jüdische Schriften aus hellenistisch-römischer Zeit V/4, S. 404–405).

Aus der Subtraktion von 94 minus 70 ergibt sich aus dieser Stelle die Zahl 24. Offenbar werden hier die beiden Bücher Samuel, die beiden Königsbücher, das Zwölfprophetenbuch (Dodekapropheton), Esra/Nehemia und die beiden Chronikbücher als jeweils ein Buch gezählt. Die Zahl 22 bei Josephus dürfte auf der Zusammenfassung Richter und Rut sowie Jeremia und den Klageliedern zu jeweils einem Buch beruhen.

Über die Reihenfolge und die Autorenschaft der biblischen Bücher wurde ebenfalls lange unter jüdischen Gelehrten gestritten. Auch hierzu ein Dokument aus dem Babylonischen Talmud, dem Traktat Baba Batra 14 b:

12

»Die Rabbanan lehrten: Die Reihenfolge der Propheten ist wie folgt: Jehošuá, Richter, Šemuʿel, Könige, Jirmeja, Jeḥezqel, Ješája und die zwölf (kleinen Propheten). – Merke, Hošeá war ja früher … Merke, Ješája war ja früher als Jirmeja und Jeḥezqel, so sollte er doch Ješája an die Spitze setzen?! – (Das Buch) der Könige schließt mit der Zerstörung, Jirmeja enthält nur Zerstörung, Jehezqel beginnt mit Zerstörung und schließt mit Trostverheißung, und Ješája enthält nur Trostverheißungen; wir schließen daher Zerstörung an Zerstörung und Trostverheißung an Trostverheißung. Die Reihenfolge der Hagiographen ist wie folgt: Ruth, Psalmen, Ijob, Sprüche, Qoheleth, Lied der Lieder, Klagelieder, Daniʿel, die Esterrolle, ʿEzra und die Chronik« (Übersetzung nach L. Goldschmidt: Der Babylonische Talmud, 1981, Bd. 8, S. 55).

Aus den zitierten Stellen läßt sich ersehen, daß lange Zeit die Reihenfolge, aber auch die Aufnahme biblischer Bücher in das, was wir seit dem Osterbrief des Bischofs Athanasius »Kanon« nennen, in der jüdischen Gelehrtenwelt umstritten war. Eine endgültige Entscheidung über die Zahl und die Reihenfolge der Bücher der hebräischen Bibel fiel wohl erst gegen Ende des 1. Jahrhunderts nach Christus in Jabne/Jamnia, einer Stadt in der südlichen Küstenebene (Schefela), in der Nähe des heutigen Aschdod, wohin sich das Synhedrion nach der Zerstörung Jerusalems durch die Römer begeben hatte.
Die griechische Bibel, Septuaginta genannt, weil sie nach der Legende von 70 griechisch sprechenden jüdischen Gelehrten übersetzt worden sein soll, die, obwohl unabhängig voneinander arbeitend, doch den gleichen Wortlaut erzielten, was als Indiz für die Inspiration durch den Geist Gottes verstanden wurde, enthält über die hebräische hinaus noch 15 weitere Schriften: 4 Makkabäerbücher, Esra 1, Judit, Tobit, Oden, Weisheit Salomos, Jesus Sirach, Psalmen Salomos, Baruch, Brief Jeremias, Susanna, Bel und der Drache. Sie wurden von Martin Luther als Apokryphen und Pseudepigraphen bezeichnet und nicht zur eigentlichen Bibel hinzugerechnet, aber doch den Gemeindegliedern als nützliche Lektüre empfohlen.
Die griechische Bibel kennt vier Teile: *Pentateuch* (die Fünfrollen, d. h. die fünf Bücher des Mose), *Geschichtsbücher* (dazu gehören die Bücher Josua bis 4. Makkabäer), *Weisheitsbücher* (dazu gehören die Psalmen, Ijob sowie die verschiedenen, Salomo zugeschriebenen Bücher), *Prophetenbücher;* hier beginnt die griechische Überlieferung mit den kleinen Propheten, dem sog. Zwölfprophetenbuch, und endet mit den großen Propheten bzw. Legenden um die Gestalt des Daniel.
Deutlich ist also die gewichtigste Abweichung zu erkennen: die Stellung der Prophetenbücher. Sie stehen in der griechischen Tradition am Ende, in der hebräischen Tradition in der Mitte der Bibel, während sich am Ende die wichtigsten Lesungstexte für die zentralen jüdischen Feste finden.
Die Komposition der biblischen Bücher in ihrer heute vorliegenden Endform vermag uns Wichtiges über die theologische Absicht derer, die die Anordnungen schufen, zu erhellen. Für die jüdische Gemeinde bedeuten die drei Ele-

13

mente, die sich in der Dreiteilung erkennen lassen, wohl dies: *göttliches Wort,* Weisung, Tora als Grundlage für Leben in der Gemeinschaft, *prophetisches Wort* als Weisung in einer bestimmten Lage und *gottesdienstliches Wort* als Psalmengebet, -lied oder Lesung für die fünf großen jüdischen Feste sind die drei entscheidenden Aspekte für das Geschehen zwischen Gott und Mensch. Gott erläßt die Weisung für alle, das prophetische Wort ergeht in bestimmten Situationen und die gottesdienstliche Gemeinde versammelt sich zu Gebet (Psalmen), Lied und Lesung (Megillot).

Für die griechischsprechende Gemeinde läßt sich aufgrund der Vierteilung ein neuer Schwerpunkt erkennen: Die Geschichte Gottes mit seinem Volk und der Menschheit erhält ein stärkeres Gewicht und die weisheitliche Beschäftigung tritt stärker in den Mittelpunkt. Das zeigt sich daran, daß die Mehrzahl der zusätzlichen Bücher in der griechischen Bibel sich im Bereich des Geschichtlichen findet und daß die Zahl der weisheitlichen Texte zunimmt. Die Stellung der Prophetenbücher am Ende ist wohl als Hin- und Überleitung zum Neuen Testament zu verstehen. Ursprünglich wohl in der Absicht, das künftige Handeln Gottes stärker zu betonen, wurde es von der christlichen Gemeinde in der Weise rezipiert, daß man in Kategorien von Verheißung und Erfüllung dachte. Spuren davon finden sich deutlich genug im Neuen Testament.

Die Endstellung der Prophetenbücher findet sich auch in den lateinischen und deutschen Editionen; allerdings besitzt die lateinische (Vulgata, d. h. die Allgemeine) an ihrem Ende die ersten zwei Makkabäerbücher. Die Lutherbibel faßt Pentateuch und Geschichtsbücher zusammen, zählt jedoch einige der »Schriften« der hebräischen Bibel noch zu den Geschichtsbüchern (1. und 2. Chronik, Esra, Nehemia, Ester). Ansonsten enthält sie nur diejenigen Schriften, die sich auch in der hebräischen Bibel finden.

Um diesen komplizierten Sachverhalt zu veranschaulichen – und als Hilfestellung bei der Benutzung der hebräischen Bibel (Biblia Hebraica), der Septuaginta, der Vulgata und der Lutherbibel – soll die folgende Übersichtstabelle die unterschiedliche Kompositionsstruktur verdeutlichen.

Tabelle: Die Reihenfolge der biblischen Bücher

Hebräische Bibel		*Septuaginta*	*Vulgata*	*Lutherbibel*
I. Tora	תורה	Pentateuch	Libri Moïse	5 Bücher Mosis + I.
Bereschit	בראשית	ΓΕΝΕΣΙΣ	Genesis	1. Mose
Schemot	שמות	ΕΞΟΔΟΣ	Exodus	2. Mose
Wajiqra	ויקרא	ΛΕΥΙΤΙΚΟΝ	Leviticus	3. Mose
Bammidbar	במדבר	ΑΡΙΘΜΟΙ	Numeri	4. Mose
Debarim	דברים	ΔΕΥΤΕΡΟΝΟ-MION	Deuteronomium	5. Mose

14

II. Nebiim	נביאים	Historia	Libri historici	+ Geschichtsbücher
Jehoschua	יהושע	ΙΕΣΟΥΣ	Josue	Josua
Schofetim	שפטים	ΚΡΙΤΑΙ	Judices	Richter
		ΡΟΥΘ	Ruth	Rut
Schemuel I	שמואל	ΒΑΣΙΛΕΙΩΝ Α´	Samuhel 1	1. Samuel
Schemuel II	שמואל	ΒΑΣΙΛΕΙΩΝ Β´	Samuhel 2	2. Samuel
Melachim I	מלכים	ΒΑΣΙΛΕΙΩΝ Γ˜	Malachim 1	1. Könige
Melachim II	מלכים	ΒΑΣΙΛΕΙΩΝ Δ´	Malachim 2	2. Könige
		ΠΑΡΑΛΕΙΠΟ-ΜΕΝΩΝ Α´	Verba Dierum 1	1. Chronik
		ΠΑΡΑΛΕΙΠΟ-ΜΕΝΩΝ Β´	Verba Dierum 2	2. Chronik
		ΕΣΔΡΑΣ Α´	Ezras 1	
		ΕΣΔΡΑΣ Β´	Ezras 2	Esra
				Nehemia
		ΕΣΘΗΡ		Ester
		ΙΟΥΔΙΘ		
		ΤΩΒΙΤ	Tobias	
			Judith	
			Hester	
		ΜΑΚΚΑΒΑΙΩΝ Α´		
		ΜΑΚΚΑΒΑΙΩΝ Β´		
		ΜΑΚΚΑΒΑΙΩΝ Γ˜		
		ΜΑΚΚΑΒΑΙΩΝ Δ´		

III. Psalmoi kai Sophia	Psalmi et Libri Sapientiae	Psalmen und Weisheit II.
	Iob	Ijob (Hiob)
ΨΑΛΜΟΙ	Psalmi	Psalmen
ΩΔΑΙ		
ΠΑΡΟΙΜΙΑΙ	Liber Salomonis (Proverbia)	Sprüche Salomos
ΕΚΚΛΗΣΙΑΣΤΕΣ	Ecclesiastes	Prediger
ΑΣΜΑ	Canticum Canticorum	Hoheslied
ΙΩΒ		
ΣΟΦΙΑ ΣΑΛΩΜΩΝΟΣ	Sapientia Salomonis	
ΣΟΦΙΑ ΣΙΡΑΧ	Iesus Filii Sirach (Ecclesiasticus)	
ΨΑΛΜΟΙ ΣΟΛΟΜΩΝΤΟΣ		

15

		IV. Prophetai	Propheti	Propheten III.
Jeschajah	ישעיה		Isaias	Jesaja
Jirmejah	ירמיה		Hieremias	Jeremia
			Threni (Lamentationes)	Klagelieder
			Baruch	
Jechesqel	יחזקאל		Hiezecihel	Ezechiel (Hesekiel)
			Danihel	Daniel
Hoschea	הושע	ΟΣΗΕ	Osee	Hosea
Joel	יואל		Iohel	Joel
Amos	עמוס	ΑΜΩΣ	Amos	Amos
Obadjah	עבדיה		Abdias	Obadja
Jonah	יונה		Ionas	Jona
Michah	מיכה	ΜΙΧΑΙΑΣ	Micha	Micha
		ΙΩΗΛ		
		ΑΒΔΙΟΥ		
		ΙΩΝΑΣ		
Nachum	נחום	ΝΑΟΥΜ	Naum	Nahum
Chabaquq	חבקוק	ΑΜΒΑΚΟΥΜ	Abacuc	Habakuk
Zefanjah	צפניה	ΣΟΦΟΝΙΑΣ	Sofonias	Zefanja
Chaggai	חגי	ΑΓΓΑΙΟΣ	Aggeus	Haggai
Sacharjah	זכריה	ΖΑΧΑΡΙΑΣ	Zaccharias	Sacharja
Maleachi	מלאכי	ΜΑΛΑΧΙΑΣ	Malachi	Maleachi
		ΗΣΑΙΑΣ		
		ΙΕΡΕΜΙΑΣ		
		ΒΑΡΟΥΧ		
		ΘΡΗΝΟΙ		
		ΕΠΙΣΤΟΛΗ ΙΕΡΕΜΙΟΥ		
		ΙΕΖΕΚΙΗΛ		
		ΣΟΥΣΑΝΝΑ		
		ΔΑΝΙΗΛ		
		ΒΗΛ ΚΑΙ ΔΡΑΚΩΝ		

III. Ketubium כתובים

Tehillim (= Psalmen) תהלים
Ijjob איוב
Mischle (= Sprüche) משלי
Rut רות
Schir ha-Schirim (= Hoheslied) שיר השירים
Qohelet קהלת
Echah (= Klagelieder) איכה
Ester אסתר
Daniel דניאל
Esra עזרא

16

Nechemjah (= Nehemia) נחמיה
Dibre ha-Jamim I (= 1. Chronik) דברי הימים
Dibre ha-Jamim II (= 2. Chronik) דברי הימים

Macchabaeorum I
Macchabaeorum II

Zur Bezeichnung der biblischen Bücher sind einige Hinweise nötig. In der hebräischen Bibel werden die Bücher der Tora jeweils mit dem ersten Wort bzw.
zentralen Begriff bezeichnet. So bedeutet »Bereschit« »Im/am Anfang«, »Sche-
mot« »Namen« (von Ex 1,1: »Dies sind die Namen der Söhne Israels«), »Wa-
jiqra« »Und es rief« (von Lev 1,1: »Und es rief der Herr Mose«), »Bammidbar«
»In der Wüste« (von Num 1,1: »Und es redete JHWH zu Mose *in der Wüste* Sinai«), »Debarim« »Worte« (von Dtn 1,1: »Das sind die *Worte,* die Mose vor
ganz Israel gesprochen hat«). In der griechischen und von dort her auch in der
lateinischen Bibel werden die ersten 5 Bücher mit Begriffen bezeichnet, die auf
zentrale Inhalte der jeweiligen Bücher hinweisen. So spielt die Bezeichnung
»Genesis« auf die Schöpfung, die Bezeichnung »Exodus« auf den Auszug Israels aus Ägypten an. »Levitikon« weist darauf hin, daß in diesem Buch vor allem
für levitische Priester entscheidende Gesetzesbestimmungen stehen, »Arithmoi«
= lat. Numeri = Zahlen spielt auf die Zählung der Israeliten am Sinai vor dem
Aufbruch in das verheißene Land an, und »Deuteronomion« bedeutet »Zweites
Gesetz« gegenüber dem ersten, das wir in Ex 20 ff. finden. Die Lutherbibel hat
für die Bücher lediglich die fortlaufende Zählung 1. bis 5. Buch Mose und sug-
geriert die Verfasserschaft des Mose. Alle Prophetenbücher tragen als Titel jeweils den Namen des jeweiligen Propheten, dem die Worte zugeschrieben wurden. Dabei ist zu beachten, daß die griechische, lateinische und deutsche Na-
mensform einen Versuch darstellt, die ursprünglich herbräischen Eigennamen
in die Übersetzersprache zu übertragen. Von daher erklären sich Differenzen
wie z. B. Abdias (lat.) und Obadja, Hiezecihel (lat.) und Ezechiel, Osee (lat.)
und Hosea, Sofonias (lat.) und Zefanja etc. Die Bücher, die keinen Eigennamen
als Bezeichnung tragen, sondern den Charakter der Texte bezeichnen (wie z. B.
Psalmen, Sprüche, Prediger, Hoheslied) oder auf Inhalte verweisen (Könige,
Chronik), haben in den Übersetzungssprachen jeweils die entsprechenden Begriffe aus dem Hebräischen übernommen und in die Sprache übertragen. So erklären sich die recht unterschiedlichen Bezeichnungen wie z. B. Echah=Thre-
noi=Lamentationes=Klagelieder, Schir-ha-Schirim=Asma=Canticum Canticorum
=Hoheslied oder Dibre ha-Jamim=Paraleipomenon=Verba Dierum=Chronik.

Gesamtübersicht über den Aufbau des Pentateuchs

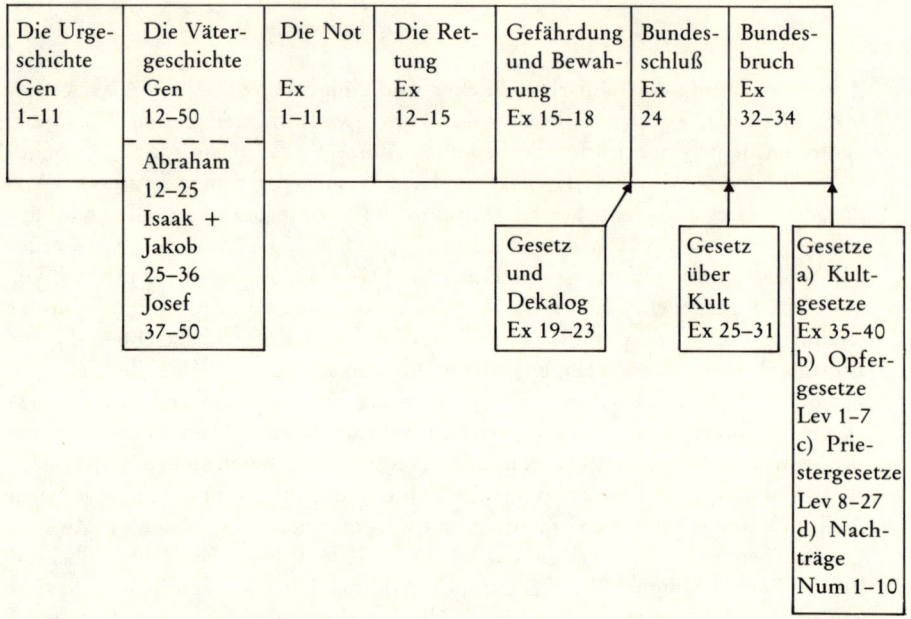

Die Urge-schichte Gen 1–11	Die Väter-geschichte Gen 12–50	Die Not Ex 1–11	Die Ret-tung Ex 12–15	Gefährdung und Bewah-rung Ex 15–18	Bundes-schluß Ex 24	Bundes-bruch Ex 32–34
	Abraham 12–25 Isaak + Jakob 25–36 Josef 37–50			Gesetz und Dekalog Ex 19–23	Gesetz über Kult Ex 25–31	Gesetze a) Kult-gesetze Ex 35–40 b) Opfer-gesetze Lev 1–7 c) Prie-stergesetze Lev 8–27 d) Nach-träge Num 1–10

Genesis

Grobgliederung:

1,1–11,26: Die Urgeschichte
11,27–32: Überleitung von der Ur- zur Vätergeschichte
12–50: Die Vätergeschichte
   12–25: Abraham-Kreis
   25–36: (Isaak)-Jakob/Esau-Jakob/Laban-Kreis
   37–50: Josefsgeschichte.

1. Bestimmen Sie den Aufbau der Urgeschichte

1,1–2,4a: Die Weltschöpfung (1,26–31: Die Menschenschöpfung)

18

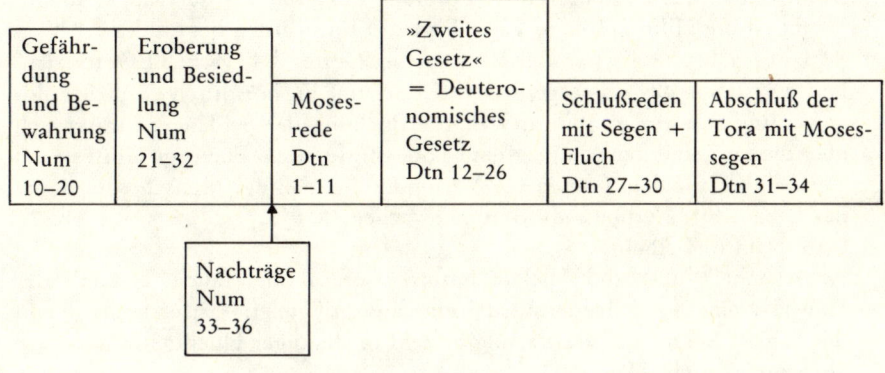

| Gefähr- dung und Be- wahrung Num 10–20 | Eroberung und Besied- lung Num 21–32 | Moses- rede Dtn 1–11 | »Zweites Gesetz« = Deutero- nomisches Gesetz Dtn 12–26 | Schlußreden mit Segen + Fluch Dtn 27–30 | Abschluß der Tora mit Moses- segen Dtn 31–34 |

Nachträge
Num
33–36

1. Tag: Licht (→ Tag und Nacht)
2. Tag: Feste (→ Himmel)
3. Tag: Meer – Land und Pflanzen
4. Tag: Gestirne
5. Tag: Wasser- und Lufttiere
6. Tag: Landtiere und Menschen (männlich und weiblich)
7. Tag: Ruhetag (Sabbat)

Der Mensch als Gottes Gegenüber 1,26; Dominium terrae 1,28; vegetarische
Kost 1,29; Segen für die Tiere und Menschen 1,22.28 und den 7. Tag 2,3.
2,4b–3,24: Die Erschaffung des Menschen und die Vertreibung aus dem Garten Eden.
Formung des Menschen (Adam) aus Ackerboden (Adamah); Pflanzung des
Gartens in Eden; Baum des Lebens und der Erkenntnis von Gut und Böse;
4 Paradiesströme; Beauftragung des Menschen zur Bebauung und Bewah-

19

rung des Gartens; Verbot des Essens vom Baum der Erkenntnis. Alleinsein ist nicht gut 2,18; Abhilfe: Die Tiere werden geschaffen und von Adam benannt. Doch das ist keine Hilfe. Formung der Frau aus der Rippe Adams. Damit ist die Hilfe gegeben; darin liegt das Einswerden begründet 2,24.

Schlange nährt Zweifel an der Konsequenz Gottes 3,4; verheißt Gottgleichheit. Die Folge des Fruchtgenusses: die Scham. Verhör durch Gott. Schuldzuweisung von einem zum andern. Verfluchung der Schlange; Strafspruch über die Frau und den Mann. Keine Todesstrafe, sogar Fürsorge Gottes 3,21; Vertreibung aus dem Garten zur Verhinderung, daß der Mensch vom Baum des Lebens ißt; Kerubim als Gartenbewacher.

4,1–16: Kain und Abel

Kain (Ackerbauer) und Abel (Schafhirt) opfern (hier taucht erstmals der JHWH-Name auf); Brudermord Kains aus Mißgunst; 4,7: erstmals taucht der Begriff Sünde auf; Bestrafung besteht in ständiger Flucht; Kainszeichen als Schutz durch JHWH 4,15.

4,17–24: Die Kainiten

Kain als Stadtgründer; Lamech mit zwei Frauen; Kulturerrungenschaften: Jabal – Hirt; Jubal – Musiker; Tubal-Kajin – Schmied; Lamechlied 4,23 f: Prahllied übersteigerter Blutrache.

4,25 f.: Evas dritter Sohn Set als Ersatz für Abel; 4,26 Beginn der JHWH-Verehrung

5,1–32: Die Genealogie von Adam bis Noach

Hohe Altersangaben mit abnehmender Tendenz; Ausnahme: Metuschelach 969 Jahre; Besonderheit: Entrückung Henochs 5,24.

6,1–4: Die Gottessöhne, die Menschentöchter und die Riesen

Als Strafe für die Verbindung von Gottessöhnen mit Menschenfrauen wird das Lebensalter der Menschen auf 120 Jahre festgesetzt. Aus der Verbindung gingen Riesen hervor. (vgl. Num 13-14)

6,5–8,22: Die Sintflut

Anlaß: Die Schlechtigkeit der Menschen und Gottes Reue, daß er sie geschaffen hat; Noach, der Gerechte, wird in Gottes Plan eingeweiht und erhält den Auftrag zum Bau der Arche; Mitnahme von Tieren: je zwei (6,19 f.), von den reinen je sieben Paar (7,2 f.); 40 Tage und Nächte Sintflut, aber Anschwellen des Wassers während 150 Tagen. Vernichtung allen Lebens außerhalb der Arche; Schließen der Schleusen des Himmels; Landung der Arche auf dem Berg Ararat; Aussendung eines Raben und dreimaliges Aussenden einer Taube; Auszug aus der Arche, Altarbau und Opfer; Abschluß: Zusage Gottes, das Lebendige nicht mehr zu vernichten 8,21 f.

9,1–17: Segen und Bund

Fleischgenuß wird erlaubt (vgl. 1,29), aber Blutgenuß verboten; Blutrache wird als Ausnahme des Tötungsverbots zugelassen; Begründung: Gottesebenbildlichkeit 9,6.

20

Bundesschluß: Inhaltlich eine Selbstverpflichtung Gottes, keine Flut mehr kommen zu lassen; Zeichen: der Bogen in den Wolken.

9,18-29: Noachs Fluch und Segen
Noach als erster Weinbauer; Kanaan wird verflucht, weil sein Vater Ham Noachs Blöße gesehen hat.

10,1-32: Die Nachkommen Noachs – Völkertafel
Ausdehnung in die Breite des Raums. Sem – Ham – Jafet mit ihren Söhnen. Unter den Hamiten Nimrod, ein tüchtiger Jäger. Unterschiedliche Sprachen!

11,1-9: Der Turmbau zu Babel
Der Turmbau dient dazu, berühmt zu werden. Gottes Eingreifen soll verhindern, daß den Menschen nicht alles möglich wird. Strafe: Verwirrung der Sprachen.

11,10-26: Die Genealogie Sems: von Sem bis Terach, dem Vater Abrams

Problemanzeige: Gen 2,4a wird von den meisten Auslegern als Abschluß der ersten Schöpfungsdarstellung verstanden, mit 2,4b beginnt für sie die zweite Schöpfungsdarstellung. Andere, vor allem jüdische Exegeten grenzen Gen 1,1-2,3 ab und sehen in V. 4a eine Überleitung von einem kosmischen zu einem speziellen, menschbezogenen Aspekt der Schöpfung. Eine Entscheidung bedingt sehr weitreichende Konsequenzen für ein Verständnis des Zusammenwachsens oder Werdens der biblischen Texte.

2. Nennen Sie die Verben, die Gottes Schöpfungshandeln in Gen 1 charakterisieren

Sprechen, Scheiden, Nennen, Machen, Setzen, Schaffen, Segnen.

3. Verdeutlichen Sie sich die Unterschiede zwischen Welt- und Menschenschöpfung in den beiden Schöpfungsdarstellungen Gen 1,1-2,4a und 2,4b-3,24. Wo kommen die Traditionen der Welt- und Menschenschöpfung noch vor?

● Die Darstellung der Weltschöpfung finden Sie in Gen 1,1-2,4a. Beachten Sie den gleichmäßigen Aufbau der Abfolge verschiedener, selbständiger Handlungen. In die Weltschöpfung Gen 1,1-2,4a ist die Menschenschöpfung Gen 1,26-31 eingebettet. Beachten Sie den abweichenden Aufbau dieser Verse, vor allem auch die Einleitung. Die Darstellung der Menschenschöpfung in Gen 2,4b-3,24 (eigentlich nur Gen 2,4b-25) hat eine andere Intention. Prägen Sie sich die »Als noch nicht...« – Formulierung Gen 2,4b ein und verfolgen Sie die Entwicklungslinie von der Formung des Menschen (Adam) aus dem Acker-

21

boden (Adamah) bis hin zur freudigen Annahme der Frau als des anderen Teils seiner selbst, indem beide *ein* Fleisch sind.

● Außerhalb der Urgeschichte (C. Westermann) finden sich die jeweils gesonderten Traditionen der Welt- und Menschenschöpfung vor allem bei Deuterojesaja, Ijob, in den Psalmen (R. Albertz) und in der Weisheit (P. Doll); vgl. auch die Übersicht S. 364, 3.

●● Aus der großen Fülle der biblischen Belege für die Tradition der Weltschöpfung seien exemplarisch genannt: Jes 40, 12–31; 44, 24–28; 45, 7. (11–13). 18; 48, 12–17; 51, 9–16; Ijob 9; 26; 38 f.; Ps 19 A; 24; 65; 74; 89; 96; 102; 104; 121; 124; 135; 136; 146; 147 A; 148; Spr 1–9 – Gen 14, 19; Jes 37, 16–20; Jer 5, 20–25; 10, 12–16; 31, 35 f.; 32, 17–25; 33, 2. 25 f. sowie die Amos-Doxologien Am 4, 13; 5, 8 f.; 9, 5 f.

●● Für die Tradition der Menschenschöpfung seien als biblische Belege exemplarisch angeführt: Jes 43, 1–21*; 44, 1 f. 24; 49, 5; 54, 5; Ijob 10; 33 f.; Ps 22; 33; 94; 100; 138; 139; 149; Spr 10–29 – Jes 64, 7; Jer 1, 5; 2, 27; Hos 8, 14.

●● Von den Psalmen, in denen sowohl Welt- als auch Menschenschöpfung vorkommt, sollten Sie sich folgende merken: Ps 8 (4/5); 33 (6–9/13–15. 19); 95 A (4 f./6 f.).

Literatur: R. Albertz: Weltschöpfung und Menschenschöpfung bei Deuterojesaja, Hiob und in den Psalmen, CTM A 3, 1974. – *P. Doll:* Menschenschöpfung und Weltschöpfung in der alttestamentlichen Weisheit, SBS 117, 1985. – *C. Westermann:* Genesis 1–11, BK At I/1, ³1983.

---

4. Welche Rolle spielen die Bäume in Gen 2, 4 b–3, 24?

Zu unterscheiden ist der *Baum des Lebens* und der *Baum der Erkenntnis von Gut und Böse.* Nur der *Baum des Lebens* ist ein Motiv, das auch sonst im AT und außerhalb der Bibel vorkommt.

Durch das Essen der Frucht vom *Baum der Erkenntis von Gut und Böse* muß der Mensch nun selbst zwischen Gut und Böse unterscheiden. Die Strafe für das Genießen der Frucht findet sich in den drei Strafsprüchen für den Mann, für die Frau und für die Schlange.

Der Genuß der Früchte vom *Baum des Lebens* hätte den Menschen ewiges Leben verliehen. Um dies zu verhindern, werden sie aus dem Garten vertrieben.

5. Wo werden außer Gen 6, 4 noch Riesen erwähnt?

Num 13, 33; (Dtn 1, 28); (Jos 14, 12). Beachten Sie bitte, daß in Gen 6, 4 zwei hebräische Begriffe für «Riesen» gebraucht werden, deren einer in Num 13, 33 mit den Anakitern verbunden wird. Ausgehend von dieser Gleichsetzung, erscheinen die Anakiter als ein riesenhaftes Volk (vgl. außer den beiden bereits genannten Stellen auch Dtn 2,10f.21; 9,2). Der andere Begriff weist in die Richtung eines kriegstüchtigen Helden (vgl. z.B. Goliat in 1 Sam 17).

6. Gen 5,24 berichtet von der Entrückung Henochs. Von welcher anderen atl. Gestalt erfahren wir dies ebenfalls?

Es handelt sich um Elija. Lesen Sie als Text 2 Kön 2 (Vers 11)!

7. Welche Spannungen finden sich in der Sintflutdarstellung Gen 6,5–8,22?

Auf die beiden wesentlichen Unterschiede ist schon in der Feingliederung hingewiesen worden. Spannungen ergeben sich durch die doppelte Erwähnung

– des Verderbens der Menschheit	6,5	und 6,11f.
– des Entschlusses Gottes zur Vernichtung	6,7	und 6,13
– des Auftrags zum Besteigen der Arche	7,1–3	und 7,18–21
– des Besteigens der Arche selbst	7,7	und 7,13
– des Kommens der Flut	7,10	und 7,11
– des Umkommens aller Lebewesen	7,22f.	und 7,20f.
– des Endes der Flut	8,2b.31	und 8,3b–5

Während in 8,21f. Gott in einer Selbstverpflichtung die Zusage gibt, die Erde nicht mehr zu vernichten, erfolgt diese in 9,11 innerhalb des Bundes und bezieht sich auf alles Lebendige.

8. Stellen Sie die genealogischen Texte der Urgeschichte zusammen und erörtern Sie ihre jeweilige theologische Aussage

4,1f.: Adam und Eva, Kain und Abel
4,17–24: Kainitenstammbaum
4,25f.: Adam – Set – Enosch
5,1–32: Die Genealogie von Adam bis Noach
6,9f.18f.28f.: Noach und seine Söhne Sem, Ham und Jafet
10,1–32: Die Nachkommen Noachs – Völkertafel
   10,2–5: Die Söhne Jafets
   10,6–20: Die Söhne Hams
   10,21–31: Die Söhne Sems
11,10–26: Die Genealogie Sems: von Sem bis Terach, dem Vater Abrahams.
   Den wichtigsten Unterschied erkennen Sie beim Vergleich von Gen 5 und

Gen 10. Während ersterer Text einlinig von einer Generation zur nächsten führt, stellt letzterer die Ausbreitung eines Geschlechts in die Weite des Raumes der damals bekannten Welt dar. Wie Schöpfung und Flut komplementär aufeinander bezogen sind, so gehört es auch zum Kompositionsschema der Urgeschichte, daß Gen 5 auf die Schöpfung, Gen 10 auf die Flut folgt. Einen weiteren Unterschied finden Sie darin, daß einige genealogische Texte sprachlich systematisiert sind, während andere freier gestaltet sind und Notizen aufgenommen haben.

9. In den Erzählungen der Urgeschichte findet sich häufig das Motiv von Schuld (des Menschen) und Strafe (durch Gott), so daß man geradezu von Schuld-Strafe-Erzählungen sprechen kann. Wo finden Sie solche Erzählungen und wie lassen sich diese einander zuordnen?

Vergehen in der Familie:
3,1–24: zwischen Mann und Frau
4,3–16: zwischen Bruder und Bruder

Vergehen in der Gemeinschaft:
6,1–4: Streben nach Gottgleichheit, Hybris
11,1–9: Streben nach Gottgleichheit durch technische Überhöhung der Menschen

Problemanzeige: Früher herrschte die dogmatische Sicht vor, daß auf die Schöpfung ein Sündenfall folgte, der die Erbsünde der Menschheit begründete. Dementsprechend verstand man die urgeschichtlichen Erzählungen als Zeichen für das ständige Anwachsen der menschlichen Sündhaftigkeit. Durch die neueren Forschungen, insbesondere von C. Westermann, ist deutlich geworden, daß die *Schuld-Strafe-Erzählungen* verschiedene Möglichkeiten menschlichen Verfehlens entfalten, die zu allen Zeiten und an allen Orten wiederkehren. Damit ist weder der Sündenfall unmittelbar auf die Schöpfung noch das hybride Streben nach Gottgleichheit unmittelbar auf die Sintflut zu beziehen.

vgl. auch sprachl.: Begriff Sünde erst in Gen 4: Kain Abel

Literatur: R. *Albertz:* Die Kulturarbeit im Atramḫasīs-Epos im Vergleich zur biblischen Urgeschichte, in: *R. Albertz/H.-P. Müller/H. W. Wolff/W. Zimmerli (Hrsg.):* Werden und Wirken des Alten Testaments, FS für C. Westermann zum 70. Geburtstag, 1980, S. 38–57. – F. *Crüsemann:* »... er aber soll dein Herr sein« (Genesis 3,16). Die Frau in der patriarchalischen Welt des Alten Testaments, in: *F. Crüsemann/H. Thyen:* Als Mann und Frau geschaffen. Exegetische Studien zur Rolle der Frau, Frauen als Innovationsgruppen 3, 1978, S. 2–67. – C. *Westermann:* Genesis 1–11, BK AT I/1, ³1983, S. 1–97. – C. *Westermann:* Genesis 1–11, EdF 7, ²1976. – C. *Westermann:* Schöpfung, TT 12, 1983.

10. Warum wird Gen 11,27–32 als Überleitung von der Ur- zur Vätergeschichte angesehen?

Terach gehört noch zur Urgeschichte. Als Vater Abrams und als derjenige, mit
dem die Wanderung der Väter beginnt, gehört er zugleich zur Vätergeschichte.

11. Bestimmen Sie den Aufbau der Vätergeschichte

12–25: Abraham-Kreis
12,1–9: Verheißung an Abram und Wanderung; Wanderung von Haran nach
Sichem mit Lot und Sarai. Verheißung der Mehrung, des Segens und eines
Namens sowie eines Landes. Mitnahme Lots und Sarais; Ankunft in Kanaan
in Sichem, Altarbau und Landverheißung durch Gott; Altarbau bei Bet-El.
12,10–20: Die Inbesitznahme der schönen (Ahn-) Frau *Gefährdung der Ahnfrau*
Abram und Sarai beim Pharao in Ägypten, der Sarais Schönheit sieht, sie in
seinen Harem nimmt, woraus Gott sie rettet.
Parallelen finden Sie in Gen 20; 26,1–11.
13,1–18: Trennung von Abram und Lot
Streit zwischen den Hirten beider; Abram schlägt Trennung vor: Lot wählt
den Jordangraben, Abram verbleibt das Land Kanaan.
14,1–24: Krieg der Könige, Befreiung Lots und Begegnung Abrams mit Melchisedek
1–11: Feldzugsbericht über den Krieg der Könige (u. a. die Könige von Sodom und Gomorra, die in die Asphaltgruben fallen);
12–17. 21–24: Erzählung von der Gefangennahme Lots und dessen Befreiung
durch Abram nördlich von Damaskus;
18–20: Begegnung Abrams mit Melchisedek, dem Priesterkönig von Salem,
der ihm Brot, Wein und Segen schenkt.
Dieses Kapitel fällt aus dem sonstigen Kontext der Vätergeschichte heraus.
15,1–21: Gottes Bund mit Abram (1. Bund) vgl. (Jes 17)
Sohnesverheißung; Landbesitzverheißung; Ritual: Zerschneiden von Tieren
in zwei Hälften, Feuer zwischen ihnen; Bundesschluß mit Ankündigung des
Exodus und Landbesitzverheißung.
16,1–16: Sarai und Hagar
Sarai gibt Abram ihre Magd Hagar als Zweitfrau, vertreibt sie aber, als sie
schwanger wird. Erscheinung eines Engels und Verheißung von Nachkommen für Hagar; Namensgebung: Ismael=El hört; Ort der Erscheinung: El-
Roi.
17,1–27: Gottes Bund mit Abraham (2 Bund)
Umbenennung Abrams in Abraham (= Vater der Menge). Mehrungsverheißung und Bundesschluß. Inhalt des Bundes: Gottes Gottsein; Landbesitz; als

Zeichen: die Beschneidung. Umbenennung Sarais in Sara (= Fürstin); Sohnesverheißung mit Widerspruch Abrahams.
Durchführung der Beschneidung 17,23–27.

18,1–15: Die drei Männer bei Abraham
Schilderung der Gastfreundschaft; Verheißung Isaaks und Reaktion der Sara. (eventuell Anzeichen für polytheist. Einfluß)

18,16–33: Abrahams Eintreten für Sodom
Im Gespräch mit Gott bittet Abraham um Verschonung der Existenz Sodoms, falls sich dort 50-45-40-30-20-10 Gerechte finden. (Gespr. mit Handel-Veränderung)

19,1–29: Sodoms Untergang und Lots Errettung
Lots Gastfreundschaft an den zwei Gottesboten; Verletzung des Gastrechts durch die Sodomiter; Vernichtung Sodoms; Flucht Lots nach Zoar; Lots Frau blickt zurück und wird zur Salzsäule.

19,30–38: Lots Töchter
Sicherung des Bestandes der Familie durch Inzest. Ihre Söhne: Moab und Ammon.

Problemanzeige: Diese Erzählung zeigt, daß sich Israel in engen verwandtschaftlichen Beziehungen zu Moab und Ammon versteht. Es bleibt offen, ob die Betonung hier stärker auf dem Positivum der verwandtschaftlichen Verhältnisse oder auf dem Negativum des Inzests liegt. Während auf der einen Seite den Moabitern und Ammonitern die Aufnahme in die Kultgemeinschaft (Dtn 23,4–6) und die Ehe mit Israeliten (Neh 13,23–27) untersagt wird, ist auf der anderen Seite die Moabiterin Rut Stammutter des davidischen Königshauses (Ru 4,18–22). Eine weitere Tendenz zeigt sich in den Fremdvölkersprüchen Jesajas (15) und Jeremias (48): das Mit-Leiden Israels mit Moab angesichts einer Kriegskatastrophe des Nachbarvolkes.

20,1–18: Die Inbesitznahme der schönen (Ahn-)Frau. Abraham und Sara bei Abimelech Gefährdung der Ahnfrau

21,1–8: Isaaks Geburt
Erfüllung der Verheißung.

21,9–21: Vertreibung und Rettung Hagars und Ismaels
Grund der Vertreibung: Erbrecht; wunderbare Rettung vor dem Verdursten.

21,22–34: Brunnenstreit und Vertrag mit Abimelech (Beerscheba!)

22,1–19: Abrahams Opfer (→ Verzicht Gottes auf Menschenopfer)
Isaaks Opferung oder »Bindung« auf Moria; Ersatz durch einen Widder.

22,20–24: Nachkommen Nahors, des Bruders Abrahams (Bezug Gen 24)

23,1–20: Saras Tod und Kauf der Höhle Machpela bei Mamre/Hebron Muster einer Kaufverhandlung.

24,1–67: Werbung um Rebekka aus der Sippe Nahors
Eine schöne Erzählung von der Brautwerbung des Knechtes Abrahams für Isaak. V. 1–9 wird der Auftrag gegeben; V. 10–66 erzählt ausführlich dessen Ausführung; der Schluß V. 67 ist das Ergebnis des Auftrages.

32,23–33: Jakobs Kampf mit Gott am Jabbok

Umbenennung Jakobs in Israel (= Gottesstreiter); Ausrenkung des Hüftgelenks.

33,1–20: Jakobs Versöhnung mit Esau; Geländekauf bei Sichem; Altarbau

34,1–31: Dina oder die Rache der Jakobssöhne an den Einwohnern von Sichem.

Auslösender Konflikt: Die Vergewaltigung Dinas durch Hamor ben-Sichem. Die Jakobssöhne verlangen die Beschneidung; töten die Sichemiter nach der Beschneidung.

35,1–15: Jakob in Bet-El (vgl. 28,10–22)

Abrenuntiation (Vergraben der alten Götter); Altarbau; Begräbnis der Debora; Gotteserscheinung und Verheißung.

35,16–20: Benjamins Geburt und Rahels Tod (Efrata/Bethlehem)

35,21–29: Jakobs Söhne und Isaaks Tod

36,1–43: Die Nachkommen Esaus: Edomitische Häuptlinge und Könige

37–50: Die Josefsgeschichte

37,1–36: Josef und seine Brüder

Träume von den Garben und vom Verneigen der Gestirne; Plan der Brüder, ihn zu töten; Einsatz Rubens für Josef; Wurf in die Zisterne; Verkauf an Ismaeliter bzw. Rettung durch Midianiter; Vortäuschung eines Unfalls.

38,1–30: Juda und Tamar

Konflikt entsteht durch die Weigerung Onans, Tamar Nachwuchs zu zeugen; Tamar als Prostituierte ihres Schwiegervaters Juda; Aufdeckung durch die gegebenen Pfänder.

39,1–21: Gescheiterte Verführung Josefs als versuchte Inbesitznahme durch die Frau seines Herrn Potifar

39,22–40,23: Josef im Gefängnis; Deutung der Träume des Mundschenks und des Bäckers

1. Traum: Weinstock-Trauben-Becher des Pharao in der Hand; Deutung: Erhöhung;

2. Traum: 3 Körbe mit Gebäck-Vögel fressen es; Deutung: Erhängung.

41,1–36: Josef deutet die Träume des Pharao

1. Traum: 7 fette und 7 magere Kühe;

2. Traum: 7 pralle und 7 kümmerliche Ähren;

Deutung durch ägyptische Deuter scheitert; Josef deutet und wird Sonderbevollmächtigter; neuer Name: Zafenat-Paneach; Heirat mit Asenat; Josefs Verwaltungsmaßnahmen.

42,1–38: Erste Reise der Brüder nach Ägypten aufgrund einer Hungersnot

Josef erhebt den Vorwurf der Spionage, verlangt Benjamin zu sehen und läßt das Geld in die Säcke legen; Simeon als Geisel; Ruben verbürgt sich vor Jakob für Benjamin.

43,1–45,28: Zweite Reise der Brüder nach Ägypten mit Benjamin

Juda verbürgt sich für Benjamin; Josefs List (Becher in Benjamins Sack); Juda will für Benjamin die Todesstrafe erleiden; Josef gibt sich zu erkennen und sendet die Brüder mit Geschenken zum Vater zurück.

46,1–47,12: Jakob zieht nach Ägypten; Wiedersehen von Vater und Sohn Begegnung von Pharao und Jakob, wobei ihn Jakob segnet

47,13–26: Josefs Verwaltungstätigkeit in Ägypten: Aufkauf allen Ackerlandes; Leibeigenschaft

47,27–31: Jakobs letzter Wille: Begräbnis bei den Vätern

48,1–22: Jakobs Segen über Efraim, den jüngeren mit der Rechten und Manasse, den älteren, mit der Linken

49,1–27: Jakob segnet seine Söhne (Stammessprüche)

49,28–50,14: Jakobs Tod, Einbalsamierung und Begräbnis in der Höhle Machpela

50,15–21: Angst der Brüder vor Josef und endgültige Aussöhnung

50,22–26: Josefs letzter Wille: Beerdigung in Kanaan; Verheißung und Tod *(vgl. Jos. 24, 32–33)*

12. Welche Kultorte verbinden sich in der Genesis mit welchen Vätern?

Abraham: Sichem (Altar) Gen 12,8
  Eichen von Mamre in Hebron Gen 13,18; 18,1
  (Tamariske in Beerscheba Gen 21,33)
  Höhle Machpela bei Mamre/Hebron Gen 23;
Isaak: (Negev; verschiedene Brunnen im Süden Gen 26)
  Beerscheba Gen 26,23–35;
Jakob: Bet-El (Mazzebe) Gen 28,10–22; (Altar) Gen 35,1–7
  Mahanajim (Begegnung mit Engeln bzw. Boten Gottes) Gen 32,2f.
  Penuel am Jabbok (Kampf mit Gott) Gen 32,23–33
  Sichem (Altar) Gen 33,18–20
  Efrata/ Betlehem (Rahels Grab) Gen 35,16–20.

13. Mit welchem Erzvater verbinden sich, abgesehen von JHWH und Elohim, welche Gottesbezeichnungen?

Abraham: El Eljon (Gen 14,18.19.22); El Roï (Gen 16,13); El Schaddai (Gen 17,1); JHWH El Olam (Gen 21,33); JHWH, Elohe des Himmels und Elohe der Erde (Gen 24,3.7);
Jakob: El Schaddai (Gen 28,3; 35,11); JHWH , Elohe deines Vaters Abraham (Gen 28,13); El Bet-El (Gen 31,13; 35,7); Elohe meines Vaters, Elohe Abrahams (Gen 31,42); El, Elohe Israel (Gen 33,20);
Josef: El Schaddai (Gen 43,14; 48,3).

Zu El Schaddai s. auch Ex 6,3. Beachten Sie, daß a) diese Gottesbezeichnungen auch außerhalb der Genesis vorkommen, b) daß ähnliche Gottesbezeichnungen in diesen Zusammenhang gehören, die jedoch außerhalb der Genesis vorkommen, z. B. El Berit Ri 9,46.

Problemanzeige: Die hier angeführten Gottesbezeichnungen müssen nicht auch zugleich Gottesnamen sein, z. B. El Bet-El (E. Blum). Ebenso ist es stark umstritten, ja zweifelhaft, ob Paḥad Isaaks und Abir Jakobs Gottesbezeichnungen sind (K. Koch).

Literatur: R. Albertz: Persönliche Frömmigkeit und offizielle Religion, CTM 9, 1978, bes. S. 77–91. – *A. Alt:* Der Gott der Väter (1929), in: Kleine Schriften 1, 1953, S. 1–78. – *E. Blum:* Die Komposition der Vätergeschichte, WMANT 57, 1985. – *K. Koch:* paḥad jiṣḥaq – eine Gottesbezeichnung?, in: *R. Albertz u. a. (Hrsg.):* Werden und Wirken des Alten Testaments, FS C. Westermann, 1980, S. 107–115. – *C. Westermann:* Genesis 12–36, BK AT I/2, 1981. – *C. Westermann:* Genesis 12–50, EdF 48, 1975.

14. Welche Lebensweise begegnet uns in den Vätergeschichten?

Ähnlich wie bei Kain (Ackerbauer) und Abel (Schaf- bzw. Kleinviehhirt) finden wir in den Vätergeschichten die Lebensweise der Kleinviehnomaden bei Abraham und Jakob, während Isaak Ackerbau betreibt.

Verheißungen an die Väter in der Genesis

(Um den bibelkundlichen Anforderungen gerecht zu werden, wird die Einteilung der Feingliederung aus Frage 11 übernommen und auf eine weitere versmäßige Detailangabe verzichtet. Diese kann bei eigener Weiterarbeit aus der angeführten Literatur entnommen werden.)

	12,1-9	13,1-18	15,1-21	16,1-16	17,1-27	18,1-15	18,16-33	20,1-18	21,1-8	21,9-21	22,1-19	24,1-67	26,1-11	26,23-35	28,1-5	28,10-22	31,1-54	32,1-22	35,1-15	46,1-47,12	47,27-31	48,1-22	50,22-26
Sohnesverheißung			×	×	×	×			×														
Mehrungsverheißung	×	×	×	×	×		×		×	×		×	×	×	×	×		×	×	×	×	×	×
Landverheißung	×	×	×		×								×	×		×	×			×		×	×
Verh. v. Lebensraum	×																						
Beistandsverheißung	(×)	(×)						×					×	×		×	×	×		×		×	×
Segensverheißung	×					×		×					×			×	×	×	×		×	×	
Bundesverheißung						×																	

Literatur: J. Hoftijzer: Die Verheißung an die drei Erzväter, 1956. – *N. Lohfink:* Die Landverheißung als Eid. Eine Studie zu Gn. 15, SBS 28, 1967. – *R. Rendtorff:* Das überlieferungsgeschichtliche Problem des Pentateuch, BZAW 147, 1976 (bes. S. 37–65). – *C. Westermann:* Die Verheißungen an die Väter, FRLANT 116, 1976.

15. Wo kommen in den Vätererzählungen die Motive a) der Inbesitznahme der schönen Frau bzw. der Gefährdung der Stammutter, b) des Hirtenstreites vor?

a) Inbesitznahme der schönen Stammutter: Gen 12,10–20; 20; 26,1–11.

b) Hirtenstreit: Gen 13,1–8; 21,22–34; 26,12–22.

16. Benennen Sie die Genesis-Textstellen, in denen der Tod der Väter erwähnt wird

Terach: 11,32; Abraham: 25,7–11; Isaak: 35,27–29; Jakob: 49,33; Josef: 50,26. Beachten Sie, daß die Beerdigung Josefs in Kanaan erst in Jos 24,32 erwähnt wird! Warum?

17. Hinter Gen 35,2b.4 steht der Vorgang der Abrenuntiation, des Lossagens von fremden Göttern. Welche wichtige Stelle steht auch in dieser Hinsicht dem hier genannten Text nahe?

Es handelt sich um Jos 24, vor allem um die Verse 14 und 23.

18. In Gen 17 wird die Beschneidung als Bundeszeichen in ganz besonderer Weise herausgehoben. Bei der außergewöhnlichen Bedeutung, die die Beschneidung zu allen Zeiten bis zum heutigen Judentum hat, sollten Sie sich die atl. Textstellen einprägen, die an das Abraham gegebene Bundeszeichen in Gen 17 anknüpfen.

Bei Isaak: Gen 21,4
Bei der Rache der Dina: Gen 34
Bei Moses Sohn: Ex 4,24–26
Beim Verbot des Paschaverzehrs: Ex 12,43–49
Vor dem Betreten des Landes: Jos 5,2–9
Generell heißt es in Lev 12,3: »Am achten Tag soll man die Vorhaut des Kindes beschneiden.«

19. In Gen 27,46 wird auf die Mischehenproblematik im AT angespielt. Nennen Sie bitte zwei zentrale Texte für das Verbot der Mischehe im AT

Es handelt sich um Dtn 7 und Esr 9 f.; s. aber auch Ex 34,11–16.

20. Das Motiv der unfruchtbaren Frau spielt (nicht nur) im AT eine zentrale Rolle. Welche Frauen kennen Sie?

Sie sollten folgende kennen: zunächst alle drei Ahnfrauen, Sara (Gen 11,30; vgl. auch Gen 16; 18,1–15), Rebekka (Gen 25,21) und Rahel (Gen 29,31–30,24), dann die Mutter Simsons (Ri 13) und Hanna, die Mutter Samuels (1 Sam 1). Dieses Motiv unterstreicht sowohl die Bedeutung der Frau als auch des Sohnes (bei Rahel: beider Söhne). In diesem Zusammenhang ist auch 2 Kön 4,8–37 zu nennen, wo der einzige Sohn einer vornehmen, vormals unfruchtbaren Frau stirbt und von Elischa wieder erweckt wird. Vgl. ferner Jes 54,1. Nicht zu diesem Motiv gehört dagegen 2 Sam 6,20–23. David verweigert Michal den sexuellen Verkehr, was zur Kinderlosigkeit Michals führt.
Im NT spielt dieses Motiv im Zusammenhang der Geburt von Johannes, dem Täufer eine zentrale Rolle. Seine Mutter, Elisabet, ist zunächst unfruchtbar (Lk 1,7), ehe der Engel dem Zacharias einen Sohn verheißt (Lk 1,8–22).

21. In Gen 14,18–20 begegnet Abraham dem Melchisedek, König und Priester von Salem. Wo kommt Melchisedek noch in der Bibel vor?

In der Tradition von Gen 14,18–20 wird Melchisedek Ps 110,4 und Hebr 5–7 aufgenommen.

22. Das Gastrecht ist nicht nur im AT, sondern im gesamten Orient in besonderer Weise sakrosant. Um so schwerwiegender ist dann dessen eklatante Verletzung. Benennen Sie die beiden atl. Texte, die hiervon erzählen

Es handelt sich um Gen 19,1–11 und um Ri 19,1–30.

23. Das Motiv der Begegnung am Brunnen ist in drei atl. Texten für das Zusammenkommen der beiden zukünftigen Ehepartner von konstitutiver Bedeutung. Um welche drei Texte handelt es sich?

Gen 24; 29; Ex 2,15–22. Vergleichen Sie die Struktur dieser drei Texte und stellen Sie die Gemeinsamkeiten zusammen.

24. In welchem Buch des AT spielt ähnlich wie in der Josefsgeschichte die Traumdeutung eine wichtige Rolle?

Im Buch Daniel, in den Kapiteln 2 und 4.

25. Welche außerkanonischen Schriften kennen Sie, in denen die Josefsgeschichte verarbeitet worden ist?

● Eine möglichst vollständige Auflistung ist nicht die Aufgabe einer Bibelkunde. Sie sollten von den jüdischen Schriften aus hellenistisch-römischer Zeit die Testamente der zwölf Patriarchen sowie Joseph und Aseneth kennen. Andere Schriften, wie z.B. das Jubiläenbuch oder die Schatzhöhle, sind für die Beantwortung dieser Frage weniger wichtig.
● Sie sollten auch bedenken, daß die Josefsgeschichte nicht nur in außerkanonischen Schriften verarbeitet worden ist, sondern daß sie selbst Motive anderer Kulturen aufgenommen hat. Hier ist vor allem das ägyptische Zweibrüdermärchen zu nennen.

Literatur: A. Erman: Die Literatur der Ägypter, 1923, S.197–209. – *W. G. Kümmel (Hrsg.):* Jüdische Schriften aus hellenistisch-römischer Zeit, 1977 ff.

---

26. Informieren Sie Sich auf einer entsprechenden Karte über die ungefähre Lage des Siedlungsgebietes der Familie Josefs in Ägypten (das Land Goschen, im Gebiet von Ramses)

Literatur: E. Blum: Die Komposition der Vätergeschichte, WMANT 57, 1985, S. 229–257 (dort weitere Literatur). – *F. Crüsemann:* Der Widerstand gegen das Königtum. Die antiköniglichen Texte des Alten Testaments und der Kampf um den frühen israelitischen Staat, WMANT 49, ²1985, S.143–155. – *A. Meinhold:* Die Gattung der Josephsgeschichte und des Estherbuches: Diasporanovelle I, in: ZAW 87, 1975, S. 306–324; II, in: ZAW 88, 1976, S. 72–93. – *G. von Rad:* Die Josephsgeschichte, BiblStud 5, ⁴1964. – *C. Westermann:* Genesis 12–50, EdF 48, 1975.

Überblick über die Söhne Jakobs bzw. Stämme Israels

Gen 29,31–30,24; 35,16–20 *Erzählung*	Gen 35,23–26 *Genealogische Liste*	Gen 46,8–25 *Genealogische Liste*	Gen 49,1–27 *Stammessprüche*	Ex 1,2–4 *Genealogische Liste*	Num 1,5–15 *Heerführerliste*	Num 1,18–54 *Musterungsliste*
Ruben	Ruben	Ruben	Ruben	Ruben	Ruben	Ruben
Simeon	Simeon	Simeon	Simeon	Simeon	Simeon	Simeon
Levi	Levi	Levi	Gad	Levi	Juda	Gad
Juda	Juda	Juda	Juda	Juda	Issachar	Juda
Dan	Issachar	Issachar	Issachar	Issachar	Sebulon	Issachar
Naftali	Sebulon	Sebulon	Sebulon	Sebulon	Efraim	Sebulon
Gad	Josef	Gad	Efraim	Benjamin	Josef	Efraim
Ascher	Benjamin	Ascher	Manasse	Dan	Manasse	Manasse
Issachar	Dan	Efraim	Benjamin	Naftali	Benjamin	Josef
Sebulon	Naftali	Manasse	Dan	Gad	Dan	Benjamin
Josef	Gad	Josef	Ascher	Ascher	Ascher	Dan
Benjamin	Ascher	Benjamin	Naftali		Gad	Ascher
		Dan			Naftali	Naftali
		Naftali				Levi

Num 2,2–33 *Heeresregister*	Num 7,10–83 *Abgabenregister*	Num 10,13–28 *Heeresregister*	Num 13,4–16 *Kundschafterliste*	Num 26,4–65 *Genealogisches Register*	Num 34,16–29 *Stammesliste*	Dtn 27,11–13 *Stammesliste*
Juda	Juda	Juda	Ruben	Ruben	Juda	Simeon
Issachar	Issachar	Issachar	Simeon	Simeon	Simeon	Levi
Sebulon	Sebulon	Sebulon	Juda	Gad	Benjamin	Juda
Ruben	Ruben	Ruben	Issachar	Juda	Dan	Issachar
Simeon	Simeon	Simeon	Efraim	Issachar	Manasse	Josef

34

Vergleichstabelle der Stämmelisten (Zwölfstämmesystem):

Dtn 33,6–25 — *Stammessprüche*
- Ruben
- Juda
- Levi
- Benjamin
- Josef (Efraim / Manasse)
- Sebulon
- Issachar
- Gad
- Dan
- Naftali
- Ascher

Jos 13–19 — *Konstruierte Berichte*
- Gad, Efraim, Manasse, Benjamin, Dan, Ascher, Naftali
- Ruben, Gad, Juda, Manasse, Josef (Efraim / Manasse), Benjamin, Simeon, Sebulon, Issachar, Ascher, Naftali, Dan

Jos 21,1–8 — *Konstruierter Bericht*
- Gad, Efraim, Manasse, Benjamin, Dan, Ascher, Naftali
- Juda, Simeon, Benjamin, Efraim, Dan, westl. Manasse, Issachar, Ascher, Naftali, östl. Manasse, Ruben, Gad, Sebulon

Jos 21,9–42 — *Gebietsregister*
- Benjamin, Sebulon, Manasse, Dan, Ascher, Naftali, Gad
- Juda, Simeon, Benjamin, Efraim, Dan, westl. Manasse, östl. Manasse, Issachar, Ascher, Naftali, Sebulon, Ruben, Gad

Ri 1,1–36 — *Berichte m. erzähl. Elementen u. negat. Besitzverzeichnis*
- Sebulon / Manasse, Josef, Efraim, Benjamin, Dan, Ascher, Naftali, Levi
- Juda, Simeon, Benjamin, Manasse, Josef, Efraim, Sebulon, Ascher, Naftali, Dan

Ri 5 (V.14–18) — *Siegeslied*
- Josef / Efraim, Sebulon, Issachar, Ascher, Naftali
- Efraim, Benjamin, Gilead, Issachar, Ruben, Dan, Ascher, Sebulon, Naftali

Ez 48,1–29 — *Visionär. Bericht Landverteilungsplan*
- Benjamin, Ruben, Gad, Ascher, Sebulon, Dan, Naftali
- Dan, Ascher, Naftali, Manasse, Efraim, Ruben, Juda, Benjamin, Simeon, Issachar, Sebulon, Gad

Ez 48,30–35 *Visionär. Bericht: Plan d. Stadttore Jerusalems*	1 Chr 2,1f. *Genealogische Liste*	1 Chr 4,1–7,40	1 Chr 6,39–48 *Gebietsregister*	1 Chr 6,49–66 *Gebietsregister*	1 Chr 12,24–39a *Kriegerregister*	1 Chr 27,16–22 *Namenliste*
Ruben	Ruben	Juda	Juda	Juda	Juda	Ruben
Juda	Simeon	Simeon	Benjamin	Simeon	Simeon	Simeon
Levi	Levi	Ruben	westl. Manasse	Benjamin	Levi	Levi
Josef	Juda	Gad	Issachar	Efraim	Benjamin	Juda
Benjamin	Issachar	östl. Manasse	Ascher	westl. Manasse	Efraim	Issachar
Dan	Sebulon	Levi	Naftali	östl. Manasse	westl. Manasse	Sebulon
Simeon	Dan	Issachar	östl. Manasse	Issachar	Issachar	Naftali
Issachar	Josef	Benjamin	Ruben	Ascher	Sebulon	Efraim
Sebulon	Benjamin	Naftali	Gad	Naftali	Naftali	westl. Manasse
Gad	Naftali	westl. Manasse	Sebulon	Sebulon	Dan	östl. Manasse
Ascher	Gad	Efraim	Efraim	Ruben	Ascher	Benjamin
Naftali	Ascher	Ascher		Gad	Ruben	Dan
					Gad	
					östl. Manasse	

Namengebung durch die Mutter

1. Gen 4,25: Eva benennt Set
2. Gen 16,11: Der Engel beauftragt Hagar, Ismael zu benennen
3. Gen 19,37: Ältere Tochter Noachs benennt Moab
4. Gen 19,38: Jüngere Tochter Noachs benennt Ben-Ammi
5. Gen 29,32: Lea benennt Ruben
6. Gen 29,33: Lea benennt Simeon
7. Gen 29,34: Lea benennt Levi
8. Gen 29,35: Lea benennt Juda
9. Gen 30,6: Rahel benennt Dan
10. Gen 30,8: Rahel benennt Naftali
11. Gen 30,11: Lea benennt Gad
12. Gen 30,13: Lea benennt Ascher
13. Gen 30,18: Lea benennt Issachar
14. Gen 30,20: Lea benennt Sebulon
15. Gen 30,21: Lea benennt Dina
16. Gen 30,24: Rahel benennt Josef
17. Gen 35,18: Rahel benennt Ben-Oni
18. Gen 38,3: Schua benennt Er
19. Gen 38,4: Schua benennt Onan
20. Gen 38,5: Schua benennt Schela
21. Ex 2,10: Tochter des Pharao benennt Mose
22. Ri 13,24: Frau Manoachs benennt Simson
23. 1 Sam 4,21: Schwiegertochter Elis, Frau des Pinhas , benennt Ikabod
24. Jes 7,14: Die Frau benennt Immanuel
25. 1 Chr 4,9: Unbekannte Mutter benennt Jabez
26. 1 Chr 7,16: Maacha benennt Peresch

Exodus

Grobgliederung:
1–11: Die Not ⎫ Die Herausführung aus Ägypten
12–14: Die Rettung ⎭ = Exodus
15: Loblied für die Rettung
15–18: Die Gefährdung und die Bewahrung
19–23: Das Gesetz
   20,22–23,33: Das Bundesbuch
24: Der Bundesschluß
25–31: Das Kultgesetz (Auftrag)
32–34: Der Bundesbruch
35–40: Das Kultgesetz (Durchführung)

1. Bestimmen Sie den Aufbau des Buches Exodus

1–14: Die eigentliche Exodus (im engen Sinn)

1–11: Die Not
1,1–14: Die Nachkommen der Söhne Israels und deren Fronarbeit in Ägypten
1,15–22: Die Hebammen Schifra und Pua
2,1–10: Geburt, Aussetzung und Rettung des Mose
   Bedrohung des künftigen Retters und seine Rettung; Überlistung der Pharaonentochter.
2,11–14: Mose erlebt die Unterdrückung seiner Brüder
   Er setzt sich für sie durch den Mord an einem ägyptischen Aufseher ein, fühlt sich aber selbst von seinen Volksgenossen bedroht.
2,15–22: Mose in Midian
   Flucht nach Midian; Begegnung mit dem Priester Reguël; Heirat der Zippora; Sohn: Gerschom.
2,23–25: Gott hört das Schreien der Israeliten

3–7: Berufung des Retters
3,1–4,17: Die Gotteserscheinung im Dornbusch und die Beauftragung des Mose
   Heiliger Ort (Schuhausziehen); Gott hat die Schreie der Unterdrückten gehört; Selbstvorstellung Gottes V. 14: »Ich werde sein (bin), der ich sein werde (bin)«; »Ich bin der ›Ich-bin-da‹« (Einheitsübersetzung); doppelter Auftrag an Mose zu den Ältesten und zum Pharao mit dem Ziel der Herausführung aus Ägypten.
   Einwände des Mose und Antworten bzw. Legitimationszeichen:
   1. Einwand: Moses Niedrigkeit und Ungeeignetheit (3,11);

Antwort: Nach Herausführung aus Ägypten Verehrung Gottes an diesem
Berg (3,12).
2. Einwand: Namensfrage (3,13);
Antwort: »Ich bin der ›ich-bin-da‹« (3,14).
3. Einwand: Infragestellung der Erscheinung (4,1);
Legitimationszeichen: Stab-, Aussatz- und Blutwunder.
4. Einwand: Unfähigkeit zu reden (4,10);
Antwort: Zuordnen des Aaron.
5. Einwand: Zurückweisung des Auftrags (4,13);
Antwort: Aaron als Mund des Mose.
4,18–23: Moses Aufbruch nach Ägypten
Androhung der Tötung der Erstgeburt des Pharao, weil Israel Gottes Erstgeburt ist.
4,24–26: Blutbräutigam
Beschneidung Gerschoms durch Zippora zur Abwendung des Todes Moses.
4,27–31: Begegnung Mose-Aaron sowie Durchführung des ersten Auftrags zu
den Ältesten Israels
5,1–23: Erste Verhandlung mit Pharao
Verhandlungsziel: Freistellung für ein Fest in der Wüste; die Antwort des
Pharao ist eine Verschärfung der Fron; dies führt zu Vorwürfen gegen
Mose; Klage Moses.
6,1–13: Zweite Gotteserscheinung vor Mose mit Erinnerung an die Väterverheißung und Beistandszusage
6,14–27: Genealogische Angaben zu den Nachkommen Rubens, Simeons und
Levis und levitische Herkunft des Mose
6,28–7,6: Fortsetzung der Gottesrede: Beauftragung des Aaron und Ankündigung der Strafen gegen die Ägypter
7,7–13: Zweite Verhandlung mit dem Pharao: Stabwunder – vermögen die
ägyptischen Zauberer auch

7–11: Die zehn Plagen (Vorbereitung der Rettung)
7,14–25: 1. Plage: Nilwasser zu Blut – vermögen die ägyptischen Zauberer
auch
7,26–8,11: 2. Plage: Frösche – vermögen die ägyptischen Zauberer auch
Pharao verspricht, Israel gehen zu lassen, und bricht sein Versprechen.
8,12–15: 3. Plage: Stechmücken – vermögen die ägyptischen Zauberer nicht
Zauberer bekennen, daß dies der »Finger Gottes« sei.
8,16–28: 4. Plage: Ungeziefer
Provinz Goschen bleibt verschont; Pharao gesteht Opferfahrt zu, zieht dann
aber wieder seine Zusage zurück.
9,1–7: 5. Plage: Tierpest
Die israelitischen Tiere bleiben verschont.

9,8–12: 6. Plage: Geschwüre (Beulen) – auch die ägyptischen Zauberer werden krank

9,13–35: 7. Plage: Hagel und Gewitter
Schwerstes Gewitter der ägyptischen Geschichte, nur die Provinz Goschen bleibt verschont; Pharao bittet um Moses Fürbitte.

10,1–11: Ankündigung der Heuschreckenplage; die Minister des Pharao stellen sich gegen den Pharao; er erlaubt nur den Auszug der Männer

10,12–20: 8. Plage: Heuschrecken
Pharao bekennt seine Schuld, bittet um Fürbitte.

10,21–29: 9. Plage: Finsternis
Pharao erlaubt nur den Auszug der Menschen, nicht der Tiere.

11,1–10: Ankündigung der 10. Plage, der Tötung der Erstgeburt

12–14: Die Rettung

12,1–11: Bestimmungen über das Pascha-Opfer
12,12–14: Auftrag zum Bestreichen der Türen mit dem Blut des Paschalamms
12,15–20: Bestimmungen über das Mazzotfest (Fest der ungesäuerten Brote)
12,21–28: Mose übermittelt den Auftrag zum Opfer und zum Bestreichen
12,29f.: 10. Plage: Tötung der Erstgeburt in Ägypten
12,31–42: Der Auszug (Israeliten, viele Fremde, Herden, ungesäuerter Teig)
12,43–51: Verbot des Paschalammgenusses für Unbeschnittene
13,1f.: Weihung der Erstgeburt für JHWH
13,3–10: Brauch des Mazzotfestes als immerwährende Regel
13,11–16: Weihung der Erstgeburt als immerwährender Brauch
13,17–22: Gott geleitet sein Volk zum Schilfmeer: Wolken- und Feuersäule
14,1–31: Der Durchzug durch das Schilfmeer
Verschiedene Aspekte: Teilung des Meeres; Engel Gottes am Ende des Zuges; Wolkensäule am Ende des Zuges; Ostwind, der das Wasser vertreibt; Hemmen der Räder; Zurückfluten des Wassers; Vernichtung der Ägypter.

15: Das Lob für die Rettung

15,1–21: Schilfmeerlied und Siegesreigen der Frauen; V. 1.21: Mirjamlied

15–18: Die Gefährdung und die Bewahrung

15,22–27: Gefährdung durch ungenießbares Wasser – Wasserwunder von Mara
16,1–36: Gefährdung durch Hunger – Wachteln und Manna
Jeweils nur eine Tagesration; doppelte Ration vor dem Sabbat; Manna als Erinnerung vor der Bundeslade.

17,1–7: Gefährdung durch Wassermangel – Wasserwunder von Massa und Meriba
17,8–16: Gefährdung durch Feinde – Josuas Sieg über Amalek durch Moses erhobene Hände

40

18,1–12: Begegnung Moses mit Jitro (= Raguel)
Jitro, der midianitische Priester, preist JHWH wegen seiner Taten.
18,13–27: Einsetzung von Richtern
Auf Jitros Rat hin setzt Mose für die einfachen Rechtsfälle Richter, Schieds-
leute, ein.

19–23: Das Gesetz
19,1–25: Die Erscheinung Gottes auf dem Berg Sinai
Vorbereitung des Volkes; Rauch, Feuer, Erdbeben, Hörnerschall; Moses Begegnung mit Gott, der im Donner antwortet.

20,1–17: Der Dekalog

20,18–21: Angst des Volkes, Mose nähert sich Gott

20,22–23,33: Das Gesetz　　(sog. Bundesbuch; vgl. Ex 24,7)

20,22–26: Altarbau (Erdaltar oder Altar aus unbehauenen Steinen)
21,1: Einleitung
21,2–11: Sklavenrecht (Dauer der Sklaverei; Freilassungsmodus lediger und
verheirateter Sklaven; Verzicht auf Freilassung; Rechtsstellung der Sklavin)
21,12–14: Fahrlässige Tötung und Mord
21,15–17: Mißhandlung und Entehrung der Eltern; Menschenraub
21,18–32: Verletzung der körperlichen Integrität: a) bei Handgemenge, b) eines
Sklaven (Totschlag), c) einer Schwangeren, d) eines Sklaven (Körperverlet-
zung), d) durch einen Stier. V. 23–25 ius talionis.
21,33–22,5: Vier Haftungen bei handwerklicher und landwirtschaftlicher Arbeit sowie Regelungen bei Diebstahl
22,6–14: Haftung bei vertraglichen Abmachungen über anvertrautes Gut
22,15 f.: Inbesitznahme einer Jungfrau und Kompensationsleistung für Deflora-
tion
22,17–19: Todesrechtsbestimmungen (Zauberin, Sodomie, Opfer für fremde
Götter)
22,20–26: Schutzbestimmungen für sozial Unterprivilegierte (Schutz des Fremden, der Witwen und Waisen; Geldverleih und Pfändung bei Armen)
22,27–30: Bestimmungen für das Gottesverhältnis (Gotteslästerung und Für-
stenbeleidigung; Erstlingsopfer; Verbot des Kadaververzehrs)
23,1–9: Gerechtigkeit im Rechtsverfahren (»Feindesliebe«, Schutz des Fremden)
23,10–19: Sabbatjahr, Sabbatgebot und die drei Jahresfeste (sog. Festkalender)
23,20–33: Abschluß: Verheißung des Sieges über fremde Völker und des Landbesitzes; Warnung vor Umgang mit fremden Göttern

24: Der Bundesschluß

24,1–11: Mose, Aaron, Nadab, Abihu und 70 Älteste vor Gott
Verlesen des Gesetzes und Verpflichtung des Volkes; Aufschreiben des Gesetzes; Aufrichten von 12 Steinen; Besiegelung des Bundes durch Blutbesprengung.

24,12–18: Übergabe der von Gott geschriebenen Steintafeln
Mitnahme Josuas; Kommen Gottes auf den Berg Sinai (Theophanie); Mose bleibt 40 Tage.

25–31: Das Kultgesetz (Beauftragung)

25,1–9: Abgabeerhebung für die Materialien; göttliches Modell des Heiligtums
25,10–22: Die Lade (für die zwei Tafeln)
25,23–30: Der Schaubrottisch (für geweihtes Brot)
25,31–40: Der goldene Leuchter (Die Menora)
26,1–14: Das Zelt
26,15–30: Die Holzwände
26,31–37: Die Vorhänge
27,1–8: Der Brandopferaltar
27,9–19: Der Vorhof
27,20 f.: Öl für die Ewige Lampe
28,1–43: Die Priesterkleidung (Efod 6–12; Brusttasche 15–30; Obergewand 31–35; Diadem mit der Aufschrift »JHWH heilig« 36–38; weitere Kleidungsstücke für Aaron und seine Söhne 39–43)
29,1–37: Bestimmungen über den Ablauf der Priesterweihe
29,38–46: Die täglichen Opfer (morgens und abends ein Schaf als Brandopfer)
30,1–10: Der Räucheraltar
30,11–16: Kopfsteuer für das Heiligtum
30,17–21: Das Wasserbecken für die Waschungen der Priester
30,22–33: Das heilige Salböl
30,34–38: Die Räucheropfermischung
31,1–11: Die Beauftragung von Künstlern und Handwerkern (Bezalel, Oholiab)
31,12–18: Einschärfung des Sabbatgebotes

32–34: Der Bundesbruch und neuer Bundesschluß

32,1–35: Das Goldene Kalb
Aaron als Ausführender; Moses Fürbitte; Zerschmettern der Tafeln; Verbrennen und Zerstampfen des Gußwerkes; Tötung der Schuldigen durch die Leviten.

33,1–23: Mose als Mittler; Zelt der Begegnung
Gott will nicht mehr mitziehen; Besänftigung Gottes durch Ablegen des

Schmuckes; das Zelt der Begegnung außerhalb des Lagers; Moses Bitte um Gottes Mitziehen; Moses Bitte um das Sehen der Herrlichkeit Gottes.
34,1-9: Erneuerung der Gesetzestafeln; Mose darf Gottes Herrlichkeit schauen

34,10-26: Der sogenannte kultische Dekalog

10-13: Warnung vor den Bewohnern des in Besitz zu nehmenden Landes und deren Kulteinrichtungen
14-16: Fremdgötterverbot
17: Bilderverbot
18: Mazzotfest
19 f.: Erstgeburtauslösung
21: Gebot des Sabbats auch in der Erntezeit
22: Schavuotfest (Wochenfest)
23 f.: Drei Wallfahrtsfeste im Jahr; Zusicherung der Integrität des Eigentums für die Zeit der Wallfahrt
25: Trennung von Opferfleisch und Sauerteig; keine Aufbewahrung des Paschafleisches bis zum Morgen nach dem Fest
26: Darbringung von Erstlingsfrüchten; Verbot, das Böcklein in der Milch seiner Mutter zu kochen (ebenso 23,19; Dtn 14,21)
34,27 f.: Anfertigen von Gesetzesbuch und den zweiten Steintafeln durch Mose
34,29-35: Der strahlende Glanz von Moses Gesicht; deshalb Verhüllung des Gesichts beim Reden mit den Israeliten.

35-40: Das Kultgesetz (Durchführung)

35,1-3: Einschärfung des Sabbatgebotes	
35,4-29: Abgabeerhebung für die Materialien des Heiligtums	// 25,1-9
35,30-36,1: Beauftragung von Künstlern und Handwerkern	// 31,1-11
36,2-7: Stopp der Abgabenfülle	
36,8-19: Das Zelt	// 26,1-14
36,20-34: Die Holzwände	// 26,15-30
36,35-38: Die Vorhänge	// 26,31-37
37,1-9: Die Lade (für die zwei Tafeln)	// 25,10-22
37,10-16: Der Schaubrottisch (für geweihtes Brot)	// 25,23-30
37,17-24: Der Goldene Leuchter (Menora)	// 25,31-40
37,25-29: Der Räucheraltar, das heilige Salböl und die Räucheropfermischung	// 30,1-10.22-33.34-38
38,1-7: Der Brandopferaltar	// 27,1-8
38,8: Das Wasserbecken für die Waschungen der Priester	// 30,17-21
38,9-20: Der Vorhof	// 27,9-19
38,21-31: Menge und Gewichte der aufgewendeten Metalle	
39,1-31: Die Priesterkleidung	// 28,1-43
39,32-43: Vollendung der Arbeiten und Prüfung durch Mose	

40,1-38: Aufrichtung und Einweihung der Wohnstätte des Zeltes der Begegnung
34f.: Die Herrlichkeit Gottes nimmt im Zelt der Begegnung Wohnung

2. Nennen Sie eine Parallele zu dem Motiv »Gefährdung des wunderbaren Retters bei der Geburt« in Ex 2, 1–10

Natürlich ist hier an Jesus und den Kindermord in Betlehem sowie an die Flucht nach Ägypten zu denken (Mt 2). Sie sollten jedoch auch wissen, daß dieses Motiv ebenso außerhalb der Bibel vorkommt, z. B. bei Sargon von Akkad, bei Ödipus oder bei Herkules.

3. Geben Sie bitte Berufungsberichte an, die denen des Mose in Ex 3 ähneln

Gideon (Ri 6), Jeremia (Jer 1), Ezechiel (Ez 1–3); vgl. Sie dagegen den abweichenden Berufungsbericht Jesajas (Jes 6). Lesen Sie die angegebenen Texte und stellen Sie Gemeinsamkeiten sowie Unterschiede fest!
S. hierzu auch bei Jeremia Frage 4 Seite 194 sowie bei Ezechiel Frage 2 Seite 209.

4. Wie heißt Moses Schwiegervater?

Vorsicht bei der Beantwortung dieser Frage! In Ex 2,18.20; Num 10,29 heißt er Reguël, in Ex 3,1; 4,18; 18,1.2.5.6.9.10.12 Jitro. Widersprüchlich sind die Überlieferungen von Hobab. Wird er in Ri 4,11 (vgl. Ri 1,16) als Schwiegervater des Mose bezeichnet, so ist er nach Num 10,29f. Moses Schwager.

5. Nennen Sie die drei Ex-Stellen, an denen die Tötung der Erstgeburt vorkommt

Ex 4,22f. im Zusammenhang von Moses Aufbruch nach Ägypten, Ex 11,4–8, die Ankündigung der 10. und letzten Plage und Ex 12,29, deren Durchführung im kontextualen Zusammenhang der Rettung der Israeliten.

6. Das Erzählmoment, daß sich die Israeliten von den Ägyptern Geräte, Schmuckstücke und Kleider erbitten, kommt dreimal im Buche Exodus vor. Wo?

Ex 3,22; 11,2f.; 12,35f.

7. Wo steht das Mirjamlied? Warum hat es diesen Namen?

Sie finden das Mirjamlied in Ex 15,21 b. Es ist nach Mirjam, der Schwester Aarons, benannt, die es nach Ex 15,21 a vorsingt. Vgl. Sie den Text von V. 21 b auch mit dem von V. 1 b. Sie sollten den Wortlaut dieses kurzen Liedes auswendig lernen, wenn möglich in Hebräisch.

8. Das Mirjamlied ist ein Siegeslied und eines der ältesten Lieder im AT. Nennen Sie weitere Beispiele für Siegeslieder im AT

Zunächst ist Ri 5, dann 1 Sam 18,7 (21,12; 29,5) zu nennen. Zum Vorgang des Vortrags eines Siegesliedes s. Ex 15,20; Ri 11,34.

9. In der Gestalt des Mose sind verschiedene wichtige Traditionen zusammengeflossen. Versuchen Sie, diese zu bestimmen, und benennen Sie für diese auch andere alttestamentliche Gestalten

a) Die Tradition des Mittlers, der zwischen Gott und seinem Volk vermittelt (z. B. Abraham, Samuel, Gottesknecht bei Deuterojesaja, Jeremia, Ezechiel, Amos);
b) prophetische Traditionen, insbesondere die Berufung und die Verkündigung des Gotteswillens;
c) priesterliche Traditionen, insbesondere die Gestaltung des Heiligtums, die Priesterinvestitur, das Kultmahl und die Begegnung mit dem kabod JHWHs (Herrlichkeit, Majestät, Mächtigkeit, Ehre Gottes);
d) königliche Traditionen, insbesondere in der Funktion als Heerführer und Gesetzgeber (z. B. David, Joschija);
e) die Tradition des Widerstandes gegen Unterdrückung (z. B. Debora, Gideon, Jiftach, Simson, Hadad, Reson, Jerobeam I.);
f) die Tradition des Richters Israels (z. B. die »kleinen« Richter, Samuel, David, Salamo u. a.);
g) die Tradition des Stammeshäuptlings, insbesondere das Führen zu einem Ziel und das Versorgen auf dem Weg.

Literatur: H. Greßmann: Mose und seine Zeit. Ein Kommentar zu den Mose-Sagen, 1913. – *E. Oßwald:* Das Bild des Mose in der kritischen alttestamentlichen Wissenschaft seit Julius Wellhausen, 1962. – *R. Rendtorff:* Mose als Religionsstifter (1968), in: Gesammelte Studien zum Alten Testament, ThB 57, 1975, S. 152–171. – *H. Schmid:* Der Stand der Moseforschung, in: Jud 21, 1965, S. 194–221.

10. Wo findet sich innerhalb des Pentateuch das Motiv »Weihung der Erstgeburt für Gott« bzw. »Auslösung der Erstgeburt«?

Ex 13,11-16; 22,28 f; 34,19 f.; Num 3,11-13; 8,15-18; 18,14-19; Dtn 15,19 f.

11. Wo wird im AT die Wolken- und Feuersäule erwähnt, in der Gott bei Tag und bei Nacht vor den Israeliten herzieht, um ihnen den Weg zu zeigen und um ihnen zu leuchten bzw. mit der er seine Wohnstätte bedeckt?

Ex 13,20-22; 14,19-25; 33,9 f.; 40,34-38; Num 9,15-23; 12,5; 14,14; Dtn 31,15; Ps 99,7; Neh 9,12.19. Es ist zu beachten, daß hier nur *die* Stellen aufgelistet sind, in denen die Wolken- und/oder Feuer*säule* erwähnt wird. Häufig kommt dasselbe Motiv in der Weise vor, daß Gott bei Nacht im Feuer und bei Tag in der Wolke vorangeht (so z.B. Dtn 1,32 f.; Ps 78,14) bzw. daß er in der Wolke und im Feuer mit den Israeliten ist (so z.B. Num 10,11.34; 12,10; 1 Kön 8,10 f.; Jes 4,4-6; Ps 105,39). In Num 14,14 steht das Erscheinen Gottes in der Wolke neben dem Vorangehen Gottes in der Wolken- und Feuersäule.

12. Stellen Sie bitte die Bibelstellen zusammen, in denen Sie Bestimmungen a) über das Paschaopfer, b) über das Mazzotfest finden

a) Bestimmungen über das Paschaopfer finden sich in: Ex 12,1-11; 12,43-49; (Lev 23,5); Num 9,1-14; (28,16); Dtn 1,16 f.; Jos 5,10; 2 Kön 23,21-23; Ez 45,21 a.22; Esr 6,19-21; 2 Chr 30; 35,1-19; Mt 26,17 b-29 par.; 1 Kor 5,7 b.

b) Bestimmungen über das Mazzotfest finden sich in: Ex 12,14-20; 23,15; 34,18; Lev 23,6-8; Num 28,17-25; Dtn 16,3 f.8; Jos 5,11; Ez 45,21 b; Esr 6,22; 2 Chr 30,13.21; 35,17; Mt 26,17 a; 1 Kor 5,7 a.

Welche Folgerungen können Sie daraus ziehen, daß ein Teil der Texte im Kontext miteinander verbunden ist, während der andere für sich allein steht?

13. Vergegenwärtigen Sie sich die jüdische Rezeption von Ex 12,1-13,16 in der Pessach-Haggada (= Agende mit Erzähltexten zum Pessach-Fest)

Am Seder-Abend wird das Pessach-Fest wie folgt gefeiert: Kidduschsegen; Händewaschen vor dem Seder; Genuß der Erdfrucht; Teilung der mittelsten

Mazza; Erzählung der Haggada mit der berühmten Frage des Jüngsten der Tischgesellschaft:»Was unterscheidet diese Nacht von allen anderen Nächten?« und der Antwort, daß in dieser Nacht nur Ungesäuertes und bittere Kräuter gegessen werden dürfen, daß zweimal eingetunkt und angelehnt gegessen wird; Händewaschen zur Mahlzeit; Segenssprüche über die Mazzot; Genuß des Bitterkrauts; Genuß von Mazzot mit Bitterkraut; Mahlzeit; Genuß des Afikomans (Stück der bereits angebrochenen mittelsten Mazza); Tischgebet nach dem Essen; Hallelgebet; Abschluß.

Festkalender im Alten Testament

	Ex 23, 14–17	Ex 34, 18–24	Dtn 16, 1–7	Lev 23, 4–44
Pessach			1–2. 5–7	5
Mazzot	15	18	3–4. 8	6–8
Qazir	16 a			
Omer-Zählen				9–15
Schavuot		22 a	9–12	16–21
Rosch ha-Schana				23–25
Yom Kippur				26–32
Asif	16 b	22 b		
Sukkot			13–15	33–36. 39–43
Verpflichtung zur Wallfahrt	17	23 f.	16 f.	37 f.

Erläuterungen:
- Pessach oder Pascha am 14. (und 15.) Nisan;
- Mazzot oder Fest der ungesäuerten Brote im Anschluß an das Pascha und mit diesem verbunden;
- Qazir: altes Getreideerntefest
- Schavuot oder Wochenfest: 50 Tage nach Mazzot;
- Rosch ha-Schana oder Neujahrsfest: 1. Tischri;
- Yom Kippur oder Versöhnungsfest: 10. Tischri (s. Lev 16);
- Asif: altes Herbstlesefest
- Sukkot oder Laubhüttenfest: 15.-22. Tischri.

Wie aus dem Pascha- das christliche Osterfest, so ist aus dem Wochen- das christliche Pfingstfest entstanden. In beiden Fällen beträgt der Abstand zwischen beiden Festen 50 Tage.

Problemanzeige: Mitunter werden Num 28 f. zu den Festkalendern gerechnet. Hier handelt es sich jedoch mehr um einen Opfer-, als um einen Festkalender. Im Rahmen der Opferhandlungen werden folgende Feste erwähnt: Pascha: 28,16; Mazzot: 28,17-25; Schavuot: 28,26-31; Rosch ha-Schana: 29,1-6; Yom Kippur: 29,7-11; Sukkot: 29,12-38.

Literatur (zu dieser und anderen Fragen, die von der gemeinsamen biblischen Quelle ausgehend, auch das Judentum betreffen): *A. H. Baumann (Hrsg.):* Was jeder vom Judentum wissen muß, 1983. – *G. Fohrer:* Glaube und Leben im Judentum, 1979. – *R. Rendtorff (Hrsg.):* Arbeitsbuch Christen und Juden. Zur Studie des Rates der EKD, 1979.

14. Welche beiden wichtigen, in den kanonischen und deuterokanonischen Schriften belegten Feste sind in den Festkalendern nicht enthalten?

Es handelt sich um das Purim- (Est 9,20–32) und um das Chanukka- oder Tempelweihfest (1 Makk 4,36–59). Das Purimfest wird am 14. (und 15.) Adar, das Chanukkafest in der Woche des 25. Kislew begangen. (Zu den hebräischen Monatsnamen s. Einheitsübersetzung, S. 1405.) Letzteres dient der Erinnerung an die Weihe des Tempels im Jahre 164 v. Chr. unter der Leitung von Judas Makkabaios. Zu ersterem s. S. 323.

15. In Ex 25,31–40; 37,17–24 wird der goldene Leuchter für den Tempel beschrieben. Diese Menora hat in der jüdischen Kultsymbolik eine ähnliche Bedeutung wie das Kreuz in der christlichen erhalten und ist zum Wahrzeichen des heutigen Staates Israel geworden. Worin unterscheidet sich dieser goldene Leuchter für den Tempel von dem Chanukkaleuchter?

Gesetzescorpora im Pentateuch

Exodus
20,22–23,33: Bundesbuch
25–31; 35–40: Kultgesetz
34,10–26: kultischer Dekalog
Levitikus
1–7: Opfergesetze
11–15: Reinheitsgesetze
17–26: Heiligkeitsgesetz
Numeri
3–6; 15; 27–30; 35f.: Nachträge
Deuteronomium
12–26: deuteronomisches Gesetz

Abgesehen von dem äußerst wertvollen Material und der kunstvollen Verarbeitung, hat die Menora sieben Arme (Ex 25,32.37; 37,18.23), während der Chanukkaleuchter über acht Arme verfügt, da der Leuchter bei diesem Tempelweihfest der Überlieferung nach acht Tage brannte, obwohl er nur von einem kleinen Krug Öl gespeist wurde.

Die beiden Dekaloge in Ex 20 und Dtn 5

Ex 20 Verse	Dtn 5		Synopse der wichtigsten Unterschiede		Zählung d. Gebote		
					Juden.	or/re	rö/lu.
2	6	Selbstvorstellung Gottes			1	1	1
3	7	Fremdgötterverbot			2	1	1
4–6	8–10	Bilderverbot			2	2	1
7	11	Mißbrauch des Gottesnamens			3	3	2
8–11	12–15	Heiligen des Sabbats	»gedenke« (sakar)	»achte auf« (šamar)	4	4	3
			Begründung:				
			Schöpfung (Gen 2,2 f.)	selbst Sklave in Ägypten gew.			
12	16	Schutz der Eltern		*2 Zusätze:* wie dir der Herr, dein Gott, zur Pflicht gemacht hat; und es dir gut geht	5	5	4
		Verbot des:			6	6	5
13	17	Tötens					
14	18	Ehebruchs			7	7	6
15	19	Diebstahls			8	8	7
16	20	Falschaussage	Lügenzeuge	falscher Zeuge	9	9	8
17	21	Begehrens	Haus; Frau, Sklave	Frau; Haus, Acker, Skl.	10	10	9
							10

Erläuterungen:
Insgesamt gibt es 20 Unterschiede zwischen den beiden Dekalogfassungen, wobei 13 Zusätze in der Deuteronomium-Fassung sind.
Die Synopse verzeichnet nur die wichtigsten.
Die letzten drei Kolumnen weisen auf die unterschiedliche Zählung der Gebote hin: Spalte 6 verweist auf die Zählung im Judentum, Spalte 7 in der griech.-orthodoxen sowie in der ev.-reformierten Kirche und Spalte 8 auf Origenes, Augustin, die röm.-kath. und ev.-luth. Kirche.

Literatur: H. Schüngel-Straumann, Der Dekalog-Gottes Gebote?, SBS 67, ²1980.

16. Wo und in welchen Kontexten kommt das Sabbatgebot in der Tora vor?

Ex 16,23–30: Beim Manna
Ex 20,8–11: Heiligen des Sabbats im Dekalog
Ex 23,12: Sabbatruhe und -feier im Zusammenhang des Sabbatjahres
Ex 31,12–17: Bei der Vorbereitung zur Errichtung des Heiligtums
Ex 34,21: Einschub im Festkalender innerhalb des kultischen Dekalogs
Ex 35,2 f.: Vor der Ausführung der Arbeiten am Heiligtum
Lev 19,3: In einer Gebotssammlung zusammen mit dem Gebot des Schutzes der Eltern
Lev 23,3: Im Festkalender innerhalb des Heiligkeitsgesetzes
Dtn 5,12–15: Heiligen des Sabbats im Dekalog
Nicht berücksichtigt ist hier Lev 26,34, da es sich an dieser Stelle um das Sabbatjahr handelt (vgl. auch Ex 23,10 f.; Lev 25,2–7; Dtn 15,1).

17. Wo wird der Vorgang »Vorlesen des Gesetzes und Verpflichtung des Volkes« dargestellt?

Ex 24,3; Dtn 28,69–29,14; Jos 24,1–28; 2 Kön 23,1–3 par. 2 Chr 34,29–33; Neh 10.

18. Wo kommt das Motiv »Aufrichten von 12 Steinen« außer Ex 24,4 noch vor?

Jos 4 im Zusammenhang der Jordandurchquerung und 1 Kön 18,31, als Elija nach dem Gottesurteil auf dem Karmel den zerstörten Altar JHWHs wieder aufbaut.

19. In welchem jüdischen Fest wird die Übergabe des Gesetzes am Sinai gefeiert?

Im Zusammenhang von Schevuot wird Matan Tora gefeiert, indem man die ganze Nacht mit dem Studium der Tora zubringt.

20. Das Buch Exodus enthält zwei ganz zentrale Traditionen über das Erscheinen Gottes: a) die Epiphanie als Erscheinung Gottes zur Rettung aus Not Ex 3 f.; 6 und b) die Theophanie als Erscheinung

Gottes zur Verkündigung seines Willens Ex 19; 24,15b–18. In welchen atl. Texten finden wir Entsprechungen?

a) Zur Epiphanie: Dtn 33,2.26; Ri 5,4f.; 2 Sam 22,8-16 (= Ps 18,8-16); Jes 30,27-33; 59,15b-20; 63,1-6; Mi 1,3f.; Nah 1,3b-6; Hab 3,3-15; Sach 9,14; Ps 18,18,8-16 (= 2 Sam 22,8-16); 29; 68,8f.34; 77,17-20; 97,2-5; 114, *(Rettung aus Not)*

b) zur Theophanie: Dtn 5,23-26; 1 Kön 5-8 par. 2 Chr 5-7; Jes 6; Ps 97.

(Verkündigung seines Willens)

Problemanzeige: Die hier gebotene Unterscheidung von Epiphanie und Theophanie ist hauptsächlich von C. Westermann eingeführt worden und wird in der atl. Forschung nicht allgemein geteilt.

Literatur: W. *Beyerlin:* Herkunft und Geschichte der ältesten Sinaitraditionen, 1961. – J. *Jeremias:* Theophanie. Die Geschichte einer alttestamentlichen Gattung, WMANT 10, ²1977 (dort weitere Literatur). – E. W. *Nicholson:* Exodus and Sinai in History and Tradition, 1973. – L. *Perlitt:* Bundestheologie im Alten Testament, WMANT 36, 1969. – C. *Westermann:* Die Herrlichkeit Gottes in der Priesterschrift (1971), in: *ders.:* Forschung am Alten Testament. Gesammelte Studien, Band II, ThB 55, 1974, S. 115-137. – C. *Westermann:* Das Loben Gottes in den Psalmen (1954), in: *ders.:* Lob und Klage in den Psalmen, 1977, bes. S. 69-76. – C. *Westermann:* Theologie des Alten Testaments in Grundzügen, Grundrisse zum Alten Testament, ATD Ergänzungsreihe 6, 1978, S. 49-51. 165-175.

---

21. Nennen Sie einen Vorgang, der dem in Ex 32 erzählten nahekommt

Es ist Jerobeams I. Tat, zwei goldene Kälber anfertigen und diese in den Heiligtümern von Bet-El und Dan aufstellen zu lassen: 1 Kön 12,26-33.

22. Das Motiv des Verhüllens des Gesichts Moses kommt noch einmal ausführlich im NT vor. Wo?

2 Kor 3,7-18. An Hand dieses Motivs entfaltet Paulus das Verhältnis des Alten Bundes im Vergleich zum Neuen.

Tabelle der expliziten Referenzen auf die Exodustradition im AT

Die hier aufgelisteten Texte verstehen sich als Gesamtdarstellung aller expliziten Referenzen auf die Exodustradition im Alten Testament, die zu *den* zentralen biblischen Traditionen gehört. Die insgesamt 343 Belege mögen vielleicht im ersten Moment den interessierten Benutzer abschrecken. Gerade an dieser Stelle sei darum an die Intention unseres Arbeitsbuches erinnert, das mit dieser überblickartigen Zusammenstellung Anreize zur vertiefenden Beschäftigung mit der Bibel liefern möchte. Dies kann in verschiedener Weise geschehen. Neben der hier gebotenen Gliederung können die Belegstellen auch zu einzelnen biblischen Büchern oder Komplexen zusammengestellt werden.

Die hier vorgelegte Reihenfolge der einzelnen Belege entspricht der masoretischen Anordnung der biblischen Bücher. Die Tabelle bietet dabei eine Auflistung nach dem Vorkommen mit den einzelnen Verballexemen, Lexemen, Wendungen und Referenzen. Nicht aufgeführt sind dagegen diejenigen atl. Texte, die die Heraus-/Herausführung aus Ägypten implizit voraussetzen. Dazu gehören naturgemäß die Texte in Ex 1; 5; 7–10; 11 f., Erzählungen also, die die Ereignisse *vor* der Herausführung betreffen. Sie sind für die Interpretation der Gesamtvorkommen unentbehrlich, stellen aber keine *expliziten* Referenzen dar.

1a) Lexem »herausgehen« (jaza' qal) 49 Belege
Gen 15,14; Ex 11,8 (2×); 12,31.41; 13,3.4.8; 14,8; 16,1; 19,1; 23,15; 34,18; Num 1,1; 9,1; 11,20; 22,5.11; 26,4; 33,1.3.38; Dtn 4,45.46; 9,7; 11,10; 16,3 (2×).6; 23,5; 24,9; 25,17; Jos 2,10; 5,4 (2×).5 (2×).6; 1 Kön 6,1; 8,9; 2 Kön 21,15; Jer 7,25; Mi 7,15; Hag 2,5; Ps 68,8; 81,6; 105,38; 114,1; 2 Chr 5,10.

1b) Lexem »herausführen«, »herausbringen« (jaza' hif'il) 88 Belege
Ex 3,10.11.12; 6,6.7.13.26.27; 7,4.5; 12,17.39.42.51; 13,3.9.14.16; 14,11; 16,3.6.32; 18,1; 20,2; 29,46; 32,11.12; Lev 19,36; 22,33; 23,43; 25,38.42.55; 26,13.45; Num 15,41; 20,16; 23,22; 24,8; Dtn 1,27; 4,20.37; 5,6.15; 6,12.21.23; 7,8.19; 8,14; 9,12.26.28 (2x).29; 13,6.11; 16,1; 26,8; 29,24; Jos 24,5.6; Ri 2,12; 6,8; 1 Sam 12,8; 1 Kön 8,16.21.51.53; 9,9; Jer 7,22; 11,4; 31,32; 32,21; 34,13; Ez 20,6.9.10.14.22; Ps 105,37.43; 107,14.28; 136,11; Dan 9,15; 2 Chr 6,5; 7,22.

2a) Lexem »hinaufgehen« ('alah qal) 10 Belege
Ex 1,10; 13,18; Num 32,11; Ri 11,13.16; 19,30; 1 Sam 15,2.6; Jes 11,16; Hos 2,17.

2b) Lexem »hinaufführen«, »hinaufbringen« ('alah hif'il) 40 Belege
Gen 46,4; 50,24; Ex 3,8.17; 17,3; 32,1.4.7.8.23; 33,1; Lev 11,45; Num 14,13; 16,13; 20,5; 21,5; Dtn 20,1; Jos 24,17; Ri 2,1; 6,8.13; 1 Sam 8,8; 10,18; 12,6; 2 Sam 7,6; 1 Kön 12,28; 2 Kön 17,7.36; Jer 2,6; 11,7; 16,14; 23,7; Hos 12,14; Am 2,10; 3,1; 9,7; Mi 6,4; Ps 81,11; Neh 9,18; 1 Chr 17,5.

3a) Lexem »retten«, »befreien« (nazal hif'il) 12 Belege
Ex 3,8; 5,23; 6,6; 12,27; 18,8.9.10 (2×); Ri 6,9; 8,34(?); 1 Sam 10,18; Jes 19,20.

3b) Lexem »gerettet werden« (nazal nif'al) 1 Beleg
Mi 4,10.

4. Lexem »befreien«, »erretten« (padah qal) 13 Belege
Dtn 7,8; 9,26; 13,6; 15,15; 21,8; 24,18; 2 Sam 7,23 (2×); Mi 6,4; Ps 78,42; 1 Chr 17,21 (2×); Neh 1,10.

5. Lexem »auslösen« (ga'al qal) 3 Belege
Ex 6,6; 15,13; Ps 77,16 (vgl. Jes 41,14; 43,1.14; 44,6.22. 23.24; 47,4; 48,17.20; 49,7.26; 51,10; 52,3.9; 54,5.8).

6. Lexem »machen« ('sah qal) 22 Belege
Ex 13,8; 14,31; 18,1.8.9; 19,4; Num 14,22; Dtn 1,30; 4,34; 7,18; 10,21; 11,3.4.7; 29,1; 34,12; Jos 4,23; 9,9; 24,5.7.17; Ps 78,12.

7. Lexem »Fremdling« (ger) 7 Belege
Ex 2,22; 18,3; Dtn 23,8 – Plural: Ex 22,20; 23,9; Lev 19,34; Dtn 10,19.

8. »Sklave«, »Sklaven«, »Sklaverei« ('æbæd, 'abadim, 'abodah) 19 Belege
Ex 6,6; 13,3.14; 20,2; Dtn 5,6; 6,12; 7,8; 8,14; 13,6.11; Jos 24,17; Ri 6,8; Jer 34,13; Mi 6,4 – dieselbe Formel »und bedenke, daß du Sklave gewesen bist im Lande Ägypten« findet sich Dtn 5,15; 15,15; 16,12; 24,18.22.

9. »mit starker Hand« (jad chasakah/ bchasak jad) und/oder »mit hoch erhobenem Arm« (bsᵉroaʿ nᵉtujah)
Ex 3,19; 6,1 (2×).6; 13,3.9.14.16; 15,16; 32,11; Dtn 4,34; 5,15; 6,21; 7,8.19; 9,26.29; 11,2; 26,8; 34,12; 2 Kön 17,36; Jer 32,21; Ez 20,33.34; Ps 77,16; 136,12; Dan 9,15; Neh 1,10.

10. Verschiedene Referenzen
a) Die Wendung: Hos 12,10; 13,4;
b) Pauschale Anspielungen auf die Exodusüberlieferung oder auf Einzelzüge (mit Stichworten): 1 Sam 4,8; 6,6; Jes 10,26; 43,16; 63,11; Hos 11,1; Ps 66,6; 77,15–20; 78,12–14.43–53; 80,9 f.; 106,7–9; 135,8 f.; Neh 9,9 ff.; 2 Chr 20,10;
c) Wendungen, die von einem künftigen Exodus sprechen: Dtn 30,3.4; Jes 11,11; 19,20; 27,13; 40,11; 43,5.8; 48,20; 49,9; 52,11.12; 54,7; 55,12; 56,8; Jer 23,3; 29,14; 31,8.10; 32,37; Ez 11,17; 20,34.41; 28,25; 34,13; 36,24; 37,21; 39,27; Mi 2,12; 4,6; Sach 10,8.10; Ps 106,47; Neh 1,9; 1 Chr 16,35;
d) Wendungen, die von der Rückkehr nach Ägypten sprechen: Dtn 17,16; 28,68; Hos 8,13; 9,3.6.
Die Septuaginta bietet über den masoretischen Text hinaus an drei Stellen einen expliziten Hinweis auf den Exodus: Ex 40,17; Dtn 6,4; Ri 19,30.

Literatur: S. Herrmann: Israels Aufenthalt in Ägypten, 1970. – *W. H. Schmidt:* Exodus, Sinai und Mose, EdF 191, 1983. – *P. Weimar/E. Zenger:* Exodus. Geschichten und Geschichte der Befreiung Israels, SBS 75, ²1979.

Levitikus

Grobgliederung:
1–7: Opfergesetze
8–10: Beginn des Kultes
11–15: Kultische Reinheitsgesetze
16: Der Versöhnungstag (Yom Kippur)
17–26: Heiligkeitsgesetz
27: Auslösung von Gelübden und Weihegaben

1. Bestimmen Sie den Aufbau des Buches Levitikus

1–7: Opfergesetze
1,1–17: Brandopfer (ʿola)
2,1–16: Speiseopfer (mincha)
3,1–17: Gemeinschafts-Schlachtopfer oder Heilsopfer (sebach-schᵉlamim)
4,1–35: Sündopfer (chattat)
 a) eines Priesters, b) der Gemeinde, c) eines Fürsten, d) eines einzelnen
5,1–26: Schuldopfer (ʾascham)
6,1–7,38: Bestimmungen für die Priester bei der Opferdarbringung
 Ewiges Feuer; Verzehr des Opfers; tägliches Speiseopfer; Verbot des Fett-
 und Blutgenusses; Opferanteile für die Priester; feierlicher Abschluß in
 7,37 f.

8–10: Beginn des Kultes (Fortsetzung der Sinaierzählung)
8,1–36: Priesterweihe Aarons und seiner Söhne // Ex 29,1–37
 Ritus: – Einkleidung (Investitur)
  – Salbung
  – Schlachten des Sündopferstiers mit Blutritus
  – Brandopferwidder
  – Einsetzungs-Widderopfer mit Blut- und Darbringungsritus
  – Weihe mit Salböl und Blut
  – 7-Tage-Klausur
9,1–24: Der erste Opfergottesdienst
 Aarons Opferhandlung: das erste Opfer eines geweihten Priesters; Sünd-
 und Brandopfer für sich, Sünd-, Brand-, Speise- und Gemeinschafts-
 Schlachtopfer für das Volk; Segen; Erscheinen der Herrlichkeit Gottes (ka-
 bod JHWH).

10,1–20: Der erste Verstoß gegen die Opfervorschriften
Tod der Söhne Aarons: Nadab und Abihu; Alkoholverbot für Priester; Opferanteile der Priester; Streitigkeit in Opferfragen.

11–15: Kultische Reinheitsgesetze
11,1–47: Reine und unreine Tiere
Reine Tiere: wiederkäuende Paarhufer; Schuppen- und Flossentiere; bestimmte Vögel;
Unreine Tiere: aasfressende Vögel; Insekten (außer Heuschrecken); vierfüßige Flügelinsekten; alle Landtiere, die nicht wiederkäuende Paarhufer sind; Tatzentiere u. a.;
Unreinheit von allem, was mit toten Tieren in Berührung kommt.
12,1–8: Unreinheit einer Wöchnerin:
40 Tage bei der Geburt eines Jungen, 80 Tage bei einem Mädchen.
13,1–59: Unreinheit durch Aussatz: Verschiedene Hautbefunde beim Menschen; Verhalten von Aussätzigen; »Aussatz« an Geweben
14,1–57: Reinigungsriten und Reinheitserklärung bei Aussatzheilung
Vogelopfer mit Freilassung eines in Blut getauchten Vogels; Opferdarbringung; Häuseraussatz.
15,1–33: Unreinheit im Zusammenhang mit den Genitalien
Ausfluß aus dem Körper; Pollution; Menstruation; Zwischenblutung; Todesstrafe bei Eintreten in das Heiligtum.

16,1–34: Der (große) Versöhnungstag (Yom Kippur, jom ha-kippurim Lev 23,27)
Ritus: Einkleidung; Sünd- und Brandopfer für (den Hohenpriester) Aaron und das Volk, Blut wird gegen den Deckel der Lade (Kapporet) gespritzt; Auslosung eines Ziegenbockes für Asasel, Auflegung der Verfehlungen auf den »Sündenbock«, Hinaustreiben des Bockes; Feier des Versöhnungstages, an dem der Priester allein das Allerheiligste betreten darf, einmal jährlich am 10. Tischri mit strengster Feiertagsruhe

17–26: Das sogenannte Heiligkeitsgesetz
17,1–9: Ausschließlichkeit des Opfers am Heiligtum (Zentralisationsforderung), andernfalls Blutschuld
17,10–16: Verbot des Blutgenusses
17,11: »Die Lebenskraft des Fleisches sitzt nämlich im Blut«.
18,1–30: Sexualethik
6–13: Verbot von Geschlechtsverkehr mit bestimmten Verwandten
19–23: weitere verbotene sexuelle Beziehungen, u. a. Homosexualität und Sodomie.

19,1–37: Kult- und Sozialethik

Besonders wichtig:

19,18: Liebe deinen Nächsten (in deiner Gemeinschaft) wie dich selbst (bzw.: er ist wie du)

19,34: Liebe den Fremden (ger) wie dich selbst (bzw.: er ist wie du)

20,1–27: Todeswürdige Verbrechen bei Molochopfer, Totenbeschwörung und Wahrsagerei, Elternverfluchung und Sexualdelikten

21,1–24: Vorschriften für Priester bei Todesfällen, Ehehindernissen und körperlicher Unversehrtheit

22,1–33: Vorschriften für den Genuß und die Darbringung von Opfern
Ausschluß von unreinen Priestern und Laien; Unversehrtheit der Opfertiere.

23,1–44: Feste: Sabbat, Pascha und Mazzot, Erstlingsgabe, Wochenfest (Schavuot), Neujahrstag (Rosch ha-Schana), Versöhnungstag (Yom Kippur, Jom ha-Kippurim), Laubhüttenfest (Sukkot)

24,1–9: Bestimmungen für den Leuchter (Menora) und den Schaubrottisch mit den Broten

24,10–23: Steinigung eines Gotteslästerers (Präzedenzfall); V. 19 f. ius talionis

25,1–55: Sabbat- und Erlaßjahr
Brachjahr: im 7. Jahr; Erlaß- oder Jubeljahr: im 50. Jahr (7×7 + 1), Wiederherstellung alter Besitzverhältnisse; kein endgültiger Landverkauf, da das Land Eigentum JHWHs ist, Wohnhausregelungen; Sonderbestimmungen für Leviten; Sklavengesetze.

26,1–46: Segen und Fluch (beim Halten der Gebote und Gesetze)
Segen = Regen, Fruchtbarkeit, Mehrung, reiche Ernte;
Fluch = Krankheit, Krieg, Dürre, Raubtiere, Verwüstung und Zerstreuung.

27,1–34: Auslösung von Gelübden und Weihegaben bei Personen, Tieren, Häusern und Landbesitz: Beachten Sie die jeweiligen Werte!

2. Im Zusammenhang des Aufbaus des Buches Levitikus ist besonders auf die beiden Textstellen 19,18 und 19,34 hingewiesen worden, die bereits im AT eine herausragende Bedeutung haben. Jesus hat sie dann in den Mittelpunkt seiner Verkündigung gestellt. Benennen Sie die Textstellen, an denen dieses zentrale Gebot in den Evangelien vorkommt

Mt 5,43; 19,19; 22,39; Mk 12,31; Lk 10,27.

3. Wie lautet der zentrale Satz im Heiligkeitsgesetz, und an welchen Stellen kommt er vor?

»Ich bin heilig, darum sollt ihr heilig sein!« (Lev 19,2; 20,7.26).

4. Die in Lk 17,14 ausgesprochene Aufforderung Jesu geht auf eine atl. Bestimmung zurück. Wo finden Sie diese?

Sie finden diese in Lev 13 f. Beachten Sie hierbei die dezidierte Anerkennung dieser alttestamentlichen kultischen Forderung durch Jesus, und vergegenwärtigen Sie sich dies auch im Hinblick auf andere Fälle, die uns in den Evangelien berichtet werden.

Im Buch Levitikus sind viele Texte enthalten, die für das Judentum bis heute eine außerordentliche Bedeutung haben; s. hierzu die Tabelle S. 75.

Überblick über die Opfer nach Lev 1–5

Brandopfer (immer männliches, fehlerloses Tier) ʿola Lev 1
a) Großvieh:
  – Hand auf das Haupt legen
  – Schlachten
  – Blut an den Altar sprengen
  – Haut abziehen
  – Zerlegen
  – Feuer bereiten
  – Legen der Stücke, des Kopfes und des Fettes auf das Holz über dem Altarfeuer
  – Waschen der Eingeweide und der Beine
  – Verbrennen
b) Kleinvieh: ebenso
c) Tauben:
  – Kopf abtrennen und verbrennen
  – Blut ausdrücken
  – Kropf wegwerfen
  – Flügel einreißen
  – Verbrennen
Speiseopfer mincha Lev 2
a) Feinmehl, Öl und Weihrauch
  Ein Teil wird verbrannt, der Rest gehört den Priestern.
b) Ofengebäck: ungesäuerte Ölkuchen
c) Backgebäck: ungesäuertes Feinmehlgebäck mit Öl
d) Topfgebäck: Feinmehl mit Öl
  (Jedes Speiseopfer soll gesalzen sein.)
e) Erstlingsfrüchte: Körner mit Öl und Weihrauch
Gemeinschafts-Schlachtopfer oder Heilsopfer sebach-schᵉlamim Lev 3
a) Großvieh (männlich oder weiblich):
  – Hand auf das Haupt legen
  – Schlachten
  – Blut an den Altar sprengen
  – Brandopfer aus: Fett, Nieren und -fett, Leberfett

b) Kleinvieh (männlich oder weiblich): ebenso
Fett- und Blutspeiseverbot. Der Rest wird offensichtlich verzehrt.

Sündopfer (bei unwissentlichem Vergehen) chattat Lev 4
a) wenn der Priester sich versündigt hat; Opfergabe: junger Stier
   - Hand auf das Haupt legen
   - Schlachten
   - Blut mit dem Finger siebenmal gegen den Vorhang des Heiligtums spritzen, auf die Hörner des Rauchopferaltars tun und den Rest am Brandopferaltar ausgiessen
   - Brandopfer aus Fett
   - der Rest wird außerhalb des Heiligtums *ganz* verbrannt
b) wenn die Gemeinde sich vergangen hat: wie a)
c) wenn ein Fürst sich versündigt hat; Opfergabe: Ziegenbock:
   wie a), jedoch ohne völliges Verbrennen
d) wenn irgend jemand sich versündigt hat; Opfergabe: Ziege oder weibliches Schaf:
   wie a), jedoch ohne völliges Verbrennen

Schuldopfer 'ascham Lev 5
a) bei: - Nichtanzeige einer Verfluchung
        - kultischer Verunreinigung
        - unbesonnenem Schwören;
   Opfer: - weibliches Kleinvieh (Schaf oder Ziege) als Sündopfer
   oder: - 2 Tauben, die eine als Sünd-, die andere als Brandopfer
   oder: - 1/10 Efa Feinmehl (ca. 4 kg)
b) bei: - Vergreifen an geweihtem oder anvertrautem Gut
   Opfer: - Widder und/oder Ersatzleistung, vermehrt um 1/5.

Überblick über Abgaben und Opferanteile für die Priester

Diese Tabelle orientiert sich einerseits an sachlichen, andererseits an zeitlichen Kriterien. Deshalb ist in diesem Falle auf die kanonische Reihenfolge der biblischen Bücher verzichtet worden.

a) *Ex 23, 14-19*
   Dreimal jährlich eine Wallfahrt mit Gaben; die besten der Erstlingsfrüchte des Akkers sind für den Tempel (die Priester?) bestimmt.
b) *Ex 34, 18-26*
   Wie Ex 23; erweitert um das »Auslösen« der Erstgeburt durch niedrigere Tiere. Welchen Anteil dabei die Priester erhalten, bleibt unklar.
c) *Dtn 14, 22-29*
   Die jährliche Abgabe des Zehnten von Korn, Wein, Öl und tierischer Erstgeburt am Zentralheiligtum, dem Jerusalemer Tempel; davon abzuziehen ist der Verzehr oder der hierfür aufgebrachte entsprechende Geldbetrag. Alle drei Jahre gehört der ganze Zehnte den Verarmten.

Dtn 18, 1–8
Opferanteile für den levitischen Priester:
- Vorderkeule, Kinnbacke und Magen vom Schlachtopfer (sebach)
- Erstlinge von Korn, Wein, Öl und der Schafschur

d) *Ez 44, 29–31*
Opferanteile für die Priester:
- Speiseopfer
- Sündopfer
- Schuldopfer
- alles Bann-Gut
- das Beste aller Erstlingsgaben
- alle Weihegaben
- das Beste der Gebäckgaben

e) *Lev 6f.*   nachexilisch
Opferanteile für den (vorwiegend aaronitischen) Priester:
- Speiseopfer: alles, außer einer Handvoll Feinmehl mit Öl und dem ganzen Weihrauch
- Sündopfer: alles
- Schuldopfer: alles, außer dem Fett
- Gemeinschafts-Schlachtopfer oder Heilsopfer: ein Teil
- Feueropfer: Brust und rechte Schenkelkeule   ischeh

Lev 10, 6–15
- Speiseopfer: ungesäuerte Brote
- Feueropfer: Brust und Schenkelkeule

f) *Num 18*   nachexilisch
Opferanteile für den aaronitischen Priester:
- Speiseopfer   alles, was nicht verbrannt wird (also
  Sündopfer   ohne Fett, Nieren, -fett, Leberfett bzw.
  Schuldopfer   Teil des Fetteiges) zum Verzehr am heiligen Ort
- Erstlinge der Feldfrüchte
- alles Bann-Gut
- die Erstgeburten der Tiere
- das Auslösen der Erstgeburten der Menschen und des unreinen Viehs
- Brust und rechte Schenkelkeule
- alle Weihegaben;
Opferanteil für die levitischen Priester:
- den Zehnten von den Israeliten, abzüglich 1/10 für JHWH, was den aaronitischen Priestern zu geben ist

5. Welche Bedeutung hat Lev 9 im Rahmen der Sinaiperikope?

Das Kapitel schildert den Beginn des Opferkults. Indem die Herrlichkeit JHWHs (kabod JHWH) erscheint, wird dieser Opferkult legitimiert.

Speisegebote nach dem Pentateuch/der Tora

1. Die wichtigste aller Speisevorschriften ist das Verbot des gleichzeitigen Genusses von Milchigem und Fleischigem, gemäß dem Verbot »Du darfst ein Böcklein nicht in der Milch seiner Mutter kochen«, das dreimal im Pentateuch jeweils am Schluß von Gesetzessammlungen Ex 23,19; 34,26; Dtn 14,21 vorkommt.

2. Zu unterscheiden sind reine und unreine Tiere, also Tiere, die zur Speise erlaubt bzw. verboten sind.

	Reine Tiere	*Unreine Tiere*
I.	Lev 11,2f.: Tiere mit gespaltenen Klauen, Paarzeher und Wiederkäuer Dtn 14,4–6: Großtiere mit gespaltenen Klauen und Wiederkäuer: – Rind – Lamm – Gazelle – Wisent – Ziege – Rehbock – Wildschaf – Damhirsch – Wildziege – Steinbock	Lev 11,4–8; Dtn 14,7f. – Kamel (11,4; 14,7) – Klippdachs (11,5; 14,7) – Hase (11,6; 14,7) – Wildschwein (11,7; 14,8) – Verbot des Fleischgenusses und der Aasberührung (11,8)
II.	Lev 11,9; Dtn 14,9: Wassertiere mit Flossen und Schuppen	Lev 11,10–12; Dtn 14,10: Verbot des Fleischgenusses und der Aasberührung aller anderen Wassertiere
III.	Dtn 14,11.20: Vögel	Lev 11,13–19; Dtn 14,12–18: verschiedene Arten von Vögeln, vor allem Geier-, Bussard-, Raben-, Eulen-, Falken- und Reiherarten sowie Storch, Wiedehopf und Fledermaus
IV.	Lev 11,21f.: Kleintiere mit Flügeln und 4 Füßen, die Springbeine haben: verschiedene Heuschreckenarten	Lev 11,20.23–25; Dtn 14,19: Kleintiere mit Flügeln und 4 Füßen
V.		Lev 11,26: Tiere mit gespaltenen Klauen, die nicht Paarzeher und Wiederkäuer sind (vgl. 11,4–7)

VI.	Lev 11,27f.: Vierfüßler, die auf Pfoten gehen
VII.	Lev 11,29–31.41–45: Kleine Kriechtiere: Maulwurf, Maus, verschiedene Arten der Eidechsen
VIII.	Lev 20,25: allgemeine Mahnung

3. Auch bei den reinen Tieren ist nicht der Verzehr alles Eßbaren erlaubt. Hiervon ausgenommen sind
a) der Fettgenuß Lev 3,17; 7,22–25 und
b) der Blutgenuß Gen 9,4; Lev 3,17; 7,26f.; 17,10–14; Dtn 12,23–25.
Hiermit hängt auch das rituelle Schlachten («Schächten») zusammen, das auf den Bestimmungen Lev 17,13; Dtn 12,24 basiert: Das Tier ist so zu töten, daß das Blut wie Wasser ausfließt und mit Erde bedeckt wird. Raschi, der große jüdische Gelehrte des 11. Jahrhunderts, kommentiert dies folgendermaßen: »Fleisch mit dem Leben seines Blutes dürft ihr nicht essen, das ist ein Glied vom Lebenden, und auch mit dem Leben seines Blutes dürft ihr nicht essen, das ist Blut vom Lebenden« (Raschis Pentateuchkommentar zu Gen 9,4).

4. Weiterhin gibt es bei reinen Tieren Einschränkungen, die durch besondere Umstände hervorgerufen werden:
a) wenn das Tier gerissen ist Ex 22,30; Lev 17,15f. und
b) wenn das Tier verendet ist Lev 11,39f.; 17,15f.; Dtn 14,21a.
Begründet wird dies mit der *kultischen* Reinheit (»Als heilige Männer sollt ihr mir gehören« Ex 22,30a).

5. Zu den Speisegeboten gehört im weiteren Sinne schließlich noch die Frage der Reinigung des Koch- und Eßgeschirrs, die sich aus Num 31,22f. ergibt. Hier handelt es sich um die kultische, nicht um hygienische Reinigung!

6. Wo finden Sie die Bestimmungen über das Sabbat- und Erlaß- oder Jubeljahr?

Sabbatjahr: Ex 23,10 f.; Lev 25,2–7; Dtn 15,1–18; Neh 10,32 – vgl. hierzu auch Jer 34,8–22;

Erlaß- oder Jubeljahr: Lev 25,8–54.

Numeri

Grobgliederung:
 1–10: Zusätzliche Anordnungen Gottes am Sinai
10–20: Der Weg durch die Wüste vom Sinai bis zum verheißenen Land
21–32: Eroberung und Besiedlung des Negev und Ostjordanlandes
33–36: Verschiedene Nachträge

1. Bestimmen Sie den Aufbau des Buches Numeri

1–10: Zusätzliche Anordnungen Gottes am Sinai
1,1–54: Zählung der wehrfähigen Israeliten
Insgesamt: 603550 Männer; größter Stamm ist Juda mit 74600, kleinster Manasse mit 32200; Freistellung der Leviten vom Kriegsdienst.
2,1–34: Lagerordnung des Heeres
Osten: Juda, Issachar, Sebulon;
Süden: Ruben, Simeon, Gad;
Westen: Efraim, Manasse, Benjamin;
Norden: Dan, Ascher, Naftali.
3,1–4,49: Die Leviten
3: Leviten werden den Aaroniten unterstellt; Leviten sind der Ersatz für die männliche Erstgeburt Israels; Levis Söhne: Gerschon, Kehat und Merari; Gesamtzahl der gemusterten männlichen Leviten: 22000;
4: Dienst der Leviten:
Kehatiter: Tragen des Allerheiligsten;
Gerschoniter: Tragen der Zeltbahnen, Teppiche und Vorhänge;
Merariter: Tragen der Holzwände;
Gesamtzahl der gemusterten Diensttuenden: 8580.
5,1–31: Verschiedene Bestimmungen:
1–4: Ausweisung aller Unreinen aus dem Lager,
5–10: Wiedergutmachung für Eigentumsvergehen,
11–31: Gottesurteil bei Ehebruchverdacht der Frau
(Ritus: Fluchbringendes Wasser als Gemisch aus Weihwasser, Erde und Tinte).
6,1–23: Nasiräat: Weihung für Gott durch Gelübde; Verzicht auf Wein und Bier, Scheren des Haupthaares und Berührung mit Toten; Opfer am Ende des Nasiräats
6,24–26: *Der aaronitische Segen*
7,1–89: Opfergaben der 12 Stammeshäuptlinge zur Einweihung des Altars

8,1-26: Der Leuchter (Menora); die Weihe der Leviten (Dienstalter von 25-50 Jahren)

9,1-14: Nachtrag zur Paschaordnung: Unreine und Reisende dürfen Pascha einen Monat später feiern

9,15-23: Die Wolken- und Feuersäule senkt sich auf das Heiligtum

10,1-10: Die silbernen Trompeten

10-20: Der Weg durch die Wüste vom Sinai bis zum verheißenen Land

10-17: Die Bewahrung auf dem Weg

10,11-36: Feierlicher Aufbruch vom Sinai: Mose bittet Hobab, seinen Schwager, mitzuziehen; die Lade zieht voran;

10,35f.: Die Ladesprüche

11,1-3: Gefährdung durch Unzufriedenheit: Feuerstrafe (Tabera)

11,4-35: Gefährdung durch Unzufriedenheit (der mitziehenden Fremden): Ruf nach Fleisch statt nur Manna; Klage des Mose;
24-30: Der Geist Gottes kommt über 70 Älteste (Geist vom Geist des Mose) sowie über Eldad und Medad;
Wachtelberge; Tod bei den »Lustgräbern«.

12,1-16: Gefährdung durch Auflehnung: Mirjams und Aarons Vorwurf gegen Moses Exklusivitätsanspruch; Gott bestätigt Moses Exklusivität: nur mit ihm allein redet er direkt; Strafe: Aussatz

13-14: Die Kundschafter

13,1-33: Aussendung der 12 Kundschafter
Rückkehr mit riesiger Traube und schlechter Nachricht;
Gefährdung durch Angst: Kaleb versucht zu beschwichtigen.

14,1-38: Gefährdung durch Angst: Empörung des Volkes; Strafankündigung durch Gott; Fürbitte des Mose; Strafe: Tod dieser Generation, außer Josua und Kaleb; erst die Kinder kommen in das verheißene Land; 40 Jahre Wüstenwanderung.

14,39-45: Gefährdung durch Eigenmächtigkeit: Niederlage gegen die Amalekiter

15: Nachträge zu Vorschriften
  - 1-16: Speiseopfer als Beigabe zu Tieropfern,
  - 17-21: Erstlingskorn für JHWH,
  - 22-31: Opfergabe bei versehentlichen Verschulden,
  - 32-36: Steinigung eines Sabbatschänders (Präzedenzfall),
  - 37-41: Zizit (Schaufäden, Quasten) mit purpurnem Faden als Erinnerungszeichen.

16–17: Gefährdung und Wunder

16,1–35: Gefährdung durch Auflehnung: Rotte Korachs, Datan und Abiram bestreiten Moses Primat; Strafe: Verschwinden im Erdspalt; verzehrendes Feuer

17,1–15: Gefährdung durch Gott selbst – Rettungswunder, Abwendung der Strafe durch Räucheropfer

17,16–28: Stockwunder: Aarons grünender Stab
Das Wunder legitimiert Aarons Sonderstellung.

18,1–32: Die Verantwortung und die Einkünfte der Leviten
Regelung der Opferanteile und des Zehnten

19,1–22: Das Reinigungswasser
Wasser, vermengt mit roter Kuhasche, dient zur Reinigung nach der Berührung eines Toten.

20,1: Tod Mirjams in Kadesch-Barnea

20,2–13: Gefährdung durch Wassermangel: Wasserwunder (Meriba); Mose und Aaron dürfen nicht in das verheißene Land als Strafe für mangelndes Vertrauen auf JHWH

20,14–21: Verweigerung des Durchzugs durch Edom

20,22–29: Tod Aarons; Eleasar wird sein Nachfolger

21–32: Eroberung und Besiedlung des Negev und Ostjordanlandes

21,1–35: Erste Siege auf der Wanderung und Gefährdung
   a) 1–3: Sieg über Arad,
   b) 4–9: Gefährdung durch Murren: Schlangenplage und Bronzeschlange des Mose zur Rettung,
   c) 10–20: Wanderstationen,
   d) 21–32: Sieg über den Amoriterkönig Sihon von Heschbon (Spottlied),
   e) 33–35: Sieg über den König Og von Baschan.

22–24: Bileam

22,1–41: Der Moabiterkönig Balak holt Hilfe beim Seher Bileam; Bileams Eselin

23,1–24,25: Vier Segenssprüche Bileams über Israel

25,1–18: Abfall von JHWH zu Baal
Teilnahme an moabitischen Feiern zu Ehren von Baal-Pegor; Tötung des Israeliten Simri und der midianitischen Frau Kosbi, mit der er verkehrte, durch den Priester Pinhas zur Abwendung einer Seuche.

25,19–26,65: Zweite Zählung der wehrfähigen Israeliten nach der Seuche //
1,1–54
Insgesamt: 601 730 Männer; größter Stamm ist Juda mit 76 500, kleinster Simeon mit 22 200.

27–30: Vermischte Vorschriften
27,1–11: Erbordnung
   Erbrecht von Töchtern am Fall der 5 Töchter Zelofhads.
27,12–23: *Bestimmung des Josua zum Nachfolger Moses durch Handauflegung*
28,1–30,1: Die regelmäßigen Opfer
   Pro Tag Morgen- und Abendopfer sowie an den Fest(tagen): Sabbat, Neumond, Pascha, Schavuot, Neujahr, Yom Kippur, Laubhüttenfest.
30,2–17: Gültigkeit der Gelübde von Frauen
   Einspruchsrecht des Vaters oder Ehemannes.

31f.: Sieg und erste Landverteilung
31,1–54: Rachekrieg gegen die Midianiter
   Anlaß: die Verführung zu Baal; Bann an allem, außer an jungen Mädchen;
   Regelung der Beuteteilung: Die kämpfende Truppe und der Troß erhalten je
   die Hälfte.
32,1–42: Verteilung des Ostjordangebietes an die Stämme Ruben, Gad und den
   halben Stamm Manasse
   Mose erteilt die Zustimmung dafür nur gegen die Zusage der Waffenhilfe.

33: Abschluß
33,1–56: Verzeichnis der Wanderstationen in der Wüste mit Rückblick und Ermahnung zur Ausrottung der ansässigen Bevölkerung

34–36: Verschiedene Nachträge
34,1–29: Die künftigen Grenzen der Stämme im Westjordangebiet
35,1–34: Leviten- und Asylstädte für unvorsätzlichen Totschlag; Regelung der
   Rechtsverfahren bei Totschlag
36,1–13: Nachtrag zum Erbrecht von Töchtern
   Kein Landbesitz darf durch Heirat an einen anderen Stamm gehen.

2. Zur Wiederholung sei nach der Textstelle des aaronitischen Segens gefragt

Er steht in Num 6,24–26. Sie sollten sich aber auch den Wortlaut einprägen. Wenn Sie Theologie studieren, um sich auf das künftige Pfarramt vorzubereiten, so werden Sie diesen Segen künftig regelmäßig im Gottesdienst sprechen.

Wenn Sie in diesem Falle mit der hebräischen Sprache vertraut sind, was zumindest für die evangelischen Theologiestudentinnen und -studenten, teilweise aber auch für die katholischen gilt, sollten Sie den aaronitischen Segen auch in Hebräisch kennen und können.

3. Prägen Sie sich ebenfalls die Ladesprüche ein! Wo stehen sie?

Sie stehen in Num 10,35 f. Es reicht, wenn Sie diese beiden Verse in der deutschen Übersetzung kennen.

4. In Num 6 wird das Nasiräat behandelt. Welcher atl. Text setzt dieses voraus?

Es handelt sich um Ri 13. Die Ankündigung der Geburt Simsons wird mit dem Hinweis darauf verbunden, daß er von Geburt an ein Gott geweihter Nasiräer sei.

5. Nennen Sie eine Parallelstelle zu Num 11, der Geistbegabung der 70 Ältesten

Ex 18,13–27. Vergegenwärtigen Sie sich diese Parallele, um das Motiv deutlich zu erkennen.

6. Die Geistbegabung der 70 Ältesten Num 11 klingt an prophetische Geistbegabungen an. An welche denken Sie hierbei?

Denken sollten Sie hierbei an Saul in 1 Sam 10,9–12 und 1 Sam 19,19–24 sowie an Elischa in 2 Kön 2,1–18.

7. Die Erwähnung von Meriba in Num 20,1–13 hat eine auffallende Parallele. Wo finden Sie diese?

In Ex 17,1–7. Vgl. Sie zu dieser und zu Frage 5 auch das Kompositionsschema zum Pentateuch S. 18.

8. Bei fahrlässiger Tötung, d. h. bei nicht vorsätzlichem Totschlag, gibt es die Regelung, daß der Totschläger vor dem Bluträcher in eine Asylstadt fliehen soll. Nennen Sie bitte die Texte, die dieses Asyl regeln

Num 35,6–15.22–29: Regelung des Asylverfahrens; Dtn 4,41–43: die Asylstädte im Ostjordangebiet Bezer, Ramot und Golan; Dtn 19,1–13: Regelung des Asylverfahrens; Jos 20,1–9: Funktion und Namen der Asylstädte, es kommen im Westjordangebiet Kedesch, Sichem und Hebron hinzu.

9. Das Geschehen im Buch Numeri wird im geschichtlichen Rückblick Dtn 1–3 erneut dargestellt. Vergleichen Sie beide Komplexe und achten Sie sowohl auf die Gemeinsamkeiten als auch auf die Unterschiede

(Exodus) Numeri	*Deuteronomium*
Einsetzen von Richtern (Idee des Jitro): Ex 18	≠ Einsetzen von Richtern (Idee des Mose): 1,13–18
Sinai: Ex 19–Num 10	≠ Horeb 1,6
viele Stationen bis Kadesch: Ex 19–Num 10	Kadesch-Barnea: 1,19
Aussendung von Kundschaftern: 13	≙ Aussendung von Kundschaftern: 1,22–25
Murren: 14,1–38	≙ Murren: 1,27f.
	Umkehr zum Schilfmeer: 1,40
Niederlage gegen *Amalekiter:*14,39–45	Niederlage gegen *Amoriter:* 1,41–44
	Weg zum Schilfmeer: 2,1
Kadesch: 20	
Ablehnung des Durchzugs durch Edom: 20,14–21	≠ Durchzug durch Edom: 2,4–6
Kampf mit Arad: 21,1	
Weg an Moab vorbei: 21,10f.	≠ Durchzug durch Moab: 2,9–11
Bach Sered: 21,12	Tal des Sered: 2,13
	Weg an Ammon vorbei: 2,17–21
Arnon: 21,13–15	≙ Arnon: 2,24
Sieg über Sihon: 21,21–30	≙ Sieg über Sihon: 2,24–35
Sieg über Og: 21,33–35	≙ Sieg über Og: 3,1–7

Literatur: G. W. Coats: Rebellion in the Wilderness. The Murmuring Motif in the Wilderness Traditions of the Old Testament, 1968. – *V. Fritz:* Israel in der Wüste, 1970.

Deuteronomium

Grobgliederung:
1–11: Reden des Mose
12–26: Das deuteronomische Gesetz
27–30: Schlußreden (mit Segen und Fluch)
31–34: Abschluß des Pentateuchs, der Tora

1. Bestimmen Sie den Aufbau des Buches Deuteronomium

1–11: Reden des Mose (im Ostjordangebiet, vor dem Eintritt in das Land Kanaan
1–3: Geschichtlicher Rückblick
1,1–46: Vom Horeb bis nach Kadesch-Barnea
Einsetzen von Richtern; Aussenden von Kundschaftern; Tod einer Generation in der Wüste als Strafe für Ungehorsam.
2,1–37: Von Kadesch-Barnea bis zum Arnon
Friedlicher Durchzug durch Edom, Moab und Ammon; Sieg über Sihon von Heschbon.
3,1–29: Vom Arnon bis Bet-Pegor
Sieg über Og von Baschan; Verteilung des Ostjordangebietes; Vorbereitung zur Eroberung des Westjordangebietes; Mose darf das Land nur sehen.

4,1–41: Große Mahnrede zur Einleitung des Gesetzes
Halten der Gebote = Leben; Erinnerung an Gottes Rede am Horeb; Verbot von Götterbildern und Gestirnanbetung; Ankündigung von Exil und Heimkehr; Einzigartigkeit des zu seinem Volk redenden Gottes und der Erwählung zum Eigentum durch den Exodus;
41–43: Asylstädte im Ostjordanland (Bezer, Ramot, Golan).
5,1–33: Das Geschehen am Horeb
Mose als Mittler, da das Volk Angst hat, in Gottes Gegenwart zu sterben.

> 6–21: Dekalog ≙ Ex 20,1–17

6,1–25: Paränese: Alleinverehrung Gottes
Besonders wichtig:
V. 4 f.: Schᵉma Israel; V. 20–25 sogenanntes »kleines geschichtliches Credo« (besser: katechetische Unterweisung)
7,1–26: Befehl der Bannvollstreckung an den Völkern des Landes; Verbot der Mischehen; Vernichtung deren religiöser Einrichtungen; Gehorsam bringt Segen und Sieg über diese Völker.

8,1–20: Mahnung zum Loben Gottes
Erinnerung an Manna; Bewahrung durch Gott; Beschreibung des schönen und guten Landes; Warnung vor der Gefahr des Wohlstands.

9,1–6: Warnung vor Selbstruhm beim Sieg über die Völker des Landes

9,7–10,11: Erinnerung an den Ungehorsam am Horeb; die ersten und zweiten Gesetzestafeln; Einschub: Tod Aarons und Aussonderung der Leviten

10,12–22: Gottes Parteinahme für die Schwachen (Waisen, Witwen, Fremde)

11,1–32: Geschichtlicher Rückblick und Mahnung zum Halten der Gesetze
Schilfmeer; Bewahrung in der Wüste; das schöne und gute Land; Einschärfen des Haltens der Gebote (Binden an Arm und Stirn; Schreiben an die Türpfosten); Wahl zwischen Segen (Garizim) und Fluch (Ebal).

12–26: Das deuteronomische Gesetz

12,1: Einleitung

12,2–31: Ein zentrales Heiligtum für ganz Israel
Vernichtung aller anderen (fremden) Kultstätten; Zentralisation der Kultstätte als der Wohnung JHWHs; Unterscheidung zwischen Schlachten und Opfern; Verbot von Götzendienst.

13,1–19: Tötung aller, die Götzendienst wollen (Propheten, Traumdeuter, Verwandte, Freunde u. a.)

14,1–29: Reinheit und Zehntabgabe
Verbot kanaanäischer Trauerbräuche; reine und unreine Tiere; Abgabe des Zehnten von Ernte und Tieren; Ablösung von Geld.

15,1–23: Sabbatjahr und Erstgeburt des Viehs

16,1–17: Festkalender (Wallfahrtsfeste)
a) 1–8: Pascha und Mazzot;
b) 9–12: Wochenfest oder Schavuot;
c) 13–15: Laubhüttenfest oder Sukkot;
d) 16 f.: Verpflichtung zu Wallfahrten.

16,18–18,22: Bestimmungen für verschiedene Ämter
16,13–17,13: Rechtsverfahren (Richter; Zeugen; Gericht am Zentralheiligtum);
17,14–20: Königsgesetz (Anweisungen, Abschrift des Gesetzes);
18,1–8: Leviten (kein Landbesitz, Abgabenanteile);
18,9–22: Propheten (Ablehnung von Zauberern; *Kriterium wahrer Prophetie: das Vorhergesagte trifft ein*).

19,1–13: Asylstädte

19,14–21: Schutz der Grundstücksgrenzen und Zeugen bei Gerichtsverfahren
2 oder 3 Zeugen für die Urteilsfindung; Bestrafung von falschen Zeugen.

20,1–20: Kriegsgesetze
Freistellung bei Hausbau, Neuanlegung eines Weinberges, Eheschließung,

Furcht; Friedensangebot vor Eroberung; Verbot »ökologischer« Kriegsführung.

21,1–9: Unaufgeklärter Mord (Ritus: Brechen des Genicks einer Kuh und Waschen der Hände in Unschuld)

21,10–17: Ehe mit kriegsgefangenen Frauen; Erbrecht des erstgeborenen Sohnes

21,18–23: Tötung eines unverbesserlich widerspenstigen Sohnes; Bestattung eines Hingerichteten am gleichen Tage

22,1–23,1: Vermischte Gesetze:
- a) 1–4.6f.: Hilfe für Tiere;
- b) 5.9–11: Verbot von Transvestitismus und Vermischung;
- c) 8: Schutzgeländer an Dachterrassen;
- d) 12: Quasten;
- e) 13–29: Beweis der Jungfräulichkeit einer Ehefrau zur Zeit der Eheschließung; vor- und außerehelicher Sexualverkehr; Beischlaf mit einer Verlobten und einer Jungfrau;
- f) 23,1: Verbot des Beischlafs mit einer Frau seines Vaters.

23,2–9: Aufnahme in die Gemeinde JHWHs: keiner, dessen Hoden zerquetscht oder dessen Penis verstümmelt ist, kein Ammoniter oder Moabiter, wohl aber ein Edomiter oder Ägypter

23,10–15: Reinhaltung des Lagers

23,16–26: Verschiedene Verbote und Gesetze: Asyl für Sklaven; Verbot kultischer Prostitution; Zinsverbot; Gelübdeerfüllung; erlaubter Mundraub

24,1–4: Scheidung und Wiederverheiratung

24,5–25,4: *Soziale Gesetze:* Freistellung Neuvermählter vom Kriegsdienst; Pfandbeschränkung; Todesstrafe bei Menschenraub; Aussatz; Schutz der Armen; Verbot der Sippenhaft; Verbot der Nachlese bei der Ernte (Eckenlaß); Prügelstrafe auf 40 Schläge begrenzt

25,5–10: Schwagerehe (Levirat)

25,11–16: Gesetz gegen Übergriffe beim Streit (Abhacken der Hand, wenn die Frau die Genitalien des anderen Mannes ergreift) und Verbot des falschen Gewichtes und Maßes

25,17–19: Ausrottung der Amalekiter

26,1–11: Das sogenannte »Kleine geschichtliche Credo«, ein liturgischer Text für die Übergabe der Erstlingsfrüchte am Heiligtum

26,12–15: Abgabe des Zehnten mit feierlicher Erklärung (V. 13–15)

26,16–19: Abschluß: Mose der Mittler zwischen Gesetz und dem Volk, das sich auf das Gesetz verpflichtet.

27–30: Schlußreden

27,1–8: Gebot zum Aufstellen von Steinen mit dem Gesetz sowie eines Altars

27,9–26: Bund zwischen Gott und dem Volk sowie Segen auf den Berg Garizim und Fluch auf den Berg Ebal

15–26: 12 Fluchsprüche mit arur – amen (Verflucht ... – so sei es).

28,1–14: Segen beim Halten aller Gebote Gottes

28,15–69: Fluch beim Nichthalten dieser Gebote

29,1–28: Bundesparänese

a) Erinnerung an Gottes Bewahren;
b) Partner und Inhalt des Bundes;
c) Massive Warnung vor Götzendienst.

30,1–10: Verheißung der Heimkehr nach dem Exil

30,11–20: Der Abschluß des deuteronomischen Gesetzes

11–14: Gottes Wort ist erfüllbar, es ist ganz nahe;
15–20: Segen und Fluch – die Wahl zwischen Leben und Tod.

31–34: Der Abschluß des Pentateuchs, der Tora

31,1–29: Die Beauftragung Josuas zum Nachfolger Moses und die Verpflichtung auf das Gesetz

Einsetzung Josuas durch Mose mit Ermutigung zum Einzug in das Land;
Verpflichtung zum Vorlesen des Gesetzes alle 7 Jahre;
Ankündigung des Bundesbruchs; das Gesetzbuch als Zeuge gegen das Volk.

32,1–43: Das Lied des Mose: die Geschichte Gottes mit seinem Volk

32,44–47: Mahnung zur Weitergabe der Tradition an die Kinder

32,48–52: Gottes Befehl an Mose, vor seinem Tod das verheißene Land vom Berg Nebo aus zu schauen

33,1–29: Der Segen des Mose: Stammessprüche

34,1–9: Der Tod des Mose

Schauen vom Nebo, dem Gipfel des Pisga, auf das verheißene Land; Tod und Bestattung durch Gott; sein Grab bleibt unbekannt.

34,10–12: Der Abschluß des gesamten Pentateuchs: die Exklusivität des Mose

2. Wissen Sie, woher der Name *Deuteronomium* für das fünfte Buch des Pentateuchs kommt?

In Dtn 17,18 heißt es, daß der König, wenn er seinen Thron bestiegen hat, eine *mischne ha-tora* (Zweitschrift) jenes Buches anfertigen lassen soll, das die levitischen Priester aufbewahren. In der Septuaginta steht dafür *deuteronomion*. Es handelt sich jedoch nicht um ein zweites, gegenüber dem ersten, am Sinai ergangenen Gesetz, sondern um eine Gesetzesabschrift oder Zweitschrift.

3. Wissen Sie noch, was man unter dem *Sch^ema Israel* und dem sogenannten »kleinen geschichtlichen Credo« versteht und wo diese
Texte zu finden sind?

Sie sollten dies nach gründlicher Bearbeitung von Frage 1 noch wissen. Das
Sch^ema Israel finden Sie in Dtn 6,4(f.). Wenn möglich, sollten Sie sich den Text
in Hebräisch einprägen, da sich an der Übersetzung des *æchad* die jüdische und
christliche Interpretation der ausschließlichen Alleinverehrung Gottes und der
Trinität entscheidet: »Höre, Israel, JHWH unser Gott, JHWH (ist) einer (bzw.
allein, einzig).« Im Judentum versteht man unter dem *Sch^ema Israel,* das täglich
im Morgen- und im Abendgebet vergegenwärtigt wird, die Texte Dtn 6,4–9;
11,13–21; Num 15,37–41 zusammen mit verschiedenen Segenssprüchen.
Das sogenannte »*kleine geschichtliche Credo*«: Nach G. von Rad finden Sie es in
den beiden Texten Dtn 6,20–25 und Dtn 26,5–10. In beiden Texten werden die
wichtigsten Taten Gottes an seinem Volk summarisch zusammengefaßt. Der
erste Text dient der katechetischen Unterweisung (des Sohnes durch den Vater), der zweite ist ein liturgischer Text, der bei der Übergabe von Erstlingsab-
gaben gesprochen wurde. Sie sollten diese Texte in Deutsch kennen und können. Vergleichen Sie auch Jos 24,2–13.

Literatur: N. Lohfink: Zum »kleinen geschichtlichen Credo« Dtn 26,5–9, in: ThPh 46,
1971, S.19–39. – *G. von Rad:* Das formgeschichtliche Problem des Hexateuch (1938),
in: *ders.:* Gesammelte Studien zum Alten Testament, ThB 8, ⁴1971, S.9–86. – *W. Richter:* Beobachtungen zur theologischen Systembildung in der alttestamentlichen Literatur anhand des »kleinen geschichtlichen Credos«, in: *L. Scheffczyk/W. Dettlof/R.
Heinzmann (Hrsg.):* Wahrheit und Verkündigung, FS für M. Schmaus I, 1967,
S.175–212. – *L. Rost:* Das kleine geschichtliche Credo, in: *ders.:* Das kleine Credo
und andere Studien zum Alten Testament, 1965, S.11–25.

---

4. Vergleichen Sie die unterschiedliche Begründung dafür, daß Mose
das dem Volk Israel verheißene Westjordanland nicht betreten darf

In Num 13,32 f. berichten die Kundschafter außer Kaleb ausgesprochen negativ
über das inspizierte Land und verleiten damit das Volk zum Aufruhr. Während
in Num 14 Josua und Kaleb als einzige das Land preisen, verhalten sich Mose
und Aaron falsch, indem sie Gott nicht als den Heiligen bezeugen (vgl.
Num 20,12). In Dtn 1,34–39 ist Mose Stellvertreter für Israel. Gottes Zorn
trifft ihn um Israels willen (V. 37).

5. Vergleichen Sie die Überlieferungen von der Begegnung Israels mit Edom in Num 20 und Dtn 2

In Num 20,14–21 verweigert Edom unter Androhung militärischer Maßnahmen den Durchzug der Israeliten durch das eigene Gebiet, in Dtn 2,1–8 wird von einem friedlichen Durchzug berichtet, unter ausdrücklicher Betonung der verwandtschaftlichen Verhältnisse zwischen Israel und Edom (vgl. auch Dtn 23,8).

6. Wie wird das Bilderverbot in Dtn 4 begründet?

»Denn eine Gestalt habt ihr an dem Tag, als der Herr am Horeb mitten aus dem Feuer zu euch sprach, nicht gesehen« (Vers 16b).

7. In Dtn 9,7–21 wird die Tradition des Goldenen Kalbes Ex 32 verarbeitet. Worin unterscheidet sich diese in den beiden Darstellungen?

In Ex 32,20 gibt Mose den Israeliten das Gemisch aus dem verbrannten und zerstampften Gußbild mit Wasser zu trinken, während er nach Dtn 9,21 den Staub des verbrannten und zermahlenen Gußbildes in den vorbeifließenden Bach zerstreut.

8. Sowohl in Ex 34 als auch in Dtn 10 wird von den zweiten Steintafeln des Dekalogs berichtet. Ist Ihnen dabei eine Nuance aufgefallen?

Nach Ex 34,28 hat Mose sie geschrieben, nach Dtn 10,2–4 Gott selbst.

9. In Dtn 23,4–7 wird die Aufnahme der Moabiter in die Gemeinde JHWHs unter ausdrücklichem Bezug auf Bileam untersagt. Auf welchen Textkomplex wird hier angespielt?

Auf Num 22–24.

10. Auf welches Ereignis bezieht sich das Gebot zur Ausrottung der Amalekiter in Dtn 25,17–19?

Es gibt zwei Möglichkeiten: entweder auf den Sieg über die Amalekiter in Ex 17,14 oder auf die Niederlage der Israeliten in Num 14,39–45.

11. Wo finden Sie eine Analogie zu Dtn 28, einem Segen- und Fluchka-
pitel im Anschluß an ein Gesetzescorpus?

Sie finden dies in Lev 26. Dieses Kapitel schließt das Heiligkeitsgesetz ab.

12. Zur Überleitung auf die folgende Tabelle sei noch eine Frage gestellt, die glücklicherweise heute keine Rolle mehr spielt: Wo findet sich eine Parallele zu Dtn 15, 12–18, der Freilassung von hebräischen Sklaven im Sabbatjahr?

Sie finden diese Parallele im Bundesbuch Ex 21, 2–11.

Literatur: S. Herrmann: Die konstruktive Restauration. Das Deuteronomium als Mitte
biblischer Theologie, in: *H. W. Wolff (Hrsg.):* Probleme biblischer Theologie, FS G.
von Rad zum 70. Geburtstag, 1971, S. 155–170. – *N. Lohfink:* Das Hauptgebot. Eine
Untersuchung literarischer Einleitungsfragen zu Dtn 5–11, 1963. – *R. P. Merendino:*
Das deuteronomische Gesetz. Eine literarkritische, gattungs- und überlieferungsgeschichtliche Untersuchung zu Dtn 12–26, 1969. – *M. Noth:* Überlieferungsgeschichtliche Studien (1943), ²1973. – *H. D. Preuß:* Deuteronomium, EdF 164, 1982 (dort weitere Literatur). – *G. von Rad:* Deuteronomium-Studien (1947), in: Gesammelte Studien zum Alten Testament II, ThB 48, 1973, S. 109–153. – *M. Weinfeld:* Deuteronomy
and the Deuteronomic School, 1972.

Für das Judentum wichtige Texte der Tora

Ausgangspunkt ist die gemeinsame biblische Quelle von Christentum und Judentum –
das Alte Testament bzw. der Tanach. Während aber durch Jesus Christus und das
Neue Testament ein Teil der Gebote und Gesetze des Pentateuchs für Christen ihre
Gültigkeit verloren haben, hat die Tora für Juden diese Bedeutung behalten und ist
über Jahrtausende Richtschnur der eigenen Identität geblieben. Auch die Studentin
oder der Student der evangelischen und katholischen Theologie, der katholische und
evangelische Geistliche sowie der interessierte Christ sollte bei den nachfolgend aufgeführten Texten um die Relevanz wissen, die diese im religiösen Leben seines jüdischen Mitbruders besitzen. Wenn auch zunächst die Unterschiede auffallen mögen,
so ist doch auf viele Gemeinsamkeiten zu verweisen, die besonders auf ethischem Gebiet bestehen. Und noch ein Hinweis: Im Unterschied zum Christentum wird im Judentum im Verlauf eines Jahres die *gesamte Tora ohne Auslassungen* gelesen.

Gen 1, 1–2, 3: Textgrundlage für Simchat Tora (Torafreudenfest), an dem sämtliche
Torarollen aus dem Schrein herausgenommen und in Umzügen durch (und um)
die Synagoge getragen werden.

1, 28: Wörtliche Auslegung auf die Kinderzahl hin

2, 2 f.: Schabbatbegründung

9, 4: Verbot des Blutgenusses, daher jüdisches »Schächten«

17: Beschneidung aller männlichen Nachkommen am 8. Tag, B^erit Mila

32,33: Verbot des Genusses der Spannader, die über die Hüftpfanne läuft

Ex 12,1–13,16: Pessach (Pascha)

12,1–20: Schabbat ha-chodesch: Erinnerung an das bevorstehende Pessach-Fest

13,8: Begründung der Pessach-Haggada

13,9.16: *Tefillin* (Gebetskapseln und -riemen; Text: Ex 13,1–10.11–16; Dtn 6,4–9; 11,13–21)

16,29: Verbot des Hinausgehens am Schabbat, »Schabbatweg« von 2000 Ellen

19,18: Gedenken an das Schofarblasen (Neujahr)

20,8–11: Begründung des Schabbats im Dekalog

23,10f.: Schabbat- oder Ruhejahr

23,12: Schabbatruhe

23,14–17: Die drei Wallfahrtsfeste: Pessach, Schavuot und Sukkot

23,19: Einer der Grundsätze der Speisegesetze (*Kaschrut, koscher*): Trennung von Fleischigem und Milchigem; s. auch Ex 34,26 und Dtn 14,21

30,11–16: Schabbat der Schekel: 1. um an die Darbringung der Tempelsteuer (biblisch am 1. Adar) zu erinnern und 2. (legendär) um der Zahlung Hamans an den König (Ester-Rolle) zuvorzukommen

31,12–17: Schabbatruhe

34,18: Pessach

34,21: Schabbatruhe

34,22: Schavuot und Sukkot

34,26: *Jamim nora'im* (Bußtage), der 1. und 10. Tag des Monats Tischri, Neujahr und Versöhnungstag. An den »zehn Tagen der Umkehr« zu Gott zwischen diesen beiden Bußtagen werden die *Selichot* (Vergebungsgebete) gebetet; vgl. Ex 34,6f.

35,2f.: Schabbatruhe mit Verbot des Feueranzündens, das eine große Bedeutung gewonnen hat und u.a. zu folgenden Benutzungsverboten geführt hat: Inbetriebsetzen eines Autos, Lichtschalters, Fahrstuhls, Fernsehers, Radios; Anzünden einer Zigarette etc.

Lev 8,5: Gebot zur Lebenserhaltung auch bei Übertretung anderer Gebote (wie Schabbat und Yom Kippur)

11: *Kaschrut:* Reine und unreine Tiere

12,1–8: Reinigung der Frau nach einer Geburt – *Mikve*

12,3: Beschneidung s. auch Gen 17

15: Weitere Reinigungsvorschriften für Männer und Frauen

16: Yom Kippur

17,10–14: Schechita oder Schächtung

18,4f.: Grundgebot zur Lebensrettung, Gebote wie Schabbat und Yom Kippur zu übertreten

18,6–23: Inzucht- und andere Sexualgebote (Homosexualität und Sodomie)

19,9; 23,22 u.ö.: Peah – Ernteanteile für die Armen stehen lassen

19,16: Verbot der üblen Nachrede, Verleumdung und des Geredes überhaupt (vgl. Mirjams Aussatz als rabbinisches Paradebeispiel für das Verbot der Nachrede)

19,18.34: Gebot der Nächstenliebe

19,19: Verbot von Mischungen

19,23 f.: Verbotene Frucht

19,26: *Schechita*

19,27: *Peies* oder Schläfenlocken

22,28: Verbot, das Muttertier mit dem Jungen an einem Tag zu schlachten

23,3: Schabbatruhe

23,4–44: Feste: Pessach mit Mazzot, Schavuot, Rosch ha-Schana mit Schofarblasen, Yom Kippur und Sukkot

25,2–7: Schabbatjahr: Brach- oder Ruhejahr

25,8–31: Erlaß- oder Jubeljahr

25,9: Yom Kippur

Num 9,1–4: Pessach

15,38 f.: Bestimmungen der *Zizit* oder Schaufäden, Quasten

19: Schabbat der roten Kuh zur Erinnerung an das Gebot der kultischen Reinheit, die zur Darbringung des Pessach-Opfers nötig ist

28,16–29,35 Feste: Pessach, Schavout, Rosch ha-Schana mit Schofarblasen, Yom Kippur und Sukkot

Dtn 5,12–15: Begründung des Schabbats im Dekalog

6,4–9; 11,13–21: zusammen mit Num 15,37–41 *Sch^ema Israel*

6,7: Gebot des Tora-Lernens

6,8 f.: Tefillin und Mesusa (Türpfostenkapsel; Text: 6,4–9; 11,13–21)

8,10: Tischgebet

11,18.20: Tefillin und *Mesusa*

12,23: Verbot des Fleisches, das von einem noch lebenden Tier genommen ist

12,23–25: Schechita

14,21: Grundsatz der Kaschrut s. zu Ex 23,19

15,1–6: Schabbatjahr: Brach- oder Ruhejahr

15,7–11: Almosengeben

16,1–12: Feste: Mazzot, Schavuot und Sukkot

16,13–15: Gebot der Festfreude am Wallfahrtsfest

22,6 f.: Verbot, Eier aus dem Nest zu nehmen, während das Muttertier anwesend ist

22,9–11: Verbot von Vermischung

22,12: Quasten

22,13: Gebot der Heirat durch Vertrag, Zahlung oder Verkehr mit der Frau

24,1: Gebot einer Scheidungsurkunde

25,17–19: Schabbatgedenken vor Purim (Ester!), um das Gebot, Amaleks Andenken zu vertilgen, angesichts der Gefahr durch Haman – Nachkomme Amaleks – zu erfüllen

33,1–34,12: Textgrundlage für Simchat Tora (s. zu Gen 1,1–2,3)

Die Bedeutung des Schabbats ergibt sich aus folgenden Texten: Gen 2,2 f.; Ex 12,1–20; 16,23.29; 20,8–11; 23,12; 30,11–16; 31,12–17; 34,21; 35,2 f.; Lev 19,30; 23,3; Num 15,32; 19; Dtn 5,12–15.

Grobübersicht über die Bücher Josua bis 2. Könige

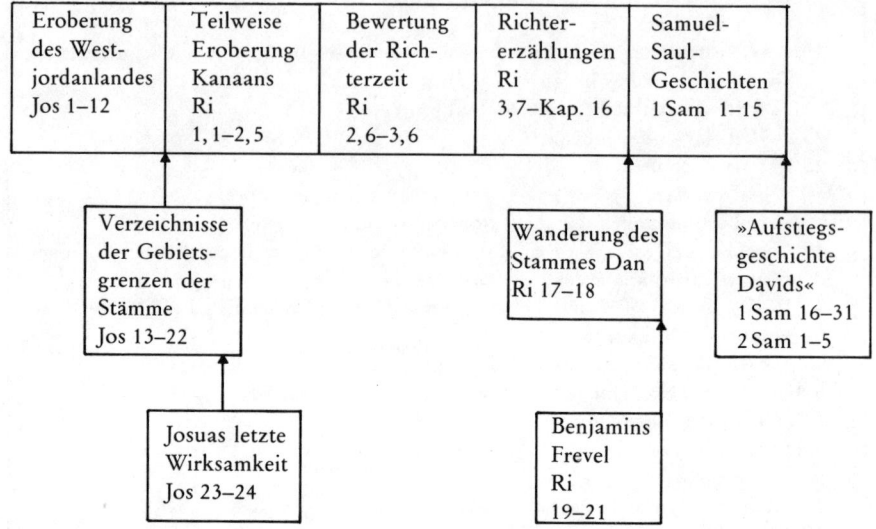

Eroberung des Westjordanlandes Jos 1–12	Teilweise Eroberung Kanaans Ri 1,1–2,5	Bewertung der Richterzeit Ri 2,6–3,6	Richter-erzählungen Ri 3,7–Kap. 16	Samuel-Saul-Geschichten 1 Sam 1–15

Verzeichnisse der Gebiets-grenzen der Stämme Jos 13–22

Wanderung des Stammes Dan Ri 17–18

»Aufstiegs-geschichte Davids« 1 Sam 16–31 2 Sam 1–5

Josuas letzte Wirksamkeit Jos 23–24

Benjamins Frevel Ri 19–21

Josua

Grobgliederung:
1–12: Eroberung des Westjordanlandes
13–22: Verteilung des Landes
23–24: Die letzte Wirksamkeit Josuas

1. Bestimmen Sie den Aufbau des Buches Josua

1–12: Eroberung des Westjordanlandes
1,1–9: Aufbruchbefehl Gottes
   Gottesrede mit Beistandszusage
1,10f.: Aufbruchbefehl Josuas
1,12–18: Verpflichtung Rubens, Gads und Halb-Manasses
2,1–24: Die Kundschafter bei der Dirne Rahab in Jericho; ihre Rettung durch die Frau; Eid, die Familie ihrer Helferin zu verschonen; Zeichen: Die rote Schnur (→ 6,1–27).

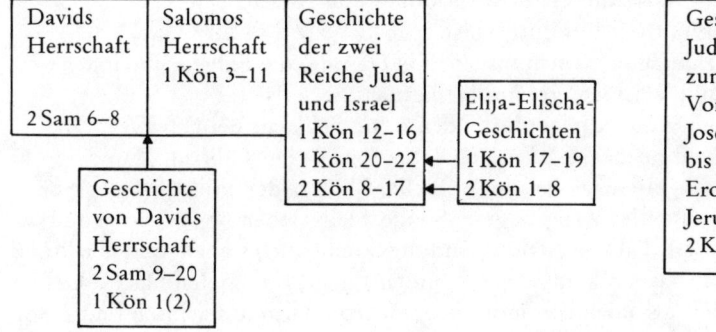

Davids Herrschaft	Salomos Herrschaft 1 Kön 3–11	Geschichte der zwei Reiche Juda und Israel		Geschichte Judas bis zum Untergang. Von Hiskija über Joschijas Reform bis zur Eroberung Jerusalems 2 Kön 18–25
2 Sam 6–8		1 Kön 12–16 1 Kön 20–22 2 Kön 8–17	Elija-Elischa-Geschichten 1 Kön 17–19 2 Kön 1–8	

Geschichte von Davids Herrschaft
2 Sam 9–20
1 Kön 1(2)

3, 1–17: *Der wunderbare Jordandurchzug*
Die Lade läßt das Wasser stehen wie ein Damm, trockener Durchzug in Form einer Prozession, bei der Priester die Bundeslade tragen.

4, 1–24: Errichtung von 12 Erinnerungssteinen
1. 12 Steine im Jordan (4, 1–12);
2. 12 Steine in Gilgal, Jordansteine (4, 13–24).

5, 1–15: Beschneidung und erstes Pascha im Land
Beschneidung, weil eine neue Generation herangewachsen ist, in Gilgal – die alte Generation ist in der Wüste gestorben. Erstes Pascha in den Steppen von Jericho; von den ersten Früchten des Landes Mazzen – Ende des Manna.

5, 13–15: Wunderbare Begegnung des Josua: Mann mit gezücktem Schwert; hl. Ort, daher Schuhausziehen (vgl. Ex 3)

6, 1–27: Die Eroberung Jerichos
Erste große Eroberung im Lande; 7 Tage Prozession um die Stadtmauern mit Posaunen, wunderbarer Sieg am 7. Tag durch Einsturz der Mauern; Verschonung Rahabs; Fluch über die Stadt (→ 1 Kön 16, 34).

7, 1–8, 29: Niederlage und Sieg bei Ai
7, 1–26: Niederlage wegen Achans Diebstahl am Banngut Jerichos. Achans Strafe: Steinigung

8,1–29: Sieg über Ai

Kriegslist: die vorgetäuschte Flucht mit Hinterhalt; Steinhaufen als Erinnerung.

8,30–35: Ebal ≠ Garizim: Gesetzesverlesung und Altarbau

9,1–27: Vertrag mit Gibeon durch List

Die List: Verkleidung als schutzsuchende Fremde; die Folge: Gibeoniter werden Holz- und Wasserträger am Heiligtum.

10,1–43: Sieg über die Könige des Südens: Die Schlacht bei Gibeon

10,1–27: Koalition des Königs von Jerusalem gegen Gibeon. Wunderbarer Sieg durch Hagelschlag; berühmte Stelle: V. 12f. der Stillstand der Sonne zur Verlängerung des Kampftages: »Sonne, bleib stehen über Gibeon und du, Mond, über dem Tal von Ajalon! Und die Sonne blieb stehen, und der Mond stand still, bis das Volk an seinen Feinden Rache genommen hatte.« Gefangennahme der 5 Könige von Jerusalem, Hebron, Jarmut, Lachisch und Eglon und ihre Hinrichtung;

10,28–43: Eroberung von Makkeda, Libna, Lachisch, Geser, Eglon, Hebron und Debir.

11,1–14: Sieg über die Könige des Nordens: Sieg über eine Koalition unter Führung von Jabin von Hazor

11,15–23: Rückblick auf die Eroberungskriege Josuas

Fazit: Alle Städte mußten mit Gewalt erobert werden.

12,1–24: Liste der besiegten 31 Könige (Abschluß der Landnahme)

a) Moses Siege im Ostjordanland 12,1–8;

b) Josuas Siege im Westjordanland 12,9–24.

13–22: Verteilung des Landes

13,1–7: Die Grenzen des Landes; sein Umfang

Gottesauftrag zur Verteilung des Landes.

13,8–28: Ruben, Gad, Ost-Manasse

13,29–33: Rückblick auf die Verteilung unter Mose

14,1–5: Rückblick auf den ostjordanischen Besitz von Efraim und Manasse

14,6–15: Kaleb

Erhält Hebron als Belohnung für die Ermutigung des Volkes bei der Rückkehr als Kundschafter.

15,1–63: Juda

Darin: Kaleb und die Eroberung Hebrons 13–19// Ri 1.

16,1–10: Efraim

17,1–18: Manasse

Beschwerde der Josefstämme bei Josua V. 14–18.

18,1–28: Aufschreiben der Städte des Landes zur Verteilung des Restes des Landes an die sieben Stämme durch Los; Benjamin V. 11–28

19,1-9: Simeon; 19,10-16: Sebulon; 19,17-23: Issachar; 19,24-38: Ascher; 19,23-39: Naftali; 19,40-48: Dan (Losverfahren); 19,49-51: auch Josua erhält eine Stadt: Timnat – Serach

20,1-9: Asylstädte für Totschläger
Genauere Verfahrensregelung; im Westen: Kedesch, Sichem, Hebron; im Osten: Bezer, Ramot, Golan.

21,1-42: Levitenstädte
43-45: Abschluß: Gott hat sein Versprechen gehalten: Gott verschafft Israel Ruhe im Land.

22,1-34: Entlassung Rubens, Gads und Ost-Manasses
V. 1-9: Ermahnung Josuas an Ruben, Gad und Ost-Manasse zum Halten der Gesetze;
V. 10-34: Altarbau am Jordan erregt Empörung; Priester Pinhas fordert zur Umkehr auf; Altarbau ist ein Erinnerungsmal an die Gemeinsamkeit von Ost und West, kein Ort der Opfer – Aussöhnung.

23-24: Die letzte Wirksamkeit Josuas
23,1-16: Josuas Abschiedsrede
Mahnung zum Halten des Gesetzes; Warnung vor göttlichen Strafen.

24,1-28: Der sog. Landtag zu Sichem
Großer geschichtlicher Rückblick von Abraham über Mose, den Exodus, die Wüstenwanderung, Bileam, Jordanüberschreitung, Eroberung Jerichos bis zur Landverteilung. Abrenuntiation. Verpflichtung des Volkes auf den Gehorsam. Feierliche Selbstverpflichtung (Bund, Berit).

29-31: Josuas Tod
32-33: Begräbnis des Josef

Problemanzeige: Das Buch Josua handelt von der Eroberung und Besiedlung des Westjordanlandes. Inhaltlich setzt es die Überlieferungen von dem Auszug Israels aus Ägypten und dem Weg durch die Wüste einschließlich der Besiedlung des Ostjordangebietes voraus. Die Erzählung vom Begräbnis des Josef weist sogar bis in das 50. Kapitel des Buches Genesis zurück. Von daher stellt sich die Frage, inwieweit das Josuabuch Teil einer größeren Komposition ist, wo sie beginnt und wo sie endet. Erkennbar ist, daß die Samuel- und Königsbücher kompositorisch zusammengehören; die Samuelbücher setzen ihrerseits das Richterbuch voraus, denn Samuel wird wie ein Richter gezeichnet, und der Beginn des 1. Samuelbuches setzt die Gefährdung der israelitischen Stämme durch die Philister voraus, wovon schon das Richterbuch handelt. Das Richterbuch blickt zu Beginn auf die Eroberung des Westjordanlandes zurück, setzt also die im Josuabuch geschilderten Ereignisse voraus. So sind also deutliche Bezüge innerhalb der Bücher Josua bis 2. Könige erkennbar. Die theologischen Kriterien, nach denen in diesen Büchern politisches Geschehen bewertet wird, zeigen eine enge Beziehung zum Deuteronomium auf. Diese Beziehung hat dazu geführt, daß in der Forschung von einem »deuteronomistischen Geschichtswerk« gesprochen wurde, dessen Beginn in Dtn 1 und dessen Ende in 2 Kön 25 gesehen wurde (M. Noth). Dabei geben die in 2 Kön 25 angesprochenen Ereignisse Anhaltspunkte für die Datierung des Geschichtswerks. Neuere Forschungen haben zunehmend sowohl die Einheitlichkeit des Geschichtswerks in Frage gestellt (vor allem Smend, Dietrich, Veijola, Weippert) als auch die Frage nach dem Beginn dieses Geschichtswerks neu aufgeworfen (Rendtorff, Blum). Deshalb soll in dieser Bibelkunde der – exegetische – Begriff »deuteronomistisches Geschichtswerk« vermieden werden und die jeweilige Gestalt der einzelnen Bücher in der jetzt vorliegenden Form zunächst Beachtung finden.

Literatur: E. Blum: Die Komposition der Vätergeschichte, WMANT 57, 1985. – *W. Dietrich:* Prophetie und Geschichte. Eine redaktionsgeschichtliche Untersuchung zum deuteronomistischen Geschichtswerk, FRLANT 108, 1972. – *M. Noth:* Überlieferungsgeschichtliche Studien, ⁴1973. – *R. Rendtorff:* Das Alte Testament – Eine Einführung, 1983. – *R. Smend:* Die Entstehung des Alten Testaments, ²1981, S. 110–125. – *T. Veijola:* Die ewige Dynastie. David und die Entstehung seiner Dynastie nach der deuteronomistischen Darstellung, STAT 193, 1975. – *H. Weippert:* Die »deuteronomistischen« Beurteilungen der Könige von Israel und Juda und das Problem der Redaktion der Königsbücher, in: Biblica 53, 1972, S. 301–339.

2. Im Buch Josua finden Sie eine Reihe von Rückverweisen auf entsprechende Überlieferungen im Pentateuch. Geben Sie bitte zu den folgenden Josuatexten die Parallelüberlieferung im Pentateuch an: Jos 3; 5; 8,30–35; 20; 21

Zu Jos 3 (Durchzug durch den Jordan) wäre Ex 14 (Durchzug durch das Schilfmeer) zu nennen. In Jos 5 finden sich mehrere Überlieferungen, die herangezogen werden können: Die Beschneidung mit Steinmessern erinnert an Ex 24–26, ebenso die Begegnung des Josua mit der Gottheit. Die Feier des Pascha greift auf Ex 12 f. zurück. Jos 8 enthält die Erzählung von der Durchführung des Auftrags von Dtn 11. Bestimmungen über Asylstädte finden sich neben Jos 20 noch in Num 35 und Dtn 19. Die Verteilung von Levitenstädten in Jos 21 geht auf Num 35,2–8 zurück.

3. In Jos 1 redet Gott direkt zu Josua, ohne einen Mittler. Nennen Sie biblische Gestalten, von denen gleichfalls berichtet wird, Gott rede mit ihnen ohne Mittler

Adam und Eva; Kain; Noach; Abraham; Mose; Salomo u. a.

4. Auf welche Bestimmung geht die Verpflichtung von Ruben, Gad und Halb-Manasse in Jos 1,12–18 zurück, den übrigen Stämmen bei der Eroberung zu helfen?

Num 32.

5. Woran erinnert die Erzählung vom Jordandurchzug?

An die Erzählung vom Schilfmeerdurchzug Ex 14.

6. Vergleichen Sie beide Erzählungen miteinander und stellen Sie Gemeinsamkeiten und Unterschiede fest

Achten Sie bei der Beantwortung vor allem auf die redenden Subjekte und die Rolle der Lade in Jos 3.

7. Woran erinnert die merkwürdig-geheimnisvolle Begegnung des Josua in Jos 5,13–15?

An Jakobs Ringen am Jabbok, Gen 32,10–32. An die Bedrohung des Mose durch JHWH in Ex 4,24–26. An die Dornbuschszene, Ex 3, durch das Motiv des heiligen Ortes und den Ritus des Schuhausziehens.

8. Worauf bezieht sich die Erwähnung, daß die göttliche Gabe des Manna aufhört, in Jos 5 zurück?

Auf den Beginn der Mannagabe in Ex 16.

9. Beachten Sie die innere Zusammengehörigkeit der Erzählungen von Jos 2 und Jos 6

Ein besonderes Bindeglied ist dabei das Schicksal der Dirne Rahab.

10. Wo wird das Motiv des Fluches über Jericho wieder aufgenommen (Jos 6,26)?

1 Kön 16,34.

11. Josua 8 erzählt von der Aufstellung von Steinen, dem Bau eines Altars aus unbehauenen Steinen, dem Verlesen des Gesetzes und dem Sprechen eines Fluches über den Ebal und eines Segens über den Garizim. Worauf beziehen sich diese Riten?

Die Bestimmung über die Aufrichtung von Steinen findet sich in Dtn 27; der Altarbau wird ebenfalls in Dtn 27 geboten; vgl. Ex 20,25. Die feierliche Verlesung des Gesetzes im Sabbatjahr ist in Dtn 31,9–13 angeordnet. Und die Bestimmung, den Segen auf den Garizim, den Fluch auf den Ebal zu legen, findet sich in Dtn 11,29.

12. Die Erzählung von dem Sieg über die Anakiter in Jos 11,21f. hat eine Vorgeschichte. Wo ist sie zu finden?

In den Kundschafterberichten Num 13.

13. Vergleichen Sie die Liste der besiegten Könige in Jos 12 mit der Liste von Ri 1. Nennen Sie ein besonders wichtiges Problem, das für die Geschichte Israels von entscheidender Bedeutung ist

In Jos 12,10 erscheint Jerusalem als von den israelitischen Stämmen eroberte Stadt. Nach der Liste in Ri 1,21 konnten die Benjaminiter die Stadt Jebus = Jerusalem nicht erobern. Nach 2 Sam 5 war es erst David, der Jerusalem eroberte und sie zu seiner Hauptstadt machte.

14. Nennen Sie eine Parallele zur Aufzählung der Gebiete von Ruben, Gad und Ost-Manasse in Jos 13

Num 32.

15. Worauf bezieht sich die Landverteilung an Kaleb in Jos 14 zurück?

Auf Num 13; 14 und 32.

16. Vergleichen Sie die Parallelüberlieferung von Kaleb und der Eroberung Hebrons durch Otniel in Jos 15,13–19 und Ri 1,10–15

17. Nennen Sie die drei Texte, in denen Asylstädte für unvorsätzliche Totschläger genannt werden

Num 35; Dtn 19; Jos 20.

18. Auf welche Bestimmung im Tetrateuch kann sich die Verteilung der Levitenstädte in Jos 20 berufen?

Auf Num 35, 2–34.

19. Nach Josua 24 versammelt sich das Volk in Sichem. Welche Ereignisse verbinden sich im Pentateuch mit diesem Ort?

a) Abraham baut in Sichem einen Altar (Gen 12, 6–8).
b) Jakob erwirbt in Sichem Grundbesitz und baut einen Altar (Gen 33, 18–20).
c) Dina und das Blutbad zu Sichem (Gen 34).
d) Jakobs Wallfahrt von Sichem nach Bet-El (Gen 35).
e) Josefs Brüder hüten das Vieh bei Sichem (Gen 37).
f) Die beiden Berge bei Sichem, Ebal und Garizim, sind Schauplatz eines besonderen Ritus (Dtn 11, 27; Jos 8).

20. Nennen Sie Analogien zur Abrenuntiation in Jos 24

Gen 35; 1 Sam 7.

21. Jos 24 erzählt von dem Begräbnis Josefs. Es gibt nur wenige Personen im Alten Testament, von denen die ganze Geschichte von der Geburt bis zu ihrem Tod erzählt wird. Welche sind es?

Abraham (Geburt: Gen 11, 27 – Tod: Gen 25, 8)
Jakob (Geburt: Gen 25, 24–26 – Tod: Gen 49, 33)
Josef (Geburt: Gen 30, 24 – Tod: Gen 50, 26)
Mose (Geburt: Ex 2, 2 – Tod: Dtn 34, 5)
Samuel (Geburt: 1 Sam 1, 20 – Tod: 1 Sam 25, 1)
Salomo (Geburt: 2 Sam 12, 24 – Tod: 1 Kön 11, 43)
Simson (Geburt: Ri 13, 24 – Tod: Ri 16, 30)
Vgl. im NT Johannes den Täufer (Geburt Luk 1, 57 – Tod: Luk 9, 9 // Mt 14, 1 f. // Mk 6, 14–16) und Jesus (Geburt: Luk 2, 7 – Tod: Luk 23, 46 // Mt 27, 50 // Mk 15, 37)

22. Worauf weist das Begräbnis des Josef in Jos 24 zurück?

Auf Josefs letzten Willen in Gen 50.

Problemanzeige: Der Erzählbogen, der von Gen 50 bis Jos 24 reicht und durch den letzten Willen Josefs und seine Ausführung konstituiert wird, hat viele Forscher dazu geführt, von einem Hexateuch (= das Sechsrollenbuch) zu sprechen. Diese Forscher sehen in Jos 24 den Abschluß der Landnahme, auf den Ex 3 f. erzählerisch vorausweist. Diese Abgrenzung ist jedoch aufgrund der Verbindungen, die zwischen dem Buche Josua einerseits und den Büchern Richter bis 2 Könige andererseits bestehen (vgl. etwa den Fluch über Jericho), strittig. Manche Forscher trennen die ersten vier Bücher der Bibel ab und sprechen dementsprechend vom Tetrateuch (= das Vierrollenbuch), andere sogar von einem Enneateuch (= das Neunrollenbuch), zu dem dann auch die Bücher Richter, 1 + 2 Samuel und 1 + 2 Könige gerechnet werden. Jede dieser Abteilungen hat weitreichende Konsequenzen für die Beurteilung der jeweiligen Bücher, ihren historischen Ort und ihre soziale Verankerung. Mit dieser Fragestellung betreten wir das Gebiet der *Einleitungswissenschaft,* der es um die Erhellung der Entstehungsgeschichte, um Fragen der Verfasserschaft, der Entstehungszeit, des Entstehungsorts und des Prozesses des Überliefems im mündlichen wie schriftlichen Stadium geht. Für diese Fragen sei auf die »Einleitungen in das Alte Testament« verwiesen.

Literatur: A. Alt: Das System der Stammesgrenzen im Buche Josua (1927), Kl. Schr. I, 1953, S. 193–202. *A. Alt:* Judas Gaue unter Josia (1925), Kl. Schr. II, 1953, S. 276–288. – *M. Noth:* Überlieferungsgeschichtliche Studien. Die sammelnden und bearbeitenden Geschichtswerke im Alten Testament, SKGG.GK 18, 1943 (⁴1973). – *L. Perlitt:* Bundestheologie im Alten Testament, WMANT 36, 1969.

Richter

Grobgliederung:
1,1–2,5: Teilweise Eroberung Kanaans
2,6–3,6: Einleitung: Die Richterzeit
3,7–16: Richtergeschichten
17–18: Wanderung des Stammes Dan
19–21: Benjamins Frevel

1. Bestimmen Sie den Aufbau des Richterbuches

1,1–2,5: Teilweise Eroberung Kanaans
1,1–36: Eroberungen Judas und Josefs im Westen; Probleme der anderen
Stämme
Problem: Eroberung Jerusalems durch Juda in 1,8; Nichteroberung Jerusalems durch Benjamin in 1,21.
21–36: sog. negatives Besitzverzeichnis: die nichteroberten Gebiete
Davon betroffen: die Stämme Benjamin, Manasse, Efraim, Sebulon, Ascher,
Naftali, Dan.
2,1–5: Der Engel JHWHs kündigt für die Nichteroberung Strafe an (Bochim
= Ort des Weinens)

2,6–3,6: Einleitung: Die Richterzeit
2,6–23: Charakteristika der Richterzeit: Abfall – Feindbedrückung – Hilfeschrei – Berufung von Richtern durch JHWH – Nichthören auf den Richter
– trotzdem Rettung/Befreiung durch Gottes Mitsein mit dem Retter – erneuter Abfall nach dem Tod des Richters – kanaanäische Bevölkerung als ständige Prüfung
3,1–6: Aufzählung der im Land verbliebenen Völker

3,7–16: Richtergeschichten
a) 3,7–31: Otniël – Ehud – Schamgar
Otniël siegt über Kuschan- Rischatajim von Mesopotamien.
Ehud ermordet den feisten Moabiterkönig Eglon; eingesperrt im Klo.
Schamgar tötet 600 Philister mit dem Ochsenstachel.
b) 4,1–5,21: Debora
4: Debora und Barak besiegen Sisera, den Feldherrn Jabins. Er wird von einer Frau, Jaël, ermordet.

5: Siegeslied der Debora, einer »Mutter in Israel«. Epiphanie JHWHs von Seïr; Lob und Tadel der am Kampf beteiligten Stämme. Lob der Jaël.

c) 6,1–8,35: Gideon

6,1–24: Not und Berufung des Retters Gideon

Bedrohung durch die Midianiter; Engelerscheinung unter der Eiche bei Ofra in der Weizenkelter; Einwand Gideons gegen seine Berufung; Zeichenforderung und Feuerwunder (Fleisch und Brote).

6,25–32: Vernichtung des Baalsaltars → Jerubbaal

6,33–40: Zeichenforderung als Kriegsorakel: Wolle mal naß, mal trocken

7,1–25: Gideons Midianitersieg

Reduzierung seines Heeres durch »Hundeschleckprobe«; Traum des Midianiters als Vorzeichen; Lärm, der verwirrt; Sieg.

8,1–21: Bestrafung der neutralen Städte

Streit mit Efraim wegen des Anteils am Sieg; Zerstörung Sukkots und Penuëls als Strafe für Nichtunterstützung.

8,22–27: *Wichtig!* Gideon lehnt Königswürde ab, weil JHWH allein König ist.

8,28–35: »Königschronik« Gideons

d) 9,1–57: Abimelech

Abimelech macht sich zum Stadtkönig von Sichem.

7–15: Jotamfabel; Spottgedicht auf den König

Abimelech schlägt einen Aufstand der Sichemiten nieder; Tod durch einen von einer Frau geworfenen Mühlstein bzw. Selbsttötung bei Tebez.

e) 10,1–5: Tola – Jaïr

f) 10,6–18: Charakteristik der Richterzeit (analog 2,6–23)

g) 11,1–12,7: Jiftach

11,1–40: Bedrohung durch Ammoniter; Jiftach ist Prostituiertensohn und Söldnerführer; wird zum Führer von den Ältesten Gileads ernannt; Verhandlung mit Ammonitern scheitert; Gelübde für den Fall des Sieges: Brandopfer für JHWH von dem ersten, was ihm aus der Haustür entgegenkommt. Tragik: Es ist die eigene Tochter. (Wird sie geopfert?)

12,1–7: Stammesfehde zwischen Efraim und Gilead: *Schibbolet* (Dialektdifferenz!)

h) 12,8–15: Ibzan – Elon – Abdon

i) 13,1–16,31: Simson

13,1–25: Geburtsankündigung durch Engel: Erscheinung des Engels bei der Frau des Manoach, danach auch vor ihm. Ankündigung eines Sohnes (»denn siehe, du wirst schwanger werden und einen Sohn gebären«; 13,5), der Nasiräer sein wird, d.h. sein Haar nicht schert und keinen Alkohol trinkt.

14,1–20: Simsons Hochzeit mit einer Philisterin

Krafttat bei der Hinreise: Zerreißen eines Löwen

Konflikt mit den Philistern: Die Rätselaufgabe: »Vom Fresser kommt Speis, vom Starken kommt Süßes« (V. 14). Die Philister lösen das Rätsel nicht. Simsons Frau erlistet die Lösung (»Was ist süßer als Honig? Und was ist stärker als der Löwe?«, V. 18) und verrät sie ihren Landsleuten.

Krafttat zur Einlösung der Wettschuld Simsons: Tötung von 30 Philistern.

15,1–20: Philisterkämpfe Simsons

a) Fackeln an Fuchsschwänzen – Vernichtung der Ernte;

b) Tötung der Philister, die seine Frau und seinen Schwiegervater ermordeten;

c) Judäer liefern Simson gefesselt an die Philister; er befreit sich und erschlägt sie mit einem Eselskiefer.

16,1–31: Simson und Delila

a) Simson bei einer Prostituierten in Gaza: Ausreißen der Stadttore (V. 1–3);

b) Simson heiratet die Philisterin Delila; sie will von ihm das Geheimnis seiner Kraft erfahren: Fesseln mit 7 Saiten; Fesseln mit frischen Stricken; Verweben der Haare – schließlich: Scheren der Haare – seine Gefangennahme und seine Blendung; Einsturz der Säulen im Dagon-Tempel von Gaza als letzte Gewalttat; Tod.

17–18: Wanderung des Stammes Dan

17,1–13: Michas privates Heiligtum

Götterbild; ein Levit als sein Privatpriester.

18,1–31: Wanderung des Stammes Dan

Wandernde Daniten treffen den Levit; ziehen nach Lajisch; rauben das Götterbild und nehmen den Priester mit.

19–21: Benjamins Frevel

19,1–30: Schandtat der Bewohner Gibeas an der Frau eines Leviten; Mißbrauch der Gastfreundschaft durch die Benjaminiter von Gibea durch Vergewaltigung der Frau des Leviten

20,1–48: Die Bestrafung der Benjaminiten

a) Beschluß der Stämme Israels, Gibea zu bestrafen (V. 1–10);

b) Benjamin deckt Gibea (V. 11–18);

c) Zwei Siege Benjamins (V. 19–28);

d) Sieg der Stämme durch List (V. 29–48).

21,1–25: Beschaffung von Frauen für Benjamin

a) Versammlung der Israeliten in Mizpa; Jabesch in Gilead fehlt bei der Versammlung; Strafkrieg der Israeliten gegen die Männer von Jabesch, Bann; Verschonung der Mädchen – sie werden Frauen der Benjaminiten (V. 1–14);

b) Benjaminiten rauben die Mädchen von Schilo (V. 15–24);

V. 25: Abschließende Charakterisierung der Richterzeit: Es ist eine anarchische Zeit; »in jenen Tagen gab es noch keinen König in Israel; jeder tat, was ihm gefiel.«

Problemanzeige: In der Literatur wird mitunter zwischen den »großen« und den »kleinen« Richtern unterschieden. Diese Unterscheidung ist weder eine historische, die nach der Bedeutung der Richter in ihrer Zeit fragt, noch eine territorialgeschichtliche, die nach der Ausdehnung des Einflußbereichs der Richter fragt. Es ist eine literarische. Mit ihr wird lediglich auf den Tatbestand hingewiesen, daß das Buch der Richter über einige Richter ausführlichere Überlieferungen bewahrt hat (Ehud, Debora, Gideon, Jiftach, Simson), während von anderen Richtern lediglich einige wenige Angaben überliefert werden (Otniël, Schamgar, Ibzan, Elon, Abdon).

Literatur: M. Noth: Das Amt des »Richters Israels«: FS A. Bertholet, 1950, S. 404–417 = Ges. Stud. II, ThB 39, 1969, S. 71–85.

---

2. Wo finden Sie eine Parallele zu der Überlieferung von Kaleb in Ri 1?

In Jos 15.

3. Ri 1,21 berichtet von der Nichteroberung Jerusalems durch die Benjaminiter. Worin liegt – im Blick auf die übrigen biblischen Überlieferungen – das Problem dieses Berichts?

In Jos 12,10 wird berichtet, daß Jerusalem zu den eroberten Städten des Westjordanlandes gehört. In Ri 1,8 wird Jerusalem von Juda erobert. In 2 Sam 5,6–9 wird Jerusalem von David erobert. Dies sind offenkundige Spannungen in der biblischen Überlieferung. Sie sind literarisch, historisch und überlieferungsgeschichtlich zu interpretieren (vgl. 1 Chr 11,4–9).

4. Wo hat die Erzählung vom Sieg der Debora über den Feldherrn des Königs Jabin von Hazor eine Parallele?

In Jos 11,1–14. Vergleichen Sie beide Erzählungen miteinander!

5. Bisher haben wir zwei Siegeslieder kennengelernt, die von Frauen gesungen wurden. Welche? Wo finden wir sie? Worin bestehen Gemeinsamkeiten und Unterschiede?

Es handelt sich um das Mirjamlied in Ex 15 und das Deboralied in Ri 5.

6. Wie viele Stämme beteiligen sich nach Ri 5 an dem Koalitionskrieg gegen Sisera?

Sechs, und zwar: Efraim, Benjamin, Machir, Sebulon, Issachar und Naftali.

7. Welche Stämme sind nicht beteiligt?

Von den klassischen Stämmen vier: Ruben, Dan, Gilead, Ascher. Zusätzlich genannt wird noch Meros, wohl ein Stadtstaat.

8. Welche Stämme fehlen im Deboralied völlig?

Juda, Simeon, Manasse, Levi, Gad, insgesamt fünf.

9. In Richter 6 folgt auf die Not, aus der heraus die Israeliten zu JHWH schreien, eine Berufung eines Retters durch Gott. Gibt es dazu Analogien?

Zu nennen ist hier vor allem Ex 1–3, die Not in Ägypten und die Berufung des Mose. Auch dort liegt das Schema: Not – Schreien zu JHWH – Berufung des Retters durch Gott vor; ferner Ri 6, die Berufung des Gideon angesichts der Bedrohung durch die Midianiter.

10. Gideon erhebt bei seiner Berufung in Ri 6 einen Einwand gegen seine Berufung. Gibt es dazu Entsprechungen?

Z. B. Moses Einwände in Ex 3–4; Jesajas Einwand in Jes 6; Jeremias Einwand in Jer 1.

11. Gideons Sohn Jeter zeigt in Ri 8,20 Scheu davor, Sebach und Zalmunna zu töten. Eine solche Scheu vor dem Töten kommt auch in anderen Texten vor. Nennen Sie Beispiele

a) Sauls Männer weigern sich, die Priester von Nob zu töten (1 Sam 22,17);
b) Sauls Waffenträger weigert sich, Saul zu töten (1 Sam 31,4);
c) Davids Soldaten weigern sich, Davids Sohn Abschalom zu töten (2 Sam 18,12).

12. Zweimal finden wir im Alten Testament die Aufforderung eines Feldherrn an seinen Waffenträger, ihn zu töten, da er bereits verletzt ist. Wo?

Ri 9: Abimelech vor Tebez;
1 Sam 31: Saul bei Gilboa.

13. Simsons Geburt wird durch einen Engel angekündigt. Dieser Vorgang läßt sich als »Geburtsankündigung eines Retters durch Gott« bezeichnen. Kennen Sie einen entsprechenden Vorgang im NT?

Luk 1: Die Geburtsankündigung des Retters Jesus.

14. Nach der Engelerscheinung in Ri 13 bringt Manoach ein Opfer dar. Dazu gibt es eine interessante Parallele. Wo?

Beim Opfer Gideons in Ri 6 (vgl. auch Gen 18). Vergleichen Sie beide Texte und notieren Sie Gemeinsamkeiten und Unterschiede!

15. In Ri 14 finden wir ein hübsches Beispiel für ein antikes Rätsel. Prägen Sie sich die Rätselfrage und -antwort ein

16. Wo finden Sie außer in Ri 15 noch ein Wasserwunder zur Rettung eines einzelnen?

In Gen 21: Durch ein Wunder wird Ismael vor dem Verdursten gerettet; vgl. auch 1 Kön 17, Elijas Versorgung am Bach Kerit.

17. Beachten Sie: Die Erzählung von der Wanderung des Stammes Dan in Ri 18 steht in Spannung zum Bericht über die Verteilung des Landes in Jos 19. Nach Jos 19 wohnt Dan im Gebiet von Jafo; nach Ri 18 nördlich des Sees Genezaret.

18. Nennen Sie neben Ri 19 eine weitere Erzählung, in der die Verletzung des Gastrechts eine entscheidende Rolle spielt

Gen 19: Die Sodomiter wollen den Gästen Lots Gewalt antun.

19. In welchen Kriegsverlaufsberichten spielt das Motiv der Kriegslist eine wichtige Rolle?

Jos 8 (in der Schlacht bei Ai); Ri 20 (in der Schlacht bei Gibea).

20. In welchen Texten spielt die Stadt Jabesch in Gilead eine wichtige Rolle?

a) In Ri 21 bei der Beschaffung von Frauen für den Stamm Benjamin;
b) in 1 Sam 11 bei Sauls erstem Sieg als Feldherr;
c) in 1 Sam 31 bei der Bergung der Leiche des ersten Königs Israels, Saul.

21. Verschaffen Sie sich einen Überblick über die regionale Wirksamkeit der einzelnen Richter und ihre jeweiligen Gegner

Otniël: Südjuda; Gegner: Mesopotamien
Ehud: Benjamin; Gegner: Moabiter
Schamgar: Gegner: Philister
Debora: Gebirge Efraim; Gegner: Hazor und der dortige kanaanäische Stadtstaat
Gideon: Manasse; Gegner: Midianiter
Abimelech: Manasse
Tola: Issachar
Jaïr: Gilead
Jiftach: Gilead; Gegner: Moabiter und Ammoniter
Ibzan: Betlehem
Elon: Sebulon
Abdon: Efraim
Simson: Dan; Gegner: Philister

22. Die beiden Erzählungen in Ri 17 f. und 19–21 werden durch ein gemeinsames Motiv miteinander verbunden. Welches?

Die Richterzeit erscheint als Zeit der Unordnung und Willkür, der erst das Königtum ein Ende schafft. Das Motiv findet sich in 18,1 (»Damals gab es noch keinen König in Israel«) und vor allem in 21,25 (»In jenen Tagen gab es noch keinen König in Israel; jeder tat, was ihm gefiel«; vgl. auch 19,1).

23. Simson erscheint in der Überlieferung als Nasiräer = Ausgesonderter, Geweihter. Was kennzeichnet einen Nasiräer, und wo finden Sie genauere Bestimmungen über das Nasiräat?

Nasiräer wird man durch freiwilliges Gelübde. Es ist ein Enthaltsamkeitsgelübde, das vor allem den Verzicht auf Alkoholgenuß betrifft, den Verzicht auf das Scheren des Haares und die Reinhaltung von der Berührung mit Toten. Genauere Bestimmungen über den Charakter des Gelübdes und die Vorschriften, die nach seiner Beendigung einzuhalten sind, finden sich Num 6,1–21.

24. Kennen Sie eine außerbiblische Tradition, die davon erzählt, daß Männer sich durch Frauenraub die Stammeserhaltung sichern (Ri 21,15–25)?

Die römische Überlieferung vom Raub der Sabinerinnen.

Literatur: *H. Gunkel:* Simson, in: Reden und Aufsätze, 1913, S.38–64. – *J. L. Crenshaw:* Samson. A Secret Betrayed. A Vow Ignored, 1978. – *J. Kegler:* Simson – Widerstandskämpfer und Volksheld, in: Communio viatorum 18, 1985, S.97–117. – *W. Richter:* Die sogenannten vorprophetischen Berufungsberichte – Eine literaturwissenschaftliche Studie zu 1.Sam 9,1–10,16; Ex 3f. und Ri 6,11b–17, FRLANT 101, 1970. – *W. Richter:* Traditionsgeschichtliche Untersuchungen zum Riterbuch, BBB 18, [2]1966. – *W. Richter:* Zu den »Richtern Israels«, in: ZAW 77, 1965, S.40–59.

Hinweise auf Eheschließung und -scheidung im AT

A. Brautpreise

1. Silber- und Goldschmuck, Kleider (Abraham an Rebekka): Gen 24,53 f.
2. 7 Jahre Dienstleistung (Jakob für Rahel): Gen 29,18
   (Jakob für Rahel): Gen 29,27
3. Brautpreis und Geschenk in beliebiger Höhe (Sichem für Dina): Gen 34,12
4. Bei Verführung einer Jungfrau (unbestimmt): Ex 20,15 f.
   (50 Lot Silber): Dtn 22,29
5. Eroberung einer Stadt (Kaleb–Otniël): Jos 15,16 f.
6. Sieg im Zweikampf (David für Sauls Tochter): 1 Sam 17,25
7. 100 Philistervorhäute (David für Michal): 1 Sam 18,25–27
8. 15 Lot Silber und 1,5 Homer Gerste: Hos 3,2

B. Mitgift

1. Sklavin (für Rebekka): Gen 24,59
   (Silpa für Lea): Gen 29,24
   (Bilha für Rahel): Gen 29,29
2. Wasserquellen im Negev (Kaleb an Achsa): Jos 15,18 f. par Ri 1,15
3. Geser (Pharao für seine Tochter): 1 Kön 9,16

C. Ehescheidung

1. Freilassung einer Sklavin bei Ehescheidung: Dtn 21,14
2. Ausschreiben eines Scheidebriefes (bei Nichtgefallen): Dtn 24,1 f.; vgl. Jes 50,1 und Jer 3,1. 8
3. „Denn sie ist nicht meine Frau, und ich bin nicht ihr Mann": Hos 2,4
4. Gott haßt die Scheidung: Mal 2,14–16
5. Verstoßen der »fremden« Frauen: Esra 10,3. 11
6. Schaharajim entläßt Huschim und Baara: 1 Chr 8,8

1 Samuel

1 Sam 16–2 Sam 5: Davids Aufstieg

1. Bestimmen Sie den Aufbau des 1 Samuelbuches

1–3: Samuels Geburt und Berufung
1,1–28: Geburt und Weihung Samuels
   1,1–20: Hannas Kinderlosigkeit; Schmähung durch die Zweitfrau; Gebet Hannas bei Eli im Tempel von Schilo; Erhörung und Geburt des Samuel
   1,21–28: Übergabe des Kindes als Erfüllung des Gelübdes der Hanna
2,1–10: Hannas Danklied
   Gott als der, der Situationen verändern kann (revolutionär): »Den Schwachen hebt er empor aus dem Staub und erhöht den Armen, der im Schmutz liegt ...« (V. 8).
2,11–36: Frevel der Söhne Elis
   Hofni und Pinhas mißbrauchen ihren Priesterdienst durch Bereicherung an Opfergaben. Regelmäßiger Besuch der Eltern Samuels in Schilo, der dort den Priesterdienst versieht. Vergebliche Mahnung Elis an seine Söhne. Prophetische Unheilsansage gegen Elis Söhne: Sie werden an einem Tag sterben. Ankündigung eines neuen Priestergeschlechts in Königsdiensten.
3,1–21: Ruf Gottes an Samuel
   Dreimaliger Ruf mit Mißverständnis; Samuel wird zu einem Propheten, der das Kommende erfährt – Die Bestrafung der Söhne Elis wird von Samuel angekündigt.

4–6: Geschichte der Lade
4,1–21: Sieg der Philister bei Afek
   1. Niederlage: Herbeiholen der Lade;
   2. Niederlage: Elis Söhne sterben, die Lade fällt in die Hand der Philister. Eli

stirbt, als er die Ereignisse erfährt. Frühgeburt seiner Schwiegertochter: Ikabod.

5,1–12: Die Lade im Dagontempel der Philister
Die Dagonstatue fällt hin und zerbricht; Beulenplage.
Wanderung der Lade von Aschdod über Gat nach Ekron.

6,1–7,1: Die Rückkehr der Lade nach Kirjat-Jearim
Beschluß der Philisterpriester: Die Lade muß zurückkehren mit einer Opfergabe. Das Opfer: goldene Beulen und Mäuse. Kühe finden von selbst den Weg nach Bet-Schemesch und werden als Brandopfer dargebracht. Tod von 70 (5000) Menschen in Bet-Schemesch wegen ungebührenden Empfangs. Die Lade kommt nach Kirjat-Jearim.

7–8: Samuel als Richter

7,2–17: Umkehr zu Gott und Sieg über die Philister bei Eben-Eser
Samuel fordert zur Umkehr und Abrenuntiation auf. Versammlung in Mizpa. Opfer Samuels vor dem Krieg. Gottessieg über die Philister. Samuels Richteramt.

8,1–22: Samuels Warnung vor dem Königtum
Mißbrauch der Richtertätigkeit durch Samuels Söhne; Forderung des Volkes nach einem König. 10–18: »Das Recht des Königs« – ein *wichtiger Text:* Das Recht des Königs besteht in der Verfügung über die Arbeitsleistung bisher Freier.

9–11: Sauls Aufstieg

9,1–10,16: Salbung des schönen Saul zum König
Saul auf der Suche nach entlaufenen Eselinnen; Begegnung mit Samuel; Einladung zu einem Mahl; Salbung Sauls durch Samuel auf dem Heimweg; Geistbegabung des Samuel mit Ekstase.

10,17–27: Auslosung Sauls zum König
Volksversammlung in Mizpa mit Auslosung des künftigen Königs; Betonung seiner Körpergröße.

11,1–15: Sauls Ammonitersieg und Krönung
Bedrohung Jabeschs in Gilead durch Ammoniter; Abkommen der Belagerten mit den Belagerern; Geist Gottes ergreift von Saul Besitz, sammelt ein Heer und befreit Jabesch. Erneuerung des Königtums in Gilgal.

12: Samuels Abschied

12,1–25: Große Abschiedsrede:
  a) 1–5: Rechtfertigung seiner Amtsführung
  b) 6–13: Rückblick auf die Geschichte des Abfalls des Volkes von JHWH
  c) 14–15: Warnung

d) 16-19: Bitte um Wasser – Wasserwunder/Regenzauber (gegen den König)
e) 20-25: Mahnung

13-15: Sauls Kriege

13,1-14,52: Philistersieg
13,1-7: Aufgebot und Verstecken vor der Übermacht
13,8-14: Sauls erste Verwerfung: Er hatte vorzeitig Opfer dargebracht
13,15-22: Taktik und Kräfteverhältnisse (Israel ist waffentechnisch unterlegen)
13,23-14,23: Jonatans Heldentat und Sieg Sauls über die Philister
14,24-30: Saul verlangt Enthaltsamkeit – Jonatan übertritt das Gebot unwissentlich
14,31-35: Die Sieger essen, ohne zu opfern. Saul baut einen Altar
14,36-46: Die Aufklärung der Übertretung Jonatans durch die Lose Urim und Tummim. Das Volk löst Jonatan aus
14,47-52: Sauls Kriege und Söhne
15,1-35: Amalekitersieg und Verwerfung
Saul rächt die Taten Amaleks an Israel. Er verschont den König Agag und das wertvolle Vieh. Darum wird er von Gott verworfen. Samuel klagt um ihn. Samuel kündigt Saul als Strafe für die Übertretung des Banngebots (V. 22 »Gehorsam ist besser als Opfer«) das Ende seines Königtums an. Abreißen eines Zipfels des Mantels Samuels als Zeichen für das Entreißen der Königsherrschaft. Samuel tötet Agag.

1 Sam 16-2 Sam 5: Davids Aufstieg

16-18: Davids Salbung und sein Aufstieg am Hofe Sauls

16,1-13: Salbung Davids zum König; seine Schönheit
Samuel zu Besuch bei Isai; der jüngste Sohn, David, ist der zu Salbende.
16,14-23: David kommt als Spieler an Sauls Hof
Saul ist von einem bösen Geist geplagt; David erleichtert ihm dies durch sein Spiel.
17,1-58: David und Goliat
David besiegt als Hirt mit der Steinschleuder den eisen- und panzerbewaffneten Philister Goliat. Als Belohnung kommt David an Sauls Hof.
18,1-30: Die Freundschaft Davids mit Jonatan und die Rivalität zwischen David und Saul
18,1-4: David und Jonatan schließen einen Freundschaftsbund.
18,5-16: Militärische Erfolge Davids als Truppenbefehlshaber wecken Sauls Eifersucht. Gesang der Frauen: »Saul hat tausend erschlagen, David aber zehntausend« (V. 7).

98

18,17–30: Sauls Falle: David soll 100 Philistervorhäute als Brautpreis für die Königstochter Merab/Michal besorgen. David bringt 200.

19–31: David-Saul-Konflikt

19,1–20,42: Davids Flucht von Sauls Hof
19,1–7: Jonatan legt erfolgreich Fürsprache für David bei Saul ein
19,8–10: Saul versucht, David mit dem Speer zu töten
19,11–17: Michal warnt David; ihre List: Terafim im Bett versteckt
19,18–24: David bei Samuel. Die Verfolger einschließlich Saul geraten in Ekstase.
20,1–42: Jonatans Freundschaftsdienst. Er erkundet die Stimmung Sauls und warnt David durch abgeschossene Pfeile, die sein Diener holen soll. Abschied der Freunde. Verfluchung Jonatans durch Saul und Versuch, ihn zu töten.
21,1–16: David beim Priester Ahimelech von Nob
David erhält geweihtes Brot und das Schwert des Goliat. Der Edomiter Doëg belauscht die Szene.
21,11–16: David bei Achisch von Gat. Er stellt sich verrückt.
22,1–32: Sauls Rache an den Priestern von Nob
22,1–5: David wird Anführer einer Streifschar; schickt seine Eltern nach Moab; der Prophet Gad (V. 5)
22,6–23: Sauls Vorwürfe an seine Getreuen, ihn verraten zu haben (weil David fliehen konnte). Doëg verrät, was er gesehen hat. Ahimelech rechtfertigt sich damit, daß David doch Sauls getreuester Untertan ist. Doëg tötet auf Befehl Sauls die Priester. Ahimelechs Sohn Abjatar flieht zu David.
23,1–28: Flucht Davids vor Saul
1. David befreit Kegila von den Philistern, flieht aber, nachdem ein Orakel die Ankunft Sauls und die Auslieferungsbereitschaft der Leute von Kegila angesagt hat (V. 1–18).
2. David wird von den Bewohnern von Sif an Saul verraten, flieht, wird verfolgt und fast ergriffen. Ein Philistereinfall zwingt Saul, die Verfolgung zu beenden (V. 19–28).
24,1–23: Davids Großmut gegen Saul
David schneidet Saul den Zipfel seines Gewands ab, als dieser in einer Höhle bei En-Gedi pinkelt. Beschämt Saul, indem er ihm sagt, daß er ihn verschont hat (→ 26,1–25).
25,1–44: David und Abigajil
V. 1: Samuels Tod
(Mit dem Tod Samuels endet die Richterzeit endgültig.)
V. 2–44: Nabal und Abigajil
David als »Beschützer«; Abigajils Klugheit: Sie besänftigt Davids Zorn mit Geschenken. Nabals Tod als Folge des Schocks. Abigajil wird Davids 2. Frau.

26,1-25: Davids Großmut gegen Saul

David schleicht sich nachts ins Lager des schlafenden Saul und nimmt Speer und Wasserkrug mit. Streitgespräch mit Abner. David beschämt Saul, indem er verkündet, daß er ihn verschont hat.

27,1-28,2: David in philistäischen Diensten

David geht mit seiner Schar zu Israels Gegner, Achisch von Gat. David erhält Ziklag als Wohnort. Von dort unternimmt er Beutezüge gegen judäische Feinde. Von der Wahrheit erzählt er Achisch nichts. David wird zum Feldzug gegen Israel als Leibwächter Achischs verpflichtet.

28,3-25: Saul bei der Totenbeschwörerin von En-Dor

Akute Philisterbedrohung. Das Orakel schweigt. Saul geht daraufhin zu einer Totenbeschwörerin, obwohl er vorher Totenbeschwörer vertrieben hat. Es erscheint der Geist Samuels. Samuel sagt Saul den bevorstehenden Tod voraus.

29,1-11: David wird aus philistäischer Heerfolge entlassen

Protest der übrigen Philister gegen die Anwesenheit Davids. Achisch entläßt ihn.

30,1-31: Amalekitersieg Davids

Amalekiter haben Ziklag verwüstet. David folgt ihnen und besiegt sie. Regelung der Beuteteilung: je eine Hälfte für Kämpfende und Troß.
Von der Beute macht David Geschenke an judäische Stadtälteste.

31,1-13: Niederlage Sauls auf dem Gebirge Gilboa und Tod

Saul begeht nach Verwundung Selbstmord. Auch Jonatan stirbt. Sauls Leiche wird enthauptet und von den Philistern aufgehängt. Die Bewohner von Jabesch holen die Leiche und begraben Saul.

2. Das erste Samuelbuch beginnt mit dem Problem einer Frau, die kinderlos geblieben ist. Bei welchen biblischen Frauengestalten spielt dieses Motiv der Kinderlosigkeit bzw. Unfruchtbarkeit eine Rolle?

Bei Sara, Rahel, Hanna; ferner bei der Mutter Simsons, der Frau des Manoach, und bei Elisabet, der Mutter des Johannes im NT.

3. Wo kommt das Danklied der Hanna in der Bibel erneut vor?

In Marias Magnifikat Luk 1,46-55.

4. Wo wird die in 1 Sam 4–6 begonnene Geschichte der Lade fortgesetzt?

In 2 Sam 6 (Überführung der Lade durch David nach Jerusalem).

5. Stellen Sie die Erzählungen in den Samuelbüchern zusammen, in denen ein Bote eine Rolle spielt

1 Sam 4: Der Überbringer der Nachricht vom Tod der Söhne Elis, Hofni und Pinhas;
2 Sam 1: Der Überbringer der Nachricht von Sauls Tod;
2 Sam 4: Der Überbringer der Nachricht vom Tod Isch-Baals;
2 Sam 11: Der Überbringer der Nachricht vom Tod Urijas;
2 Sam 18: Der Überbringer der Nachricht vom Sieg über Abschalom.

6. Es gibt einen Psalm, der die Eroberung der Lade durch die Philister erwähnt, von der 1 Sam 4 erzählt. Um welchen Psalm handelt es sich?

Ps 78,60 f.

7. 1 Sam 7 berichtet von einem Ritus, bei dem die Israeliten die Götterbilder fremder Götter entfernten (Abrenuntiation). Nennen Sie Texte, in denen analoge Vorgänge beschrieben werden

Gen 35; Jos 24; Ez 20.

8. Wo finden wir im AT das Motiv des Mißbrauchs von Ämtern durch die Söhne eines großen Mannes?

1 Sam 2 (Elis Söhne); 1 Sam 8 (Samuels Söhne); Lev 10 (Aarons Söhne).

9. Stellen Sie bitte die Texte zusammen, die von der Entstehung des Königtums Sauls handeln und vergleichen Sie sie mit entsprechenden Überlieferungen von David

Einige Stichworte zur Lösung dieser Aufgabe: 1 Sam 8 wird das Königtum als Einrichtung verstanden, die Israel von fremden Völkern übernimmt und die sich gegen Gottes Willen richtet. In 1 Sam 9,1–10,16 geschieht die Salbung des ersten Königs von Israel auf ausdrücklichen Befehl Gottes an den Propheten Samuel hin; hier wird das Königtum als Ausfluß göttlichen Willens verstanden. In 1 Sam 10,17–27 wird die Forderung nach einem König als Verwerfung Gottes bezeichnet. Der König wird ausgelost. Die Salbungserzählung 1 Sam 16 steht der in 1 Sam 9,1–10,16. recht nahe. Auch hier wird die Salbung des zweiten Königs auf einen Auftrag Gottes zurückgeführt.

10. Nennen Sie Parallelen zu der Salbungserzählung 1 Sam 9, 1–10, 16

1 Sam 16 (Salbung Davids); 2 Kön 9 (Salbung Jehus); die Salbung erfolgt immer durch einen Propheten bzw. -schüler; in beiden Fällen ist sie ein konspirativer Akt.

Der Gesalbte (Maschiach) im Alten Testament

Gesalbter werden genannt:
a) Der Priester: nur Lev 4,3.5.16; 6,15
b) Der König allgemein
   1 Sam 2,10.35; 12,3.5 (wohl mit Blick auf Saul); 16,6
   In den Psalmen: 2,2; 18,51; 20,7; 28,8; 84,10; 89,39.52; 105,15; 132,10.17
   Wichtig! Hab 3,13; Thr 4,20; 1 Chr 16,22
c) Spezielle Könige
   1. Saul: 1 Sam 24,7.11; 26,9.11.16.23; 2 Sam 1,14.16.21
   2. David: 2 Sam 19,22; 22,51; 23,1
   3. Salomo: 2 Chr 6,42
   4. Kyros: Jes 45,1
d) Ein kommender Nagid (Kronprinz, Fürst, Herrscher): Dan 9,25 f.

---

11. Sauls erster Sieg führt zur Befreiung der Stadt Jabesch in Gilead (1 Sam 11). Daraus erwächst eine besonders enge Beziehung der Einwohner dieser Stadt zum König Saul. Worin zeigt sie sich?

In der Bergung der Leiche Sauls nach seinem Tod in der Schlacht von Gilboa 1 Sam 31,11–13.

12. Das Motiv des Zerstückelns von Rindern und der Versendung der Teile an alle Stämme (1 Sam 11,7) kommt in abgewandelter Form in einer anderen Erzählung vor. Wo?

Ri 19: Der Levit zerteilt die Leiche seiner Frau und mobilisiert so die Stämme.

13. **An welchen Stellen im AT finden sich große geschichtliche Rückblicke wie in 1 Sam 12?**

Vor allem in Jos 24; 2 Kön 17 und in den Mosereden des Dtn (Dtn 1–3; 9 f.).

14. **Nennen Sie in 1 Sam 7–12 diejenigen Texte, die das Königtum ab-
lehnen oder vor ihm warnen**

1 Sam 8: Israels Forderung nach einem König wird von JHWH als Ablehnung
seines Königseins über Israel verstanden (V. 7 f.); Königtum bedeutet Ausbeutung der Arbeitskraft der Untertanen (im sog. »Königsrecht« V. 11–18);
1 Sam 10,17–27: Die Forderung nach einem König ist gleichbedeutend mit der
Verwerfung Gottes (V. 19);
1 Sam 12: Samuels Rechenschaftsbericht ist ein Dokument einer uneigennützi-
gen Herrschaftsform, der Bereicherung fernliegt. Sie ist als Kontrast zur Königsherrschaft zu verstehen. Das Regenzeichen (V. 17 f.) ist Beweis dafür, daß
die Forderung nach einem König Unrecht ist.

15. **In 1 Sam 15 beginnt der Bericht über den Amalekiterkrieg Sauls
mit einer Erinnerung an Unrecht, das die Amalekiter Israel auf dem
Weg durch die Wüste antaten. Wo findet sich eine entsprechende
Erzählung?**

Ex 17,8–16; vgl. Num 14,35–45; Dtn 25,17–19.

16. **In 1 Sam 19,11–16 spielt ein Götterbild eine Rolle. Das hier verwendete hebräische Wort »terafim« kommt auch in Gen 31 vor.
Erinnern Sie sich, was dort über ein Götterbild erzählt wird?**

Rahel stiehlt die »terafim« ihres Vaters Laban.

17. **Das Motiv der Geistbegabung Sauls und die Frage »Ist denn auch
Saul unter den Propheten?« in 1 Sam 19,24 hat auch ein positives
Gegenstück in der Überlieferung. Wo?**

In 1 Sam 10 nach der Salbung durch Samuel.

18. Neben den Schriftpropheten überliefert das AT eine Fülle von Prophetennamen bzw. erzählt von Prophetengestalten. Stellen Sie eine Liste dieser Propheten her und ordnen Sie ihnen jeweils wichtige Ereignisse zu

Zur Erleichterung dieser Aufgabe möge die folgende Liste von Prophetengestalten dienen:
Samuel (1 Sam 3–25); Natan (2 Sam 7–1 Kön 1); Gad (2 Sam 24); Ahija von Schilo (1 Kön 11); Schemaja (1 Kön 12 // 2 Chr 11); der Prophet von Bet-El (1 Kön 13); Jehu, Sohn des Hanani (1 Kön 16 // 2 Chr 19); Elija aus Tischbe (1 Kön 17–2 Kön 2); ein anonymer Prophet (1 Kön 20 // 2 Chr 25); Micha, der Sohn Jimlas (1 Kön 22 // 2 Chr 18); Elischa (2 Kön 2–13); Jona, Sohn des Amittai (2 Kön 14); die Prophetin Hulda (2 Kön 22 // 2 Chr 34); Iddo (2 Chr 12) Asarja, Sohn des Oded (2 Chr 15); Hanani (2 Chr 16); Jahasiël, Sohn Secharjas (2 Chr 20); Eliëser, Sohn des Dodawa (2 Chr 20): Secharja, Sohn Jojadas (2 Chr 24); Oded (2 Chr 28).

19. Neben der Erzählung von David und Goliat in 1 Sam 17 findet sich an anderer Stelle die Notiz, Goliat sei von einem der Helden Davids getötet worden. Wo findet sie sich und wie heißt der Krieger?

2 Sam 21,19: Elhanan, Sohn der Jaïr aus Betlehem; vgl. 1 Chr 20,5.

20. Die Szene der Begegnung Davids mit dem Priester von Nob wird im NT von Jesus aufgenommen. Wissen Sie, wo?

Mt 12,3 f.

21. David schickt seine Eltern, als er von Saul verfolgt wird, nach Moab. Dies deutet auf eine enge Beziehung Davids zu Moab hin. Wo finden Sie diesen Hinweis ebenfalls?

Im Stammbaum am Ende des Büchleins Rut, aus dem hervorgeht, daß die Moabiterin Rut Davids Urgroßmutter war.

22. In 1 Sam 22 wird erzählt, daß der Priestersohn Abjatar zu David flieht. Nennen Sie Texte, in denen Abjatar außerdem noch erwähnt wird

2 Sam 15 (bei der Flucht Davids vor Abschalom); 1 Kön 1 (als Unterstützer Adonijas), ferner in den Beamtenlisten 2 Sam 8,17; 20,25.

23. Verschaffen Sie sich einen Überblick über Davids Frauen, soweit sie namentlich genannt sind

Michal, Tochter Sauls: 1 Sam 18,27; Ahinoam aus Jesreel: 2 Sam 3,2; Abigajil aus Maon: 2 Sam 3,3; Maacha, Tochter des Königs von Geschur: 2 Sam 3,3; Haggit; Abital: 2 Sam 3,4; Egla: 2 Sam 3,5; Batseba: 2 Sam 11,27; (Abischag von Schunem: 1 Kön 1).

24. Davids Rachezug gegen die Amalekiter in 1 Sam 30 steht in der Kontinuität kriegerischer Auseinandersetzungen mit Amalek. Wo sind sie belegt?

Ex 17 (Mose und Josua); Num 14; 1 Sam 15 (Saul).

25. In 1 Sam 31 weigert sich der Waffenträger Sauls, den verwundeten König zu töten. Kennen Sie dieses Motiv?

Aus 1 Sam 22 und 2 Sam 18.

26. Woraus läßt sich erklären, daß die Bewohner von Jabesch in Gilead die Leiche Sauls den Philistern heimlich wegnehmen?

Aus der besonderen Beziehung Sauls zu dieser Stadt: Er errettete sie von ammonitischer Belagerung (1 Sam 11).

2 Samuel

Grobgliederung:
1–5: David wird König in Hebron und Jerusalem
6–10: David auf dem Höhepunkt seiner Macht
(6; 9; 11–20 + 1 Kön 1 = die sog. Thronfolgegeschichte)
11–20: Hofintrigen
21–24: Nachträge über Ereignisse aus der Davidszeit

1. Bestimmen Sie den Aufbau des 2. Samuelbuches

1–5: David wird König in Hebron und Jerusalem
1,1–27: David erfährt von Sauls Tod
    1–16: Ein Amalekiter berichtet, er habe den verletzten Saul getötet. David läßt ihn umbringen.
    17–27: Klagelied Davids über Saul und Jonatan
2,1–4a: David wird König von Juda in Hebron. David zieht nach Hebron, Salbung zum König von Juda.
2,4b–7: Botschaft an die Einwohner von Jabesch
2,8–10: Isch-Baal, Sauls Sohn, wird von Sauls Feldherrn Abner zum König von Israel gemacht
2,11–3,1: Kampf zwischen den Anhängern Davids und Isch-Baals
    Joabs Bruder Asaël wird von Abner getötet, die Davidanhänger insgesamt sind siegreich.
3,2–5: Liste der Söhne Davids in Hebron
3,6–39: Abner läuft zu David über
    a) Isch-Baal und Abner im Streit (wegen einer Nebenfrau Sauls).
    b) Abner verhandelt mit David. Bedingung: Übergabe der Michal an David. Festempfang.
    c) Joab ermordet Abner.
    d) David verflucht Joab und trauert um Abner – Zeichen, daß er an dem Mord unbeteiligt war.
4,1–12: Ermordung Isch-Baals
    Die Mörder bringen David Isch-Baals Kopf; David läßt sie hinrichten.
5,1–5: David wird König von Israel in Hebron
    Vertrag zwischen David und den Israeliten; Salbung.
5,6–12: David erobert Jerusalem. Nach der Eroberung heißt sie »Davidsstadt«. Der König von Tyrus sendet Geschenke.
5,13–16: Davids Söhne, die in Jerusalem geboren wurden

5,17–25: Philistersiege Davids
Erfolgreiche Kämpfe gegen die Philister mit Orakel.

6–10: David auf dem Höhepunkt seiner Macht
6,1–23: Überführung der Lade nach Jerusalem
Usa stirbt, als er die Lade vor dem Umsturz retten will.
Zwischenaufenthalt der Lade im Hause Obed-Edoms. Jubel und Tanz beim
Einzug der Lade. Kritik Michals an Davids Tanz. Als Strafe: Verweigerung
des sexuellen Verkehrs und damit Kinderlosigkeit.
7,1–16: Natanverheißung
Tempelbauverbot – Verheißung einer ewigen Dynastie – der Nachfolger
wird ein Haus für JHWH bauen.
7,17–29: Dankgebet Davids
Der Exodus als Zeichen für Gottes Einzigkeit; Bitte um Segen.
8,1–18: David schafft ein Großreich – die Kriege mit den Nachbarvölkern
1–14: Siege über Philister; Moabiter; Aramäer von Damaskus; Hamat am
Orontes schickt Geschenke (Tribut?); Edomiter. Dies sind zugleich die
Grenzen des Reiches.
15–18: Davids oberste Beamte
9,1–13: (Beginn der eigentlichen »Thronfolgegeschichte«):
Merib-Baal kommt an Davids Hof.
Merib-Baal (oder Mefiboschet), Jonatans Sohn, wird von David an den Hof
in Jerusalem geholt. Ziba wird ihm als persönlicher Diener zugewiesen.
10,1–19: Ammoniter- und Syrerfeldzug
Davids Gesandte werden vom neuen Ammoniterkönig beleidigt. Erfolgreicher Krieg Joabs gegen eine ammonitisch-syrische Koalition. Großer Sieg
Davids über die Syrer.

11–20: Hofintrigen
11,1–27: David und Batseba
Das Heer liegt vor Rabbat-Ammon. David sieht Batseba, die schöne (hübsche) Frau des Hetiters Urija, baden, läßt sie zu sich kommen. Sie wird
schwanger. David läßt Urija vom Feld kommen. Dieser geht nicht zu Batseba. Auch ein zweiter Versuch scheitert an seinen Prinzipien. Intrige: Urija
trägt selbst einen Brief zu Joab, in dem sein Todesurteil enthalten ist. Urija
stirbt bei dem Sturm auf die Stadt. Ein Bote berichtet David das Geschehene.
David heiratet Batseba. Sie gebiert einen Sohn.
12,1–31: Natan und David: der Schuldspruch
Natans Parabel vom armen Mann und seinem geliebten Schaf (V. 1–4). David fällt selbst das Urteil (V. 5 f.). Natans Urteil: »Du bist der Mann!« Unheilsansage: a) Bedrohung der Dynastie durch das Schwert (V. 7–10); b)

Wegnahme der Frauen Davids (V. 11 f.) – Schuldbekenntnis Davids (V. 13), darauf c) Tod des Kindes Batsebas (V. 14).

Das Kind stirbt. David hört beim Tod auf zu klagen. Das zweite Kind Batsebas: Jedidja (Liebling Jahs) (V. 15–25). Eroberung von Rabbat-Ammon (V. 26–31).

13–18: Abschalom

13,1–34: Amnon vergewaltigt Abschaloms Schwester Tamar.

Abschalom läßt seinen Bruder Amnon bei einem Fest töten; er selbst flieht.

14,1–33: Die Frau von Tekoa. Sie trägt David einen fingierten Rechtsfall vor (Blutrache). Davids humanes Urteil überträgt die Frau auf das Verhältnis David-Abschalom. Das Wiedersehen und die Aussöhnung von Vater und Sohn (Abschalom zwingt Joab zum Handeln).

15,1–27: Abschaloms Aufstand. Dankopfer als Tarnung einer Verschwörung in Hebron. Der Heerbann auf Abschaloms Seite. David flieht aus Jerusalem. Ittai aus Gat (Philister!) schwört David Beistand. Die Lade bleibt in der Stadt. Huschai bleibt als Agent Davids in Jerusalem.

16,1–14: Davids Freunde und Feinde

Ziba, Merib-Baals Diener, läuft zu David über und beschuldigt seinen Herrn des Verrats. Schimi, aus der Saulfamilie, verflucht David. Dieser hält Abischai von einem Mord an Schimi ab.

Abschalom zieht in Jerusalem ein. Ahitofel, Abschaloms Ratgeber, rät zum öffentlichen Inbesitznehmen des Harems Davids.

16,15–17,23: Die beiden Ratgeber Abschaloms

Ahitofels Rat: sofortige Verfolgung Davids.

Huschais Rat: vorherige Aufbietung des Heerbanns.

Davids Spione werden entdeckt, verbergen sich in einer Zisterne und hinterbringen David Abschaloms Plan; David flieht über den Jordan; Ahitofel begeht Selbstmord; Amasa wird Heerbannführer Abschaloms.

18,1–32: Abschaloms Niederlage und Tod

David selbst nimmt nicht an der Schlacht teil. Er verlangt die Schonung seines Sohnes. Abschalom bleibt mit dem Haar an einer Eiche hängen; Joab (bzw. sein Waffenträger) tötet ihn. Flucht seines Heeres. Wettlauf zweier Boten zu David. Der erste verkündet den Sieg, der zweite den Tod Abschaloms.

19: David wieder uneingeschränkter Herrscher

19,1–9: Klage Davids um Abschalom und Joabs Kritik an seiner Trauer, statt dem Heer für den Machterhalt zu danken.

19,10–15: Die Stämme huldigen dem König erneut. Juda wird gesondert aufgefordert; Amasa wird die Feldherrnrolle unter David versprochen.

19,16–31: David verzeiht seinen Gegnern: Schimi und Merib-Baal (dieser muß künftig den Besitz Sauls mit Ziba teilen).

19,32–41: Barsillais Sohn Kimham wird an den Hof Davids geholt als Dank für Hilfe.

19,42–44: Rivalität zwischen Israel und Juda um den Anteil an Königsnähe.
20,1–22: Schebas Aufstand
Abfall Israels von David. »Welchen Anteil haben wir an David? Wir haben keinen Erbbesitz beim Sohn Isais. In deine Zelte, Israel!« (V. 2). Amasa soll den Heerbann aufbieten. Joab ermordet Amasa. Die Bewohner von Abel-Bet-Maacha töten auf Initiative einer Frau hin Scheba und werfen seinen Kopf über die Mauer. Die Belagerung wird abgebrochen.
20,23–26: Davids oberste Beamte (Fronvogt Adoniram!)

21–24: Nachträge über Ereignisse aus der Davidszeit
21,1–14: Rache der Gibeoniten an Sauls Geschlecht
Saul hatte Gibeoniten getötet. Die Gibeoniten verlangen von David als Vergeltung 7 Nachkommen der Saulsippe. Sie werden hingerichtet (Blutrache!). Rizpa, die Frau Sauls, trauert demonstrativ. David läßt die 7 und Saul und Jonatan in Zela begraben.
21,15–22: Davids Helden (Abischai, Sibbechai, Jonatan – der Riese mit den 6 Fingern)
2,1–51: Davids Danklied = Ps 18
(»Mit dir, mein Gott, springe ich über Mauern« – Vertrauen; Sieg über Feinde)
23,1–7: Davids letztes Lied
Die Zusage des Beistands Gottes.
23,8–39: Davids Helden
Die großen drei; die 37 Helden.
24,1–25: Volkszählung und Strafe; Die Tenne des Arauna
Volkszählung zur Erfassung der Wehrfähigen; 1,3 Millionen. Der Prophet Gad läßt David wählen zwischen Hungersnot, Flucht vor Feinden oder dreitägiger Pest. Ausbruch der Pest. Einhalt der Pest auf der Tenne des Arauna. David kauft den Platz und baut einen Altar.

2. Stellen Sie die Differenzen zwischen der Darstellung des Todes Sauls in 1 Sam 31 und 2 Sam 1 fest

Nach 1 Sam 31 begeht Saul Selbstmord; nach 2 Sam 1 tötet ihn der Amalekiter, der David die Todesnachricht bringt.

3. Die Natanverheißung, die den Davididen eine ewige Dynastie verheißt, wird in zwei Psalmen erwähnt. In welchen?

Ps 78 und 89.

4. Beachten Sie: Davids Sieg über die Moabiter in 2 Sam 8 steht in Spannung zu den Darstellungen positiver Beziehungen zwischen David und Moab in 1 Sam 22 und Rut 4

Nach Rut 4 stammt David von einer moabititschen Großmutter ab; nach 1 Sam 22 ist Moab der Flucht- und Schutzstaat Davids und seiner Eltern; nach 2 Sam 8 geht David erbarmungslos grausam mit Moab um.

5. An welchen beiden Stellen finden Sie eine Beamtenliste Davids? Zeigen Sie mindestens einen wesentlichen Unterschied auf

2 Sam 8 und 20. Die Liste in 2 Sam 20 enthält zwei neue Ämter, das Amt des Fronvogts und ein drittes Priesteramt. Außerdem ist die Reihenfolge der Ämter verschieden. Das spiegelt möglicherweise Machtverschiebungen wider.

6. Wo hat die Aufnahme Merib-Baals, des Sohnes Sauls, an den Hof des Königs David in 2 Sam 9 eine Vorgeschichte?

In Davids Eidverpflichtung gegenüber Jonatan (1 Sam 20); in der Erzählung über den Unfall Merib-Baals (2 Sam 4) bei der Flucht nach Sauls Tod.

7. Das Todesschicksal Urijas in 2 Sam 11 erinnert in gewisser Weise an zwei andere Männer im AT. An welche?

An Abimelech Ri 9 und Scheba 2 Sam 20.

8. In der Strafpredigt Natans nach Davids Beischlaf mit Batseba und seiner Intrige gegen Urija sind vier Strafansagen gegen David enthalten: das von David selbst ausgesprochene Todesurteil, das Natan nach Davids Reue als Akt der Sündenvergebung aufhebt; das stellvertretende Sterben des im Ehebruch gezeugten Sohnes; Aufruhr gegen David aus seinem eigenen Haus und Inbesitznahme des Harems Davids durch einen anderen. Wo wird von einem Eintreffen dieser Unheilsansagen berichtet?

Vom Tod des Sohnes in 2 Sam 12,18; von Aufständen aus dem Kreis der eigenen Söhne in 2 Sam 15–19 und 1 Kön 1; von der Okkupation des Harems in 2 Sam 16,20–23.

9. Wenn Sie mit der Lektüre des 2. Samuelbuches fertig sind, sollten Sie einmal versuchen, die Geschichte Merib-Baals zu erzählen

10. Der Krieg in 2 Sam 10 hat einen besonderen Anlaß. Welchen?

Davids Gesandte werden beleidigt und geschmäht.

11. Der Erzählkomplex 2 Sam 9–20 und 1 Kön 1, der sich durch seinen Stil von den übrigen Texten abhebt, handelt im wesentlichen von Auseinandersetzungen um die Thronfolge Davids. Dabei werden die Ereignisse so dargestellt, daß eine Abfolge von Konflikten und Konfliktlösungen entsteht. Stellen Sie die Konflikte und ihre Lösungen bzw. Lösungsversuche dar

Als Beispiele seien genannt:
2 Sam 9: Konflikt: Die Existenz eines leiblichen Sohnes Sauls
    Lösung: David holt ihn an seinen Hof, verleiht ihm ein Privileg.
2 Sam 11: Konflikt: Die unerwartete Schwangerschaft Batsebas
    Lösung: Rückkehr des Ehemanns zu seiner Frau von der Front
    Da diese Lösung scheitert, entsteht ein neuer
    Konflikt: Der unerwünschte Rivale/Ehemann
    Lösung: David arrangiert einen »Heldentod«.
2 Sam 12: Konflikt: Die tödliche Erkrankung des Prinzen
    Lösung: David trauert *vor* dem Tod und beendet die Trauer beim Tod.
2 Sam 13: Konflikt: Vergewaltigung Tamars durch ihren Halbbruder
    Lösung: Ermordung des Täters durch Abschalom
    Diese Lösung führt zu einem neuen
    Konflikt: Aussöhnung oder Bestrafung des Sohnes durch den König?
    Lösung: Der König verzichtet auf Strafe, verweigert aber den Zutritt zum Hof.
    Dadurch entsteht ein weiterer
2 Sam 14: Konflikt: Wie kann Aussöhnung vollzogen werden?
    Lösung: Joabs Intrige.
2 Sam 15: Konflikt: Aufstandsversuch des eigenen Sohnes
    Lösung: Flucht des Vaters mit treuen Truppen.
2 Sam 16: Konflikt: Verfluchung des Königs durch Untertanen
    Lösung: Verzicht des Königs auf Bestrafung.
2 Sam 19,1-9: Konflikt: Der König steht in Spannung zwischen familiärer Trauer und staatlicher Repräsentationspflicht
    Lösung: Wahrnehmung der staatlichen Aufgaben.

2 Sam 19, 25–31: Konflikt: Der Verdacht der Illoyalität des letzten Saulssohnes
Lösung: Einschränkung des Privilegs.
1 Kön 1: Konflikt: Usurpationsversuch eines weiteren Kronprinzen
Lösung: Inthronisation Salomos, damit Regelung der Nachfolge.

> *Literatur: J. Kegler:* Politisches Geschehen und theologisches Verstehen. Zum Geschichtsverständnis in der frühen israelitischen Königszeit, CTM A 8, 1977, S. 110–196.

12. Wie verfährt David mit seinem Harem, nachdem Abschalom ihn in Besitz genommen hat?

Unterbringung in gesondertem Haus; kein Verkehr mehr (20, 3 f.).

13. Welche Frauengestalten spielen in der »Thronfolgegeschichte« eine wichtige Rolle?

Z. B. Michal, die Tochter Sauls; Batseba; Tamar; die kluge Frau von Tekoa; die Frau von Abel-Bet-Maacha; Abischag von Schunem.

14. Ziba, ein Anhänger des Saulsohnes Merib-Baal, spielt eine bestimmte Rolle. Welche? Wo wird darüber berichtet?

2 Sam 9 ist er Verwalter der Güter Sauls und Diener Merib-Baals; 2 Sam 16 flieht er mit David und wird Alleinbesitzer des Landbesitzes von Saul; 2 Sam 19 beschuldigt ihn Merib-Baal der Verleumdung; Ziba erhält nur noch die Hälfte des Saulbesitzes.

15. Erzählen Sie die Geschichte Joabs. Welche Konflikte gab es zwischen ihm und David?

Joab tötet Abner, den Feldherrn Sauls, als dieser sich David anschließen will (2 Sam 3). Joab droht damit, den Ruhm für die Eroberung von Ammon für sich zu reklamieren (2 Sam 12,28). Joab bereitet durch eine Intrige die Aussöhnung zwischen David und Abschalom vor (2 Sam 14). Joab tötet gegen den ausdrücklichen Befehl Davids den Königssohn Abschalom (2 Sam 18). Joab tötet Amasa, den Feldherrn der Truppen Abschaloms, als dieser von David in Dienst gestellt worden ist (2 Sam 20). Joab schließt sich der Partei Adonijas an, als David alt geworden ist (1 Kön 1) usw.

16. Von David sind Klagen überliefert. Aus welchen Anlässen heraus? Wo finden sie sich?

Nach dem Tod von Saul und Jonatan 2 Sam 1; nach dem Tod Abschaloms 2 Sam 19; vgl. auch das Verhalten bei der Krankheit des Batsebasohnes 2 Sam 12, 15–25.

17. Das Motiv »Tod eines Mannes durch die Hand einer Frau« in 2 Sam 20 spielt auch in anderen Kontexten eine Rolle. Wo?

Ri 5: Die Frau Jaël ermordet den kanaanäischen Feldherrn Sisera; Ri 9: Eine Frau wirft Abimelech einen Mühlstein auf den Kopf.

18. Boten spielen in der Davidgeschichte eine wichtige Rolle. Wo und wann?

Bei Sauls Tod (2 Sam 1); nach Ischbaals Tod (2 Sam 4); Die Verhöhnung der Boten führt zum Krieg (2 Sam 10); nach Urijas Tod (2 Sam 11); als Spione Davids bei Abschalom (2 Sam 17); nach Abschaloms Tod (2 Sam 18).

19. Der Pestengel, der die Strafe für die Volkszählung, die David durchführen läßt, vollzieht, hört bei der Tenne des Arauna mit seinem schrecklichen Tun auf. Welche Bedeutung hat diese Tenne?

Sie wird durch den Bau eines Altars zum Heiligtum (2 Sam 24, 18–25) und später der Platz des ersten und zweiten Tempels.

20. Nennen Sie Beispiele für Kaufverhandlungen um Landbesitz

Abraham kauft die Höhle Machpela von dem Hetiter Efron; sie wird Begräbnisstätte für Sara und ihn (Gen 23); Omri kauft den Berg Samaria von Schemer

(Schemer-Schomron, so die hebräische Bezeichnung für die Stadt Samaria) (1 Kön 16,24); David kauft die Tenne der Arauna (2 Sam 24).

Literatur: R.A. Carlson: David, the Chosen King. A Traditio-Historical Approach to the Second Book of Samuel, 1964. – *F. Crüsemann:* Der Widerstand gegen das Königtum. Die antiköniglichen Texte des Alten Testaments und der Kampf um den frühen israelitischen Staat, WMANT 48, 1978. – *L. Rost:* Die Überlieferung von der Thronnachfolge Davids, BWANT 42, 1926, in: *ders.:* Das kleine Credo und andere Studien zum Alten Testament, 1965, S. 119–253. – *T. Veijola:* Die ewige Dynastie – David und die Entstehung seiner Dynastie nach der deuteronomistischen Darstellung, 1975.

1 Könige

Grobgliederung:
1–2: Hofintrigen
3–11: Salomos Königsherrschaft
1 Kön 12–2 Kön 17: Geschichte der beiden Teilreiche
12–16: Von der Reichsspaltung bis Isebel
17–19: Elija-Erzählungen
20–22: Von Ahab bis Ahasja

Vorbemerkung:
In den Königs- und Chronikbüchern bedeutet:
S = Südreich (Juda)
N = Nordreich (Israel)
+ = positive Wertung des Königs
– = negative Wertung des Königs (durch den oder die Verfasser)
! = die betreffende Person wurde ermordet
Die Regierungszeiten sind nur als ungefähre Angaben zu verstehen. Im einzelnen bestehen Unsicherheiten.

1. Bestimmen Sie den Aufbau des 1. Königsbuches

1–2: Hofintrigen
1,1–53: Salomos Inthronisation
  Abischag von Schunem wärmt den alten David. Adonija erhebt Anspruch auf den Thron, Joab und Abjatar unterstützen ihn. Salomo, Natan, Benaja und Davids Leibwache beteiligen sich nicht an Adonijas Fest. Natans Intrige mit Batseba, um David für Salomo zu gewinnen. David designiert Salomo und legt das Zeremoniell fest. Salbung Salomos an der Gihonquelle. Akklamation des Volkes. Adonija erfährt davon durch einen Informanten. Adonija sucht Schutz am Altar. Salomo begnadigt ihn.
(Ende der eigentlichen »Thronfolgegeschichte«)
2,1–26: Davids Tod und Salomos »Säuberungsmaßnahmen«
  1–4: Davids Mahnung zur Gesetzestreue
  5–9: Davids »letzter Wille«: Bestrafung Joabs, Schimis und Belohnung Barsillais
  10–46: Salomo führt Davids Willen aus
  – Davids Tod (10 f.)
  – Benaja tötet Adonija, als dieser über Batseba um Abischags Hand bittet (12–25)

- Abjatar wird nach Anatot verbannt (26 f.)
- Joab wird von Benaja am Altar ermordet (28–35)
- Benaja ermordet Schimi, weil er befehlswidrig Jerusalem verlassen hat (36–45)
- Jetzt ist das Königtum fest in Salomos Hand (46).

3–11: Salomos Königsherrschaft (965–926/5)
3,1–13: Salomos Hochzeit mit einer Pharaonentochter; Existenz von vielen Opferstätten
3,4–15: Salomos Opfer und Bitte um Weisheit
Salomo erhält nicht nur Weisheit, sondern auch Reichtum und Ansehen. Dankopfer in Jerusalem.
3,16–28: Salomos weises Urteil (»salomonisches Urteil«)
Das tote Kind der zwei Huren. Salomos Urteil: Zerschneiden des lebenden Kindes; die Mutter, die um der Rettung des Lebens des Kindes willen auf dieses verzichtet, ist die wahre.
4,1–20: Salomos Beamte und Verwalter
a) Beamtenliste mit nunmehr 11 Spitzenämtern (V. 1–6)
b) 12 Provinzen und ihre Verwaltung (V. 7–20)
Juda hat eine Sonderrolle.
5,1–8: Salomos Hofhaltung
Frieden, Sicherheit, Wohlstand und Luxus.
5,9–14: Salomos Weisheit
3000 Weisheitssprüche; 1005 Lieder.
5,15–32: Salomos Vertrag mit Hiram von Tyrus; Organisation der Arbeit

6–8: Der Tempel
6,1–38: Tempelbau (Maße, Geschosse, Innendekoration und Täfelung, Cheruben und Ornamente)
7,1–12: Palastbau (Maße, Säulenhalle, Thronhalle, Wohnhaus und Steinverarbeitung)
7,13–51: Tempelbau (Zubehör)
Die Säulen Jachin und Boas; Bronzebecken; Kesselwagen; Geräte.
8: Tempeleinweihung
1–13: Feierliche Überführung der Lade mit den Gebotstafeln in das Allerheiligste. Wolke!
14–21: Tempelweihrede Salomos mit Bezug auf die Natanverheißung
22–53: Großes Bittgebet um die Erhörung von Gebeten, die im Tempel oder in Richtung auf den Tempel hin gesprochen werden.
Mahnung zum Gehorsam.
54–61: Segensgebet
62–66: Riesiges Einweihungsopferfest

9,1-9: Zweite Gotteserscheinung Salomos
Ankündigung einer ewigen Dynastie bei Befolgung der Gebote, der Vertreibung und Zerstörung des Tempels bei der Verehrung anderer Götter.

9,10-14: Salomo tritt Städte an Hiram von Tyrus ab

9,15-28: Salomos Bautätigkeit
Aufzählung der Baumaßnahmen in Jerusalem, Hazor, Meggido, Geser u. a.; Organisation der Fronarbeit; die Handelsflotte.

10,1-13: Die Königin von Saba und Salomos Luxus

10,14-29: Einige Details: Reichtum an Gold und Edelhölzern; Pferdehandel

11,1-13: Salomos Götzendienst
Verführung durch seine 1000 Frauen zu Opfern für moabitische und ammonitische Götter. Ankündigung der Teilung des Reiches als Strafe; nur ein Stamm bleibt der Dynastie.

11,14-40: Aufstände gegen Salomo
14-22: Hadad von Edom im ägyptischen Exil zu Lebzeiten Joabs; Rückkehr nach Edom unter Salomo
23-25: Reson von Zoba, König von Damaskus, befreit dieses Gebiet von der israelitischen Herrschaft
26-40: Jerobeam ben-Nebat, Fronarbeitsaufseher unter Salomo, wird vom Propheten Ahija aus Schilo die Herrschaft über 10 Stämme vorhergesagt; Flucht nach Ägypten.

11,41-43: Salomos Tod

1 Kön 12-2 Kön 17: Die Geschichte der beiden Teilreiche
12-16: Von der Reichsspaltung bis Isebel

12,1-15: Rehabeam (S 926-909) lehnt Fronarbeitserleichterung ab
Die Nordstämme, Israel, verlangen Fronerleichterung; Rat der Alten: Nachgeben; Rat der Jungen: Fron verschärfen.

12,16-24: Die Reichsspaltung
Die Nordstämme verweigern Rehabeam die Gefolgschaft; sie steinigen den Fronvogt Adoniram; Rehabeams Versuch eines militärischen Vorgehens wird durch das Wort des Propheten Schemaja verhindert.

12,15-33: Jerobeam (-) (N 926-906) baut Sichem und Penuël aus und errichtet Kultbilder in Bet-El und Dan
Zur Verhinderung von Wallfahrten der Israeliten errichtet Jerobeam in Bet-El und Dan goldene Stierkalbbilder. Dies ist die »Sünde Jerobeams«. Schaffung eines eigenen Festes.

13,1-34: Weissagung des Gottesmannes gegen den Altar von Bet-El
Ein judäischer Gottesmann kündigt die Zerstörung des Altars von Bet-El durch Joschija an. Wunder zur Bekräftigung (Jerobeams steifer Arm; Zerbersten des Altars).
Der Gottesmann wird von einem Propheten aus Bet-El durch Lügen zum Es-

sen verführt. Als Strafe stirbt er durch einen Löwen. Sein Begräbnis durch den Propheten von Bet-El.

14,1–18: Unheilsansage Ahijas von Schilo gegen Jerobeam I.

Die Frau Jerobeams kommt zum alten Propheten Ahija nach Schilo. Wegen der Götterbilder kündigt Ahija die Ausrottung der Nachkommen an und den Tod des kranken Sohnes.

14,19f.: Jerobeams Tod

14,21–31: Rehabeams Regierungszeit (–) (S 926–909)

Feldzug des Pharao Schischak (= Schoschenq I. 945–924) mit Plünderung Jerusalems (922/1); Dauernder Krieg zwischen Israel und Juda. Kultische Prostitution.

15,1–8: Abija (–) (S 909–907)

Dauernder Krieg zwischen Israel und Juda.

15,9–24: Asa (+) (S 907–871)

Beseitigung von Götzenbildern. Absetzung der Königsmutter wegen Götzendienst. Krieg zwischen Asa und Bascha. Bündnis Asas mit Damaskus. Dadurch wird Israel zu einem Zweifrontenkrieg gezwungen. Die Festungsanlagen Baschas werden zerstört.

15,25–32: Nadab (–) (N 906–905) (!)

Nadab wird von Bascha ermordet. Die Dynastie Jerobeams wird ausgerottet.

15,33f.: Bascha (–) (N 905–882)

16,1–4: Unheilsansage Jehus ben Hanani gegen Bascha

Ankündigung der Ausrottung der Dynastie.

16,5–7: Baschas Ende

16,8–14: Ela (–) (N 882–881) (!)

Bei einem Besäufnis wird er von Simri ermordet. Ausrottung aller Bascha-Verwandten.

16,15–20: Simri (–) (N 881 7 Tage)

Das Heer macht Omri zum König, erobert Tirza. Simri begeht Selbstmord im Palast.

16,21–28: Rivalität zwischen Tibni (N 882) und Omri (–) (N 882–871)

Omri kauft den Berg Samaria und errichtet dort eine neue Hauptstadt: *Samaria*.

16,29–34: Ahab (– –) (N 871–851)

Seine große Sünde: Die Heirat der Sidonierin Isebel und der Bau eines Baals-Tempels.

17–19: Elija-Erzählungen

17,1–24: Elija sagt eine Hungersnot wegen Dürre an

   a) Elija aus Tischbe und die Ankündigung des ausbleibenden Regens (V. 1)

   b) Elija wird im Ostjordangebiet von Raben versorgt (V. 2–7)

   c) Die Witwe von Zarpat: Mehl und Öl hören nicht auf (V. 8–16)

   d) Elija weckt den toten Sohn der Witwe durch Gebet wieder auf (V. 17–24).

18,1-46: Elija und die Baalspriester auf dem Karmel
  a) Obadja, Ahabs Palastverwalter, ein JHWH-Anhänger, trifft Elija (V. 1-15)
  b) Elija und Ahab begegnen sich; Elija fordert die Baalspriester auf den Karmel (V. 16-24) und das Volk zur Entscheidung zwischen JHWH und Baal
  c) Tanz der Baalspriester um ihren Altar (V. 25-29)
  d) Elija begießt seinen Altar mit Wasser: Feuerwunder, Bekenntnis des Volkes zu JHWH, darauf Tötung der Baalspriester (V. 30-40)
  e) Der große Regen (V. 41-46).
19,1-18: Gotteserscheinung am Horeb
Isebel droht Elija den Tod an. Elija flieht, will aufgeben. Versorgung durch Engel. Die Gotteserscheinung: Sturm - Erdbeben - Feuer - leiser Hauch. Ein neuer Auftrag für Hasaël von Damaskus, Jehu und Elischa.
19,19-21: Berufung des Elischa
Elija wirft dem pflügenden Elischa den Prophetenmantel über.
Abschiedsmahl.

20-22: Von Ahab bis Ahasja
20,1-34: Zwei Siege Ahabs über Ben-Hadad von Damaskus
  - Die Syrer vor dem belagerten Samaria: dreifache Steigerung der Forderungen (V. 1-12)
  - Siegesansage durch einen anonymen Propheten (V. 13 f.)
  - Sieg über die Belagerungstruppen (V. 15-21)
  - Ankündigung eines 2. Feldzugs durch einen Propheten (V. 22)
  - Aufrüstung der Syrer für eine Feldschlacht (»JHWH ist ein Berggott«) (V. 23-28)
  - Sieg der Israeliten (V. 29 f.)
  - Ahab verschont Ben-Hadad; Vertragsschluß mit dem Recht Israels, in Damaskus Handelsniederlassungen zu gründen (V. 30-34).
20,35-43: Demonstration eines Prophetenjüngers: Unheilsankündigung
  a) Ein Prophetenjünger weigert sich, den Kollegen zu schlagen und wird vom Löwen getötet (V. 35 f.)
  b) Der Prophetenjünger läßt sich blutig schlagen (V. 37)
  c) Er erzählt dem König Ahab eine fiktive Geschichte über einen entlaufenen Gefangenen (V. 38-40)
  d) Die Unheilsansage: Tod des Ahab und die Niederlage Israels (V. 41-43).
21,1-29: Nabots Weinberg
Isebels Intrige, um Ahab zu dem Weinberg Nabots zu verhelfen:
Anklage der Gotteslästerung durch bestochene Zeugen, Verurteilung und Steinigung Nabots.
Elijas Unheilsansage gegen Ahab: Tod, Ausrottung der Nachkommen, Hunde fressen Isebel.
Ahabs Reue.

22,1–40: Koalitionskrieg von Ahab und Joschafat gegen Damaskus
Vorher Befragung der Propheten. Micha ben-Jimlas Vision vom Verführer
Ahabs im himmlischen Hofstaat: Ansage der Niederlage. Ahab verkleidet
sich. Ahab wird verwundet und stirbt.
22,41–51: Joschafat (+) (S 871–851)
Frieden mit Israel. Edom ist Vasall. Schiffsbau und Kultreform.
22,52–54: Ahasja (–) (N 851–850)

2. 1 Kön 1 berichtet von Parteiungen, die am Hof Davids entstanden:
   Eine Adonija- und eine Salomopartei kämpften um die Thronfolge.
   Merken Sie sich die Hauptgestalten der jeweiligen Partei

Adonija-Partei: Joab, Abjatar; Salomo-Partei: Batseba, Natan, Zadok.

3. Wie verhalten sich Davids letzte Wünsche in 1 Kön 2, 1–9 zu dem,
   was Salomo nach Davids Tod tut?

David verlangt keine Strafe für Adonija und Abjatar; Salomo läßt den ersteren
umbringen und den zweiten verbannen. Den Auftrag, den David Salomo für
Barsillai erteilt, führt er nicht aus.

4. Nennen Sie die wichtigsten Heerführer der ersten Könige Israels

Abner (unter Saul und Ischbaal); Joab und Amasa (unter David); Benaja (unter
Salomo).

5. Die Ermordung Joabs durch Benaja wird mit dem Hinweis auf die
   Ermordung Abners und Amasas durch Joab begründet. Wo wird
   das erzählt?

2 Sam 3 und 20.

6. In 1 Kön 3 wird eine Traumoffenbarung Gottes an Salomo berichtet.
   Vergleichbares wird weder von Saul noch von David gesagt. Was
   kann das bedeuten?

Damit wird die Besonderheit Salomos unterstrichen. Als Erbauer des ersten
Tempels wird ihm in der Überlieferung eine herausgehobene Beziehung zu
JHWH zugeschrieben.

7. Zweimal wird in der Überlieferung betont, daß Salomo eine Pharaonentochter zur Frau hatte (1 Kön 3, 1 und 9, 16). Versuchen Sie, dies
   zu bewerten

Hypothese: Die Heirat belegt einmal besonders enge Beziehungen des salomonischen Hofes zum ägyptischen Pharaonenthron, zum andern ist sie Ausdruck
der Größe Salomos, denn Pharaonenprinzessinnen wurden traditionsgemäß
nicht an ausländische Kleinfürsten verheiratet.

8. Vergleichen Sie die Anzahl der Ämter, die Inhaber der Ämter und
   die Rangfolge in den davidischen und der salomonischen Beamtenliste

2 Sam 8, 16–18:
1. Joab, Heerführer
2. Joschafat, Haushofmeister

3. Zadok, Priester
4. Abjatar, Priester

5. Seraja, Schreiber
6. Benaja, Leibwachenkommandant

2 Sam 20, 23–26:
1. Joab, Heerführer
2. Benaja, Leibwachenkommandant
   (neuer Rang)
3. Adoniram, Fronvogt (neues Amt)
4. Joschafat, Haushofmeister (neuer
   Rang)
5. Schewa, Schreiber
6. Zadok, Priester (neuer Rang)
7. Abjatar, Priester
8. Ira, Priester für David (neues
   Amt)

1 Kön 4, 1–6:
1. Asarja, Sohn des Zadok (Dynastiebildung! Neues Amt)
2. Elihoref, Schreiber (neuer Rang)
3. Ahija, Schreiber (Ämtervermehrung!)
4. Joschafat, Haushofmeister
5. Benaja, Heerführer (Aufstieg im Amt)
6. Zadok, Priester
7. Abjatar, Priester (≠ 1 Kön 2)
8. Asarja, oberster Statthalter (neues Amt)
9. Sabud, Freund des Königs (neues Amt)
10. Ahischar, Hausverwalter (neues Amt)
11. Adoniram, Fronvogt (niedrigster Rang)

Problemanzeige: Die genaue Bezeichnung und Bestimmung der Funktion der
einzelnen Ämter ist nicht leicht, je nachdem, ob man stärker mit ägyptischen,

kanaanäischen oder mesopotamischen Einflüssen rechnet. Mit »Rang« wird hier die Stellung innerhalb der Ämterliste bezeichnet, die wohl in jedem Fall auch die Rangfolge widerspiegelt.

Literatur: J. Begrich: Sōfēr und Mazkīr – Ein Beitrag zur inneren Geschichte des davidisch-salomonischen Großreiches und des Königreiches Juda, in: ZAW 58, 1940/41, S. 1–29; vgl. auch die entsprechenden Abschnitte in: *H. Donner:* Geschichte des Volkes Israel und seiner Nachbarn in Grundzügen, Grundrisse zum Alten Testament, ATD Ergänzungsreihe 4/1, 1984. – *S. Herrmann:* Geschichte Israels in alttestamentlicher Zeit, [2]1980. – *M. Noth:* Geschichte Israels, 1950, [5]1963.

9. Beachten Sie die Wendung in 1 Kön 4, 20: »Das Volk von Juda und Israel war zahlreich wie der Sand am Meer. Es hatte zu essen und zu trinken und war glücklich.« Woran klingt diese Formulierung an?

An die Väterverheißungen; es klingt wie eine Erfüllung dieser Verheißungen.

10. In 1 Kön 5 wird erwähnt, daß Salomo 3000 Weisheitssprüche verfaßte und 1005 Lieder dichtete. Dazu ein Vergleich: Wie viele Sprüche umfaßt das biblische »Buch der Sprüche«?

915. Allerdings soll damit nicht die Historizität der biblischen Aussage behauptet werden.

11. Vergleichen Sie die Darstellung des Vertragsabschlusses zwischen Salomo und Hiram von Tyrus in 1 Kön 5 und 2 Chr 2. Notieren Sie die Differenzen

Z. B. geht in 1 Kön 5 die Initiative von Hiram aus, in 2 Chr 2 von Salomo; die Höhe der Naturalabgaben wird verschieden angegeben; in 2 Chr 2 bestellt sich Salomo einen phönizischen Kunsthandwerker; auch die Art der Übergabe der Hölzer wird unterschiedlich dargestellt.

12. Vergleichen Sie die Maße des Tempels mit denen des Palastes (1 Kön 6–7)

Der Tempel mißt 30×30×15 m; das Libanonwaldhaus, das möglicherweise ein eigener Palast war, mißt 50×25×15 m; über den Palast selbst fehlen genaue

Maßangaben. (Damit Sie einen realistischen Eindruck von der Größe des davidischen Jerusalem bekommen: Es war kaum größer als ein heutiges Fußballstadion.)

> *Literatur* zur Geographie Jerusalems und seiner Geschichte: *E. Otto:* Jerusalem. Die Geschichte der heiligen Stadt von den Anfängen bis zur Kreuzfahrerzeit, Urban – TB 308, 1980.

13. In 1 Kön 8 wird erwähnt, daß sich in der Lade die Tafeln befanden, die Mose am Horeb erhielt. Auf welche Überlieferung bezieht sich dieser Hinweis?

Auf Dtn 10,1–5 (nicht auf Ex 19–24!)

14. Worauf nimmt Salomo in seiner Einweihungsrede Bezug?

Auf die Natanverheißung 2 Sam 7.

15. Worauf spielt das große Erhörungsgebet Salomos in 1 Kön 8 bereits an?

Auf das babylonische Exil nach der Zerstörung Judas durch Nebukadnezzar. Dieser Sachverhalt gibt neben anderen wertvolle Hinweise auf die Entstehungszeit der Überlieferung. Beachten Sie bitte auch die Nähe der im Gebet greifbaren Theologie zu den Mosereden im Deuteronomium.

16. Nach der Einweihung des ersten Tempels erfüllt die Wolke das Allerheiligste. Woran erinnert Sie das?

An die Wolkensäule von Ex 14 oder die Wolke, die das Heilige Zelt erfüllt (Ex 40). Damit wird manifest, daß der Tempel das Zelt ersetzt.

17. Beachten Sie die Stellung der Gotteserscheinungen im Aufbau der Kapitel 3–11

Die erste Gotteserscheinung erfolgt zu Beginn der Regierungszeit Salomos. Durch sie erhält Salomo Weisheit (die ihn u.a. zum Tempelbau befähigt). Die zweite Gotteserscheinung erfolgt nach der Tempelweihe. Sie ist durch eine dringende Mahnung an Salomo charakterisiert.

18. Auch in der Gottesrede in 1 Kön 9, 1–9 wird das babylonische Exil und die Zerstörung des Tempels vorausgesagt (V. 7 f.). Worauf deutet das hin?

Auf die Entstehungszeit des Textkomplexes.

19. Vergleichen Sie den Bericht von der Abgabe von Städten durch Salomo an Hiram in 1 Kön 9, 10–14 mit der Darstellung in 2 Chr 8, 1 f.

Nach 2 Chr 8 tritt nicht Salomo, sondern Hiram, der hier Huram heißt, Städte ab; außerdem ist die Notiz in 2 Chr 8, 1 f. sehr viel kürzer.

20. Die Darstellung der Regierungszeit Salomos läßt den Schluß zu, daß in dieser Zeit in Israel erstmals Pferde benutzt wurden und Schiffe gebaut werden konnten. Nennen Sie weitere Beispiele für innovatorische Errungenschaften der salomonischen Zeit

Z. B. Vorratsstädte; regelmäßiges Opfer im Tempel; Import von Almuggimholz; Import von Gold aus Ofir (Südjemen); goldene Schilde im Tempel; Besuch einer Königin aus Südarabien.

21. Für die Darstellung der Zeit ab Salomo ist typisch, daß in den Königsbüchern am Ende der Regierungszeit des jeweiligen Königs ein Verweis auf eine schriftliche Quelle erfolgt (vgl. 1 Kön 11, 41). Der Charakter dieser Quellen ist uns größtenteils unbekannt; auch über die historische Zuverlässigkeit dieser Angaben besteht aufgrund unterschiedlicher Bezeichnungen der Quellen im Hebräischen nicht unerhebliche Bedenken. Dennoch sollten Sie versuchen, sich einen Überblick über die im AT genannten Quellen zu verschaffen.

Gen 5,1: Buch (Einheitsübersetzung: Liste, hebr. sefer) der Geschlechterfolge Adams
Ex 24,7: Buch des Bundes, Bundesbuch (Einheitsübersetzung: Urkunde)
  (so auch 2 Kön 23,2.21; 2 Chr 34,30)
Num 21,14: Buch der Kriege des Herrn
Dtn 27,3.8: Worte der Weisung (auf Stein)
Dtn 29,26: »diese Urkunde«
Dtn 31,26: Urkunde der Weisung (sefer ha-berit; so auch Dtn 29,20; 30,10; Jos 1,8;
  8,34; 2 Kön 22,8.11; 2 Chr 34,15; Neh 8,3)
Jos 8,31: Gesetzbuch des Mose (auch 23,6; 2 Kön 14,6; Neh 8,1)
Jos 10,13: Buch des Aufrechten (auch 2 Sam 1,18)
Jos 24,26: Buch des Gesetzes Gottes (auch Neh 8,18)
1 Kön 11,41: Chronik Salomos
1 Kön 14,19: Chronik der Könige von Israel (so auch 15,31; 16,5.14.20.27; 22,39;
  2 Kön 1,18; 10,34; 13,8.12; 14,15.28; 15,11.15.21.26.31)
1 Kön 14,29: Chronik der Könige von Juda (so auch 15,7.23; 22,46; 2 Kön 8,23;
  12,20; 14,18; 15,6.36; 16,19; 20,20; 21,17.25; 23,28; 24,5)
Jes 34,16: Buch des Herrn
Nah 1,1: Buch der Visionen Nahums
Mal 3,16: Buch der Erinnerung (an die JHWH-Fürchtigen vor Gott)
Est 6,1: Buch der Denkwürdigkeiten, die Chronik
Est 10,2: Buch der Chronik der Könige von Medien und Persien
  (auch 2,23; Neh 12,23)
Esr 3,2: Buch des (Gesetzesmannes) Mose (auch 1 Kön 2,3; 2 Chr 7,6; 23,18; 25,4;
  35,12; Neh 13,1)
Neh 10,35.37: Das Gesetz/Die (schriftliche) Weisung
Neh 8,8; 10,30: Das Gesetz Gottes
Zu den Quellen, auf die in den Chronikbüchern verwiesen wird s. dort die Antwort
auf Frage 13.

22. Erzählen Sie, was Sie über den Lebenslauf Jerobeams I. bis zu seiner Königswerdung wissen

23. Woran erinnert Sie die Erzählung von der Errichtung der Kultbilder in Bet-El und Dan durch Jerobeam in 1 Kön 12?

An die Erzählung vom Goldenen Kalb in Ex 32.

24. Wodurch wird die Beziehung zwischen Ex 32 und 1 Kön 12 offenkundig?

Durch die Wendung: »Dies sind deine Götter, Israel, die dich aus Ägypten herausgeführt haben« (so nach dem hebräischen Urtext in 1 Kön 12,28 b).

25. In welchen Erzählungen spielt das 1 Kön 12 zum Staatstempel erhobene Heiligtum von Bet-El eine wichtige Rolle?

Gen 28,10–20 und 35; Am 7,10–17.

26. Wo wird die Erfüllung der Ankündigung des Propheten von 1 Kön 13 erzählt, daß der Altar von Bet-El zerstört werden wird?

In der Erzählung von den Reformmaßnahmen des Joschija in 2 Kön 23,15.

27. Der Gottesmann in 1 Kön 13 stirbt durch einen Löwen. Dahinter steht wohl die reale Erfahrung von der Existenz dieser Raubkatzen in Israel zu dieser Zeit. In welchen Erzählungen spielen Löwen auch eine Rolle?

Z. B. in der Erzählung von Simsons Kampf mit dem Löwen Ri 14 oder in der Legende von Daniel in der Löwengrube Dan 6; vgl. 1 Kön 20,35 f.

28. Benennen Sie bitte die Hauptstädte des Nordreiches, Israel

Sauls Hauptstadt war Gibea, nur wenige Kilometer nördlich von Jerusalem; Ischbaal, sein Sohn, residierte im ostjordanischen Mahanajim und siedelte später nach Gibeon; Jerobeam hatte sogar drei Residenzstädte: zunächst Sichem, die Stadt des alten Heiligtums, danach Pnuël und schließlich Tirza. Tirza blieb Residenzstadt der israelitischen Könige bis Omri. Er baute nach sechsjähriger Herrschaft die Stadt Samaria. Sie blieb bis zur Zerstörung des Nordreiches die Hauptstadt.

29. Bei der Lektüre der Königsbücher sollten Sie besonders auf die ständig wiederkehrenden, sprachlich recht konstant gestalteten Abschnitte achten, in denen einleitend oder abschließend der jeweilige König charakterisiert und seine Regierungszeit bewertet wird. Achten Sie auch auf die Kriterien dieser Bewertung

Problemanzeige: Diese Abschnitte zeigen, daß die Königsbücher nach einem erkennbaren theologischen Konzept planvoll gestaltet worden sind. Die Kriterien der Bewertung stehen denen des Deuteronomiums auffallend nahe. Besonders hervorzuheben ist dabei das große Gewicht, das in den Bewertungen der Kultreinheit, insbesondere der Abschaffung von Kulthöhen, Ascheren (Kultsteinen oder -pfählen) und Kultdirnen, zukommt. Ob jedoch alle Abschnitte aus der Hand eines Autors stammen (M. Noth) oder ihrerseits mehrfach überarbeitet wurden (H. Weippert) ist strittig, ebenso die Datierung. Neben diesen theologischen Bewertungstexten fallen die Angaben über die Regierungszeiten der Könige, ihr Alter und (bei judäischen Königen) ihre Mütter ins Auge. Da in diesen Angaben die Daten der judäischen mit denen der israelitischen Könige in Verbindung gesetzt (synchronisiert) werden, spricht man von einer »synchronistischen Chronik«. Vorgänger hat diese Art der Chronik im mesopotamischen Bereich, vor allem in der bekannten »Babylonischen Chronik«.

Literatur: S. o. S. 82. Zur babylonischen Chronik vgl. etwa *A. Jepsen:* Von Sinuhe bis Nebukadnezar, ²1976, S. 182–195. – *O. Kaiser (Hrsg.):* Texte aus der Umwelt des Alten Testaments I/4, 1984, S. 401–406.

30. Bei der Lektüre der Königsbücher werden Sie gemerkt haben, daß die Texte eine riesige Fülle von geschichtlichen Informationen bieten, die sich nur schwer lernen lassen. Deshalb empfiehlt es sich, den Stoff stärker unter bestimmten Gesichtspunkten zu strukturieren. Dazu bietet Ihnen diese Bibelkunde einige Übersichten und Tabellen, die Ihnen helfen sollen, den Stoff jeweils unter einer etwas anderen Fragestellung bewältigen zu können. Zugleich führen diese Übersichten ein in die Geschichte Israels nach der Reichsspaltung bis zum Exil *gemäß der biblischen Überlieferung.* Sie lernen also die Darstellung der Autoren der Königsbücher kennen; inwieweit sie einer kritischen historischen Prüfung standhält, das zu untersuchen ist Aufgabe der Exegese, nicht der Bibelkunde. Dennoch geben wir in den Tabellen Jahreszahlen nach unserer Zeitrechnung an. Diese Angaben sind mutmaßliche, ungefähre Angaben und sollen Ihnen die Einordnung in das Ihnen vertraute lineare Zeitsystem erleichtern.
Nach diesem generellen Hinweis nun die Frage zur ersten Übersicht: Welche Phasen der israelitisch/judäischen Geschichte lassen sich aufgrund der Darstellung in den Königsbüchern erkennen?

1. Die Phase nach der Reichsspaltung: Sie ist gekennzeichnet durch kriegerische Auseinandersetzungen zwischen Israel und Juda. Kriege werden überliefert unter Rehabeam, Abija und Asa. Unter Asa schließt Juda ein Bündnis mit Damaskus. Damit geriet Israel zwischen zwei Fronten.

2. Die Omridenzeit (Anfang bis Mitte des 9. Jh.s v. Chr.): Der Sohn Omris, Ahab, erringt einen Sieg über Damaskus (1 Kön 20) und schließt einen Vertrag mit dem ehemaligen Gegner; u. a. ermöglicht dieser Vertrag Israel, Handelsniederlassungen in Damaskus zu unterhalten. Gegen Ende der Regierungszeit Ahabs verbünden sich Israel und Juda gegen Damaskus. Diese Koalition kündet das Ende der alten, seit der Reichsspaltung bestehenden Differenzen zwischen den Bruderstaaten an. Die Koalition unterliegt den Aramäern von Damaskus. Trotzdem bleibt auch unter Joschafat der Friede zwischen den Bruderstaaten bestehen. Merken Sie sich, daß mit dem Auftreten Elischas sich am geschichtlichen Horizont das Erstarken des Aramäerstaates von Damaskus abzeichnet.

3. Die Bedrohung durch die Aramäer (Mitte des 9. bis Mitte des 8. Jh.s v. Chr.): Ein wichtiges Datum ist die Jehu-Revolte und zeitgleich die Diktatur Ataljas in Juda. Infolge der inneren Unruhen in beiden Staaten gelingt den Aramäern von Damaskus die Teilbesetzung Israels und Judas und die Belagerung beider Hauptstädte. Unter Joasch wird Juda sogar Damaskus tributpflichtig. Unter Joahas von Israel erobert Damaskus weitere Teile Israels. Israel expandiert daraufhin unter Joasch von Samaria nach Süden, erobert Jerusalem. Unter Amazja von Juda kommt es erneut zu Krieg zwischen beiden Staaten und zu einer Tributpflicht Judas gegenüber Israel. Unter Jerobeam II. von Israel setzt eine neue Phase expansiver, vor allem gegen Damaskus gerichteter Eroberungspolitik ein.

4. Die Assyrerzeit (Mitte des 8. Jh.s bis zur Zerstörung Ninives 612): Schon Jehu war dem Assyrerkönig Salmanassar III. tributpflichtig. Das Erstarken der Assyrer führte zu einer Schwächung des Aramäerstaates, die wiederum die Expansion Israels ermöglichte. Unter Menachem wird Israel tributpflichtig (gegenüber »Pul« = Tiglat-Pileser III.). Der Judäerkönig Ahas geht eine Koalition mit Assyrien ein. Pekach von Israel versucht, eine Koalition Damaskus-Israel-Juda gegen Assur zu gründen und wird dafür empfindlich von Tiglat-Pileser bestraft. Unter Hoschea von Israel versucht Israel, sich durch proägyptische Kontakte von der assyrischen Oberherrschaft zu befreien. Dies endet mit der dreijährigen Belagerung Samarias, die schließlich zu der Eroberung unter Salmanassar bzw. Sargon II. führt (721). Von nun an ist Israel eine assyrische Provinz. Nach dem Tod Sargons versucht der König Hiskija von Juda die Bildung einer antiassyrischen Koalition. Sie endet mit einem assyrischen Siegeszug und der Belagerung Jerusalems (2 Kön 19). Hiskija knüpft erste Kontakte mit dem den Assyrern feindlich gesonnenen Babyloniern (2 Kön 20). Mit dem Beginn des Niedergangs der assyrischen Herrschaft gelingt es Joschija von Juda, eine Rückeroberung auch alten israelitischen Staatsgebietes zu erreichen.

5. Neubabylonische Zeit (612 bis zum Beginn der Perserzeit): Sie ist gekennzeichnet durch einen raschen Machtzuwachs der (Neu-)Babylonier unter Nebukadnezzar. Die Zeit von 612 bis zur zweiten Eroberung Jerusalems 587 ist gekennzeichnet durch kurze Regierungszeiten judäischer Könige und ein häufiges Schwanken zwischen babylonischer Vasallität und den Versuchen, diese Oberherrschaft durch Bündnisse mit Ägypten abzuschütteln. Jojachins Versuch wird durch Nebukadnezzars erste Eroberung Jerusalems (597 v. Chr.; 2 Kön 24) beendet, der König wird Gefangener; Zidkijas gleicher Versuch wird wenige Jahre später durch die 2. Eroberung Jerusalems und die Blendung des Königs beendet (587 v. Chr.). Das 2. Königsbuch endet mit dem Hinweis der Begnadigung des Königs Jojachin. Die Deportation der Bevölkerung von Juda und Jerusalem in den Osten des babylonischen Herrschaftsgebiets markiert den Beginn der Epoche des Exils.

31. Versuchen Sie einmal, die biblische Darstellung der Geschichte der beiden Teilreiche unter dem Aspekt des Verhältnisses zueinander darzustellen

Zum Verhältnis von Juda zu Israel:
a) Spaltung unter Rehabeam/Jerobeam
Kriegsverhinderung durch den Propheten Schemaja 1 Kön 12.
b) Dauernder Krieg
   - zwischen Rehabeam und Jerobeam
   - zwischen Abija und Jerobeam (1 Kön 15)
   - zwischen Asa und Bascha (1 Kön 15).
c) Frieden bzw. Koalitionen
   - zwischen Joschafat und Ahab, sogar Koalition gegen Damaskus mit gemeinsamer Niederlage (1 Kön 22)
   - zwischen Joschafat und Joram von Israel, gemeinsamer Krieg gegen Mescha von Moab (2 Kön 3)
   - zwischen Joram von Juda und Joram von Israel Heiratsverbindung, denn Joram von Juda hat eine Tochter Ahabs zur Frau (2 Kön 8)
   - zwischen Ahasja von Juda und Joram von Israel; Ahasjas Mutter ist eine Enkelin Omris; gemeinsamer Kampf gegen Jehu, wobei beide sterben.
d) Krieg
   - zwischen Amazja von Juda und Joasch von Israel; große Niederlage Judas (2 Kön 14)
   - zwischen Pekach von Israel und Rezin von Damaskus gegen Ahas von Juda (2 Kön 16, darauf zielt übrigens auch das Wort des Propheten Jesaja an Ahas in Jes 7, 1–9).

32. Beschreiben Sie in ähnlicher Weise das Verhältnis von Juda bzw. Israel zu Babylon, Assur, Ägypten und Damaskus

1. Judas Beziehung zu Babylon:
- Hiskija (724–697) zeigt babylonischen Gesandten des Merodach-Baladan (721–710) die Schätze des Palastes (daraufhin ergeht ein Wort des Propheten Jesaja: 2 Kön 20).
- Jojakim (608–598) ist zunächst babylonischer Vasall, kündigt dann aber die Vasallität gegenüber Nebukadnezzar (605–562) auf (2 Kön 23).
- Jojachin wird gefangengenommen und deportiert (2 Kön 24).
- Zidkija (598–587) ist König von Babylons Gnaden, fällt allerdings dann von Babylon ab; daraufhin Belagerung und endgültige Zerstörung Jerusalems (2 Kön 25).
- Nebukadnezzar setzt Gedalja als Statthalter in Mizpa ein (2 Kön 25).
- Evil-Merodach begnadigt Jojachin (2 Kön 25).

2. Beziehungen zwischen Juda und Israel zu Assur:
(Außerhalb der Bibel, auf der Stele des Assyrerkönigs Salmanassar III. von Qarqar, erfahren wir, daß der Assyrerkönig im Jahre 853 eine Koalition zwischen dem Aramäerkönig Hadadeser von Damaskus und dem König von Israel, Ahab, besiegt.)
- Menahem von Israel zahlt an Tiglat-Pileser III. Tribut (2 Kön 15,19 f.).
- Pekach verliert Gilead, Galiläa und Naftali sowie 5 Städte an Tiglat-Pileser III. (2 Kön 15,29).
- Pekach versucht mit Rezin von Damaskus in einem Krieg Ahas von Juda in eine antiassyrische Koalition zu zwingen. Ahas holt Assur zu Hilfe und wird tributpflichtig (2 Kön 16).
- Hoschea von Israel (733–723) wird Salmanassar V. tributpflichtig. Später stellt er die Zahlungen ein; Salmanassar V. erobert Samaria (nach assyrischen Quellen war es Sargon II.). Deportation der israelitischen Bevölkerung und Neuansiedlung von assyrischer Bevölkerung in Israel 721 v. Chr. (2 Kön 17).
- Sanherib (705–681) belagert Jerusalem, nachdem er die meisten judäischen Städte erobert hat. Jerusalem wird nicht erobert, aber Hiskija ist tributpflichtig (2 Kön 18–19).

3. Judas und Israels Beziehungen zu Ägypten:
- Gezer wird durch einen Pharao erobert und seiner Tochter als Mitgift mitgegeben, als sie König Salomo heiratet (1 Kön 9).
- Pharao Schischak = Schoschenq I., (945–924), plündert Jerusalem unter Rehabeam (1 Kön 14,25–28).
- Joschija von Juda erleidet eine Niederlage gegen Pharao Necho bei Megiddo (2 Kön 23,29).

- Joahas wird von Necho deportiert (2 Kön 23,33).
- Eljakim/Jojakim wird ägyptischer Vasall (2 Kön 23,34 f.).

4. Das Verhältnis der Staaten Juda und Israel zu Damaskus:

- 1 Kön 15,19 setzt voraus, daß zwischen Bascha (905–882) und Ben-Hadad I.
  ein Bündnis bestand. Es wird durch ein Bündnis zwischen Ben-Hadad I. und
  Asa von Juda abgelöst.

Also: um 900 Juda + Damaskus ≠ Israel

- 1 Kön 19,13–18. läßt erkennen, daß mit der Zeit Elijas (Regierungszeit
  Ahabs 871–851) Damaskus (unter dem König Hasaël) erstarkt.
- 1 Kön 20 berichtet von zwei Siegen Ahabs von Israel über Damaskus und einem Vertrag zwischen Ahab und Damaskus mit dem Recht für Israel, Handelsniederlassungen in Damaskus zu gründen (V. 34).

Also: um 860 Israel + Damaskus

- Außerbiblisch belegt: 853 Schlacht bei Qarqar: Ahab + Damaskus ≠ Assur.
- 1 Kön 22 kennt einen Koalitionskrieg von Ahab und Joschafat (beide
  871–851) gegen Damaskus, der mit einer Niederlage der beiden endet.

Also: um 850 Juda + Israel ≠ Damaskus

- 2 Kön 6 berichtet von einer Niederlage Damaskus' vor Samaria unter Joram
  von Israel (851–845).
- 2 Kön 8: Hasaël ermordet Benhadad II.
- 2 Kön 10,32 f.: Hasaël erobert das gesamte ostjordanische Gebiet Israels zur
  Zeit Jehus (844–818).
- 2 Kön 12,18 Hasaël greift Jerusalem an. Joasch (838–800) wird tributpflichtig.

Also: um 830 Juda ist Damaskus tributpflichtig

- 2 Kön 13,1–3.7 Niederlage des Joahas von Israel (818–802) gegen Hasaël
  und Ben-Hadad.
- 2 Kön 13,4–6: Beginn der assyrischen Herrschaft im nördlichen und westlichen Teil des Aramäerreiches als Befreiung von aramäischer Unter- oder Bedrückung.
- 2 Kön 13,14–21: Elischas Krankheit vor seinem Tod ist Symbol für eine
  Wende: Ein erster Sieg Israels über Aram kündet sich an.
- 2 Kön 13,22–25: Joasch (802–787) erobert die von Damaskus besetzten Gebiete zurück.

Also: um 800 Expansion Israels angesichts der Schwächung Damaskus'

- 2 Kön 14,23 ff.: Jerobeam II. stellt die alte Grenze wieder her.
- 2 Kön 15,32–16,9: Pekach und Rezin von Damaskus bilden eine Koalition
  gegen Juda, um es in eine Koalition gegen Assur zu zwingen (der sog. »syrisch-efraimitische Krieg«).

Also: um 733 Juda ≠ Israel + Damaskus

33. Nennen Sie wichtige Namen altorientalischer Könige, die in den Königsbüchern erwähnt werden

a) Assyrische:

1. Pul = Tiglat-Pileser III., er macht Menahem von Israel tributpflichtig, erobert unter Pekach Teile Israels und macht Ahas von Juda untertan (2 Kön 15,19 f.).
2. Salmanassar V.; er unterwirft Israel unter Hoschea, belagert und erobert Samaria (hier steht die biblische Überlieferung in Spannung zu den assyrischen Quellen, die diese Eroberung auf Sargon II. zurückführen; 2 Kön 17,3–6).
3. Sanherib, er belagert Lachisch und Jerusalem unter Hiskija, zieht wieder ab (2 Kön 19,36 f.).

b) Babylonische:

1. Merodach-Baladan, er schickt eine Gesandtschaft zu Hiskija von Juda, macht ihn tributpflichtig (2 Kön 20,12 f.).
2. Nebukadnezzar; er ist Tributherr Jojakims. Ihm ist zuzuordnen:
   a) die Deportation der Oberschicht Jerusalems 597 (Jojachin) (2 Kön 24);
   b) die Einsetzung Zidkijas als tributpflichtigen Vasallen (2 Kön 24);
   c) die Deportation der Bevölkerung nach der Zerstörung Judas und Jerusalems (587) (2 Kön 25).
3. Ewil-Merodach, begnadigt Jojachin (562/1) (2 Kön 25,27–30).

c) Ägyptische:

1. anonymer Pharao, der Schwiegervater Salomos (1 Kön 3; 9);
2. Schischak = Schoschenq I. (945–924); Plünderung Jerusalems unter Rehabeam, Schutzherr Jerobeams (1 Kön 11; 14);
3. anonymer Pharao, der von Hoschea als Bündnispartner gesucht wurde (2 Kön 17,4);
4. Tirhaka von Kusch; er zieht gegen Sanherib, wohl um Hiskija von Juda zu unterstützen (2 Kön 19,9);
5. Necho, besiegt Joschija von Juda bei Megiddo bei seinem Zug an den Eufrat; setzt Eljakim = Jojakim als Vasallenkönig ein (2 Kön 23,28–30).

d) Aramäisch-damaszenische:

1. Reson von Damaskus, Gegner Salomos (1 Kön 11,23–25);
2. Ben-Hadad, Sohn des Tabrimmons und Enkel des Hesjon, Bündnispartner von Asa gegen Bascha von Israel; erfolglose Belagerung Samarias; Bündnis mit Ahab (1 Kön 15; 20);
3. Hasaël von Damaskus, ermordet Ben-Hadad, besiegt Joram, erobert Nord-Israel, Tributpflicht Judas (1 Kön 19; 2 Kön 9; 10; 12);
4. Ben-Hadad (II.), Sohn des Hasaël; in drei Kriegen löst Israel die Tributpflicht unter Joasch;
5. Rezin von Damaskus, Verbündeter Pekachs gegen Ahas, wird von Tiglat-Pileser hingerichtet (2 Kön 15,37; 16,9).

e) Kanaanäische und phönizische:
1. Hadad von Edom, Gegner Salomos (1 Kön 11);
2. Hiram von Tyrus, Bündnispartner und Handelspartner Salomos (1 Kön 5; 9);
3. Etbaal von Sidon, Vater der Isebel, der Frau des Ahab (1 Kön 16);
4. Mescha von Moab, von Joram von Israel und Joschafat von Juda besiegt (2 Kön 3).

Diese Übersicht soll Ihnen ein wenig verdeutlichen, wie eng die Geschichte Israels mit der Geschichte des Alten Orients verknüpft ist.

34. Allgemein gilt die judäische Dynastie als relativ stabil, weil sie von David bis Zidkija eine kontinuierliche Folge dynastischer Nachfolger aufweisen kann, während in Israel ein relativ häufiger Wechsel von Machthabern und Dynastien bzw. -versuchen zu verzeichnen ist. Doch gab es in beiden Staaten immer wieder den Mord an dem Amtsinhaber, was sicher als Symptom für Unzufriedenheit in bestimmten Kreisen der Bevölkerung oder der Oberschicht zu werten ist. In Israel gab es acht Morde an Königen, in Juda fünf. Nennen Sie die Opfer und bestimmen Sie die Herkunft der Mörder

2 Sam 4	*Ischbaal*	ermordet von Baana und Rechab, Söhne des Rimmon aus Beerot in Benjamin; sie waren Truppenführer
1 Kön 15,27	*Nadab*	ermordet von Bascha, dem Sohn Ahijas, aus Issachar
1 Kön 16,9	*Ela*	ermordet von Simri, dem Oberbefehlshaber über die Hälfte der Streitwagentruppe = Militärputsch
(1 Kön 16,16	*Simri*	Selbstmord bei der Belagerung Tirzas durch Omri, dem Oberbefehlshaber der Truppen)
2 Kön 9	*Joram*	ermordet von Jehu, dem Sohn Joschafats; er ist Befehlshaber in einer Gruppe von militärischen Führern
2 Kön 9,27	Ahasja	ermordet von Soldaten Jehus
2 Kön 11	Atalja	ermordet von Anhängern des Priesters Jojada, also religiös-politischer Kreise von JHWH-Anhängern
2 Kön 12,21	Joasch	ermordet von Dienern, Höflingen; die Täter: Sabad und Josabad
2 Kön 14,19	Amazja	ermordet von Jerusalemer Kreisen
2 Kön 15,10	*Secharja*	ermordet von Schallum, dem Sohn des Jabesch
2 Kön 15,14	*Schallum*	ermordet von Menahem, Sohn des Gadi, offenbar ein Heerführer
2 Kön 15,25	*Pekachja*	ermordet von Pekach, Sohn des Remalja, Adjutant des Pekachja, also ein Militärputsch

2 Kön 15,30   *Pekach*   ermordet von Hoschea, dem Sohn Elas, der offenkun-
                           dig ein proassyrisch eingestellter Mann war
2 Kön 21,23   Amon   ermordet von Knechten aus seinem Palast
(Die kursiv gesetzten Namen kennzeichnen die Könige von Israel.)

35. Ordnen Sie die großen Propheten des 9., 8. und 7. Jahrhunderts den Regierungszeiten der Könige zu und nennen Sie jeweils ein wichtiges geschichtliches Ereignis aus der Wirkungszeit der Propheten

9. Jahrhundert:
- Elija, wirkte zur Zeit Ahabs und Ahasjas von Israel, Auseinandersetzung mit den Baalsanhängern, die durch die Hochzeit Ahabs mit der Königstochter Isebel aus Tyrus besondere Unterstützung erhielten. Beginn der Machtentfaltung des Aramäerstaates von Damaskus.
- Elischa, wirkte zur Zeit Ahasjas, Jorams und Jehus von Israel. Läßt durch einen seiner Anhänger Jehu salben und leitet so die Revolte Jehus gegen Joram und Isebel ein. Damit endet die von Omri begründete Dynastie.

8. Jahrhundert:
- Amos, wirkte zur Zeit Jerobeams II. von Israel. Auseinandersetzung mit der durch die Expansionspolitik Jerobeams reich gewordenen Oberschicht. Auftrittsverbot im Staatstempel von Bet-El.
- Hosea, wirkte zur Zeit Usijas, Jotams, Ahas' und Hiskijas, den judäischen Königen, in Israel. Auseinandersetzung mit den durch die wirtschaftliche Blüte unter Jerobeam II. verschärften sozialen und kultischen Gegensätzen.
- Jesaja, wirkte zur Zeit Usijas, Jotams, Ahas' und Hiskijas von Juda, wohl hauptsächlich in Jerusalem. Er erlebt und begleitet in seinem Wort die Bedrohung, die von der Koalition zwischen Israel und Damaskus für Juda ausging (Jes 7). Nach 2 Kön 19 f. erlebt er die Belagerung Jerusalems durch Sanherib, deren günstigen Ausgang und den Beginn von Verhandlungen Judas mit Babylon.
- Micha, wirkte zur Zeit Jotams, Ahas' und Hiskijas von Juda, also teilweise zeitgleich mit Jesaja.

7. Jahrhundert:
- Nahum. Er begleitet in seinen Worten den Untergang des assyrischen Großreiches durch die Babylonier. Sein Auftreten ist demnach etwa in die Regierungszeit Joschijas zu datieren.
- Habakuk sieht die drohende Machtentfaltung der Chaldäer, also des neubabylonischen Reiches. Er dürfte demnach in der Zeit gewirkt haben, in der Nabupolassar mit medischer Hilfe das Assyrerreich zerstört.

- Zefanja wirkte zur Zeit Joschijas. Von dem wichtigen Ereignis dieser Epoche, der sog. joschijanischen Reform, findet sich bei Zefanja nichts, wohl aber die Ankündigung einer Zerstörung Judas.
- Jeremia, wirkte zur Zeit der Könige Joschija, Jojakim, Jojachin, Zidkija und des Statthalters Gedalja. Die wichtigsten Ereignisse: Die Eroberung Jerusalems 597 und die erste Deportation; die Eroberung und Zerstörung Jerusalems durch Nebukadnezzar 587 und die große Exilierung der Bevölkerung; der Mord an Gedalja und die Flucht der Gedalja-Anhänger nach Ägypten.
- Ezechiel gehört bereits ins 6. Jahrhundert. Seine Wirksamkeit überschneidet sich teilweise mit der Jeremias. Ezechiel erlebt als Exilierter in Tel Abib die 2. Eroberung Jerusalems und das tragische Ende Zidkijas.

36. Nach diesem Überblick über die Geschichte nun wieder zurück zum 1. Königsbuch und der in ihm wichtigen Gestalt des Elija. In 1 Kön 17 wird erzählt, daß Elija in der Wüste durch ein Wunder versorgt wurde. Von welcher Erzählung kennen Sie dieses Motiv bereits?

Von der Erzählung von Hagar und Ismael in Gen 21 her.

37. Vergleichen Sie die Wundererzählungen von Elija und Elischa mit denen von Jesus

Zur Hilfestellung einige Hinweise:
Elija speist drei Menschen, Jesus 5000; Elija erweckt einen Toten, Jesus eine Tote und Lazarus; Elija wird von einem Engel versorgt, Jesus wird nach seinem 40tägigen Fasten in der Wüste von Engeln gespeist; Elischa vollzieht Speisungswunder, Totenauferweckungen (2mal), heilt einen Aussätzigen und setzt Naturkräfte außer Kraft (die schwimmende Axt); Jesus vollzieht Speisungswunder an Massen, weckt Tote auf, heilt Aussätzige und setzt Naturkräfte außer Kraft (Wandeln auf dem Wasser). Im einzelnen jedoch sind die Erzählungen sehr unterschiedlich.

Literatur: G. *Theißen:* Urchristliche Wundergeschichten. Ein Beitrag zur formgeschichtlichen Erforschung der synoptischen Evangelien, StNT 8, 1974.

38. In 1 Kön 20 erzählt der Prophet dem König eine Geschichte von einem ihm entlaufenen Kriegsgefangenen, um dem König ein Urteil in den Mund zu legen, das der Prophet dann gegen den König verwendet. Kennen Sie dazu eine Analogie?

Natans Erzählung vom Reichen und des Armen Schäflein 2 Sam 12; die Geschichte der weisen Frau von Tekoa 2 Sam 14. Sollten Ihnen beide Erzählungen nicht mehr vertraut sein, so lesen Sie sie nach!

39. Die Intrige Isebels gegen Nabot (1 Kön 21) läuft auf den (falschen) Vorwurf der Gotteslästerung hinaus. Kennen Sie einen entsprechenden Vorgang im NT?

Die falsche Anklage gegen Jesus bei seinem Verhör (Mt 26,59–61).

40. In welchen Erzählzusammenhängen begegnet das Motiv, daß der König durch eine prophetische Unheilsansage Reue zeigt, wodurch eine aufschiebende Wirkung der Unheilsansage eintritt?

2 Sam 12: David bekennt seine Schuld an Urija; 1 Kön 21: Ahab tut Buße nach der Tat an Nabot.

41. Die Auseinandersetzung zwischen Micha ben-Jimla und Zidkija, dem Heilspropheten (2 Kön 22), hat eine Analogie in einem anderen biblischen Buch. Wo?

In der Auseinandersetzung zwischen Jeremia und Hananja (Jer 28).

Literatur zur Geschichte Israels s. o. S. 122. Zu den Königsbüchern: *B. S. Childs:* Isaiah and the Assyrian Crisis, 1967. – *F. M. Cross:* The Themes of the Book of Kings and the Structure of the Deuteronomistic History, in: *ders.:* Canaanite Myth and Hebrew Epic, 1973, S. 274–289. – *W. Dietrich:* Prophetie und Geschichte. Eine redaktionsgeschichtliche Untersuchung zum deuteronomistischen Geschichtswerk, FRLANT 108, 1972. – *A. Jepsen:* Die Quellen des Königsbuches, 1953, ²1956. – *N. Lohfink:* Die Landverheißung als Eid, 1967. – *T. Veijola:* Das Königtum in der Beurteilung der deuteronomistischen Historiographie. Eine redaktionsgeschichtliche Untersuchung, 1977.

Regierungszeiten altorientalischer Herrscher

Jahr	Juda	Israel	Assur	Babylon	Ägypten	Propheten	Aram/Damaskus
1030	(Saul)	(Saul)			Painozem I.		
1020							
1010							
1000	David	David			Amenempet		
990							
980							
970							
960	Salomo	Salomo	Tiglat-Pileser II.		Siamon		
950							
940					Psusennes II.		
930			Assurdan II.	Schamasch-mudammik	Schoschenq I.		
920	Rehabeam	Jerobeam I.			Osorkon I.		
910	Abija	Nadab	Adad-nirari II.				
900			Tukulti-Ninurta II.	Nabu-schum-ukin I.			
890	Asa	Bascha	Assurnarsipal II.		Takelotis I.		
880		Ela / Schimri / Omri		Nabu-apal-iddin	Schoschenq II.		
870	Joschafat	Ahab	Salmanassar III.		Takelotis II.		Ben-Hadad I.
860						Elia	
850	Joram	Joram / Ahasja				Elischa	Hadadeser

Chronologische Übersicht (Zeitleiste, 850–660 v. Chr.)

Jahr	Juda	Israel	Assur	Babylon	Ägypten	Propheten	Aram/Damaskus
850	Joram	Joram	Salmanassar III.	Marduk-zakir-schum I.	Takelotis II.	Elischa	Hasaël
840	Ahasja / Atalja	Jehu	Schamschi-Adad V.	Marduk-balassu-iqbi			
830	Joasch		Semiramis				
820		Joahas	Adad-nirari III.		Schoschenq III.		
810				Eriba-Marduk			
800	Amazja	Joasch					Ben-Hadad II.
790	Asarja/Ussia		Salmanassar IV.		Pemui		
780		Jerobeam II.	Assur-dan III.				
770			Assur-nirari V.	Nabu-schum-ischkum I.	Schoschenq IV.		
760				Nabu-nassir		Amos	Rezin
750	Jotam	Secharja / Schallum / Menahem	Tiglat-Pileser III.				
740	Ahas	Pekachja / Pekach	Salmanassar V.		Petubastis	Hosea	
730		Hoschea	Sargon II.	Merodach-Baladan	Takelotis III. / Tetnacht/Bekchoris	Jesaja / Micha	
720	Hiskija				Pianchi/Schabaka		
700			Sanherib		Schabataka		
690	Manasse		Asarhaddon		Taharka		
670					Tanutatum		
660							

Juda

Israel

Assur

Babylon

Ägypten

Propheten

Aram/
Damaskus

660
650
640
630
620
610
600
590
580
570
560

Manasse
Amon
Joschija
Joahas
Jojakim
Jojachin
Zidkija
Gedalja
babylonische
Provinz

assyrische Statthalter

babylonische Provinz

Assur-uballit
Assur-etil-ilanis
Sin-schum-lischir
Sin-schar-ischkum
Eroberung Assyriens
durch Babylon

Nabupolassar

Nebukadnezzar II.

Tanutatum
Assurbanipal
Psammetich I.
Necho
Psammetich II.
Apries (Hofra)
Amasis

Nahum
Jeremia
Habakuk
Zefanja
Ezechiel

Die Datierungen der Propheten sind nur
ungefähre Angaben.

2 Könige

1. Bestimmen Sie den Aufbau des 2. Königsbuches

1–9: Elija-Elischa-Erzählungen
1,1–18: Elija und die Gottesfeuer
   Ahasjas Verletzung: Elija kündigt dessen Ende an als Strafe für die Befragung Beelzebuls. Zweimaliges Gottesfeuer zur Vernichtung der Soldaten des Königs. Ahasjas Tod. Joram (N 850–844).
2,1–18: Elijas Entrückung und Elischas Geistempfang
   Dreimalige Ansage der Entrückung Elijas. Wasserwunder beim Durchzug durch den Jordan. Elijas Entrückung mit einem Feuerwagen. Elischa nimmt Elijas Mantel. Geistbegabung.
2,19–22: Wunder: Reinigung krankmachenden Wassers bei Jericho
2,23–25: Strafwunder: Tod spottender Kinder durch Bären – »Kahlkopf«
3,1–27: Koalitionskrieg Jorams von Israel und Joschafats von Juda zusammen mit Edom gegen Mescha von Moab. Durst der Truppen: Elischa läßt Löcher graben und kündigt Sieg über Moab an. Sieg über die Moabiter. Bei der Belagerung von Kir-Heres opfert der moabitische König seinen Sohn (ca. 852 v. Chr.).

4–6,23: Elischas Wunder
4,1–44: a) Ölvermehrung zum Verkauf für die Schulden einer armen Witwe (4,1–7)
   b) Sohnesverheißung an eine Frau als Dank für Bewirtung und Unterkunft (4,8–17)
   c) Erweckung des toten Sohnes dieser Frau; Gehasi war zur Totenerweckung nicht fähig (4,18–37)
   d) Ungenießbares Gemüse wird genießbar (»Der Tod ist im Topf« V.40) (4,38–41)
   e) Speisung von 100 Menschen (4,42–44)

140

5,1-27: f) Aussatzheilung beim Syrer Naaman (5,1-19); Mitnahme von Erde aus Israel, um JHWH in Syrien zu verehren
Gehasi, Elischas Jünger, erlistet von Naaman Silber und Kleider und wird aussätzig (5,20-27).
6,1-23: g) Die schwimmende Axt (6,1-7)
h) Elischa warnt den König vor syrischem Hinterhalt. Die Syrer wollen ihn fangen. Sie werden mit Blindheit geschlagen und nach Samaria geführt. Sie werden verschont, und die syrischen Überfälle hören auf (6,8-23).

6,24-7,20: Belagerung und Befreiung Samarias
 a) Hungersnot im von Ben-Hadad belagerten Samaria; Kannibalismus (6,24-31)
 b) Elischa fürchtet um sein Leben; sagt Ende der Hungersnot voraus (6,32 f.).
 c) 4 Aussätzige kommen ins Lager der Syrer: Die Aramäer waren geflohen (7,1-9).
 d) Die Aussätzigen benachrichtigen die Belagerten (7,10 f.).
 e) Aus Furcht vor einer aramäischen Kriegslist werden Kundschafter ausgeschickt (7,12-14).
 f) Sie bestätigen die Flucht der Aramäer (7,15 f.).
 g) Der ungläubige Offizier wird zu Tode getrampelt, weil er dem Prophetenwort nicht glaubte (7,17-20).
8,1-6: Die Frau, deren Sohn Elischa erweckt hat, bestätigt die Tat vor dem König. Dieser verschafft ihr Recht.
8,7-15: Elischa in Damaskus: Hasaël befragt Elischa. Dessen Antwort: Ankündigung des Königtums Hasaëls und der Bedrückung Israels. Hasäel ermordet Ben-Hadad.
8,16-24: Joram (-) (S 851-844)
Verlust Edoms und Libnas. Verheiratet mit einer Omridin (Tochter Ahabs)
8,25-29: Ahasja (-) (S 844) (!)
9,1-37: Aufstand Jehus
Elischa läßt Jehu durch einen Jünger salben. Akklamation der Offiziere Jehus (V. 1-14).
Der verwundete König Joram in Jesreel. Zwei Wächter laufen zu Jehu über. Joram und Ahasja eilen Jehu entgegen. Jehu erschießt Joram mit einem Pfeil auf dem Grundstück Nabots (V. 15-26). Ahasja wird verwundet und stirbt (V. 27-29). Isebel wird aus dem Fenster geworfen. Die Leiche wird von Pferden zertrampelt und von Hunden gefressen (V. 30-37).

10-17: Von Jehu bis zum Untergang des Nordreiches
10,1-36: Jehu rottet die Ahabdynastie und die Baalspriester aus (+/-) (N 844-817). Jehu läßt 70 Angehörige der Ahabdynastie durch die Ältesten

von Jesreel umbringen. Er läßt ferner judäische Gesandte an Angehörige der Ahabdynastie töten.

Große Festversammlung für Baal: Alle Baalspriester werden im Baalstempel von Samaria getötet. Der Tempel wird abgerissen. Ankündigung von 4 dynastischen Nachfolgern durch JHWH. Gebietsverlust Israels an Hasaël.

11,1–20: Die Diktatur Ataljas (S 844–838) (!)

Atalja, Mutter Ahasjas, läßt alle Angehörigen der königlichen Familie umbringen. Joasch, Ahasjas Sohn, wird versteckt (im Tempel).

Der Priester Jojada macht Joasch zum König und bereitet die Revolte vor.

Atalja wird außerhalb des Tempelbezirks getötet. Bundesschluß: Zerstörung des Baalstempels.

12,1–22: Joasch (+) (S 838–800) (!)

Joasch erteilt Befehl zur *Renovierung des Tempels*. Den Priestern wird, da die Tempelrenovierung nicht voranschreitet, die Verfügung über das Geld entzogen. Gesammelte Geldspenden werden von königlichen Beamten an die Handwerker ausgezahlt.

Joasch zahlt Hasaël von Damaskus Tribut, als er gegen Jerusalem zieht.

Ermordung durch eine Palastrevolte.

13,1–9: Joahas (–) (N 817–801)

Götzendienst; Niederlagen gegen Hasaël und Ben-Hadad II. von Damaskus

13,10–13: Joasch (–) (N 801–786)

13,14–21: Elischas Tod

Elischas letzte Ankündigung: Sieg über Aramäer (Pfeil-Symbol);

Elischas Leiche erweckt einen Toten.

13,22–25: Joasch erobert die von Damaskus besetzten Gebiete zurück.

14,1–22: Amazja (+) (S 800–785) (!)

Läßt die Mörder seines Vaters Joasch töten. Besiegt Edom. Verliert einen Krieg gegen Joasch von Israel. (»Der Dornstrauch auf dem Libanon ließ der Zeder auf dem Libanon sagen: Gib deine Tochter meinem Sohn zur Frau! Aber die Tiere des Libanon liefen über den Dornstrauch und zertraten ihn« [V. 9].) Niederlage der Judäer bei Bet-Schemesch. Zerstörung der Befestigungsanlagen Jerusalems. Plünderung der Tempel- und Palastschätze. Amazja wird in Lachisch ermordet.

14,23–29: Jerobeam II. (–) (N 786–746) | Amos/Hosea |

Rückeroberung aller israelitischen Gebiete; der Prophet Jona ben-Amittai.

15,1–7: Asarja (Usija) (+) (S 785–746)

Aussatz.

15,8–12: Secharja (–) (N 746) (!)

Wird von Schallum ermordet.

15,13–16: Schallum (N 746) (!)

Wird von Menahem ermordet. Regiert einen Monat.

15,17–22: Menahem (–) (N 746–736)
Zahlt an Tiglat-Pileser III. Tribut. Tributlast wird auf die Untertanen abgewälzt.
15,23–26: Pekachja (–) (N 736–735) (!)
Wird von Pekach ermordet.
15,27–31: Pekach (–) (N 735–733) (!)
Tiglat-Pileser erobert einen großen Teil des israelitischen Staatsgebietes (Gilead, Galiläa, Naftali).
15,32–38: Jotam (+) (S 746–742)　　　　　 Jesaja/Micha
Bau an der Tempelmauer. Erwähnung des syrisch-efraimitischen Krieges (= Koalition von Rezin von Damaskus und Pekach von Israel gegen Assur).
16,1–20: Ahas (–) (S 742–725)
Läßt Molochopfer zu. Ahas holt Tiglat-Pileser gegen Pekach und Rezin zu Hilfe (= 733), wird tributpflichtig. Damaskus wird von den Assyrern erobert.
Ahas läßt einen Altar nach Vorbild in Damaskus im Tempel aufstellen. Tempelveränderungen mit Rücksicht auf Assur.
17,1–6: Hoschea (–) (N 733–723)
Mörder des Pekach. Wird Salmanassar tributpflichtig. Versucht ein Bündnis mit Ägypten. Stellt Tributzahlung ein. Salmanassar belagert Samaria und erobert es (≠ assyr. Quellen, die den Sieg Sargon II. (724–721) zuschreiben). Eroberung Samarias. Deportation der Bevölkerung. Ansiedlung »in Halach, am Habor, einem Fluß von Gosan und in den Städten der Meder ...« (V. 6).
Ende des Staates Israel
17,7–23: Begründung für den Untergang Israels
Rückblick auf den Exodus. Die Sünde: Verehrung fremder Götter. Ständige Warnung durch Propheten. Verachtung des Bundes. Stierbilder, Ascheren, Baal. Sünde Jerobeams.
17,24–33: Ansiedlung fremder Bevölkerungsgruppen in Samaria
Löwenplage wegen fehlender JHWH-Verehrung. Ein verbannter Priester darf nach Bet-El zurückkommen, um die Fremden in den JHWH-Kult einzuführen. Verehrung fremder Götter.
17,34–41: Polemik gegen die Bräuche von Samarien
Samaritanerpolemik (?); Kritik an dem Mischkult.

2 Kön 18–2 Kön 25: Geschichte Judas bis zum babylonischen Exil

18–20: Hiskija (+ + +) (S 725–696)
18,1–8: Abschaffung der Höhenheiligtümer
18,9–12: Bericht über die Eroberung Samarias durch Salmanassar
18,13–37: Die Belagerung Jerusalems durch Sanherib
Sanherib belagert Lachisch, Hiskija wird tributpflichtig. Spottrede assyri-

scher Gesandter vor Jerusalem (»Sprecht aramäisch zu uns«). Große Rede an die Bevölkerung, um sie gegen Hiskija aufzuwiegeln.

19,1–37: Jesaja weissagt Assur Untergang

Hiskija läßt Jesaja befragen. Jesaja fordert auf, unbesorgt zu sein, und sagt den Abzug der Assyrer an (19,1–7).

Sanherib prahlt mit seinen Siegen über fremde Götter (19,8–13). Hiskijas Gebet (19,14–19). Jesajas Spottlied über Assur (19,20–34). Tod im Assyrerlager, darauf Abzug der Assyrer (701 v.Chr.).

20,1–11: Hiskijas Krankheit und Heilung durch Jesaja

Hiskija todkrank; sein Gebet; Ankündigung der Heilung durch Jesaja; Hiskijas Zweifel.

Das Bestätigungszeichen: Der Schatten geht 10 Stufen rückwärts.

20,12–21: Kritik an Hiskijas Offenheit

Hiskija zeigt den Gesandten des babylonischen Königs seine Schätze. Jesaja kündigt den Verlust aller Schätze an Babylon an.

21: Manasse und Amon

21,1–18: Manasse (–) (S 696–642)

Wiederaufbau der abgerissenen Höhenheiligtümer, der Altäre für Baal und die Aschera. Ascherabild im Tempel selbst. Ankündigung schweren Unglücks durch Propheten, denn Manasse ließ Blut strömen.

21,19–26: Amon (–) (S 642–640) (!)

Verschwörung seiner Hofleute.

22–23: Joschija (+) (639–609) | Jeremia | | Nahum | | Zefanja |

22,1–20: Auffinden des »Buches«

Joschija will Geld für Tempelausbesserung zählen; der Priester hat ein Gesetzbuch gefunden. Joschija ist beim Verlesen der Schriftrolle entsetzt. Anfrage bei der Prophetin Hulda. Sie kündigt Unheil für die Stadt an, aber Joschija wird es selbst nicht mehr erleben.

23,1–27: Kultreform (sog. joschijanische Reform von 621)

a) öffentliche Verlesung des Gesetzes (V. 1 f.);

b) Bundesschluß (V. 3 a);

c) Verpflichtung des Volkes (V. 3 b); | Habakuk |

d) Große Reform (V. 4–20)

   Beseitigung der Götzen und -dienststätten; Vernichtung aller Altäre = Kultzentralisation;

   Zentralisation der Priesterschaft in Jerusalem; Zerstörung von Bet-El;

e) Große zentrale Paschafeier (V. 21–25)

f) Das Schicksal der Stadt ist jedoch nicht mehr abzuwenden (V. 26 f.).

23,28–30: Joschijas Tod im Kampf gegen Pharao Necho bei Megiddo (609)

23–25: Judas letzte Könige

23,31–33: Joahas (–) (609)
Wird von Necho nach Ägypten deportiert.

23,34–24,7: Jojakim (= Eljakim) (–) (608–598)
Zuerst ägyptischer Vasallenkönig; dann Vasall Nebukadnezzars, später Abfall (Belagerung Jerusalems 598).

24,8–16: Jojachin (–) (598)　　　　　| Ezechiel |
Belagerung Jerusalems durch Nebukadnezzar. Jojachin wird deportiert. Mit ihm die Oberschicht Jerusalems; (daher stammt der geflügelte Ausdruck »die oberen Zehntausend«).

24,17–25,7: Zidkija (= Mattanja) (–) (598/7–587)
Abfall von Babel. Belagerung Jerusalems 2 Jahre lang, bis alle Vorräte verzehrt waren. Zidkija versucht bei der Einnahme der Stadt zu fliehen. Seine Strafe: Tod seiner Söhne vor seinen Augen. Blendung; (589–587).

25,8–21: Zerstörung des Tempels, der Häuser und der Stadtmauer. Die ärmste Bevölkerungsgruppe darf im Land bleiben. Plünderung des Tempelschatzes. Verhaftung und Hinrichtung der obersten Kult- und Militärbeamten.

25,22–26: Gedalja (–) (587) (!)
Statthalter in Mizpa. Fordert zur Unterwerfung unter Babel auf. Wird ermordet.

25,27–30: Ewil-Merodach begnadigt Jojachin
Jojachin, der letzte Davidide, in Ehrenstellung am babylonischen Hof.

2. Elija wird ohne zu sterben entrückt. Kennen Sie eine andere biblische Gestalt, von der eine Entrückung erzählt wird?

Henoch in Gen 5,24.

3. An welche Erzählung erinnert Sie das Teilen des Jordanwassers in 2 Kön 2?

An den Durchzug der Israeliten durch den Jordan unter der Leitung Josuas in Jos 3 und an den Durchzug durch das Schilfmeer unter der Führung des Mose Ex 14.

4. Die dreimalige Ankündigung des Todes Elijas (2 Kön 2,3.5.9) hat eine gewisse Analogie im NT. Worin?

In der dreifachen Leidensankündigung Jesu (Mk 8,31; 9,31; 10,33 parr.)

5. Elischa verschafft einem verdurstendem Heer Wasser (2 Kön 3). Nennen Sie weitere Beispiele für Wasserwunder zur Rettung einer Gruppe

Ex 17 und Num 20. Hier ist es Mose, der das Volk vor dem Verdursten rettet.

6. Zu 2 Kön 3: Merken Sie sich ein außerbiblisches Datum: Zu dem hier erzählten Krieg gegen Moab gibt es in der Inschrift des Königs Mescha eine wichtige außerbiblische Quelle

Literatur: S. Herrmann: Geschichte Israels in alttestamentlicher Zeit, [2]1980, S. 270–272. – *A. Jepsen:* Von Sinuhe bis Nebukadnezzar, [2]1976, S. 148–152; mit Abbildung Nr. 62. – *O. Kaiser (Hrsg.):* Texte aus der Umwelt des Alten Testaments I/6, 1985, S. 646–650.

7. Zur Totenauferweckung 2 Kön 4: Nennen Sie Texte, in denen im AT von der Auferweckung der Toten die Rede ist

Mit Totenauferweckung ist gemeint, daß ein Mensch, der tot war, wieder in sein bisheriges Leben zurückkehrt. Davon zu unterscheiden ist die Auferstehung von den Toten, durch die eine Verwandlung eintritt. Von Totenauferweckung erzählt das Alte Testament in
1. Kön 17, 17–24: Elija erweckt den Sohn der Witwe von Sarepta;
2. Kön 4, 8–37: Elischa erweckt den Sohn der Frau von Schunem vom Tod.
Davon zu unterscheiden sind Texte wie Jes 26, 19, der Vision des Lebendigwerdens von Toten und der Wiederaufstehung der Leichen des zu neuem Leben erwachenden Israel oder Dan 12, 2, die mit dem Gericht über die Toten verbundene Auferstehung. Merken Sie sich: Ez 37, 2 ist kein Auferstehungstext, sondern ein Bild, mit dem das Wieder-lebendig-Werden des Volkes Israel beschrieben wird.

8. Während der Herrschaft des israelitischen Königs Joram beginnt die immer stärkere Bedrohung des Staates Israel durch den mächtiger werdenden nördlichen Nachbarn, den Aramäerstaat von Damaskus. Wie wird das in der biblischen Tradition dargestellt?

Es wird in der Weise dargestellt, daß Elischa (2 Kön 8) dem Syrerkönig Hasaël das Königtum ankündigt und zugleich die Unterdrückung Israels. Von daher ergibt sich eine einfache Merkhilfe: Der Beginn der aramäischen Expansion steht in zeitlichem Zusammenhang mit dem prophetischen Wirken Elischas.

9. In 2 Kön 9 wird erzählt, daß Jehu den König Joram auf das Grundstück Nabots werfen läßt. Worauf bezieht sich diese demonstrative Tat?

Auf das Unrecht, durch das das Land in den Königsbesitz geriet (1 Kön 21).

10. Als Isebel Jehu erblickt, ruft sie: »Geht es Simri, dem Mörder seines Herrn, gut?« (2 Kön 9,31). Worauf spielt sie an?

Auf die Ermordung Elas durch Simri 1 Kön 16. Ela war der letzte Dynast der Bascha-Dynastie.

11. In 2 Kön 11 wird von einem Bundesschluß berichtet, den Jojada mit JHWH schließen läßt. Nennen Sie analoge Bundesschlußakte

Ex 24 (Bundesschluß am Sinai); Jos 24 (Landtag zu Sichem); 2 Kön 23,3 (Joschija).

12. Zur Tempelrenovierung des Joasch: Beachten Sie, daß die Renovierung etwa eineinhalb Jahrhunderte nach der Erbauung des Tempels durch Salomo durchgeführt wurde. Die Konzentrierung der gesammelten Gelder auf Arbeiten an Mauerwerk und Holzteilen, nicht jedoch auf Kultgegenstände, läßt ahnen, daß der Tempel in einem sehr schlechten Bauzustand gewesen sein muß.

13. Bei dem Krieg des Amazja von Juda mit Joasch von Israel (2 Kön 14) antwortet Joasch auf die Herausforderung mit einer Fabel. Woher kennen Sie diese Art des Spotts?

Aus der Jotamfabel Ri 9. Dort wird das Königtum verspottet.

14. Wo finden sich im AT geschichtliche Rückblicke wie in 2 Kön 17 nach der Zerstörung des Nordreiches?

In paränetischen Zusammenhängen in Dtn 1–3; Jos 24; im Gebet in Neh 9; in Geschichtspsalmen, z. B. Ps 78; 105; 106; aber auch – mit der Tendenz zur Ausweitung – in prophetischen Gerichtsreden, vor allem Ez 16 und 23.

15. In 2 Kön 18 wird die bronzene Schlange, die Mose gemacht hat, erwähnt. Worauf nimmt das Bezug?

Auf Num 21. Die Schlange dient dort der Abwehr einer Schlangenplage.

16. Beachten Sie, daß sich in 2 Kön 17 und 18 jeweils ein Bericht über die Eroberung Samarias durch Salmanassar befindet.

17. In 2 Kön 18 werden die Gesandten Sanheribs aufgefordert, Aramäisch zu sprechen. Worauf deutet das hin?

In dieser Zeit ist das Aramäische die Sprache der Oberschicht in Jerusalem. Die Bevölkerung spricht Judäisch. Es ist also eine Umbruchphase, in der das Hebräische zum Volksdialekt wird. Zur Zeit Jesu ist Aramäisch die Umgangssprache.

18. Die Erzählung der Belagerung Jerusalems durch Sanherib wird im AT dreimal überliefert. Wo?

2 Kön 18; 2 Chr 32; Jes 36.

19. Merken Sie sich grob die Dreifachüberlieferung aus der Zeit Hiskijas. Vergleichen Sie die Texte miteinander

2 Kön 18–20 ≙ 2 Chr 32 ≙ Jes 36–39.

20. Woran erinnert Sie das, was Joschija in 2 Kön 23 tut und sich vereinfacht als Dreischritt darstellen läßt:
    a) Verlesung des Gesetzes,
    b) Schließen eines Bundes,
    c) Verpflichtung des Volkes auf das Gesetz?

An Ex 24 und Jos 24.

21. Die Zerstörung des Altars von Bet-El durch Joschija (2 Kön 23, 15–17) und die Entdeckung eines Denkmals wird ausdrücklich auf ein bestimmtes Ereignis bezogen. Welches?

Auf das Schicksal und die Verkündigung des Bet-Eler Gottesmannes 1 Kön 13.

22. In 2 Kön 23 ist zu lesen, daß ein derartiges Pascha wie unter Joschija seit der Zeit der Richter nicht mehr gefeiert worden sei. Wo wird von einem großen gesamtisraelitischen Paschafest berichtet?

In Jos 5. Dort ist es das erste Pascha nach dem Exodus und im neuen Land.

23. Nennen Sie Texte, in denen von der (2.) Eroberung und Zerstörung Jerusalems berichtet wird

2 Kön 25; 2 Chr 36; Jer 52.

24. In der Phase der jüdäischen Geschichte zwischen dem Ende des Staates Israel und dem Exil treten zwei Könige auf, die von der biblischen Geschichtsschreibung positiv beurteilt werden, obwohl sie das Ende nicht mehr abwenden können. Wie heißen sie und welche Maßnahmen ergreifen sie?

Hiskija: er schaffte die Kulthöhen und Ascheren ab und hielt die Gebote JHWHs; Joschija: er vollzog eine einschneidende Kultreform, indem er die Kultstätten außerhalb Jerusalems entweihte und das Volk auf das Gesetz JHWHs verpflichtete.

25. Abschließend noch eine Übersicht über die Könige von Israel und Juda mit ihren mutmaßlichen Regierungszeiten (nach M. Weippert: Edom, 1971), den Bewertungen durch den biblischen Verfasser (+ bedeutet: positive, – bedeutet: negative Bewertung), die Regierungszeit nach den biblischen Angaben und dem Alter bei Regierungsantritt. Lernen Sie zumindest die Königsnamen auswendig

Die Könige Israels

Jerobeam I.	926/5–907/6	– 22 Jahre Regierungszeit
Nadab	907/6–906/5	– 2
Bascha	906/5–883/2	– 24
Ela	883/2–882/1	– 2
Simri	882/1	– 7 Tage
Tibni	882/1–878/7	
Omri	878/7–871/0	– 12 Jahre
Ahab	871/0–852/1	– 22
Ahasja	852/1–851/0	– 2
Joram	851/0–845/4	– 12
Jehu	845/4–818/7	– 28
Joahas	818/7–802/1	– 17
Joasch	802/1–787/6	– 16
Jerobeam II.	787/6–747/6	– 41
Secharja	747–746	– 6 Monate
Schallum	747/6	– 1 Monat
Menahem	746/5–737/6	– 10 Jahre
Pekachja	736/5–735/4	– 2
Pekach	734/3–733/2	– 20 (!)
Hoschea	732/1–724/3	– 9

Dynastien sind durch Kästchen gekennzeichnet.

150

Die Könige Judas

			Alter bei Krönung:	
David	1016/5–976/5	40 Jahre Regierungszeit		
Salomo	976/5–926/5	± 40		
Rehabeam	926/5–910/9	– 17	Alter bei Krönung:	41 Jahre
Abija	910/9–908/7	– 3		
Asa	908/7–868/7	+ 41		
Joschafat	868/7–851/0	+ 25		35
Joram	851/0–845/4	– 8		32
Ahasja	845–844	– 1		22 (2 Chr: 42)
Atalja	844–839/8	7		
Joasch	840/39–801/0	+ 40		7
Amazja	801/0–773/2	+ 29		25
Usia/Asarja	773/2–735/4	+ 52		16
Jotam	757/6–742/1	+ 16		25
Ahas	742/1–726/5	– 16		20
Hiskija	725/4–697/6	+ 29		25
Manasse	696/5–642/1	– 55		12
Amon	641/0–640/39	– 2		22
Joschija	639/8–609/8	+ 31		8
Joahas	609	– 3 Monate		23
Jojakim	608/7–598/7	– 11 Jahre		25
Jojachin	598/7	– 3 Monate		18 (2 Chr: 8)
Zidkija	597/6–587	– 11 Jahre		21

Literatur: M. Weippert: Edom. Studien und Materialien zur Geschichte der Edomiter auf Grund schriftlicher und archäologischer Quellen, Diss. (masch. schr.) Tübingen, 1971.

Jesaja

Der Aufbau des Buches Jesaja

1–12: Worte gegen Juda und Israel	13–23: Gerichtsworte über Völker	24–27: Weltgericht (Apokalypse)	28–35: Worte über Jerusalem 28–31: Gericht 32–35: Heil	36–39: Geschichts- schreibung: Jesaja und Hiskija ≙ 2 Kön 18–20 ≙ 2 Chr 32
		Protojesaja 1–39		

40–48 Trostworte für die Gefangenen in Babel	42, 49, 50, 52 f.: sog. Gottes- knechts- lieder	49–55: Heils- worte	56–58: Gerichtsworte	59: Klage	60–62: Heilsworte	63–64: Klage	65–66: Gericht und Heil
Deuterojesaja 40–55			Tritojesaja 56–66				

Problemanzeige: Das Jesajabuch zerfällt deutlich in drei Teile, die jeweils auf ganz verschiedene geschichtliche Ereignisse Bezug nehmen. Der erste Teil (1–39), datiert in 1,1 in die Zeit der Könige Usija, Jotam, Ahas und Hiskija, behandelt Ereignisse aus dem 8. Jahrhundert, wobei besonders die aramäisch-israelitische Bedrohung unter Ahas (Kap. 7) und die Bedrohung Jerusalems durch Sanherib unter Hiskija (Kap. 36 f.) herausragen. Der zweite Teil (40–55) setzt die Deportation von Israeliten/Judäern nach Babylon voraus (vgl. etwa 48,20) und spiegelt die Machtentfaltung des Perserkönigs Kyrus (559–529 v. Chr.) wider (vgl. etwa 45,1). Der dritte Teil enthält im Unterschied zum 2. Teil, der nur Heilsankündigungen und -verheißungen bietet, wieder Gerichts- und Heilsankündigung, ganz wie die vorexilischen Propheten, nur blickt der Verfasser dieses Teils bereits wieder auf eine aus dem Exil erfolgte Rückkehr des Volkes zurück. Allerdings steht dieser Teil in Sprache und Theologie dem zweiten nicht allzu fern, so daß in der Forschung immer wieder Stimmen laut wurden, die auch diesen Teil oder zumindest Teile von ihm dem Verfasser des 2. Teils zuschreiben wollten. Da die Tradenten alle drei Teile unter den Namen des Propheten Jesaja gestellt haben, hat die Forschung, weil die Verfasser der übrigen

Teile anonym sind, die Kunstnamen Proto-, Deutero- und Tritojesaja (= der erste, zweite und dritte Jesaja) geprägt. Die Datierung ist ebenfalls nicht unumstritten. Für Protojesaja ist, aufgrund der Überschrift in 1,1, die Zeit zwischen 746 und 701 wahrscheinlich, für Deuterojesaja nach 587 bis 539, für Tritojesaja die Zeit zwischen 527 und 455. Allerdings, und das erschwert die genaue Zuordnung erheblich, finden sich auch im ersten Teil Texte, die auf das Exil zurückblicken, also von späterer Hand sein müssen als die in die 2. Hälfte des 8. Jh.s gehörenden Texte (z. B. 9,1–6; 11; 21; 24–27; 32–35). Deshalb geht die bibelkundliche Erschließung des Jesajabuches wieder, wie Sie es schon gewohnt sind, von der jetzt vorliegenden Gesamtgestalt aus.

Literatur: G. Fohrer: Entstehung, Komposition und Überlieferung von Jesaja 1–39, in: Studien zur alttestamentlichen Prophetie, 1967, S. 113–147. – *Ders.:* Der Aufbau der Apokalypse des Jesajabuches (Jesaja 24–27), ebd., S. 170–181. – *J. Begrich:* Studien zu Deuterojesaja (1938), ThB 20, 1963. – *K. Elliger:* Deuterojesaja in seinem Verhältnis zu Tritojesaja, 1933. – *E. Nielsen:* Deuterojesaja. Erwägungen zur Formkritik, Traditions- und Redaktionsgeschichte, in: VT 20, 1970, S. 190–205. – *C. Westermann:* Sprache und Struktur der Prophetie Deuterojesajas, CTM A 11, ²1981. – *J. Schreiner:* Das Buch jesajanischer Schule, in: *ders. (Hrsg.):* Wort und Botschaft, 1967, S. 143–162.

1. Bestimmen Sie den Aufbau des Buches Jesaja

1–39: Protojesaja (= Jesaja ben-Amos, ca. 746–701)

1–12: Worte über Juda und Israel
1,1: Überschrift
1,2–31: *Gerichtsworte*
   2–4: Israel ist dümmer als Ochs und Esel
   5–9: Das Volk ist geschlagen, doch obwohl Gott das Land als Strafe für die Abkehr von ihm verwüstet hat, wendet sich das Volk ihm nicht zu.
   10–17: Der falsche Gottesdienst: »Was soll ich mit euren vielen Schlachtopfern? ...« (V. 11)
   18–20: Vergebung wäre möglich: Sünden: rot → weiß
   21–31: Jerusalem, die Dirne; Verdorbenheit der Führer; Verehrung heiliger Bäume
2,1–5: Heilsankündigung: Zion als Mittelpunkt eines kommenden Friedensreiches; Völkerwallfahrt; Umschmieden der Schwerter zu Pflugscharen (≙ Mi 4,1–5)

2,6–4,1: *Gerichtsworte*
2,6–22: Der Tag JHWHs: ein Tag des Schreckens
   Kehrvers: »Da senken sich die stolzen Augen der Menschen, die hochmüti-

gen Männer müssen sich ducken, der Herr allein ist erhaben an jenem Tag«
(2,11; vgl. 9.17); Vernichtung der Götzenbilder.

3,1–4,1: Umsturz der Ordnung durch Gott selbst
Wegnahme von Stützen und Stab; junge Burschen als Herrscher; Vernichtung der korrupten Oberschicht; Beraubung der modebewußten Frauen.

4,2–6: *Heilsankündigung*: Reinigung Jerusalems und künftige Anwesenheit Gottes auf dem Zion

5,1–30: *Gerichtsworte*

5,1–7: Weinberglied (Der Weinbergbesitzer, der seinen Weinberg gepflegt hat, doch der Weinberg bringt keine Frucht; Rechtsspruch – Rechtsbruch; Luther: Guttat – Bluttat; Einheitsübersetzung; Gerechtigkeit – der Rechtlose schreit)

5,8–24: Weherufe (»Weh euch ...«):
– gegen Bodenspekulanten
– gegen Luxusleben und Trunkenheit
– gegen Unrecht
– gegen Bestechlichkeit

5,25–30: Ankündigung des Nahens eines unermüdlichen Volkes – die Assyrer

6,1–13: *Jesajas Berufung*
Vision Gottes im Tempel; Gott auf dem Thron; sechsflügelige Serafim:
»Heilig, heilig, heilig ist der Herr Zebaot« (= der Heere V. 3); Entsühnung durch glühende Kohlen nach dem Einwand: »Ich bin ein Mann mit unreinen Lippen« (V. 5); Auftrag: die Verstockung Israels bis zur vollständigen Vernichtung.

7,1–25: Jesaja und Ahas
Begegnung Prophet – König mit dem Sohn Schear-Jaschub (= ein Rest kehrt um); Ansage einer Niederlage von Rezin von Damaskus und Pekach von Israel; »Glaubt ihr nicht, so bleibt ihr nicht« (V. 9). Ahas lehnt ein Zeichen ab. Das Zeichen: die Schwangerschaft einer jungen Frau und die Geburt des Sohnes Immanuel (= Gott ist mit uns); d. h., die Bedrohung hört auf.
Ankündigung einer Bedrohung durch die Assyrer

8,1–4: Jesajas Sohn mit dem Ankündigungsnamen: Maher-Schalal- Hasch-Bas
(= Eilebeute – Raubebald, Luther) als Zeichen drohender Zerstörung

8,5–18: Ankündigung assyrischer Bedrohung auch für Jerusalem/Juda; die Botschaft wird in den Jüngern versiegelt; d. h., sie wird nur diesem Kreis anvertraut.

8,19–23: Die Not des hungernden Volkes

9,1–6: *Der Friedefürst*
»Das Volk, das im Dunkel lebt, sieht ein helles Licht ...« (V. 1). Der Friedefürst = Oberbefehlshaber über den Schalom; er ist ein Davidide, dessen

Herrschaft gerecht und unbegrenzt ist (»Denn uns ist ein Kind geboren, ein Sohn ist uns geschenkt. Die Herrschaft liegt auf seiner Schulter; man nennt ihn: Wunderbarer Ratgeber, starker Gott, Vater in Ewigkeit, Fürst des Friedens« [V. 5].).

9,7–10,4: Kehrversgedicht als Ankündigung der Strafe Gottes gegen Israel »Doch bei all dem läßt sein Zorn nicht nach, seine Hand bleibt ausgestreckt« (9,11.16.20; 10,4).

10,5–34: Unheilsansage *gegen Assur*
Prahlerei des assyrischen Königs; Ankündigung seines Untergangs: »Prahlt denn die Axt gegenüber dem, der mit ihr hackt, oder brüstet die Säge sich vor dem, der mit ihr sägt?« (V. 15). Aber: ein Rest Israels kehrt um zu JHWH.

11,1–16: Heilsankündigung: Das Reis Isais: »Doch aus dem Baumstumpf Isais wächst ein Reis hervor, ein junger Trieb aus seinen Wurzeln bringt Frucht« (V. 1): ein kommender gerechter Herrscher aus dem Stamme Davids; paradiesische Zukunft (Wolf beim Lamm, grasfressender Löwe, Kuh und Bär als Freunde; Säugling spielt vor dem Schlangenloch).
Befreiung des Restes des Gottesvolkes aus der Diaspora.

12,1–6: Danklied der Geretteten für ihre Befreiung

13–23: Gerichtsworte über Völker (Ausspruch-(hebr. Massa-)Sammlung)

13,1–22: *Gegen Babel*
Ansturm der Meder gegen Babel; Gottes Gericht über diese Stadt wie über Sodom und Gomorra.

14,1–23: *Gegen Babel*
Rückkehr der Israeliten aus babylonischer Gefangenschaft; Spottlied über den Sturz des Königs von Babel; dessen völlige Vernichtung.

14,24–27: *Gegen Assur*
Ankündigung der Vernichtung Assurs.

14,28–32: *Gegen Philister*
Ankündigung eines neuen Feindes aus dem Norden nach dem Ende Assurs.

15,1–9: *Über Moab*
Großes Klagelied angesichts der Zerstörung Moabs (achtmal: ach! im Hebräischen).

16,1–14: *Über Moab*
Asyl für moabitische Flüchtlinge; Klage über die zerstörten Weinanbaugebiete (Ich-Klage).

17,1–11: *Gegen Damaskus und Samaria*
Ankündigung der Zerstörung von Damaskus und der Entvölkerung Israels.

17,12–14: Ansturm von Völkern

18,1–7: *Gegen Kusch (Äthiopien)*

19,1–25: *Gegen Ägypten*
Ankündigung von Bürgerkrieg; Vertrocknen des Nils; Irrtum der Weisen

Ägyptens; Bekehrung zu JHWH und Altar JHWHs in Ägypten: »An jenem Tag wird eine Straße von Ägypten nach Assur führen, so daß die Assyrer nach Ägypten und die Ägypter nach Assur ziehen können. Und Ägypten wird zusammen mit Assur (dem Herrn) dienen« (V. 23).

20,1–6: *Gegen Ägypten*
Jesaja geht nackt als Zeichen für das Schicksal Äthiopiens und Ägyptens – *Demonstration.*

21,1–10: *Gegen Babel*
Ankündigung der Zerstörung Babels durch Meder und Elamiter. Erschütterung über Babels Fall.

21,11 f.: *Über Duma* (hebr.) = Idumäa = Edom

21,13–17: *Über die Steppe (Dedan und Kedar;* Einheitsübersetzung vereinfacht: Über Arabien)

22,1–14: *Gegen Jerusalem*
1–14: Anklage wegen Freudenfeiern; gegen das falsche Vertrauen auf die Befestigungsanlagen in Jerusalem. »Laßt uns essen und trinken, denn morgen sind wir tot« (13 b).
15–19: Gegen den Palastvorsteher Schebna und sein Prunkgrab
20–25: Wort für Eljakim als kommenden Palastvorsteher; allerdings hängt sich die ganze Sippe an sein Amt.

23,1–18: *Gegen Tyrus*
Klage über die Zerstörung der Stadt; Zitat eines Hurenliedes (V. 16); Ankündigung eines Wiederaufbaus der Stadt nach 70 Jahren. Stichwort: Tarschisch-Schiffe (Spanien?).

24–27: Das Weltgericht (sog. Apokalypse)
24,1–23: Totale Verwüstung der Erde; vergebliches Rufen nach Wein; Klage über die Treulosigkeit; Gottes Herrschaft auf dem Zion
25,1–5: Danklied über Gottes Handeln; Vernichtung der feindlichen Stadt
25,6–8: Festmahl Gottes auf dem Zion für alle Völker: Abwischen der Tränen; Ende des Todes
25,9–12: Dank für das Versinken Moabs im Sumpf
26,1–19: Zwei Lieder
a) auf Zion und Gott (1–6);
b) auf Gott als Richter und Retter (7–19); »Deine Toten werden leben, die Leichen stehen wieder auf, wer in der Erde liegt, wird erwachen und jubeln« (V. 19).
26,20–27,1: Zwei Worte
a) Verbergen, solange der Zorn Gottes währt;
b) Gott tötet Leviatan (Endzeit ≙ Urzeit).
27,2–6: Ein positives Lied über den Weinberg, dessen Wächter Gott ist

156

27,7-9: Abschaffung aller Götzenbilder in Israel
27,10-13: Sammlung der Diaspora

28-35: Worte über Jerusalem (Gericht und Heil)

28-31: Gericht (überwiegend)
28,1-29: Weherufe über Samaria und Jerusalem (V. 1-4); der überlebende Rest
(V. 5 f.); die betrunkene Oberschicht, betrunkene Priester und Propheten
(hebr.: zaw lazaw, zaw lazaw, kaw lakaw, kaw lakaw = Papperlapapp, Geschwätz hier, Geschwätz dort); Ankündigung des Kommens eines Volkes,
das so spricht (V. 7-13).
Bund mit der Unterwelt (V. 14 f.). Der Eckstein im Zion als Stein des Ansto-
ßes (V. 16). Ankündigung von Zerstörung (V. 17-22). Gott als Weisheitsleh-
rer: das Gleichnis vom Bauern (V. 23-29).
29,1-25: Weherufe über Jerusalem und Heilsankündigung
Ariël (Kritik an den Festen in Jerusalem); Gott vertreibt die Belagerer
(V. 1-8); Unfähigkeit, prophetische Worte lesen zu können; gegen heuchleri-
sche Gottesverehrung (V. 9-16);
Umwandlung des Libanon in einen Fruchtgarten. Gott wird wieder heilig gehalten werden (V. 17-24).
30,1-7: Weheruf über die falsche Bündnispolitik
Nicht Ägypten, nur JHWH bringt Hilfe (Luther: auf Rossen wollen wir rasen
V. 16);
Auftrag an Jesaja, Gottes Urteil über das Volk aufzuschreiben.
30,8-17: Ankündigung des Zusammenbruchs
30,18-26: Gott erbarmt sich wieder seiner Stadt; neuer Segen
30,27-33: Gottes Sieg über Assyrien
31,1-9: Weheruf über das Vertrauen auf militärische Stärke
Gegen das Bündnis mit Ägypten (»Auch der Ägypter ist nur ein Mensch und
kein Gott, seine Pferde sind nur Fleisch, nicht Geist.«, V. 3). Gott kämpft auf
dem Zion und schützt Jerusalem; Assur wird fallen.

32-35: Heilsworte
32,1-20: Der gerechte König; Wiederherstellung von Gerechtigkeit und
Schutz. Gegen leichtsinnige Frauen. Das Kommen des Geistes aus der Höhe:
der Friede.
33,1-24: *Liturgie* mit verschiedenen Motiven, u. a. Flucht der Völker vor Gottes
Erscheinen; Recht und Gerechtigkeit auf dem Zion; nur Wahrhaftige können die Gegenwart Gottes ertragen. Gott, der König auf dem Zion.
34,1-17: Der Untergang Edoms. »Wie eine Buchrolle rollt sich der Himmel zusammen ...«, V. 3. Das bluttriefende Schwert Gottes in Edom; Unbewohn-

barkeit; Bocksgeister (Feldteufel V. 12), Lilit (Nachtgespenst V. 14) und anderes unheimliches Getier wohnen dort.

35,1-10: Die Heimkehr der Erlösten zum Zion unter paradiesischen Begleitumständen.

36-39: Geschichtliches aus der Zeit Hiskijas (≙ 2 Kön 18-20; 2 Chr 32)

36,1-22: Die Belagerung Jerusalems durch die Assyrer (701)
Sanherib belagert Lachisch. Spottrede assyrischer Gesandter vor Jerusalem (»Sprich doch aramäisch mit deinen Knechten!«, V. 11). Rede an die Bevölkerung, um sie gegen Hiskija aufzuwiegeln.

37,1-38: Jesaja weissagt Assurs Untergang. Hiskija läßt Jesaja befragen. Jesaja fordert auf, unbesorgt zu sein, kündigt den Abzug Assyriens an (37,1-7). Sanherib prahlt mit seinen Siegen über fremde Götter (37,8-13). Hiskija betet (37,14-20). Jesajas Spottlied über Assur (37,21-35). Der Engel tötet assyrische Soldaten im Lager. Sanheribs Tod (37,36-38).

38,1-22: Hiskijas Krankheit und Heilung durch Jesaja
Hiskija wird todkrank; sein Gebet; Zeichen für die Genesung (Rückwärtsgehen des Schattens, 38,1-8); Hiskijas Dankgebet (38,5-20); Jesaja als Arzt (38,21 f.).

39,1-8: Jesajas Kritik an Hiskijas Vertrauen auf Babylon
Hiskija zeigt den babylonischen Gesandten seine Schätze. Jesaja kündet den Verlust aller Schätze an Babylon an (Ankündigung des Exils bereits im 8. Jahrhundert nach biblischer Tradition!).

40-55: Deuterojesaja (anonymer Prophet aus der Zeit des Exils, ca. 550-539)

40,1-42,13: Trostrufe, Bestreitungen und Heilsankündigungen für das gefangene Volk
40,1-11: Prolog: Trostrufe
   1-2: Trostruf: Tröstet, tröstet mein Volk. Die Sünde ist vergeben;
   3-5: Trostruf: Eine Straße für Gott in der Wüste;
   6-8: Trostruf: Das Wort Gottes besteht für immer;
   9-11: Trostruf: Gott kommt mit Macht.
40,12-31: Disputationsworte/Bestreitungen
   12-14: Die Macht des Schöpfers;
   15-17: Der Herr der Völker (die Völker sind wie Tropfen am Eimer);
   18-20: Die Ohnmacht der Götzen: Machwerke von Handwerkern;
   21-26: Der Schöpfer und Herr der Richter;
   27-31: Der mächtige Helfer; er wird nicht müde noch matt.
41,1-5: Gerichtsrede: Kyrus, der Perserkönig, ist Gottes Werkzeug
   41,6-7: Spottvers: Die Götzen
41,8-13: Heilsorakel: Ich habe dich erwählt; fürchte dich nicht; ich helfe dir; gerichtet an Israel/Jakob

41,14-16: Heilsorakel: »Fürchte dich nicht, du armer Wurm ...«, V. 14. Ansage künftiger Macht Jakobs/Israels
41,17-20: Heilsankündigung: Die Wüste wird zum Garten
41,21-28: Gerichtsrede: Gott mißt sich mit den Göttern. Er allein hat das, was geschehen ist, vorher angekündigt.
41,29: Spottvers: Die Nichtigkeit der anderen Götter
42,1-3(4): *1. Gottesknechtlied:* »... Das geknickte Rohr zerbricht er nicht, und den glimmenden Docht löscht er nicht aus ...« (V. 3)
42,5-9: Berufungswort/Beauftragung: »... blinde Augen zu öffnen, Gefangene aus dem Kerker zu holen und alle, die im Dunkel sitzen, aus ihrer Haft zu befreien« (V. 7)
42,10-13: Loblied: Gott zieht in den Kampf für sein Volk

42,14-44,23: Heilsansagen für das Volk und Gerichtsreden mit den Göttern
42,14-16: Heilsankündigung: gewaltige Veränderungen in der Natur zur Führung der Blinden
42,17: Spottvers: Polemik gegen Götterbilder
42,18-25: Disputation: Israel als blinder und tauber Knecht
43,1-7: Heilsorakel: »Fürchte dich nicht, denn ich habe dich ausgelöst, ich habe dich beim Namen gerufen, du gehörst mir« (V. 1); Gott schützt und sammelt Israel
43,8-15: Gerichtsrede: Gott mißt sich mit den Göttern: Außer mir gibt es keinen Retter
43,16-21: Heilsankündigung: Der neue Exodus analog dem Schilfmeerwunder, doch diesmal geht der Weg durch die Wüste, die ihre Schrecken verliert
43,22-28: Gerichtsrede: »... du hast mir mit deinen Sünden Arbeit gemacht ...« (V. 24); Gott verlangte keine Tieropfer; Austilgen der Sünde durch Gott
44,1-5: Heilsorakel: Fürchte dich nicht; Ausgießen des Geistes
44,6-8: Gerichtsrede: Gott hat das Geschehene vorhergesagt; Gott ist der Erste und der Letzte, der alleinige Gott
44,9-20: Große Spottrede: Die Herstellung der Götter aus Holz
44,21 f.: Heilsorakel: »... ich vergesse dich nicht ...« (V. 21); Auslösung Israels
44,23: Loblied/Jubelruf: JHWH hat Jakob erlöst

44,24-45,8: Kyrus, das Werkzeug Gottes
44,24-28: Kyrus-Orakel: Gott als Herr der Geschichte; Wiederaufbau Jerusalems und des Tempels; Austrocknen des Meeres; Kyrus, der Hirt Gottes
45,1-6: Kyrus-Orakel: Gott ebnet Kyrus den Weg
45,7: Die Macht JHWHs
45,8: Loblied: »Taut, ihr Himmel, von oben ...« (»Rorate coeli desuper et nubes pluant iustum ...«)

50,4–52,10: Klage, Mahnung und Heil

50,4–9: *3. Gottesknechtlied:* »Jeden Morgen weckt er mein Ohr ...« (V. 4): der leidende, geschlagene Knecht

50,10f.: Mahnung zum Hören auf die Stimme des Knechts

51,1–8: Mahnung zum Blicken auf Abraham und Sara als Vergewisserung für das Segenshandeln Gottes; Aufruf zum Hören auf die Weisung Gottes; Gottes Gnade bleibt

51,9–52,3: Komposition aus Klage, Heilsorakel und Heilsankündigung: »Wach auf, wach auf ... Arm des Herrn!« (V. 9) ... »Die vom Herrn Befreiten kehren zurück und kommen voll Jubel nach Zion ...« (V. 11). Weil Gott der Schöpfer ist, darum kann er dies tun.
»Raff dich auf, raff dich auf, steh auf, Jerusalem!« (V. 17). Der Becher des Zorns wird Jerusalem aus der Hand genommen (V. 22f.).

52,4–6: Das Prahlen der Beherrscher Israels

52,7–10: Loblied: der Freudenbote

52,11–54,3: Der leidende Gottesknecht

52,11f.: Aufforderung: »Fort, fort! Zieht von dort weg!« (V. 11)

52,13–53,12: *4. Gottesknechtlied:* Der verachtete und gemiedene Gottesknecht, der alle Krankheiten und Schmerzen auf sich nahm.
Die Strafe liegt auf ihm ... Wie ein Lamm, das zur Schlachtbank geführt wird ... Tod und Grab bei den Gottlosen.

54,1–3: Loblied: »Freu dich, du Unfruchtbare ...« (V. 1)

54,4–55,13: Das künftige Heil

54,4–10: Heilsankündigung: Fürchte dich nicht, JHWH hat die verlassene Frau gerufen; Israel, die Jugendliebe, wird nicht verstoßen

54,11f.: Heilsankündigung: Das neue Fundament Jerusalems wird von Gott gelegt

54,13–17: Segenszusage: Keine Waffe wird etwas gegen Jerusalem ausrichten

55,1–5: Heilsankündigung: Speise und Wasser für Hungernde und Dürstende

55,6–11: Epilog: Mahnung zum Suchen JHWHs. Gottes Wort kehrt nicht leer zurück.

55,12f.: Loblied: Jubel der Natur bei der Heimkehr der Exilierten

55–66: Tritojesaja (Sammlung anonymer Prophetenworte zwischen 537 und 445)

56–58: Gerichtsworte

56,1–8: Das Halten des Sabbats. Auch Ausländer und Kastrierte haben Anteil am Heil, wenn sie den Sabbat halten.

56,9–12: Die Führer des Volkes: stumme Wachhunde, die den Rausch lieben

57,1–13: Anklage gegen Götzendiener; Hurerei für fremde Götter (ganz wie vorexilische Propheten!)

57,14–21: Gottes Hilfe für sein geschlagenes Volk (ganz wie Deuterojesaja): »Bahnt eine Straße« (V. 14); Neubelebung der Zerschlagenen; Trost

58,1–14: Falsches und richtiges Fasten
Falsches Fasten ist ein Fasten mit Streiten und Gewalt;
Richtiges Fasten: Fesseln lösen, Unterdrückung beenden; Hungrige speisen, Nackte bekleiden; den Sabbat halten.

59: Volksklage

59,1–21: Prophetische Anklage (1–8); Bild von Otter und Spinne; Schuldbekenntnis des Volkes (9–14).
Eingreifen Gottes zur Wiederherstellung von Gerechtigkeit; Neuer Bund (15–21).

60–62: Heilsworte

60,1–22: Die künftige Herrlichkeit des Zion. »Auf, werde licht, denn es kommt dein Licht ...« (V. 1) Kommen der Zerstreuten; Karawane mit Opfern; Schiffe mit Schätzen; offene Tore Jerusalems; Edelhölzer und kostbare Metalle; Gott als das Licht des Zion an Stelle von Sonne und Mond.

61,1–11: Der Auftrag des Propheten: Verkündigung der Befreiung; Trost für die Trauernden; Wiederaufbau der Stadt durch Ausländer; die Israeliten sind »Priester des Herrn« (V. 6) und Gesegnete. V. 10 f.: Loblied.

62,1–12: Jerusalems Pracht: »Um Zions willen kann ich nicht schweigen, um Jerusalems willen nicht still sein,
bis das Recht in ihm aufstrahlt wie ein helles Licht
und sein Heil aufleuchtet wie eine brennende Fackel« (V. 1);
Jerusalem wird »Meine Wonne« heißen; Wächter erinnern Gott ständig an seine Stadt; Straße für das Volk.
Neuer Name für die Stadt (V. 12): »Die begehrte, die nicht mehr verlassene Stadt«.

63–64: Volksklage

63,1–6: Gott zertritt Edom in der Kelter

63,7–64,11: Klage. Schuldbekenntnis: Erinnerung an Mose, das Schilfmeer; Bitte um eine Epiphanie Gottes. Gott als Vater (63,16; 64,7); Jerusalem ist zerstört.

65–66: Gericht und Heil

65,1–16: Anklage gegen Götzendiener (Essen von Schweinefleisch); Bewahrung der JHWH-Getreuen

162

65, 17–25: Neuer Himmel und neue Erde. Jerusalem die Stadt der Freude; Paradiesische Zustände.

66, 1–4: Anklage wegen falscher Opfer

66, 5–14: Zion wird auf wunderbare Weise Mutter vieler Kinder auf einen Schlag; Gott tröstet, wie eine Mutter tröstet (V. 13)

66, 15 f.: Gericht Gottes über die Menschen, die sich verunreinigen, – außer denen, die sich heiligen

66, 18–24: Verehrung Gottes durch ferne Völker

Ewiges Feuer für Gottes Feinde.

2. (Proto-)Jesaja wirkte unter den Königen Usija, Jotam, Ahas und Hiskija. Prüfen Sie, was Sie über Ereignisse aus den Regierungszeiten dieser Könige wissen

Von Usija wird nicht allzuviel in 2 Kön 15 berichtet; seine Regierungszeit ist mit 52 Jahren jedoch außerordentlich lang. Er wurde aussätzig. Nach Jes 6, 1 wurde Jesaja im Todesjahr dieses Königs zum Propheten berufen. Von daher datiert man den Beginn der Wirkungszeit des Propheten in das Jahr 746. Über Jotam erfahren wir in 2 Kön 15, daß zu seiner Zeit der Feldzug Rezins von Damaskus und Pekachs von Israel gegen Juda begann. Dieser sogenannte syrisch-efraimitische Krieg sollte Juda in eine Koalition gegen Assur zwingen. Der eigentliche Feldzug mit seiner für Juda bedrohlichen Entwicklung fand dann zur Zeit des Königs Ahas statt. Von Jotam wird ferner berichtet, daß er am Tempel ein Tor bauen ließ. Von Ahas erfahren wir in 2 Kön 16, daß er Tiglat-Pileser um Hilfe gegen Damaskus und Israel ersucht. Dazu muß er Tempel- und Kronschatz opfern. Es kommt zu einer Begegnung zwischen Ahas und dem Assyrerkönig in dem von diesem eroberten Damaskus. Dort sieht er einen Altar, den er nachbauen läßt und im Jerusalemer Tempel aufstellt. Auch einige andere bauliche Veränderungen am Tempel gehen auf ihn zurück. In Hiskijas Regierungszeit fällt die Eroberung Samarias und die Deportation der israelitischen Bevölkerung nach Assyrien (2 Kön 17 f.). Hiskija wird assyrischer Vasall, der hohen Tribut leisten muß. Trotzdem kommt es zu einer Belagerung Jerusalems durch Sanherib, nachdem er die meisten judäischen Städte erobert hat. Die Befreiung Jerusalems von dieser Belagerung wird als Wunder erzählt (2 Kön 19). Hiskija empfängt eine babylonische Gesandtschaft und knüpft so Kontakt zu der den Assyrern gefährlich werdenden Macht.

3. Jes 1, 10–17 enthält eine massive Kritik an der Opferpraxis. In ähnlicher Weise gibt es in einigen Psalmen Opferkritik. Nennen Sie die Psalmen

Es handelt sich um die Psalmen 40, 50 und 51, genauer: 40, 7; 50, 9–15; 51, 18 f.; 69, 31 f.

4. Doch nicht nur in den Psalmen, auch in Texten anderer Propheten kommt Opferkritik vor. Nennen Sie Beispiele

Grundsätzliche Opferkritik findet sich bei Micha (6,6-8), Hosea (6,6), Amos (4,4f.; 5,21-25) und Jeremia (6,20); vgl. auch Samuels Rede (1 Sam 15,22f.).

5. Das Wort vom Zionsberg als dem Mittelpunkt eines künftigen waffenlosen Friedensreiches unter der Herrschaft JHWHs ist doppelt überliefert. Wo findet sich diese Doppelüberlieferung, und was unterscheidet sie von der in Jes 2,1–5?

Sie wissen es sicher: Sie findet sich in Mi 4,1-5. Mi 4 enthält zusätzlich das Motiv, daß ein jeder unter seinem Weinstock und unter seinem Feigenbaum sicher wohnen kann. Auch sind die abschließenden Sätze unterschiedlich. In Jes 2,5 wird das Haus Jakob aufgefordert, schon jetzt auf dem Weg dorthin, also auf dem Weg zu dem künftigen Friedensreich, im Licht des Herrn zu gehen. In Mi 4,5 liegt keine Aufforderung, sondern eine Gewißheit vor, daß Israel bereits jetzt auf diesem Weg im Namen JHWHs geht, im Gegensatz zu den anderen Völkern, die noch ihren Göttern folgen.

Hoffnung auf Frieden im Alten Testament

Die hier aufgeführten Texte drücken eine Hoffnung auf einen künftigen Frieden aus, der durch den *schalom,* das Heilsein der Gemeinschaft, die Unversehrtheit und die gegenseitige Respektierung der Prinzipien des anderen, wenn nicht gar durch Übereinstimmung begründet wird.
Nicht aufgenommen worden sind diejenigen Texte, in denen Israel auf Grund militärischer Erfolge Ruhe vor seinen Gegnern gefunden hat. Diese Ruhe erwächst aus einer vorübergehenden militärischen Machtposition, stellt aber keinen Frieden dar.

Jes	2,2-4	Jer	6,14 // 8,10 f	Ps	20,8
	9,1-6	Ez	39,8-10		33,16-18
	11,1-5.6-8	Hos	1,7		46,10 f
	26,3		2,20		76,4
	30,15-17		10,13 b		˙147,10 f.
	31,1-3	Mi	4,1-5		
	32,16 f.18.20		5,9 f.		
	58,4-12	Sach	8,4 f		
			9,9 f		

---

6. Jes 2,6–22 entfaltet die Vorstellung von dem Tag JHWHs (V. 12), der ein Tag der Erniedrigung für alle menschliche Hybris sein wird, ein Tag, an dem sich die Menschen verkriechen werden. Auch bei

anderen Propheten finden wir Aussagen über den Tag JHWHs. Stellen Sie die Texte zusammen und erörtern Sie Gemeinsamkeiten und Unterschiede

In chronologischer Reihenfolge finden wir Texte über den Tag JHWHs in:

Am 5,18–20	(Es ist ein Tag der Finsternis, der unentrinnbare Schrecknis verbreitet, gerichtet gegen Israel selbst)
Zef 1	(Hier ist es ein Tag der Vernichtung aller Menschen und Tiere, die zum Ungehorsam gegen JHWH verführt haben; auch Israel ist darin eingeschlossen)
Jer 30,5–7	(Der Tag JHWHs ist zunächst auch für Jakobs Nachkommen eine Zeit der Angst, dann aber wird das Joch der Oberherrschaft abgenommen werden)
Ez 7	(Der Tag JHWHs ist Tag des Gerichts über Israel, ein Tag des Verderbens)
Ez 13,5	(Der Tag JHWHs ist ein Kampftag)
Ez 30,3	(Der Tag JHWHs als Kampftag gegen die Völker, insbesondere gegen Ägypten)
Ob 15	(Der Tag ist Gerichtstag JHWHs über die Völker)
Joël 1,15	(Der Tag JHWHs ist ein Gerichtstag über Israel, der zu Hunger und Dürre führt)
Joël 2,1f.	(Es ist ein Tag der Finsternis und des Krieges)
Joël 2,11	(Es ist ein Tag voll Schrecken, den niemand ertragen kann)
Joël 3,4	(Es ist ein Tag des Krieges, an dem sogar die kosmische Ordnung zerstört wird)
Joël 4,14	(Ein Tag der Abrechnung mit den Völkern, doch des Schutzes für den Zion und Jerusalem)
Jes 13	(Ein grausamer Tag, an dem die Erde sich zur Wüste wandelt und die kosmische Ordnung in Unordnung gerät. Gestraft wird die ganze Erde)
Jes 34,8	(Ein Tag, der sich ausschließlich gegen die Feinde der Zionsstadt richtet, also ein Tag der Rache an Judas Feinden; vgl. dazu auch Jer 46,10)
Sach 14,1	(Ein Tag des Aufmarsches der Völker zur Eroberung Jerusalems, doch ein Rest bleibt übrig; für den tritt JHWH dann selbst den Kampf an)
Mal 3,23	(Ein schrecklicher Gerichtstag; bevor er kommt, wird der Prophet Elija erneut erscheinen)

Literatur zum Tag JHWHs: *H. Wildberger:* Jesaja, BK AT X/1, ²1980, S.91, 105f. – *Ders.:* Jesaja, BK X/2, 1978, S.499, 519f. – *H. W. Wolff:* Dodekapropheton 2: Joel und Amos, BK AT XIV/2, ²1975, S.38f.

7. Jesaja kündigt als Strafe für die bestehende Unrechtsordnung in Juda die Umkehrung des bestehenden staatlichen, politischen und religiösen Gefüges an. Dies geschieht u. a. durch kleine Szenen (»paradigmatische Unheilsschilderungen«), die beispielhaft diesen Umsturz verdeutlichen sollen. Nennen Sie Beispiele

Eine erste Szene findet sich in 3,6 f.: Zum König wird, wer noch einen Mantel besitzt; eine weitere in 4,1: Frauen betteln, daß ein Mann ihnen Kinder macht, ohne daß er für sie sorgen muß.

8. In Jes 4,5 kommt die Wolken- und Feuersäule vor, die auf dem Zion ruht. Woher kennen Sie dieses Motiv?

Aus der Auszugsüberlieferung Ex 13 f.; bei der Einweihung des Ladeheiligtums Ex 40 erfüllt die Wolke das Allerheiligste; in 1 Kön 8 erfüllt die Wolke den Tempel.

9. Das Motiv vom Pflanzen eines Weinbergs als Bild der Mühe Gottes mit seinem Volk (Jes 5) kommt mehrfach in der Bibel vor. Wo?

Sogar ein ganzes Weinberglied kommt noch einmal vor: Jes 27,2–6, dort allerdings mit einem jubelnden, nicht strafenden Tenor. Ps 80 enthält das Motiv vom Ausheben eines Weinstocks aus Ägypten; dazu wäre Ez 17 zu vergleichen. Ez 15 kehrt das Bild um: Israel ist wie unnütz gewordenes Brennholz vom Weinstock. Ähnlich wie in Jes 5 bezeichnet Jer 2,21 Gottes Tun an Israel als Pflanzen eines edlen Weinstocks; vgl. auch Jer 5,10; 6,9; 12,10. Kritisch gewendet ist das Bild auch in Hos 10,1. Schließlich ist noch Luk 20,9–19 zu nennen, das Gleichnis von den bösen Winzern.

10. Nun wieder eine Ihnen schon vertraute Frage: Wo kommen im AT Berufungserzählungen vor?

In Ex 3 (Mose), Ri 6 (Gideon), Jes 6 (Jesaja), Jer 1 (Jeremia), Ez 1–3 (Ezechiel).

11. In Ex 33,20 wird betont, daß Mose das Gesicht Gottes nicht sehen konnte, denn das hätte für Menschen einen tödlichen Ausgang. Wie stellt Jes 6 sich demgegenüber dar?

In Vers 5 sagt der Berufene: »... und meine Augen haben den König, den Herrn der Heere, gesehen.«

166

12. Jesajas Auftrag besteht darin, das Volk zu verstocken. Woran erinnert dies?

An die Verstockung Pharaos in Ex 7–11. Dieses Motiv stellt den Versuch dar, das faktische Verhalten des Volkes auf die Ansagen des Propheten geschichtstheologisch zu deuten.

> *Literatur: F. Hesse:* Das Verstockungsproblem im Alten Testament, BZAW 74, 1955.

13. Vergleichen Sie die einzelnen Motive der Berufungsvision (Thron, sechsflügelige Serafim, Entsühnung, himmlischer Hofstaat, Heiligkeit) Jesajas mit entsprechenden Texten in anderen atl. Büchern

Zu Ezechiels Vision in Ez 1–3 vgl. die Fragen 2–4 auf S. 209 f. Micha ben-Jimlas Vision (1 Kön 22) enthält die Motive: Thron, himmlischer Hofstaat, ein personifizierter Geist. Der Ijobprolog (Ijob 1 f.) nennt Göttersöhne und Satan als Widerpart Gottes mit begrenzter Macht. Ps 82 spricht von einer Götterversammlung, in deren Mitte Gott Gericht hält.

14. Jes 7 bezieht sich auf ein bestimmtes geschichtliches Ereignis. Welches und wo finden wir genauere Angaben darüber?

Es handelt sich um den syrisch-efraimitischen Krieg. Berichtet wird davon in 2 Kön 16.

15. In Jes 7, 14 heißt es (nach Luther): »Siehe eine Jungfrau ist schwanger und wird einen Sohn gebären, den wird sie nennen Immanuel.« Die Einheitsübersetzung bietet: »Seht, die Jungfrau wird ein Kind empfangen, sie wird einen Sohn gebären, und sie wird ihm den Namen Immanuel (Gott mit uns) geben.« Im hebräischen Urtext steht jedoch nicht das Wort für Jungfrau (bᵉtūlā), sondern für »junge Frau« ('almā). Was bedeutet dies für eine christologische Rezeption der jesajanischen Ankündigung?

Eine direkte Beziehung dieses Textes auf Jesus Christus, so als sei seine Geburt als Geburt von einer Jungfrau durch Jesaja schon vorhergesagt, ist nicht möglich. Allerdings bleibt dann die Frage offen, wer mit der jungen Frau gemeint ist. Die Forscher schwanken zwischen folgenden Deutungen: die Frau des Propheten; irgendeine in der Nähe stehende Frau; jede beliebige Frau; eine mythologische Gestalt; eine visionäre Mutter des Messias; die Gemahlin des Königs Ahas. Das Entscheidende ist allerdings nicht die Schwangerschaft, sondern die Geburt des Kindes und sein Name: Das ist das Zeichen, das Jesaja dem König Ahas gibt.

16. Jes 8,4 spielt auf die Zerstörung Samarias und Damaskus an. Welches Ereignis ist damit gemeint?

Die Eroberung der beiden Städte durch die Assyrerkönige Tiglat-Pileser III., Salmanassar V. und Sargon II. in den Jahren 734–721, insbesondere wohl die Zerstörung des Nordreiches 724–721.

17. Welche Motive finden sich in Jes 9,1–6, der Verheißung der Geburt eines messianischen Herrschers?

a) Ende von Fremdherrschaft (V. 3);
b) Abschaffung des Militärs (V. 4);
c) Göttliche Eigenschaften des Herrschers (V. 5);
d) Ewiger Friede (V. 6);
e) Er ist Davidide (V. 6);

18. Auf wen wurde (und wird) diese Tradition in der christlichen Rezeption bezogen?

Auf Jesus; allerdings ist dazu kritisch zu sagen, daß diese Deutung nicht mit der ursprünglichen Intention dieser Verkündigung übereinstimmt; vgl. Mt 1 (dort läuft die Linie über Josef, was in Spannung zur Tradition der Jungfrauengeburt (Luk 1 f.) steht.

19. Nennen Sie weitere alttestamentliche Texte, die von einem künftigen davidischen Friedensherrscher sprechen

Zu nennen sind hier: Jer 23,5; 30,9; 33,15; 33,17; Ez 34,23-31; 37,24; Mi 5,1-3; Sach 3,8; 6,12; 9,9f.

Literatur zur nachexilischen Zukunftserwartung: *J. Kegler:* Hoffnung in Krisenzeiten. Prophetische Entwürfe für eine menschliche Zukunft im Alten Testament, in: *M. Augustin/J. Kegler (Hrsg.):* Das Alte Testament als geistige Heimat. Festgabe für Hans Walter Wolff zum 70. Geburtstag, EHS.T XXIII/177, [2]1984, S. 80–109.

20. In Jes 10,26 dient das Schicksal der Midianiter als Beispiel für das Schicksal der Assyrer. Was ist damit gemeint?

Der Sieg Gideons über die Midianiter in Ri 7, durch den Israel von langjähriger Unterdrückung befreit wurde.

21. Beachten Sie: Jes 10,28–34 wirkt wie eine Art lebendiger Augenzeugenbericht über das Heranziehen der Assyrer gegen Jerusalem (Die historische Situation ist wohl die von 701 v. Chr.)

22. Was haben Sie über den biographischen Hintergrund Jesajas erfahren?

Jesaja ist Sohn eines Mannes namens Amoz (nicht zu verwechseln mit dem Propheten Amos). Er wurde im Todesjahr des Königs Usija = Asarja berufen, war mit einer Prophetin verheiratet (8,3) und hatte mit ihr zwei Söhne, die Symbolnamen trugen (Maher-Schalal-Hasch-Bas = Schnelle Beute – Rascher Raub und Schear-Jaschub = Ein Rest kehrt um).

23. Jes 11,1–9 sollten Sie in deutscher Übersetzung sehr gut kennen

24. In diesem Text kommt das Motiv vor, daß Wolf und Lamm friedlich beieinander wohnen und selbst der Löwe das Fleischfressen läßt. Wo noch im AT?

Zu nennen ist hier zunächst mit Vorbehalt Hos 2,20, denn dort geht es um einen Bund mit den Tieren (vgl. Ez 34,25); die engste Parallele ist aber Jes 65,25. Das Motiv entfaltet das Bild paradiesischer Zustände.

25. Die Ankündigung der Zerstörung Babels spielt auf Sodom und Gomorra an (13,19). Woher kennen Sie diese Tradition?

Das ist für Sie eigentlich keine Frage: natürlich aus Gen 18 und 19.

26. In Jes 14 liegt ein Spottlied auf den König von Babel vor. Kennen Sie ähnliche Spottlieder?

In Num 21 findet sich ein Spottlied auf den König Sihon von Heschbon; Ez 28 enthält eine Parodie auf eine Totenklage über den König von Tyrus; in Ez 31 wird der ägyptische Pharao verhöhnt.

27. Zu den Kapiteln Jes 15 und 16 gibt es – zumindest in weiten Teilen – eine Parallelüberlieferung. Wissen Sie, wo?

Sie findet sich in Jer 48. Vgl. Sie dazu Frage 35 zu Jeremia auf S. 202.

28. Die Ankündigungen gegen Damaskus und Samaria in Jes 17 kann man im Bezug zu anderen Worten des Jesajabuches gegen diese beiden Städte sehen. Wo finden sie sich?

Sie finden sich in Jes 7, der Erzählung von der Begegnung Jesajas mit Ahas. Beachten Sie, daß der Charakter der Worte sehr unterschiedlich ist.

29. Jes 20 erzählt, daß Jesaja nackt geht. Dies ist eine demonstrative Tat (Stichwort: »Straßentheater«). Kennen Sie andere Demonstrationen von Propheten?

Bei Jeremia finden sich vier Demonstrationen: der verdorbene Gürtel (Jer 12); das Zerschmettern des Kruges (Jer 19); das hölzerne Joch (Jer 27) und der Akkerkauf in Anatot (Jer 32). Besonders viele Demonstrationen sind von Ezechiel überliefert: das Modell des belagerten Jerusalem (Ez 4); das Schlafen auf einer Seite (Ez 4); das Backen von Mischbrot und das Backen von Brot auf Menschenkot (Ez 4); das Scheren und Verteilen von Haaren (Ez 5); das Gefangenenbündel und das Loch in der Wand (Ez 12); Essen und Trinken unter Zittern und Beben (Ez 12); das Stöhnen (Ez 21); das Aufzeichnen zweier Wege von Babel nach Ammon oder Juda (Ez 21); der Kessel mit auserlesenen Fleischstükken (Ez 24) und schließlich die zwei Stäbe (Ez 37). Demonstrationen sind aber auch die Symbolnamen oder das Verbot der Heirat oder das Verbot, Trauerklage zu halten, wie wir sie bei den drei großen Propheten finden.

30. Beachten Sie, daß in der Sammlung von Fremdvölkersprüchen in Jes 13–23 auch ein Wort gegen Jerusalem vorkommt

Und zwar in Jes 22; das Kapitel enthält dann noch zwei Worte an Einzelpersonen aus dem Umkreis des königlichen Hofes.

31. Nennen Sie (außer Jes 22, 15–25) weitere Beispiele für Worte von Propheten an, für oder gegen einzelne Menschen

Dazu gehört u. a. das Wort des Amos gegen Amazja (Am 7), Jesajas Wort an Ahas (Jes 7), Jeremias Worte gegen Jojakim (Jer 22), Hananja (Jer 28), Zidkija (Jer 34) und das Trostwort an Baruch (Jer 45).

32. Kap 24 schildert ein Beben der Fundamente der Erde, ein Öffnen der Schleusen des Himmels als Teil der Epiphanie Gottes. Woran erinnert dieses Motiv?

Einmal an die Sintfluterzählung, die auch von einem Öffnen der Himmelsschleusen spricht; sodann an eine Umkehrung der Schöpfungsordnung, wie sie in Gen 1 errichtet wird.

33. In Kap 27 wird Leviatan erwähnt, hier als endzeitlicher Chaosdrache (analog dem Chaosdrachenkampfmotiv des Schöpfungsmythos). Wo kommt diese mythologische Gestalt noch vor?

Ausführlich begegnet dieses Ungeheuer in Ijob 40 f., im Deutschen steht dort »Krokodil«, ferner in Ps 74, 13 f. (vgl. 89, 11, wo ein Chaostier »Rahab« erwähnt wird), Ps 104, 26 und Ijob 3, 8.

34. In Kap 27 kommt ein Weinberglied vor. Gott ist hier Hüter des Weinbergs. Woher kennen Sie ein solches Lied?

Sie kennen es aus Jes 5. Dort ist es allerdings als Unheilansage verwendet.

35. Jes 28 spielt auf ein Handeln Gottes am Berg Perazim und im Tal von Gibeon an. Wo finden Sie etwas darüber berichtet und worum handelt es sich?

In 2 Sam 5 wird berichtet, daß David die Philister bei Perazim besiegt. In Jos 10 siegt Josua über eine Koalition von fünf Kanaaniterkönigen; dieser Sieg verbindet sich mit der Erzählung vom Wunder des Stillstands der Sonne zur Verlängerung des Tages.

36. In Jes 27 und 30 wird die Abschaffung der Götzen thematisiert. Wie nennt man diesen Vorgang?

Man nennt ihn Abrenuntiation. Sie wurden schon verschiedentlich darauf hingewiesen. Dieser Ritus spielt vor allem in der vom Deuteronomium beeinflußten Überlieferung eine entscheidende Rolle, denn er ist symbolhaft für die Alleinverehrung JHWHs.

37. In Jes 30 wird der Untergang Assurs angesagt. Gibt es ähnliche Ansagen gegen Assur im Jesajabuch?

Ja, vor allem in den Kapiteln 10 und 14.

38. Untersuchen Sie, wo im AT das Motiv eines »Buches Gottes« (Jes 34,16) vorkommt

In Mal 3,16 gibt es das Buch, in dem die JHWH-Verehrer aufgezeichnet sind, um sie am Tag des Gerichts zu verschonen. Ähnlich spricht Ex 32,32 von einem Buch Gottes, das die Seinigen enthält. Ps 69,29 spricht von einem Buch des Lebens, aus dem die Feinde des Beters getilgt werden sollen. Vgl. ferner Jes 4,3; Ps 139,16; Dan 7,10; 12,1 und im NT Lk 10,20; Phil 4,3; Offb 3,5; 20,12.

39. Woran erinnert nach Sprache und Inhalt Kap 35?

An die Sprache und Theologie Deuterojesajas; vgl. etwa Kap. 55.

40. Das Protojesajabuch enthält eine Fülle von theologisch gewichtigen Traditionen. Die folgende Übersicht soll Ihnen exemplarisch die wichtigsten nennen

Zentrale theologische Traditionen Protojesajas

1. *Ziontradition:* Charakteristika: Zion als Ort der Gegenwart Gottes begründet die besondere Heiligkeit des Ortes; das hat Konsequenzen für die Bewohner Jerusalems: sie sind in besonderem Maße aufgefordert, sich in ihrem ethischen Verhalten der Präsenz Gottes würdig zu erweisen.
Texte: 1,27; 2,3; 4,5; 6; 12,6; 29,8; 30,19; 35,10.

2. *Davidtradition:* Charakteristika: Der Stamm Isais als Träger eines künftigen Königs, der sein Volk in Recht, Gerechtigkeit und Frieden lenken wird.
Texte: 9,1-6; 11,1-9; 32,1-8; 33,17-24.

3. *Kultkritik:* Charakteristika: Verwerfung einer Kultpraxis, die heuchlerisch ist, da ihr kein soziales Verhalten im Alltag korrespondiert; Kritik an Abwendung von JHWH.
Texte: 1,10-17; 2,6-22; 28,7-15.

4. *Sozialkritik:* Charakteristika: Kritik an unsozialem Verhalten von Führungsschichten, insbesondere an Bodenspekulation, Luxusleben, Bestechlichkeit, ungerechtem Richten, Alkoholmißbrauch und Gleichgültigkeit gegen Arme.
Texte: Die Weherufe in Kap 5; 10; 28 und 30.

5. *Resttradition:* Charakteristika: Ein (heiliger) Rest bleibt nach dem Strafgericht Gottes übrig und wird Hoffnungsträger für eine neue Zukunft.
Texte: 4,3; 6,13; 7,3.22; 10,10-22;11,11.16; 28,5.
Allerdings kann dieser Restgedanke auch umgekehrt werden als Ausdruck totaler Vernichtung.

6. *Vertrauen auf JHWH:* Charakteristika: Vertrauen auf das bewahrende Eingreifen JHWHs in die Geschichte im Gegenüber zum Vertrauen auf menschliche Pläne.
Texte: 7,9; 28,16; 30,15.

Zum Problem messianischer Traditionen s. die Tabelle über den Gesalbten auf S. 102.

41. Finden sich im Protojesajabuch Hinweise auf ein politisches Engagement des Propheten?

Ja, vor allem in Kap 7, wo Jesaja Zugang zum König hat und ihm in einer politischen Situation ein Wort verkündet; in Kap 22, wo er Stellung zum Verhalten hoher Hofbeamter nimmt und in Kap 20 und 30, wo er die Bündnispolitik mit Ägypten geißelt.

42. Zu den Geschichtsdarstellungen in Jes 36–39 gibt es Parallelüberlieferungen. Wo?

In 2 Kön 18-20 und 2 Chr 32. In diesen Überlieferungen erscheint Jesaja zwar einerseits auch als ein Prophet, der zu politischen Ereignissen Stellung nimmt, andererseits werden von ihm Wundertaten berichtet, wie wir sie in den auf den Propheten selbst zurückgehenden Texten nicht finden.

43. Kap 37 erzählt, daß Jesaja Assurs Untergang weissagt. Kennen Sie ein solches Wort Jesajas?

Hier ist vor allem auf Kap 10,5-34 zu verweisen; vgl. auch 14,24-27; 17,12-14.

44. Jes 37 enthält ein Spottlied über den assyrischen König. Kennen Sie andere Spottlieder?

Das wurden Sie schon bei Frage 26 gefragt. Sie wissen es also: Num 21; Jes 14; Ez 28; 31.

45. Was unterscheidet die Darstellung von Hiskijas Krankheit in Jes 38 von der in 2 Kön 20?

2 Kön 20 schildert die Beauftragung des Jesaja sehr viel ausführlicher. Das Wunder der zurückgehenden Schatten ist hier Antwort auf Hiskijas Zweifel und das Danklied als Dank für die Heilung fehlt.

46. Woran erinnert das Gebet Hiskijas in Jes 38?

An die Klagen Ijobs.

47. Wo kommt, außer in Jes 38,10f., noch das Motiv vor, daß die Toten Gott in der Unterwelt nicht mehr preisen?

In den Psalmen 6,6; 30,10; 88,11-13 und 115,17.

Problemanzeige: Die Vielfalt der Verkündigung Deuterojesajas läßt sich bibelkundlich nur recht schwer darstellen, ohne eine ausreichende Kenntnis der verschiedenen Sprachformen und Textgattungen zu besitzen. Deshalb ist in der Gliederung der Versuch gewählt worden, die Inhalte zusammen mit den Gattungsbezeichnungen anzugeben. Allerdings sind Abgrenzung und Charakter der Worte in der Forschung sehr umstritten. Wir haben uns an den Gattungsbezeichnungen von C. Westermann orientiert, da die im einzelnen recht abweichenden Auffassungen von K. Elliger nur für einen Teil des Deuterojesajabuches vorliegen (Kap. 40, 1–45, 7). Der Begriff *Gerichtsrede* ist Ihnen aus der vorexilischen Prophetie vertraut. Sie hat zwei Teile: die Begründung für Gottes strafendes Handeln und die Ankündigung dieses Handelns. *Heilszusage oder -orakel* ist ursprünglich das Wort eines Priesters, das er einem einzelnen als Antwort auf seine Klage erteilt. Häufig findet sich hier die Formel: »Fürchte dich nicht, denn ...« *Heilsankündigung oder Heilsverheißung* ist eigentlich Antwort auf die Klage des Volkes, die Sie aus den Psalmen kennen. In ihr wird kommendes Heil zugesagt und meist in großem Bilderreichtum ausgestaltet. Das *Disputationswort* setzt den Dialog von Kontrahenten voraus bzw. spiegelt ihn.

Literatur: K. Elliger: Deuterojesaja 40, 1–45, 7, BK AT XI/1, 1978. – *C. Westermann:* Das Buch Jesaja. Kapitel 40–66 übersetzt und erklärt, ATD 19, ⁴1981. – *Ders.:* Sprache und Struktur der Prophetie Deuterojesajas. Mit einer Literaturübersicht »Hauptlinien der Deuterojesaja-Forschung von 1964–1979«, zusammengestellt und kommentiert von A. Richter, CTM A 11, 1981.

Im Deuterojesajabuch geht es um die Botschaft an die im Exil Lebenden, daß die Schuld durch Gott vergeben ist und eine Zeit neuen Heilshandelns Gottes an seinem Volk beginnt. Es besteht vor allem in einem neuen Exodus aus Babel analog dem ersten aus Ägypten. Sodann wird die einst David gegebene Verheißung auf das ganze Volk ausgedehnt (55, 3). Nach der Rückkehr bricht eine Heilszeit an, an der die anderen Völker Anteil haben werden. Daß diese Verheißungen wahrhaftig sind, begründet Deuterojesaja damit, daß Gott in vorexilischer Zeit genau das angesagt hat, was geschehen ist. Damit hat er sich nicht nur als zuverlässig erwiesen, sondern auch seine Überlegenheit über alle anderen Götter gezeigt. Daß Gott in der Geschichte Neues schaffen kann, wird aus seinem Schöpfersein abgeleitet. Darum findet sich bei Deuterojesaja eine höchst differenzierte Schöpfungstheologie. S. dazu die Übersicht auf S. 182.
Es ist empfehlenswert, sich einige Deuterojesajaworte einzuprägen. Dadurch erschließt sich das Anliegen dieses Popheten leichter.
Zu empfehlen sind etwa folgende Worte:
40, 1–3: »Tröstet, tröstet mein Volk, spricht euer Gott. Redet Jerusalem zu Herzen und verkündet der Stadt, daß ihr Frondienst zu Ende geht, daß ihre Schuld beglichen ist; denn sie hat die volle Strafe erlitten von der Hand des

Herrn für all ihre Sünden. Eine Stimme ruft: Bahnt für den Herrn einen Weg durch die Wüste! Baut in der Steppe eine ebene Straße für unseren Gott!«

40,8: »Das Gras verdorrt, die Blume verwelkt, doch das Wort unseres Gottes bleibt in Ewigkeit.«

40,31: »Die aber, die dem Herrn vertrauen, schöpfen neue Kraft, sie bekommen Flügel wie Adler. Sie laufen und werden nicht müde, sie gehen und werden nicht matt.«

43,1b: »Fürchte dich nicht, denn ich habe dich ausgelöst, ich habe dich beim Namen gerufen, du gehörst mir.«

43,11: »Ich bin JHWH, ich, und außer mir gibt es keinen Retter.«

43,25: »Ich, ich bin es, der um meinetwillen deine Vergehen auslöscht, ich denke nicht mehr an deine Sünden.«

44,6b: »Ich bin der Erste, ich bin der Letzte, außer mir gibt es keinen Gott.«

49,15: »Kann denn eine Frau ihr Kindlein vergessen, eine Mutter ihren leiblichen Sohn? Und selbst wenn sie ihn vergessen würde: ich vergesse dich nicht.«

52,7: »Wie willkommen sind auf den Bergen die Schritte des Freudenboten, der Frieden ankündigt, der eine frohe Botschaft bringt und Rettung verheißt, der zu Zion sagt: Dein Gott ist König.«

53,4f.: »Aber er hat unsere Krankheit getragen und unsere Schmerzen auf sich geladen. Wir meinten, er sei von Gott geschlagen, von ihm getroffen und gebeugt. Doch er wurde durchbohrt wegen unserer Verbrechen, wegen unserer Sünden zermalmt. Zu unserem Heil lag die Strafe auf ihm, durch seine Wunden sind wir geheilt.«

54,10: »Auch wenn die Berge von ihrem Platz weichen und die Hügel zu wanken beginnen – meine Huld wird nie von dir weichen und der Bund meines Friedens nicht wanken, spricht der Herr, der Erbarmen hat mit dir.«

55,8f.: »Meine Gedanken sind nicht eure Gedanken, und eure Wege sind nicht meine Wege – Spruch des Herrn. So hoch der Himmel über der Erde ist, so hoch erhaben sich meine Wege über eure Wege und meine Gedanken über eure Gedanken.«

48. Wo findet sich bei Deuterojesaja Spott über Götterbilder?

Bereits in 40,18–20; 41,6f.; 41,21–29, dann vor allem in 44,9–20 und 46,1–8; und vereinzelt wie in 43,9; 44,7; 48,3–5. Vgl. Sie dazu auch Jer 10,3–5.

49. Jes 41 enthält das Motiv, daß Gott für sein Volk Wasser in der Wüste fließen lassen wird. Woher kennen Sie das Motiv?

Sie kennen es aus der pentateuchischen Wüstenüberlieferung, z.B. Ex 16; Num 20.

50. Das Bild, daß sich Gott mit den anderen Göttern mißt, kommt bei Deuterojesaja mehrmals vor. Nennen Sie Stellen

In 41,21-29 mißt sich Gott, indem er die anderen Götter auffordert, die Zukunft anzusagen, so wie er es in der Vergangenheit getan hat. In 43,9 sagt Gott, daß es vor und nach ihm keinen Gott gegeben hat und er der alleinige Retter ist. Auch in 44,7 geht es um die Alleinigkeit Gottes.

51. Auf welche Tradition spielt Jes 43,14-21 an?

Auf den Exodus aus Ägypten und den Durchzug durch das Schilfmeer; die Erinnerung an diese Heilstat in der Vergangenheit begründet die künftige.

52. Die Ausgießung des Geistes, die in Jes 44 angekündigt wird, hat eine auffallende Parallele im Protojesajabuch. Wissen Sie, wo?

In Jes 32,15-20; dort bewirkt er Gerechtigkeit, Frieden, Ruhe und Sicherheit, hier die Zugehörigkeit zu Gott und dauernde Fruchtbarkeit. Vgl. Sie dazu auch Num 11.

53. Wo kommt der Spott über Götterbilder vor, die bloß Machwerke von Handwerkern sind?

In den Kapiteln 40; 41 und 44.

54. In welchen Deuterojesajatexten kommt der Perserkönig Kyrus vor? Was wird über ihn ausgesagt?

In 41,1-5 wird von seinem (militärischen) Wirken unter den Völkern des Ostens gesprochen. Es ist dies aber nicht sein, sondern JHWHs Wirken. In 45,1-8 wird Kyrus sogar »Gesalbter« (Messias) JHWHs genannt, ein Titel, der bis dahin nur für judäische Könige verwendet wurde. Gott zieht vor ihm her und läßt ihn Städte erobern »um meines Knechtes Jakob willen«, d. h., um Israel wieder heimzuführen.

55. Merken Sie sich zur Komposition: Jes 40 beginnt mit dem Aufruf: Tröstet, tröstet mein Volk; Jes 48 endet mit dem Aufruf: Heraus aus Babel, flieht aus Chaldäa!

56. Merken Sie sich die Textstellen der 4 sogenannten Gottesknecht-lieder

42,1–3(4)/49,1–6/50,4–9/52,13–53,12.

57. In Jes 51,2 finden wir eine Bezugnahme auf eine Väterverheißung vor. Auf welchen Erzvater und auf welche Verheißung bezieht sich Deuterojesaja?

Genannt werden Abraham und Sara, also nicht nur der Mann allein! An Ver-heißungen wird auf die Segensverheißung und die Mehrungsverheißung hinge-wiesen.

58. In welchen Kapiteln des Deuterojesajabuches finden sich Aufnah-men der Exodustraditition?

In Kap. 43; dort wird Israel aufgefordert, nicht mehr an die Vergangenheit des Exodus zu denken, sondern an die Zukunft des neuen Auszugs. In 51,9 f. wird Gottes Arm aufgerufen, aufzuwachen und eine gleiche Tat zu tun wie die beim Schilfmeerdurchzug. Hier verbindet sich die Exodustradition mit einem Schöp-fungsmotiv: dem Kampf gegen das Chaoswesen Rahab. In Kap 52 wird nicht auf den Exodus aus Ägypten, sondern das Hinabziehen nach Ägypten, um dort als Fremde zu leben, angespielt.

59. Worauf bezieht sich Jes 54,9?

Auf Gottes Schwur an Noach, den sog. Noachbund (Gen 9).

60. Achten Sie auf ein weiteres Kompositionsmittel: So wie die Psalmenbücher durch Doxologien unterteilt werden, so wird das Deuterojesajabuch durch Loblieder (Hymnen), die oft eschatologischen Charakter haben, gegliedert. Sie finden diese Loblieder in 42,10–13; 44,23; 45,8; 48,20f.; 49,13; 50,3 (Fragment); 52,7–10; 54,1–3 und 55,12f.

Für diejenigen unter Ihnen, die Hebräisch gelernt haben, folgt hier eine

Übersicht über Gottesbezeichnungen bei Deuterojesaja

El (Gott) 40,18; 42,5; 43,12; 45,14.15.21.22; 46,9

Eloaḥ (Gott) 44,8

Elohim (Gott) 40,1.3.8.9.27.28; 41,10.13.17.23; 42,17; 43,3; 44,6; 45,3.5.14.15.18.21; 46,9; 48,1.2; 17; 49,4.5; 50,10; 51,15.20.22; 52,7.10.12; 53,4; 54,5.6; 55,5.7

'abir ja'akob (der Starke Jakobs) 49,26 (kommt sonst nur noch Gen 49,24; 60,16 und Ps 132,2.5 vor)

'adōn (Herr) 49,14; 51,22

mäläk (König) 41,21; 43,15; 44,6

JHWH allgemein 40,27.31; 41,16.21; 42,5.10.12.13.21.24; 44,5 (2×).23 (2×); 45,17.24.25; 48,14.20.22; 49,1.4.5(2×).7(2×).14; 50,10(2×); 51,1.11; 52,8(2×).10.11.12; 53,6.10(2×); 54,1.6.13; 55,6.7.13

»so spricht JHWH (= der Herr)« 43,16; 45,1.14; 49,8.25; 50,1; 52,3; vgl. 52,4

dasselbe mit einem partizipialen Zusatz:
JHWH, dein Schöpfer 43,1
JHWH, der dich gemacht hat 44,2
JHWH, der König Israels 44,6
JHWH, dein Erlöser 44,24; 48,17; vgl. auch 49,7 und 43,14; 54,8
JHWH, der Heilige Israels 45,11
JHWH, der Schöpfer des Himmels 45,18
dein 'adōn JHWH 51,22; vgl. 49,22
JHWH ẕeba'ot (Herr der Heere) 44,6; 45,13
dein Erbarmer JHWH 54,10

ne'um JHWH (Raunung des Herrn) 41,14; 43,10.12; 52,5 (2×); 54 17; 55,8
JHWH 'aelohaeka 41,14; 43,4; 51,15.22; 55,5 (Der Herr, dein Gott)
JHWH ẕeba'ot 44,6; 45,13; 47,4; 48,2; 51,15; 54,5
'adonaj JHWH (Herr Herr) 40,10; 48,16; 49,22; 50,4.5.7.9; 52,4; vgl. 51,22
'anī/'anokī JHWH (ich bin der Herr) 41,4.13.17; 42,6.8; 43,3.11.15; 44,24; 45,3.5.6.7.8.18.19.21; 49,23.26; 51,15
JHWH, der Schöpfer der Enden der Erde 40,28
JHWH, der Schöpfer der Himmel 42,5
JHWH, dein Schöpfer, Jakob 43,1

JHWH, euer Heiliger, der Schöpfer Israels, euer König 43,15
JHWH, der dich gemacht hat 44,2; 51,13
JHWH, dein Retter/Erlöser (mōši'a) 49,26
JHWH, euer/dein/Israels Auslöser 43,14; 44,24; 48,17; 49,7

Attribute JHWHs: Mund 40,5; Hand 40,2; 41,20; 51,17; Arm 40,10; 51,5.9; 52,10;
  53,1; Geist 40,7.13; 42,1; 44,3; kabōd (Majestät/Ehre) 40,5; 42,8; 43,7; 48,11;
  Name 48,1; 50,10
Feste Wendungen: Weg JHWHs 40,3; Zorn JHWHs 51,20; 'äbäd (Knecht) JHWHs
  42,19 (einziges Vorkommen dieser Wendung!) 'abdē JHWHs (Knechte JHWHs)
  54,17; Jünger JHWHs 54,13; die Erlösten JHWHs 51,11; JHWH tröstet 49,13;
  51,3; 52,9
qᵉdosch jisra'el (der Heilige Israels) 41,14.16.20; 43,3.14; 45,11; 47,4; 48,17; 49,7;
  54,5; 55,5

61. **Polemik gegen Götzendienst, wie wir sie bei Tritojesaja in Kap 57 finden, kommt auch bei anderen Propheten vor. Nennen Sie einige Beispiele mit Angabe der Kapitel**

Zu nennen wäre hier u. a. Jer 2; 3; 5; 8; 13 oder Ezechiel 16, im Dodekapropheton Hos 1.

62. **Die Aufzählung sozialer Taten als Beispiel für richtiges Fasten (Fesseln lösen, Versklavte freilassen, Joch zerbrechen, Hungrige speisen, Obdachlose aufnehmen, Nackte kleiden und sich dem Mitmenschen widmen) in Jes 58 hat im NT eine auffallende Entsprechung. Wo?**

In Jesu Gleichnis vom Weltgericht in Matthäus 25,31–46 (Stichwort: »Was ihr für einen meiner geringsten Brüder getan habt, das habt ihr mir getan«, V. 40).

63. **Bei Tritojesaja spielt die Sabbatheiligung eine wichtige Rolle. Wo geht es in nachexilischer Zeit (neben Jes 56 und 58) in ganz zentraler Weise um das Problem der Sabbatheiligung?**

In Neh 13; das Kapitel berichtet von einschneidenden Maßnahmen Nehemias zum Verbot des Handelns am Sabbat.

64. Jes 59,21 spricht von einem neuen Bund, dessen Inhalt die Geistbegabung ist. Wo gibt es Analogien?

In Jes 49,8 und 55,3 wird von einem neuen Bund gesprochen, von der Ausgießung des Geistes in 44; vgl. auch Jes 32,15–20 und Ez 11; 36. Inhalt des neuen
Bundes in Jer 31,31–34 ist die Tora Gottes, die in den Herzen aller Menschen
sein wird. Hier fließen zwei Traditionen zusammen: die Tradition vom neuen
Bund und die Tradition vom Ausgießen des Geistes.

65. Das blutige Bild von der Zertretung Edoms in Jes 63 hat eine Entsprechung im Protojesajabuch. Wo?

Im Edom-Kapitel Jes 34.

66. In Jes 65 taucht das paradiesische Bild vom friedlichen Nebenein-
ander von Wolf und Schaf auf. Erinnern Sie sich an eine Parallelstelle?

Sicherlich erinnern Sie sich an Jes 11.

Traditionen und Motive in Jes 40–55

a) Schöpfungsmotive

1. Die unvergleichliche Macht des Schöpfers — 40,12–14; 50,2; 51,15f.; 55,8 vgl. Ijob 38f.
2. Der Weltschöpfer — 40,21f.; 45,18f.; 48,12f.; 51,12–16
   der den Himmel ausspannt ... — 40,22; 42,5; 44,24; 45,12; 48,13; 51,16 vgl. Ps 104,2f.; Sach 12,1

   der die Erde gründet ... — 45,12; 48,13; 51,16
   der das Meer austrocknet — 50,2
   der Himmel und Erde verändert — 51,6
   der Rahab tötete ... — 51,9 vgl. Ps 74,12–14; 89,10f.; Ijob 26,12f.
   der die Wüste zum Garten macht — 41,17–20; 43,19; 48,21; 55,13
3. Der Menschenschöpfer — 42,5; 45,12
   der Mensch wie ein Tongefäß — 45,9 vgl. Ps 29,16; 64,7; Jer 18,6
   die Vergänglichkeit der Menschen — 40,6–8; 51,12 vgl. Ps 33,9–11; 103,14–17; Jak 1,10f.
   die Nichtigkeit der Völker — 40,15.17

b) Motive zur Einzigartigkeit JHWHs

1. Die Macht des Wortes — 40,8; 44,26; 55,11 vgl. Mt 24,35
2. Er allein hat das Geschehene angesagt, damit seine Macht über andere Götter erwiesen — 41,21–29; 42,8b–9; 43,9; 44,7; 45,19–25; 46,10; 48,3–5.16
3. Er verkündet Jerusalem die neue Botschaft — 41,27; 43,19f.; 48,6b; 52,7 vgl. 60; 63; 65,17
4. Er ist der Erste und der Letzte — 41,4; 44,6; 48,12 vgl. Offb 1,8
5. Gottes Rechtsstreit mit den Göttern — 41,1–4.21–29; 43,8–15; 44,7f.; 48,3–5
6. Die Einzigkeit Gottes — 43,10; 44,8
7. Die Ohnmacht der Götter(bilder) — 40,18–20; 41,6f.; 44,9–20; 46,1–8 vgl. Jer 10,3–5
8. Gottes Ehre/Majestät — 42,8; 43,7; 48,9.11;
9. Die Ohnmacht der Wahrsager/Weisen — 44,25 vgl. Jes 29,14f.; 5,21; Jer 8,8–9; 50,36

c) Zum Handeln Gottes an seinem Volk

1. Gott kommt — 40,5.10; 51,5
   Gott zieht aus wie ein Held — 40,10; 42,13; 45,1–5

2. Für Gott wird ein Weg gebahnt — 40,3f.; 43,19; 49,11 vgl. Jes 11,16; 35,8; 57,14 Mt 3,3
   Hindernisse werden beiseite geräumt — 40,4; 42,16
3. Gott als Führer seines Volkes — 40,10; 42,16; 43,1–7; 48,20; 49,25f.; 51,11–16; 52,3;
   54,7f. vgl. 62,11
4. Gott als Erlöser/Retter — 41,14; 43,3.11f.14; 45,15.21f.; 47,4; 49,7f.26; 51,5
5. Abtragen/abwischen der Schuld — 40,2; 43,25
6. Befreiung ohne Lösegeld — 45,13; 52,3
7. Gott als Hirt, als Tragender — 40,11; 46,3f.; 49,9f. vgl. Dtn 1,31; Jer 23,3; 31,10;
   Ez 34,11–16; Hos 11,3; Ps 23; Ps 71,17f.; Joh 10,11–16
8. Der Auszug als Weg durch die fruchtbare Wüste — 41,17–20; 43,19; 48,21; 49,9–13 vgl. 35,7f.; 52,12
   Die Erde läßt Rettung hervorgehen — 45,8 vgl. Ps 85,12
   Jubel der Schöpfung — 44,23; 49,13; 55,12
9. Kyrus als Werkzeug Gottes — 41,1–4.25; 42,6f.; 43,14; 44,28; 45,1–5 evtl. 45,13; 46,11;
   48,14f.
10. Gottes Handeln in der Vergangenheit
    a) Rettung am Meer durch Weg im Meer — 43,16 vgl. Ex 14
    b) Zug nach Ägypten — 52,4
    c) Exodus — 52,12 vgl. Ex 12,11
    d) Verheißung an Noach — 54,9 vgl. Gen 9,8–17
    e) Verheißung an David — 55,3 vgl. 2 Sam 7,8–16
    f) Abraham der Stammvater — 41,8; 51,2
    g) Jakob (das Volk) von Gott erwählt — 41,8f.19; 43,10; 44,2
11. Die Sammlung der Zerstreuten — 43,5f.; 49,12.18.22; 51,11 vgl. 60,4; 62,10; 66,20;
    Jes 11,11–12; Dtn 30,3; Jer 3,18; 12,15; 16,14f.; 23,3.7f.;
    24,6; 29,14; 50,4; Ez 11,17; 20,34.41f.; 28,25;
    34,12–16; 36,24; 37,15–25
12. Wiederaufbau Jerusalems und der jud. Städte — 44,26; 45,13; 49,16–18; 51,3; 54,11–13 vgl. 60; 62; 66,7f.
    Jer 31,38–40
13. Künftige Mehrung — 48,19; 49,19f.; 54,1–3 vgl. 60,22; Sach 2,2–5; 10,10
14. Befreiung der Gefangenen — 42,7; 51,11.14 vgl. 49,9f.25

183

15. Künftiges Gottesverhältnis	
Ausgießen des Geistes	44,3 vgl. Jes 32,15
Ende der Witwenschaft Jerusalems	54,5 vgl. Hos 2,18–22
Unauflösbare Verpflichtung	55,3 f.
Bund mit den Völkern durch Israel	49,8
Verehrung Gottes durch fremde Völker	45,14.22–24; 55,5 vgl. 60,4–14
16. Künftige Sonderstellung Israels	
Könige als Diener des Volkes Gottes	49,7.23 vgl. 60,10.16
Freiwilliger Anschluß an das Volk Gottes	44,5; 45,14 f.; 55,5; vgl. 14,1; Ps 87,4–7
17. Das Ringen um das Vertrauen des Volkes	
a) Ruf zum Trösten	40,1 ≠ 49,14 f. vgl. 66,13
b) … fürchte dich nicht …	40,9; 41,10.13.14; 43,1.5; 44,2.8; 51,7; 54,4
c) Vertrauen	40,31
d) Jakob unter dem Schutz Gottes	41,8.13 f. vgl. Jer 30,10 f.; 46,27 f.
e) Unverletzlichkeit Israels	43,2
d) Zum Verhalten Israels in Vergangenheit und Gegenwart	
1. Klage Israels über die Gottverlassenheit über das Los der verstoßenen Frau	40,27; 49,14; 50,1; 51,19 vgl. 46,12 50,1; 54,6–8
2. Blindheit und Taubheit Israels	42,18–20; 43,8
3. Die Zerstörung als Folge des Vergehens gegen Gott	42,24 f. vgl. Dtn 28,15.25
4. Israel soll mit Gott vor Gericht	43,26; 45,20 f., vgl. Mi 6,2; Ps 50,4–7
5. Schon Jakob lehnte sich auf …	43,27 vgl. Hos 12,4
6. Israel ist halsstarrig	48,4 vgl. Dtn 31,27
7. Strafe als Läuterung	48,10 vgl. Sach 13,8 f.
8. Gottes Zornbecher	51,17 vgl. Jer 25,15 vgl. Offb 16,19
9. Das Halten der Gebote bewirkt Wohlstand	48,18 f. vgl. Dtn 28,1–14
10. Ablehnung der Berufung auf Opfer	43,22–25; vgl. 58,1–12; Jer 6,20; 7,21–23; 14,12; 1 Sam 15,22; Hos 6,6; 8,11–13; Am 4,4 f.; 5,21–24; Mi 6,6–8; Ps 40,7–9; 50,7–15; 51,18 f.; 69,31 f.; Spr 15,8; 21,27; Koh 4,17
e) Zum Gottesknecht	
Das Ausgehen von Recht und Tora	42,1–4; 49,1–3; 50,4–11; 52,13–53,12 vgl. Mt 12,15–21 42,1–4.6; 51,4
Licht der Völker	42,6; 49,6; 51,4 vgl. Lk 2,32

Deuterojesaja-Zitate im Neuen Testament

Jes 40,3   zitiert Mt 3,3//Mk 1,3//Joh 1,23 (der Täufer als Wegbereiter des Herrn)

Jes 40,3–5   zitiert Lk 3,4–6 (ausführlicheres Zitat zum Täufer als Wegbereiter des Christus)

Jes 40,6–7   zitiert 1 Petr 1,24 (die Sterblichkeit gilt für den Christen nicht mehr)

Jes 40,13   zitiert Röm 11,34 und 1 Kor 2,16 (die Unbegreiflichkeit der Pläne Gottes)

Jes 42,1–4   zitiert Mt 12,18–21 (Jesus, der Gottesknecht, hier als ntl. Interpretation zur Erklärung des Redeverbots an die geheilten Kranken durch Jesus)

Jes 42,18   zitiert Mt 11,5//Lk 7,22 (die Heilszeit: Lahme gehen, Taube hören …)

Jes 45,14   zitiert in Teilen 1 Kor 14,25 (Anbetung Gottes)

Jes 45,21   zitiert Mk 12,32 und Apg 15,18 (die Alleinigkeit Gottes)

Jes 45,23   zitiert Röm 14,11 und Phil 2,10 f. (Anbetung Gottes durch alle)

Jes 49,8   zitiert 2 Kor 6,2 (Zusage von Erhörung und Rettung durch Gott)

Jes 52,11   zitiert 2 Kor 6,17 (Aufforderung zum Auszug: hier aus der Gemeinschaft mit den Ungläubigen)

Jes 52,5   zitiert in der vom MT abweichenden LXX-Fassung Röm 2,24 (Lästerung des Gottesnamens unter den Heiden um euretwillen)

Jes 52,7   zitiert Röm 10,15 (die lieblichen Füße der Freudenboten)

Jes 53,1   zitiert Joh 12,38 und Röm 10,16 (Wer glaubt die Botschaft?)

Jes 53,4   zitiert Mt 8,17 (das Tragen von Leid und Krankheit zeigt sich in den Heilungswundern Jesu!) und 1 Petr 2,24 (das Tragen von Leid und Krankheit zeigt sich im Kreuz Christi!)

Jes 53,6   zitiert 1 Petr 2,25 (verirrte Schafe)

Jes 53,7 f.   zitiert Apg 8,32 f. (das leidende, stumme Schaf gedeutet auf die Passion Christi)

Jes 53,9   zitiert 1 Petr 2,22 (keine Sünde und Lüge im Munde des Christus) und Offb 14,5 (keine Sünde und Lüge im Munde des Gefolges des Lammes)

54,1   zitiert Gal 4,27 (der Jubel der Unfruchtbaren)

Jes 54,13   zitiert Joh 6,45 (alle werden Gottes Schüler sein)

Jes 55,3   zitiert Apg 13,34 (die David zugesagten Heilsgaben)

Daneben gibt es eine Fülle möglicher (indirekter) Anspielungen auf Dtjes.; s. Nestle-Aland, Novum Testamentum Graece, hrsg. von K. Aland, M. Black, C. M. Martini, B. M. Metzger, A. Wikgren, [26]1979, S. 760 f.

Jeremia (627–585)

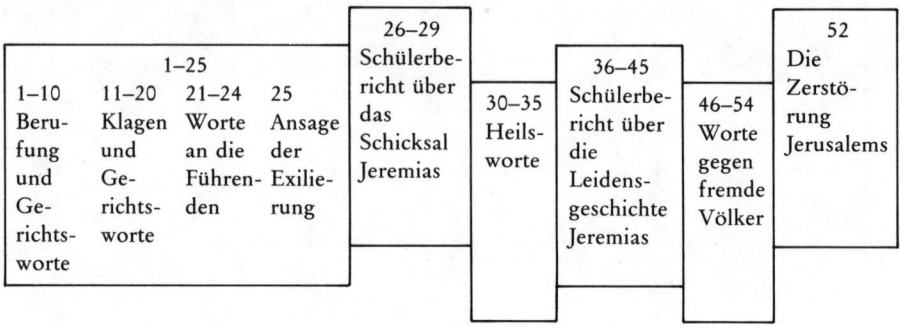

Jeremia wirkte in der Zeit von 627 bis 585. Schon zu seinen Lebzeiten wurden seine Worte von seinem Freund und Schüler Baruch gesammelt (Kap. 36). Die Sammlung wurde mehrfach ergänzt und wahrscheinlich schon in früher Exilszeit nach dem Schema

| Gericht für das eigene Volk | | Heil | | Gericht für fremde Völker |

geordnet, das sich in verschiedenen Prophetenbüchern wiederfindet.

1. Bestimmen Sie den Aufbau des Buches Jeremia

1–25: Worte an Israel und Juda
1–10: Berufung und Gerichtsworte
1,1–19: Berufung; Sendung zur Verkündigung
Auserwählung schon im Mutterleib; Einwand; Macht über die Völker; Mandelbaum-Vision = Gott wacht; Kesselvision = Unheil aus dem Norden, das Jerusalem bedroht.
2,1–37: Israels Abfall
a) Die Wüstenzeit als Zeit der Liebe und Treue;
b) Trotz Exodushandeln und Bewahrung in der Wüste Abfall zu anderen Göttern. »Hat je ein Volk seine Götter gewechselt? Dabei sind es gar keine Götter!« (V. 11);
c) Die jetzige Zerstörung ist Strafe für den Abfall;
d) Israels Hurerei – wie eine brünstige Kamelstute;
e) Die Perversion: Sie sagen zum Baum »Vater«, zum Stein »Mutter«;
f) Mein Volk hat mich vergessen;
g) Die Jagd nach Liebschaften erzeugt Verbrechen.

3,1–4,2: Israels Abtrünnigkeit und Chance zur Umkehr
a) Israel, die vielfache Ehebrecherin;
b) Die treulosen Schwestern: Trotz des Scheidebriefs Gottes an Israel lernt Juda nichts;
c) Ruf zur Umkehr an Israel;
d) Heimkehr der verstreuten Israeliten nach Jerusalem;
e) Bußgebet der Israeliten mit Absage an Baal;
f) Neue Hinwendung Gottes zu Israel.
4,3–31: Judas Chance zur Umkehr und seine Abtrünnigkeit
a) Beschneidung der Herzen;
b) Drohendes Kriegsgeschrei gegen Jerusalem;
c) Der Feind im Anmarsch – Folge des Abfalls;
d) *Klage* über die Verwüstung des Landes und der Aufschrei des sich schön machenden, seine Lage falsch einschätzenden Jerusalem.
5,1–31: Die falsche Sicherheit der Führenden ist das Verderben für Juda
a) Nirgendwo gibt es einen, der Recht übt;
b) Jeder wiehert nach der Frau seines Nächsten …;
c) Leugnung der Sicheren: es wird kein Unheil kommen …
   Antwort: Feind aus dem Norden – keine völlige Vernichtung;
d) Das Verlassen Gottes ist die Ursache der Strafe;
e) Sie fürchten den Meeresbezwinger nicht und verlassen den Segensbewahrer der Natur;
f) Störung dieser Ordnung durch Frevel: Ihre Häuser sind voll Betrug;
g) Propheten und Priester lügen.
6,1–30: Die fruchtlose Nachlese: Gewalttat herrscht in Juda
a) Jerusalem wird belagert;
b) Fruchtlose Nachlese; die Folge: Ausschütten des Grimms Gottes auf alle;
c) Das falsche Friedensgeschrei (»Schalom, schalom, und es ist kein schalom« V. 14);
d) Ankündigung des Untergangs; Ablehnung der Opfer;
e) Der Feind aus dem Norden;
f) Eine Läuterung ist nicht möglich.
7,1–15: *Tempelrede*
Aufforderung zur Umkehr; Angesichts des Unrechts ist die Berufung auf den Tempel obsolet; Ankündigung der Zerstörung des Tempels analog Schilo.
7,16–34: Gottesdienst bedeutet Gehorsam
Verbot der Fürbitte durch den Propheten angesichts der Fremdgötterverehrung; Ablehnung der Opfer schon in der Wüstenzeit; Anklage gegen Götzendienst und das Hinnomtal (Tofet) = Mordtal (Kinderopfer).
8,1–23: Die Strafe ist unvermeidbar
a) Schändung der Königsgräber;

b) Keine Reue oder Buße in Jerusalem;
c) Das Gesetz wird verfälscht (»Schalom, schalom, und es ist kein schalom« V. 11), darum der Untergang aller;
d) Der Feind ist schon in Dan;
e) *Klage Jeremias:* Ist denn kein Arzt mehr da? (18–22).

9,1–25: Totenklagen
a) Der Betrug in Juda kann nur durch Vergeltung geahndet werden;
b) Totenklage über die Verwüstung;
c) Ruft die Klagefrauen! ... »Der Tod ist durch unsre Fenster gestiegen ...« (V. 20);
d) Die Beschneidung des Herzens.

10,1–16: Polemik gegen Götzenbilder: Sie sind wie Vogelscheuchen; nur Holz; Werk von Menschen

10,17–22: Ansage der Vertreibung und Klage Jerusalems

10,23–25: Gebet Jeremias um die Begrenzung des Zorns und sein Ausgießen auf die Feinde

11–20: Klagen und Gerichtsworte

11,1–17: Mahnung zum Halten des Bundes und Androhung der Verwirklichung der angesagten Strafen; Erinnerung an die Mahnung zum Halten der Gebote, die an die Exodus-Generation erging; Ankündigung des Nicht-mehr-Hörens; Verbot der Fürbitte Jeremias; Hauptschuld: Baalsdienst

11,18–23: Anschlag der Männer von Anatot gegen Jeremia

12,1–17: *Klage Jeremias und Gottes Antwort*
Problem des Erfolges der Gottlosen und der Verhöhnung seiner Ankündigung.
Orakel: »Wenn schon der Wettlauf mit Fußgängern dich ermüdet, wie willst du mit Pferden um die Wette laufen?« (V. 5).
Klage Gottes über sein Land und Ankündigung einer neuen Zukunft Judas.

13,1–11: Der verdorbene Gürtel
Der versteckte und dann verdorbene Leinengürtel als Symbol der verrotteten Pracht Judas.

13,12–14: Das Zerschmettern von Weinkrügen

13,15–19: Eindringliche Warnung vor Überheblichkeit und das Wort an den König: Setz dich in den Dreck ...

13,20–27: Jerusalem wird die Schleppe hochgehoben, d.h. vergewaltigt (»Ändert wohl ein Neger seine Hautfarbe ...?«, V. 23)

14,1–15,4: Klageliturgie angesichts von Hunger und Schwert
Selbst wenn Mose und Samuel bäten, würde sich mein Herz diesem Volk nicht mehr zuneigen.

15,5–9: Begründung Gottes für das Ende Jerusalems

15,10–21: *Klage Jeremias mit Antwort Gottes*
Selbstverfluchung; Gott bestätigt die Vernichtung Judas;
Klage Jeremias über seine Einsamkeit; Gott macht ihn zur Mauer.
16,1–18: Aufträge Gottes an Jeremia
   a) Verbot der Heirat – Zeichen für die Vernichtung auch der Kinder;
   b) Verbot der Teilnahme an Trauerfeiern – Zeichen für die Unmöglichkeit
      der Trauer bei der Zerstörung des Staates;
   c) Verbot der Teilnahme an Freudenfesten – Zeichen für das Ende allen Ju-
      belns.
Die Frage nach der Schuld des Volkes – Die Antwort: das Nachlaufen hinter
fremden Göttern.
16,19–21: Die Zukunft: Neuer Exodus, Bekehrung der Völker
17,1–27: Verschiedene Worte:
   a) Unauslöschlich ist die Schuld geschrieben: Götzendienst; Kulthöhen;
   b) Verfluchung des, der sich auf Menschen, Segnung des, der sich auf Gott
      verläßt;
   c) *Klage Jeremias* (14–18): Wann kommt endlich das Angesagte?
   d) Einschärfung des Sabbatgebotes.
18,1–17: *Das Töpfergleichnis*
Das Unerhörte ist geschehen: Mein Volk hat mich vergessen.
18,18–23: *Klage Jeremias*
Anschlag seiner Gegner auf seine Glaubwürdigkeit. Feindbitte (Rache).
19,1–15: *Demonstration im Hinnomtal: Das Zerschmettern des Kruges*
Symbol für die Zerschlagung des Volkes und der Stadt angesichts der Frevel
im Hinnomtal.
20,1–6: *Mißhandlung Jeremias durch Paschhur*
Jeremia wird in den Block gelegt. Unheilsansage gegen Paschhur = Schrek-
ken, Deportation.
20,7–18: *Klage Jeremias*
»Du hast mich betört ...«; Verfluchung des Tages der Geburt.

21–24: Worte an die Führenden
21,1–10: Anfrage Zidkijas bei Jeremia; Ankündigung des Sieges Nebukadnezzars; Bleiben in der Stadt = sicherer Tod; Kapitulation vor Babylon = Leben
21,11–22,29: Worte gegen Könige
   a) 21,11–14: An das Haus Davids (Ankündigung der Zerstörung der Palä-
      ste);
   b) 22,1–9: An das Königshaus (Recht für die Schwachen);
   c) 22,10–12: An Schallum (=Joahas) (Tod im Exil);
   d) 22,13–19: An Jojakim (Wegen Prunkbauten trotz der Not im Volk –
      Eselsbegräbnis);

189

e) 20–23: An Jerusalem (Klagegeschrei kurz vor dem Ende);
f) 24–30: An Jojachin (Tod im Exil in Babylon).
23,1–8: Verheißung eines gerechten Davididen
23,9–40: Worte gegen Propheten
  a) Selbst im Tempel treiben sie Frevel;
  b) Die Propheten Jerusalems sind schlimmer als die Baalspropheten Samarias;
  c) Sie lügen: Kein Unheil kommt über euch; der nahe und der ferne Gott;
  d) Ihre falschen Träume: »Ist nicht mein Wort wie Feuer ... und wie ein Hammer, der Felsen zerschmettert?« (V. 29);
  e) Die »Last« des Herrn: Ich werfe euch fort wie eine Last.
24,1–10: *Die Vision von den Feigenkörben*
Gute Feigen = die Verbannten der 1. Deportation (597) kehren zurück; schlechte Feigen = die Gruppe um Zidkija wird ausgerottet.

25,1–14: *Ansage der Exilierung*
Schon 23 Jahre lang redet Jeremia; jetzt kommen die Völker aus dem Norden;
70 Jahre Exil, danach Zerstörung Babels;
Der Taumelbecher: erst trinkt ihn Jerusalem, dann die anderen Völker (V. 15–29);
Das große Schlachten (V. 30–38).

26–29: *Schülerbericht über das Schicksal Jeremias*
26,1–19: Jeremias Tempelrede
Ankündigung der Zerstörung des Tempels; Verhaftung und Gerichtsverhandlung; Jeremia ruft zur Umkehr auf; Erinnerung an Micha von Moreschet. Jeremia wird freigesprochen.
26,20–24: Das Schicksal des Unheilspropheten Urija: von Agenten Jojakims ermordet
27,1–22: Demonstration Jeremias: das Joch
Hölzernes Joch als Symbol zur Unterwerfung unter Babylons Herrschaft: Beugt euch unter Babels Joch! Tut ihr es nicht, droht die Zerstörung Jerusalems und die Wegführung der Tempelschätze.
28,1–17: Jeremia und Hananja: Prophet gegen Prophet
Hananja kündigt den Zusammenbruch Babels und die Rückkehr der Deportierten mit Jojachin an; Jeremia bestreitet die Legitimation von Heilspropheten; Hananja zerbricht das Joch; Wort an Hananja: Joch aus Eisen. Tod Hananjas.
29,1–23: Brief an die Exilierten in Babylon
Einrichten auf eine lange Exilszeit: Sucht das Beste des Landes ... noch

70 Jahre Exil. Wort gegen die Propheten Ahab und Zidkija wegen Ehebruch und Lügen im Namen Jeremias.

29,24-32: Schemajas Brief an den Priester Zefanja mit Beschwerden über Jeremia; Unheilsansage gegen Schemaja

30–35: Heilsworte
30,1–31,1: Neues Heil
Ankündigung des Zerbrechens des Jochs und eines neuen Davididen; Vernichtung der Feinde Jerusalems; Wiederaufbau, Lobgesang und Freude. »Ihr werdet mein Volk sein und ich werde euer Gott sein« (V. 22).

31,2–40: *Neuer Bund*
a) 2–22: Rückkehr der Verschleppten aus dem Nordreich (Rahels Kinder);
b) 23–30: Wende des Schicksals Judas;
c) 31–34: Neuer Bund mit Israel und Juda (das Gesetz im Herzen V. 33);
d) 35–37: Dauernder Bestand des Gottesvolkes;
e) 38–40: Wiederaufbau der Stadtmauer Jerusalems.

32,1–44: *Ackerkauf in Anatot*
32,1–15: Während der Belagerung Jerusalems kauft Jeremia, der gefangen ist, einen Acker in Anatot. Baruch legt den Kaufvertrag in einen Tonkrug. Das Symbol: Man wird einst wieder Land kaufen.

32,16–44: Klage Jeremias mit Rückblick auf die Geschichte. Antwort Gottes: a) Begründung der Bestrafung Judas (Abkehr von Gott); b) Ankündigung erneuter Sammlung und Neuanfang.

33,1–26: Verheißungen (Zion und David):
a) Jerusalem wird zwar zerstört, aber wiederhergestellt; Jubel wird wieder sein;
b) Ein neuer Davidide (Aufnahme der Natanverheißung).

34,1–7: Wort an Zidkija: Zidkija wird zwar gefangen werden, bleibt aber am Leben

34,8–22: Bruch des Versprechens der Sklavenfreilassung
Im belagerten Jerusalem wird den Sklaven die Freilassung versprochen, das Versprechen aber gebrochen. Dafür kündet Jeremia eine »Freilassung« an: nämlich die des Schwertes.

35,1–19: Die Rechabiter
Sie trinken keinen Wein, leben in Zelten, bauen kein Land (= nomadische Existenz); ihre Treue zu den Befehlen ihres Ahnherrn als Vorbild für die Treue Judas gegen Gott; Verheißung an die Rechabiter, immer Nachkommen zu haben.

36–45: Schülerbericht über die Leidensgeschichte Jeremias
36,1–32: Jojakim und die Buchrolle
Baruch schreibt im Auftrag Jeremias eine Wort-Rolle. Baruch liest die Worte Jeremias im Tempelhof vor. Die Minister erschrecken. Jojakim läßt sich die

Worte vorlesen und verbrennt die Rolle Spalte für Spalte. Baruch schreibt eine neue Rolle. Unheilsansage gegen Jojakim.

37,1–21: Jeremias Verhaftung unter Zidkija
Ein ägyptisches Heer führt zu kurzfristigem Abzug der Babylonier von Jerusalem. Jeremia warnt Zidkija vor dem Irrglauben, der Abzug sei endgültig. Beim Verlassen der Stadt wird Jeremia als Überläufer verhaftet; Jeremia im Zisternenkeller. Heimliches Treffen Zidkija-Jeremia: Ankündigung der Verhaftung des Königs; Hafterleichterung.

38,1–28: Jeremia in der Zisterne und seine Rettung
Wegen des Vorwurfs, durch seine Unheilsansagen die Kampfkraft der Soldaten zu mindern, wird Jeremia in die schlammige Zisterne geworfen. Der Äthiopier Ebed-Melech befreit ihn. Heimliches Treffen Zidkija-Jeremia: Kapitulation vor Babel bedeutet Rettung, sonst droht Zerstörung; Angst des Königs.

39,1–10: Der Untergang Jerusalems durch Nebukadnezzars Sieg

39,11–14: Jeremias Befreiung durch den babylonischen Kommandanten

39,15–18: Die Verheißung der Rettung an Ebed-Melech

40,1–16: Jeremias Freilassung und Gedalja
Nebusaradan gibt Jeremia die Freiheit; empfiehlt ihm aber, bei Gedalja zu bleiben. Gedalja wird babylonischer Statthalter über die Armen, die nicht deportiert werden. Widerstand gegen Gedalja; dieser schenkt Attentatsgerüchten keinen Glauben.

41,1–18: Ermordung Gedaljas und Flucht nach Ägypten
Jischmael ermordet Gedalja und läßt Wallfahrer aus Israel umbringen. Er selbst wird von Anhängern Gedaljas verfolgt und flieht. Aus Furcht vor den Babyloniern flieht der Rest des Volkes Richtung Ägypten und macht bei Betlehem Halt.

42,1–22: Warnung vor der Auswanderung nach Ägypten
Jeremia wird um einen Gottesentscheid gebeten. Die Antwort lautet: Wenn ihr im Land bleibt, wird es euch gut gehen. Wenn ihr nach Ägypten flieht, wird euch dort der Krieg einholen.

43,1–7: Johanan, der Anführer, lehnt Jeremias Rat ab; Jeremia und Baruch werden gezwungen, mit nach Ägypten auszuwandern.

43,8–13: Unheilsansage gegen Ägypten: Nebukadnezzar wird auch Ägypten erobern

44,1–30: Warnung vor Götzendienst in Ägypten
Habt ihr nichts gelernt aus dem Schicksal Judas/Jerusalems? Ankündigung des Todes auch der nach Ägypten Geflohenen.
Reaktion der Leute: Weitere Opfer für die Himmelskönigin, da sie (angeblich) beschützt. Jeremia kündigt Nebukadnezzars Sieg an.

45,1–5: Trostwort an Baruch: »Dir aber gebe ich dein Leben wie ein Beutestück überall, wohin du auch gehst« (V. 5).

46–51: Worte gegen fremde Völker

46,1: Einleitung

46,2–26: *Ägypten*

Niederlage gegen Babel.

46,27 f.: Verheißung der Rettung und Heimkehr Israels

47,1–7: *Philister*

Die Philisterstädte werden verwüstet.

48,1–47: *Moab*

Klage über Moabs Zerstörung: »Ungestört war Moab von Jugend an, ruhig lag es auf seiner Hefe« (V. 11).

Ich-Klage angesichts der Zerstörung Moabs und seiner Weinbaukultur; Betroffenheit, keine Schadenfreude.

49,1–39: *Ammon; Edom; Damaskus; Kedar; Elam*

1–6: Ankündigung der Zerstörung von Rabbat-Ammon;

7–22: Totale Verwüstung Edoms;

23–27: Damaskus wird kampflos preisgegeben;

28–33: Erbeutung der Herden Kedars durch Nebukadnezzar;

34–39: Elams Bogen(schützen) werden zerbrochen.

50,1–51,64: *Babel*

Babylon ist durch ein Volk aus dem Norden gefallen; dadurch wird die Heimkehr der Exilierten möglich; Bestrafung für die Zerstörung des Zion; der König von Babel ist mutlos. Dies alles ist Gottes Tat. Babel war ein goldener Becher, der die ganze Erde berauschte, jetzt zerbricht er. Der Mederkönig ist Gottes Werkzeug. Schilderung von Krieg und Klage. Zuspruch für Israel. Ende des Gottes Bel und der gewaltigen Mauer Babels.

Auftrag Jeremias an Seraja: Die Rolle mit den Worten gegen Babel soll im Eufrat versenkt werden als Zeichen für die Vernichtung Babels.

52,1–34: Die Zerstörung Jerusalems (587 v.Chr.), die Wegführung in die Verbannung und schließlich die Begnadigung Jojachins ≙ 2 Kön 24,18–25,30

2. **Das Jeremiabuch selbst gibt uns einen recht guten Einblick in das Leben des Propheten und in die verschiedenen Perioden seiner Wirksamkeit und seiner Verkündigung. Verschaffen Sie sich hierüber einen allgemeinen Überblick, d. h., verbinden Sie die Wirkungsperioden mit entsprechenden Texten**

I. 627–609: 2,4–4,2 (ohne 3,6–18): Beachten Sie, daß sich Jeremia hier mit seiner Unheils- und Heilsprophetie an die Bewohner des ehemaligen Nordreiches wendet.

II. 609–605: 4,3–6,30: Es handelt sich um eine Sammlung von Unheilsworten gegen Juda, die wahrscheinlich bis zur Aufzeichnung der Urrolle (36,2.32) reicht.

III. 605–597: 7–20; 22; 25f.; 35f. unter Jojakim und Jojachin bis zur ersten Deportation der judäischen und Jerusalemer Bevölkerung.

IV. 597–587: 21; 27–29; 32; 34; 37–39 unter Zidkija bis zur Zerstörung Jerusalems und der zweiten, durchgreifenden Deportation.

V. 587–585: 40–44 unter dem babylonischen Statthalter Gedalja und in Ägypten.

Problemanzeige: Nicht berücksichtigt ist hierbei die deuteronomistische Redaktion des Jeremiabuches, deren Behandlung zu den Einleitungsfragen gehört. Die Untergliederung der Wirkungsperioden I und II geht auf die Untersuchung von R. Albertz zurück.

Literatur: R. Albertz: Jer 2–6 und die Frühzeitverkündigung Jeremias, in: ZAW 94, 1982, S.20–47. – *W. Thiel:* Die deuteronomistische Redaktion von Jeremia 1–25, WMANT 41, 1973. – *Ders.:* Die deuteronomistische Redaktion von Jeremia 26–45, WMANT 52, 1981.

---

3. Die Auserwählung Jeremias schon im Mutterleib (1,5) hat eine Entsprechung bei Deuterojesaja. Wissen Sie, welche?

Es handelt sich um Jes 49,1. Auch der Apostel Paulus rekurriert im Zusammenhang seiner Berufung zum Apostel in Gal 1,15 auf diese Tradition.

4. Gegen seine Berufung erhebt Jeremia einen Einwand. Um welchen handelt es sich? Kennen Sie weitere Einwände anderer bei deren Berufung?

• In 1,6 wendet Jeremia ein, daß er noch zu jung sei.
•• *Mose:* In Ex 4 wendet er ein, daß die Israeliten ihm nicht glauben, daß sie an der Tatsache der göttlichen Offenbarung zweifeln, daß er nicht reden könne; ja, er lehnt die Berufung sogar ganz ab.
•• *Gideon:* In Ri 6 sagt er, daß seine Sippe die kleinste sei.
•• *Jesaja:* In Jes 6 wendet Jesaja ein, daß er unrein sei.

5. Beachten Sie, daß bereits im Zusammenhang der Berufung Jeremias der Untergang Jerusalems angekündigt wird. Mit der Schilderung dieses Untergangs schließt das Jeremiabuch in Kapitel 52. Es

enthält aber einen weiteren Text, der die Zerstörung Jerusalems behandelt. Benennen Sie diesen bitte. Welche nichtprophetischen Texte gehören in diesen Zusammenhang? Welchem anderen Propheten steht Jeremia hier nahe?

● Es handelt sich um Jer 39,1–10.
●● 2 Kön 25,8–26; 2 Chr 36,17–21.
●●● Dem Propheten Ezechiel. Die Zerstörung Jerusalems wird in Ez 24,15–27; 33,21 f. behandelt.

6. Jer 1,11–14 enthält zwei Wortassonanzvisionen. Verdeutlichen Sie sich, was man darunter versteht, und geben Sie ein weiteres Beispiel an

Die Wortassonanzvisionen selbst sind eigentlich nur am hebräischen Text einsichtig zu machen. In Jer 1,11 f. sind der *Mandelbaum* (schoked) und *ich wache* (schoked) gleichklingend, während in Jer 1,13 f. das tertium comparationis *Norden* ist. Eine weitere Wortassonanzvision finden Sie in Am 8,1–3. Dem *Korb* (kaiz) entspricht das *Ende* (kez). Nicht auf der Assonanz der Worte liegt dagegen die entscheidende Aussage der Vision bei Jer 24,1–10; Am 7,7–9; Sach 5,1–4.

7. Stellen Sie die Texte zusammen, die vom *Feind aus dem Norden* handeln

In Frage 6 ist bereits Jer 1,13 f. angesprochen worden, hinzu kommen Jer 4,5–29; 5,15–17; 6,1–8.22–26; 10,22; 13,20. Um welchen Feind aus dem Norden es sich dabei konkret handelt, ist in der Forschung heftig umstritten gewesen. Mit der von Albertz vorgenommenen zeitlichen Ansetzung der Frühzeitverkündigung Jeremias gehören die meisten Texte in die zweite Verkündigungsperiode zwischen 609 und 605 und verweisen damit auf den zu dieser Zeit evidenten Aufstieg des neubabylonischen Reiches.

8. Jer 2 spricht von der Treue Israels gegenüber Gott in der Wüste. Welcher Prophet argumentiert auch auf diese Weise? Wie stellen die Bücher Exodus bis Numeri die Wüstenzeit dar?

● Es handelt sich hier um Hosea; vgl. Sie vor allem Hos 2.
●● Im Pentateuch wird die Wüstenzeit dagegen als Zeit des Abfalls, aber auch der ständigen Fürsorge Gottes gesehen.

9. In Jer 2f. wird das Tun Israels als Hurerei bezeichnet. Bei welchen beiden Propheten kommt dieses Motiv ebenfalls zentral vor, und nennen Sie in Auswahl einige Textbeispiele

Bei Hosea und Ezechiel; für Hosea können Sie auf Hos 1–3; 4,11–19; (11,1–11), für Ezechiel auf Ez 16; 20; 23 verweisen.

10. In Jer 3,16f. wird in negativer Weise auf die Lade Bezug genommen: Man denkt nicht mehr an sie, vermißt sie nicht und stellt auch keine neue mehr her. Nennen Sie die zentralen Texte, in denen die Lade (positiv) vorkommt

Es ist die sogenannte Ladegeschichte 1Sam 4–6; 2Sam 6 sowie 1 Kön 8,1–13.

11. In Jer 3,17 taucht die Tradition von Jerusalem/Zion als Thron Gottes auf, zu dem die Völker kommen. Sicher kennen Sie hierzu eine sehr bekannte Textstelle, die im AT doppelt überliefert ist

Richtig, es handelt sich um Jes 2,2–4; Mi 4,1–4.

12. In Jer 4,4 heißt es: »Beschneidet euch für den Herrn, und entfernt die Vorhaut eures Herzens ...« Stellen Sie die Texte zusammen, in denen dieses Motiv eine wichtige Rolle spielt

Vergleichen Sie hierzu Dtn 10,16; 30,6; Jer 9,25, aber auch Röm 2,29. Paulus bietet insofern eine Zuspitzung dieser Aussage, als die Prävalenz der Beschneidung des Herzens gegenüber der Beschneidung der Vorhaut fast antithetisch expliziert wird.

13. In der Tempelrede erinnert Jeremia in 7,12–14 an die Zerstörung des Tempels in Schilo. Welche Stelle aus den Geschichtsbüchern kann hierfür als Grundlage dienen?

In 1Sam 4,3 wird Schilo zwar erwähnt, nicht aber die Zerstörung eines dortigen Tempels. Ps 78,60 ist nicht zur historischen Verifikation heranzuziehen.

14. Eine der zentralen Aussagen von Jer 7 ist die Ablehnung der Opfer. Nicht sie, sondern der Gehorsam wird als Erfüllung des eigentlichen Gotteswillens verstanden. Diese Argumentation findet sich im AT häufig. Stellen Sie hierfür beispielartig einige Texte zusammen

1 Sam 15,22; Jes 1,10–17; 43,22; 58,1–12; Jer 6,20; 14,12; Hos 5; 6; 8; Am 4; 5; Mi 6; Ps 40; 50; 51.

15. Im gleichen Zusammenhang stellt Jer 7 die Wüstenzeit als opferlose Zeit dar. Entspricht dies dem Pentateuch?

Das kann man nicht sagen. Nach dem Pentateuch geschah das erste Opfer am Sinai (Lev 9).

16. Die Polemik gegen Götzen und Götzenbilder ist im AT sehr häufig zu finden. In seiner Intensität erinnert Jer 10 jedoch an einen anderen Propheten, der in gleichermaßen eindringlicher Weise gemahnt hat.

Deuterojesaja steht in der Folge dieser Götzenpolemik; vgl. Sie z.B. Jes 44.

17. Gott verbietet Jeremia die Fürbitte für sein Volk. Diese wohl zu den gravierendsten Infragestellungen seines prophetischen Seins und Handelns gehörende Maßnahme kommt insgesamt dreimal im Jeremiabuch vor und erhält dadurch eine besondere Wertigkeit. Geben Sie bitte die drei Stellen an

Jer 7,16; 11,14; 14,11.

18. In Jer 11 ist die Gerichtsankündigung zum Fluch gesteigert: »Du sollst ihnen sagen: So spricht der Herr, der Gott Israels: Verflucht der Mensch, der nicht hört auf die Worte dieses Bundes ...« (V. 3). An welche Stelle im Pentateuch erinnert dies?

Dies erinnert an Dtn 27, wo Mose einigen Stämmen befiehlt, sich auf dem Berg Ebal aufzustellen, um den Fluch zu sprechen. In V. 26 heißt es dann zum Abschluß: »Verflucht, wer nicht die Worte dieser Weisung stützt, indem er sie hält. Und das ganze Volk soll rufen: Amen.«

19. Stellen Sie die Klagen (früher sagte man: Konfessionen) Jeremias zusammen

Jer 11; 12; 15; 18; 20 – genauer: Jer 11,18–20; 12,1–6; 15,10 f. 15–21; 17,14–18; 18,18–23; 20,7–18.

20. Das Motiv der betrunkenen Führer in Jer 13,13 hat eine Analogie, die Ihnen vielleicht schon aufgefallen ist. Wissen Sie noch wo?

Sie finden Sie in Jes 28,7–15.

21. Jer 17 enthält eine Spruchsammlung der Struktur: verflucht – gesegnet. Der Segen verweist auf den, der sein Vertrauen auf Gott setzt und der dann wie ein am Wasser gepflanzter Baum gedeiht. Woher kennen Sie dieses Bild, das hier in V. 8 vorkommt?

Sie kennen es aus Psalm 1,3.

22. Die Texte, die die Bedeutung des Sabbats behandeln, finden Sie in der Tabelle auf Seite 77. Auch außerhalb der Tora finden sich zumeist nachexilische Texte, in denen es um die Beachtung des Sabbats geht. Hierzu gehört Jer 17,19–27. Benennen Sie bitte weitere Stellen

Jes 56,1–8; 58,13 f.; Ez 20,12–21; Am 8,5; Neh 10,32; 13,15–22. Durchgängig ist das Problem der Arbeit, vor allem des Handels am Sabbat. Die Mischna konkretisiert später 39 Hauptarbeiten, die der Tradition nach bereits durch Ex 31,15; 35,2 am Sabbat untersagt waren (Mischna Šabbat VII,2).

23. In Jer 20,7–18 verflucht Jeremia den Tag seiner Geburt. »Verflucht der Tag, an dem ich geboren wurde, der Tag, an dem meine Mutter mich gebar, sei nicht gesegnet« (V. 14). Dieses Motiv klingt an Jer 15,10 an, es kommt aber auch in einem anderen atl. Buch in dem gleichen unmittelbaren, existentiell betroffenen Aufschrei vor. Wissen Sie, wo?

Im Buch Ijob, in 3,1–12. Auch dort verflucht Ijob den Tag seiner Geburt.

24. In Jer 23,1–8 wird ein gerechter Davidide angesagt. Wo kommt dieses Motiv noch vor?

Am bekanntesten dürfte wohl der Text Jes 9,1–6 sein – und zwar nicht allein durch die Weihnachtsliturgie. Zu nennen sind aber weiterhin Jer 33,15 f.; Ez 34,23 f.; 37,24 f.; Mi 5,1–4; Sach 3,8; 6,12 f.

25. Die Umwandlung des alten Exodusbekenntnisses »So wahr JHWH lebt, der uns aus Ägypten heraufgeführt hat« in das neue Bekenntnis »So wahr JHWH lebt, der uns aus dem Land des Nordens und aus allen Ländern, in die er uns verstoßen hatte, heraufgeführt hat« kommt zweimal im Jeremiabuch vor. Benennen Sie bitte die beiden Stellen

Es handelt sich um Jer 16,14 f. und um Jer 23,7 f.

26. Diese Frage ist wegen ihrer Wichtigkeit als Rekapitulation gedacht: Jer 26 schildert eine Tempelrede Jeremias. In welchem anderen Kapitel ist dies ebenfalls der Fall?

In Jer 7, genauer in Jer 7,1–15.

27. In Jer 26,17–19 erinnern einige der Ältesten des Landes an den Propheten Micha von Moreschet. Dieser habe die Zerstörung des Tempels angekündigt. Stimmt das?

Ja, das stimmt. Mi 3,12 aβ.b stimmt nach textkritischer Korrektur wörtlich mit Jer 26,18 bα²β überein. (*Aber auch die Beibehaltung des aramaisierenden Plurals in Mi 3,12 ändert an der Gesamtparallele nichts.*)

28. Jer 26,20–24 gibt uns schlaglichtartig einen Einblick in die politischen Verhältnisse und Machtkonstellationen zur Zeit Jeremias. Worin unterscheidet sich der Prophet Urija vom Propheten Jeremia? Welcher andere Text ist für diesen Zusammenhang ebenfalls heranzuziehen?

Beide sprachen in prophetischer Vollmacht Unheilsansagen gegen Jerusalem und Juda, die für das despotisch strukturierte Herrschaftsgefüge des Königs Jojakim politischen Zündstoff enthielten. Beide hatten Sympathisanten in höfischen Kreisen, die Urija von den Plänen unterrichteten, was zur Flucht nach Ägypten führte. Im Unterschied zu Jeremia wird aber Urija von Agenten entführt und ermordet. Für Jeremia ist hierzu Jer 36 heranzuziehen. Sie sollten sich die probabylonische Fraktion, zu der Jeremia zu rechnen ist, verdeutlichen und Jer 39,11–14; 40f. berücksichtigen.

> *Literatur: J. Kegler:* Prophetisches Reden und politische Praxis Jeremias. Beobachtungen zu Jer 26 und 36, in: *W. Schottroff/W. Stegemann (Hrsg.):* Der Gott der kleinen Leute. Sozialgeschichtliche Bibelauslegungen, Band 1: Altes Testament, 1979, S. 67–79.

29. Jer 28, die Auseinandersetzung zwischen Jeremia und Hananja, ist einer der zentralen Texte des AT zur Frage nach wahrer und falscher Prophetie. Bibelkundliche Aufgabe ist es, die Texte zusammenzustellen, die diese Frage behandeln und mögliche Kriterien liefern. Ihre Interpretation gehört zur atl. Theologie. Die Literaturangabe möge als Hinweis verstanden werden:

● Ein mit Jer 28 vergleichbarer Vorgang wird in 1 Kön 22,1–28 erzählt: etwa 400 Heilspropheten sagen Ahab einen günstigen Ausgang des Krieges voraus, während Micha ben Jimla das Unheil ankündigt.
●● Die zwei großen zusammenhängenden Abschnitte über falsche Propheten finden Sie in Jer 23,9–32 und Ez 13 (vgl. Ez 14,9).
●●● Zwei Kriterien sind besonders zu erwähnen: Falsche Propheten werden an der Nichterfüllung ihrer Worte erkannt (vgl. hierzu auch Dtn 18,21f.; Jer 4,10), und sie sind als Heilspropheten käuflich (»Haben sie etwas zu beißen, dann rufen sie: Friede!« Mi 3,5 – vgl. insgesamt Mi 3,5–8).

> *Literatur: G. Münderlein:* Kriterien wahrer und falscher Prophetie, EHS.T 33, 1974 (dort weitere Literatur).

30. Jer 31,38–40 spricht vom Wiederaufbau der Stadtmauer Jerusalems. Wo wird hiervon ausführlich berichtet?

Dies geschieht in Neh 3.

31. In Jer 32 tritt der Prophet Jeremia als Löser (*goël*) eines Ackers seines Vetters auf. Kennen Sie diesen Vorgang aus einem anderen biblischen Kontext?

Im Buch Rut löst Boas ebenfalls einen Acker aus, und zwar den seines Verwandten Elimelech, womit er auch dessen Schwiegertochter Rut erwirbt (4,1–12).

32. Bereits in der Feingliederung ist darauf hingewiesen worden, daß Jeremia bei seiner Klage aus Anlaß des Ackerkaufs auf bestimmte Ereignisse in der Geschichte zurückblickt (Jer 32,16–44). Um welche handelt es sich dabei?

Exodus, Landgabe und Abfall (V. 20–23). Dieser Rückblick auf die Geschichte Israels ist unmittelbar mit der Situation der Jetztzeit als dessen Ergebnis verbunden.

33. Jer 34,13f. erinnert Gott an die Bestimmung der Sklavenfreilassung im 7. Jahr. Um den Bruch des Versprechens der Sklavenfreilassung in 34,8–22 besser verstehen zu können, sollten Sie sich die entsprechenden Texte des Pentateuch in Erinnerung rufen. Welche kommen dafür in Frage?

Drei Stellen bilden die Grundlage dieses Jeremiatextes: das Sklavenrecht Ex 21,2–11, der Teil des Sklavengesetzes, der die israelitischen Sklaven betrifft Lev 25,39–43 und die Selbstversklavung eines Israeliten im Zusammenhang des Sabbatjahres Dtn 15,12–18.

34. In Jer 35 werden die Rechabiter als besonderes Vorbild dargestellt. Wo erfahren wir im AT sonst noch etwas über sie?

In 2 Kön 10 erfahren wir, daß sie zu derjenigen Gruppe gehören, die besonders für JHWH und gegen Baal Partei ergreift. Daraus ergibt sich auch die Beziehung zu Jehu.

35. Zu Jer 48, der Klage über Moabs Zerstörung, gibt es eine Parallele in einem anderen Prophetenbuch. Benennen Sie bitte den entsprechenden Text und diskutieren Sie die Folgerungen, die Sie aus dieser Doppelüberlieferung ziehen.

Der andere Text ist Jes 15 f., eine eigenständige Parallelüberlieferung. An beiden Texten ist intensiv gearbeitet worden, was auf einen lebendigen Überlieferungsprozeß hinweist. Dies zeigt, welche Bedeutung die Tradenten diesen Moabworten zugemessen haben. Noch etwas fällt aber auf: das aus den Klagen sich ergebende Betroffensein, das Erschüttertsein und Mitgefühl, die Solidarität mit dem Nachbarvolk in dessen Leid und die daraus erwachsende tätige Hilfe für die Verfolgten und Bedrohten.

Literatur: J. Kegler: Das Leid des Nachbarvolkes. Beobachtungen zu den Fremdvölkersprüchen Jeremias, in: R. Albertz u. a. (Hrsg.): Werden und Wirken des Alten Testaments, Festschrift für C. Westermann zum 70. Geburtstag, 1980, S. 271–287.

Zu den Worten gegen Edom s. Obadja, Seite 233.

Literatur: F. Ahuis: Der klagende Gerichtsprophet, CThM 12, 1982. – S. Böhmer: Heimkehr und Neuer Bund. Studien zu Jeremia 30–31, GTA 5, 1976. – S. Herrmann: Die prophetischen Heilserwartungen im Alten Testament, BWANT 85, 1965. – N. Ittmann: Die Konfessionen Jeremias. Ihre Bedeutung für die Verkündigung des Propheten, WMANT 54, 1981. – I. Meyer: Jeremia und die falschen Propheten, OBO 13, 1977. – G. Wanke: Untersuchungen zur sogenannten Baruchschrift, BZAW 122, 1971. – H. Weippert: Die Prosareden des Jeremiabuches, BZAW 132, 1973. – P. Welten: Leiden und Leidenserfahrung im Buch Jeremia, ZThK 74, 1977, S. 123–150.

Ezechiel (597–537)

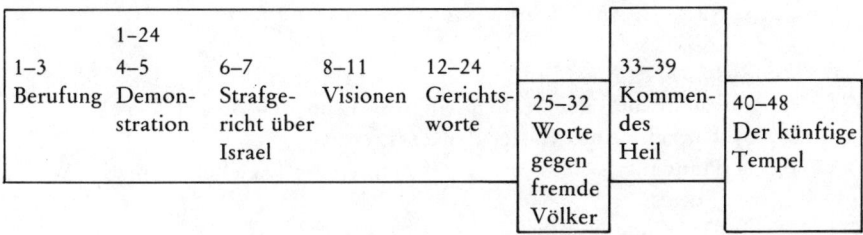

	1–24						
1–3	4–5	6–7	8–11	12–24		33–39	
Berufung	Demon-stration	Strafge-richt über Israel	Visionen	Gerichts-worte	25–32 Worte gegen fremde Völker	Kommen-des Heil	40–48 Der künftige Tempel

1. Bestimmen Sie den Aufbau des Buches Ezechiel

1–24: Gerichtsworte über Juda und Jerusalem

1–3: Berufung
1,1–3: Ezechiels Berufung im Jahre 593 am Fluß Kebar in Babylon
1,4–28: Ezechiels Vision: vier vierarmige Gestalten mit vier Gesichtern (Mensch-Löwe-Stier-Adler); vier Räder mit Augen; Lichtglanz; Feuer und Thron
2,1–10: Ezechiels Beauftragung (ben adam = Menschensohn, Mensch): Ausrichten des Gotteswortes an ein widerspenstiges Volk
3,1–27: Das Zeichen: Aufessen einer Buchrolle voller Klagen. Härtung der Stirn (»Wie Diamant und härter als Kieselstein mache ich deine Stirn. Fürchte sie nicht ... denn sie sind ein widerspenstiges Volk«, V. 9)
Die Entrückung: Der Geist bringt Ezechiel nach Tel Abib zu den Deportierten (von 597).
Der Auftrag: Ankündigung des Gotteswillens; der Prophet wird zur Rechenschaft gezogen, wenn er nicht vorher warnt (Wächteramt).
Die Zeichenhandlung: Ezechiel wird gebunden und stumm.

4–5: Demonstrationen
4,1–3: 1. Demonstration: Die Belagerung Jerusalems im Modell
4,4–8: 2. Demonstration: 390 Tage auf der linken Seite liegen
(= 390 Jahre der Schuld Israels), 40 Tage auf der rechten Seite (= 40 Jahre der Schuld Judas), gefesselt mit Stricken
4,9–11: 3. Demonstration: 390 Tage nur Mischbrot und Wasser als Nahrung
4,12–17: 4. Demonstration: Backen des Brotes auf Menschenkot; auf einen Einwand Ezechiels hin wird Kuhmist erlaubt. Die Bedeutung: Hinweis auf Mangel an Brot und Wasser in Jerusalem

5,1–17: 5. Demonstration: Scheren von Bart und Haaren; Dreiteilung der Haare; ein Drittel wird verbrannt; ein Drittel mit dem Schwert zerhauen, ein Drittel in den Wind gestreut: Zeichen für das Schicksal der Bevölkerung Jerusalems; Strafe für Mißachtung des Gesetzes und Götzendienst

6–7: Strafgericht über Israel

6,1–7: a) Zerstörung der Höhenheiligtümer auf den Bergen Israels

6,3–10: b) Umkehr eines Restes der Zerstreuten

6,11–14: c) Händeklatschen und Fußstampfen = Zeichen für das Wüten Gottes

7,1–9: d) Das Ende kommt!

7,10–27: e) Der Tag (des Herrn) kommt (als Tag des Unheils und des Entsetzens)

8–11: Visionen

8,1–4: Die Entrückung: Ezechiel wird von einem Mann nach Jerusalem entrückt

8,5–18: Vision: Am Altar ein »Eifersuchtsbild« = Götzenbild;
– im Innern des Tempels Bilder von unreinen Tieren und 70 räuchernde Älteste;
– am Tempeltor weinen Frauen um Tammus;
– im Tempel beten Männer den Sonnengott an.

9,1–11: Vision: 5 Männer mit Schwertern zur Vernichtung der Jerusalemer;
– ein Mann mit Schreibzeug zum Aufschreiben derer, die Jahwe treu waren.
Fürbitte des Propheten und Antwort Gottes: kein Erbarmen.

10,1–22: Vision: Der Mann mit dem Priestergewand nimmt glühende Kohlen aus dem Feuerbecken zwischen den Cherubim; die Herrlichkeit Gottes in der Wolke; erneute Beschreibung der vier Wesen und der Räder; die Herrlichkeit Gottes verläßt den Tempel.

11,1–25: Vision: 25 Männer, die das Verderben Jerusalems zu verantworten haben;
Ankündigung an die 25: Sie werden in die Gewalt von Fremden kommen.
Wort gegen die Jerusalemer, die sich über die Verbannung der Israeliten freuen: Die Deportierten werden wieder befreit werden (anderes Herz, neuer Geist, Herz von Fleisch).
Vision: Die Herrlichkeit Gottes verläßt die Stadt.

12–24: Gerichtsworte

12,1–16: Demonstration: Ezechiel packt ein Bündel, wie es Gefangene tragen, und bricht ein Loch in sein Haus.
Die Deutung: Der König wird durch ein Loch in der Mauer fliehen; er wird aber eingeholt und in Babylon sterben.

12,17–20: Demonstration: Essen und Trinken mit Zittern und Beben als Zeichen für das Schicksal der Jerusalemer

12,21–28: Das Problem: Treffen die Prophezeiungen ein? (»Die Zeit zieht sich hin, die Visionen erfüllen sich nie«, V. 22.) Antwort Gottes: »Die Zeit und alles, was die Visionen verkünden, ist nahe«, V. 23.

13,1–23: Gegen falsche Propheten und Frauen
   a) Die Propheten verkünden nur ihre eigenen Gedanken, sie lügen. Ihr Ende: Sie werden verschwinden.
   b) Die Frauen (mit ihren Zauberbändern): Gott befreit sein Volk aus ihrer Gewalt.

14,1–11: Gegen Götzendiener
Ezechiel wird von Ältesten um Rat gefragt. Die Antwort: Götzendiener erhalten keine Antwort.

14,12–23: Die Verdorbenheit Judas: Nur Noach, Daniel und Ijob könnten gerettet werden, sonst niemand, wenn Gott Hunger, Raubtiere, Feinde oder Pest losließe. Dennoch werden einige der Vernichtung entgehen.

15,1–8: Jerusalem ist so unnütz wie das zum Verbrennen bestimmte Holz des Weinstocks

16,1–63: *Großer geschichtlicher Rückblick: Jerusalem, die Hure*
Jerusalem, das ausgesetzte Kanaaniterkind; Gott nahm sich des Säuglings an; als Jerusalem reif war, nahm Gott sie zur Frau; er sorgte für sie wie ein liebevoller Ehemann, aber Jerusalem hurte mit den Götzen, schlimmer noch: Sie gab auch ihre Kinder den Götzen; Jerusalem war eine unersättliche Hure; sie trieb es mit Ägyptern, Assyrern und Babyloniern; die Perversion: Sie zahlte sogar noch dafür; die Strafe: Alle Liebhaber werden kommen und sie entblößen; Jerusalem trieb es schlimmer als ihre zwei Schwestern: Samaria und Sodom.
Doch Gottes Treue wird Jerusalem beschämen: Ein neuer Bund wird geschlossen werden.

17,1–24: *Gleichnis vom Adler und Weinstock*
   a) Der Adler aus dem Norden pflanzt einen Weinstock in Israel;
   b) Der Weinstock wendet sich einem zweiten Adler zu;
   c) Der erste Adler wird den Weinstock ausreißen.
Die Deutung:
   a) Nebukadnezzar (605–562) setzt Zidkija ein und schließt einen Vasallenvertrag;
   b) Zidkija bricht den Vasallenvertrag durch Absprachen mit Ägypten;
   c) Der Vertragsbrecher wird nach Babylon deportiert werden.
Ankündigung der Pflanzung einer Zeder auf dem Zion.

18,1–32: *Ezechiels Geschichtstheologie: Nur wer sich schuldig macht, wird bestraft*
Ausgangspunkt:
»Die Väter essen saure Trauben; und den Söhnen werden die Zähne stumpf«

(V. 2). Ezechiel setzt dagegen: Nur wer sich schuldig macht, wird sterben. Wer umkehrt, muß nicht sterben.

19,1–14: *Totenklage über den Untergang der Könige von Juda*
Zwei Bilder: – Die Löwin und ihre Jungen.
– Der Weinstock, der einst besonders starke Ranken trieb, verbrennt.

20,1–44: *Die Geschichte der Untreue Israels*
Ezechiel wird von den Ältesten um Rat gefragt, daraufhin ergeht seine Anklage in Form eines geschichtlichen Abrisses: Erwählung Israels in Ägypten; Bund; Landverheißung; Israel will sich nicht von den Götterbildern trennen; Wüstenwanderung; Gebotsübermittlung; Sabbat als Bundeszeichen; Schändung des Sabbats in der Wüste; Schuld auch der Söhne; im Land: Götzenopferdienst; Gottes Ankündigung: Aussondern aller, die ungehorsam waren. *Die Zukunft:* Sammlung der Diaspora, Rückkehr ins Land; richtige Opfer.

21,1–37: Ankündigung von Unheil gegen Jerusalem:
a) 1–5: Feuer gegen den Wald des Südlandes (= Negev);
b) 6–10: Schwert gegen Jerusalem;
c) 11 f.: Demonstration: Ezechiel soll stöhnen;
d) 13–22: 2 Lieder über das Mordschwert;
e) 23–37: Demonstration: Zeichnen zweier Wege von Babel nach Rabbat-Ammon und Jerusalem; Nebukadnezzar zieht das Los »Jerusalem«; Wort an Zidkija: Du gottloser Verbrecher! (V. 30).

22,1–31: Jerusalem, die Stadt der Ungerechtigkeit und Unzucht
Die Anklagepunkte: Vergießen des Blutes Unschuldiger; Götzendienst; Verachtung der Eltern; Ausbeutung von Fremden; Unterdrückung von Waisen und Witwen, Mißachtung des Heiligtums; Sabbatschändung; Übertretung sexueller Tabus; Bestechlichkeit; Zinsnehmen, Vergessen JHWHs.
Die Strafe: Jerusalem wird zum Schmelzofen.
Die Übeltäter: Fürsten; Priester; Beamte; Propheten; das einfache Volk.

23,1–49: Ohola und Oholiba, die beiden unzüchtigen Schwestern
Ohola = Samaria; Oholiba = Jerusalem; Unzucht schon in der Jugendzeit; Ohola trieb es mit Ägyptern, diese töteten ihre Kinder; Oholiba trieb es mit Assyrern und Babyloniern, schließlich mit Ägyptern; die Strafe: Sie gerät in die Hand der ehemaligen Liebhaber, Strafe für Ehebrecherinnen und Mörderinnen.

24,1–27: Jerusalems Fall
Demonstration: Ein Kessel mit auserlesenen Fleischstücken als Symbol für Jerusalems Bewohner; Weherufe über die blutbefleckte Stadt.
Ezechiels Schicksal als Zeichen: Verbot der Totenklage angesichts des Todes seiner Frau: Dies ist Zeichen für die Unmöglichkeit der Totenklage im zerstörten Jerusalem.

33,30-33: Dem Propheten wird erst dann geglaubt, wenn seine Ankündigungen eintreffen

34,1-31: Die schlechten Hirten und der gute Hirt
  a) 1-10: Die schlechten Hirten, die sich nicht um die Tiere gekümmert haben, werden zur Rechenschaft gezogen;
  b) 11-22: Gott selbst wird der gute Hirt: Sammeln der Schafe auf guter Weide in Recht und Gemeinschaft;
  c) 23-31: Einsetzen eines einzigen Hirten: ein Davidide; Friedensreich.

35,1-15: Wort gegen Edom (vgl. Kap. 25)
Ankündigung des Untergangs Edoms wegen Freude über Judas Niedergang und Raub israelitisch-judäischen Territoriums.

36,1-38: Verheißungen an das Land und an das Volk
  a) 1-15: an das Land: Es soll wieder bewohnt und fruchtbar werden;
  b) 16-38: an das Volk: Um seines Namens willen sammelt es Gott wieder und führt es heim (»Ich schenke euch ein neues Herz und lege einen neuen Geist in euch«; statt Herz aus Stein Herz von Fleisch V. 26); Reinigung von aller Schuld; Verheißung der Mehrung.

37,1-14: *Ezechiels Vision:* Gott erweckt das tote Israel zu neuem Leben
Vertrocknete Knochen werden mit neuem Leben gefüllt. Wie bei der Schöpfung: Knochen, Fleisch, Sehnen, Anhauchen → Leben; neuer Geist für Israel.

37,15-28: Demonstration: die zwei Stäbe
Zusammenfügen der zwei Stäbe mit den Aufschriften »Israel« und »Juda« als Zeichen für die Wiedervereinigung: ein Volk unter einem König mit einem Bund und einem Tempel.

38,1-39,29: Der Kampf Gottes gegen Gog von Magog
Wort an Gog von Magog: Gott lenkt ihn mit einem Haken in der Kinnlade; er will ins ungeschützte Israel einfallen; Gott selbst führt ihn unter kosmischen Erschütterungen heran; er vernichtet ihn auch; dann wird mit den Waffen Gogs 7 Jahre lang Feuer gemacht; 7 Monate Begräbnis aller Toten des Heeres Gogs im Tal beim Toten Meer; die Raubvögel fressen sich satt an Menschenfleisch. Zuwendung Gottes zu Israel; Anerkennung der Macht Gottes durch die Völker.

40-48: Der künftige Tempel
40,1-42,20: Vision vom künftigen Tempel
  40,1-4: Visionäre Entrückung des Propheten Ezechiel nach Jerusalem
  40,5-46: Die Tore; der äußere Vorhof; die Tore des inneren Vorhofs; der innere Vorhof
  40,47-41,26: Das Tempelgebäude; die Anbauten; Schmuck und Ausstattung des Tempels
  42,1-20: Die Räume für die Priester; Gesamtfläche des Tempelbezirks

43,1-12: Die Herrlichkeit Gottes erfüllt den Tempel
Der Tempel wird wieder Thronsitz Gottes; Verheißung der ewigen Präsenz, wenn nie mehr fremde Götter verehrt werden. Alles zum Tempel Gehörige ist Gott heilig. »Dies ist die Tora für das (Tempel-)Haus«, V. 12.

43,13-27: Brandopferaltar und Sündopfervorschriften

44,1-3: Das stets verschlossene Osttor (weil Gott durch dieses Tor eingezogen ist)

44,4-16: Kein Fremder darf den Tempelbezirk betreten. Degradierung der Leviten: Sie müssen alle niederen Dienste verrichten; Zadokiten allein dürfen opfern

44,17-31: Priesteranweisungen: heilige Leinengewänder, Kurzhaarschnitt; Verbot des Weingenusses beim Betreten des Innenhofes; Ehefrau nur Jungfrau oder Priesterwitwe; Rechtsentscheide; weitgehendes Verbot des Berührens von Toten; kein Grundbesitz; Abgabeanteile

45,1-25: Landverteilung; Abgaben und Festordnung
a) Heiliges Land zur Nutzung durch Priester und Leviten;
b) Land für das Volk und für den Fürsten;
c) Abgabe pro Kopf;
d) Opferbestimmungen für folgende Feste: 1. Tag des 1. Monats, Pascha und Mazzot (14.-21. Tag des 1. Monats) und 15. Tag des 7. Monats.

46,1-24: Die regelmäßigen Opfer, Erbbesitzregelung des fürstlichen Eigentums (nur an Söhne) und die Tempelküchen

47,1-12: Der Strom, der vom Tempel ausgeht
Quelle entspringt im Tempel und wird zu einem Strom, der das Tote Meer lebendig macht.

47,13-23: Die Grenzen des neu zu verteilenden Landes

48,1-35: Die neue Landverteilung an die 12 Stämme; Jerusalems 12 Tore und ihre Namen

2. In dem großen Komplex der Berufung Ezechiels Ez 1–3 ragen die Thronwagenvision Ez 1,4–28 und der Abschnitt über die Buchrolle Ez 2,8–3,3 in besonderer Weise hervor. Wo finden Sie zu beiden Texten Entsprechungen?

● Ezechiels Vision in Ez 1 steht der Berufungsvision Jesajas in Jes 6 nahe, ebenso 1 Kön 22,19-22. Sie sollten die beiden Visionen Ez 1 und Jes 6 miteinander vergleichen, um Gemeinsamkeiten, vor allem aber auch Unterschiede zu erkennen. Beachten Sie hierbei besonders folgende Punkte: Die Herrlichkeit JHWHs erscheint beiden, Jesaja jedoch im Jerusalemer Tempel, Ezechiel im fernen Babylon; in Jes 6 thront JHWH, in Ez 1 kommt er in jenem thronwagenartigen Gefährt in einer Epiphanie daher; hatten die himmlischen Wesen des

Hofstaates Gottes schon in Jes 6 eine gegenüber 1 Kön 22 eingeschränkte Funktion (»Heilig, heilig, heilig ist der Herr der Heere ...« Jes 6,3), so sind sie bei Ez ganz verstummt.

●● Die sogenannte Buchrollenvision Ez 2,8–3,3 steht der Berufung Jeremias Jer 1,4–10 näher als den anderen Berufungsdarstellungen. Der Prophet wird zu »einer umfassenden, lebenslangen Indienstnahme durch Jahwe« (D. Vieweger) berufen. Verdeutlichen Sie sich dies unter Zuhilfenahme der Problemanzeige.

Problemanzeige: Grenzt man die beiden Texte Jer 1,2aßb. 4–10 und Ez 1,3a; 2,3–3,3 ab, so ergibt sich folgender fünfgliedriger Aufbau, der auch bei den anderen Berufungstexten abgewandelt zu finden ist (D. Vieweger):
1. Biographische Einleitungsnotizen;
2. Auftrag;
3. Einwand (vgl. hierzu speziell Seite 194, Frage 4);
4. Überwindung des Einwandes;
5. Ausgeführte *Zeichen*handlung.

> *Literatur: D. Vieweger:* Die Spezifik der Berufungsberichte Jeremias und Ezechiels im Umfeld ähnlicher Einheiten des Alten Testaments, BEATAJ 6, 1986 (dort weitere Literatur).

3. Wo kommen die vier Gestalten, die Ezechiel in der Thronwagervision beschreibt, noch vor?

In Ez 10 und in Offb 4. Die hier geschilderten Gestalten wurden später zu den vier Symbolen der Evangelisten: der Mensch für Matthäus, der Löwe für Markus (der Löwe als Wappentier von Venedig, in dessen Dom die angeblichen Reliquien des Evangelisten und Apostels Markus verehrt werden), der Stier für Lukas und der Adler für Johannes.

4. Auch für das Motiv der Buchrolle gibt es eine Analogie in der Offenbarung des Johannes. Wo?

In Offb 5 wird eine mit sieben Siegeln versiegelte Buchrolle dem Lamm übergeben, in Offb 10 ergeht der Auftrag, die Buchrolle zu essen, die zuerst bitter und dann süß schmeckt.

5. In Ez 8,11 ff. kommen 70 räuchernde Älteste vor. Wissen Sie, wo die beiden, hier verbundenen Motive sonst getrennt vorkommen?

● Das Motiv der 70 Ältesten finden Sie in: Ex 24,1 f. 9–11; Num 11,16–25.
●● Das Motiv des falschen Räucherns finden Sie in: Lev 10,1–5; 2 Chr 26,16–21.

6. In Ez 9,4 werden die, die JHWH treu waren, durch ein Zeichen auf der Stirn gekennzeichnet. Dies rettet sie vor der Vernichtung, der die anderen preisgegeben sind (V. 5–7). Woran erinnert Sie das?

Dies erinnert an das Bestreichen der Türpfosten zur Abwehr des Racheengels Ex 12,7. 12 f.

7. In Ez 10 kommt das Motiv der *Wolke im Tempel* vor. Woher kennen Sie dies? Welcher andere, ebenfalls in Ez 10 vorkommende theologische Begriff ist mit diesem verwandt?

● In Ex 40,34–38 verhüllt die Wolke das Zelt der Begegnung als Modell und Vorläufer des Tempels; dazu ist Num 9,15–22 als Entsprechung heranzuziehen. Vgl. auch Num 10,11 f. 34; 12,10; 14,14; 17,7. Bei der Einweihung des Tempels erfüllt die Wolke das Haus JHWHs 1 Kön 8,10 f. par. 2 Chr 5,13 f.
●● Gemeint ist der kabod JHWHs, die Herrlichkeit Gottes (vgl. Seite 46, Frage 11); vgl. Num 17,7; 1 Kön 8,11 par.

8. In Ez 11,19 verspricht Gott den Deportierten aus Israel: »Ich schenke ihnen ein anderes Herz und schenke ihnen einen neuen Geist. Ich nehme das Herz von Stein aus ihrer Brust und gebe ihnen ein Herz von Fleisch ...« Das gleiche wird den Deportierten Judas verheißen. Wissen Sie, wo?

In Ez 36,26, nachdem Jerusalem erobert und zerstört ist. Vgl. auch Jer 24,7.

9. In Ez 10 wird beschrieben, wie die Herrlichkeit Gottes den Tempel, in Ez 11 wie sie die Stadt Jerusalem verläßt. Damit wird ausgesagt, daß die Gegenwart Gottes auf dem Zion (vgl. Jes 6) nicht mehr gegeben ist. Wie stellt sich Ezechiel die Zukunft vor?

Die Herrlichkeit Gottes kehrt in den Tempel zurück (Ez 43).

10. Kehren wie noch einmal zu Ez 7 zurück. In Vers 2 heißt es: »Das Ende kommt« (*kez ba'*). Dies erinnert an das Wort eines anderen Propheten: »Gekommen ist das Ende« (*ba' ha-kez*). Wer hat dies gesagt, und wo steht es?

Es stammt vom Propheten Amos und steht in der letzten der vier Visionen, die in Form einer Wortassonanz (*kaiz-kez,* Obstkorb – Ende) die Unabänderlichkeit des Unheils ansagt (8,1–3).

11. In Ez 12 ergeht das Wort Gottes an Ezechiel, am Abend ein Loch in die Wand zu brechen und bei Dunkelheit dort hindurchzukriechen (V. 4–7). Dies weist auf das Schicksal eines Königs hin, der auf gleiche Weise zu fliehen versucht, gefangengenommen wird und in Babylon stirbt. Wer ist damit gemeint?

Gemeint ist der letzte judäische König, Zidkija; s. 2 Kön 25,4–7.

12. Ez 12,21–28 ringt mit dem Problem, daß die Prophezeiungen nicht eintreffen (»Die Zeit zieht sich hin, die Visionen erfüllen sich nie«, V. 22). Auch ein anderer Prophet kennt dieses Problem genauso existentiell. Wer?

Es ist Jeremia. In Jer 12,1–6 kommt dessen seelische Not in gleicher Weise zur Sprache.

13. Ez 16, der große geschichtliche Rückblick, stellt die ganze Geschichte des Volkes als Sündengeschichte dar. Wie sieht dies im Pentateuch aus?

Im Pentateuch sind es einzelne Perioden, konkrete Einzelverfehlungen, nicht die Gesamtheit der Geschichte als eine große Verfehlung.

14. Am Ende von Ez 16, in den Versen 59–63, schließt Gott trotz allem einen neuen Bund. Hierzu gibt es eine wichtige Parallele bei Jeremia. Wissen Sie, welche?

Es ist Jer 31,31–34.

15. Ez 17 (Gleichnis) und Ez 19 (Totenklage) handeln beide vom Ende der judäischen Könige. Stellen Sie sich die Bilder zusammen und verdeutlichen Sie sich die politische Argumentation, die durch die verwendeten Bilder besonders klar hervortritt

Zur Beantwortung dieser Frage ist auf die Feingliederung Frage 1 zu verweisen. Die Aufgabe der Bibelkunde liegt primär in einer Kenntnis der hier entfalteten Bilder, die eine erste Erhellung der Bildsprache Ezechiels und eine gewisse Erschließung der politischen Dimension ermöglicht. Eine weitergehende Interpretation, die auch das religionsgeschichtliche Material heranzieht, reicht über die Bibelkunde hinaus.

> *Literatur: B. Lang:* Kein Aufstand in Jerusalem. Die Politik des Propheten Ezechiel, SBB, ²1980.

16. Stellen Sie auch diejenigen Texte Ezechiels zusammen, deren Zeichenhandlung politischen Demonstrationscharakter haben

Ez 4 f.; 12,1–20; 21,11 f. 23–37; 24,1–7; 37,15–28. Hier den Gattungsbegriff »Symbolische Handlung« zu verwenden, würde die politisch-demonstrative Funktion dieser Handlung nicht deutlich genug hervortreten lassen.

17. Vergleichen Sie Ez 16 und Ez 20 miteinander. Worin besteht die übergreifende Gemeinsamkeit, worin der wichtigste Unterschied?

In beiden Kapiteln handelt es sich um einen großen geschichtlichen Abriß. Während sich aber der geschichtliche Rückblick in Ez 16 auf Jerusalem bezieht, geht es in Kap. 20 um das Nordreich, Israel. In Ez 23 wird dann die Geschichte beider Reiche zusammen behandelt.

18. Ez 20,7 f. nimmt darauf Bezug, daß Gott beim Auszug aus Ägypten verlangt habe, alle Götzen abzulegen (sogenannte Abrenuntiation). In welchen anderen Texten kommt noch eine Abrenuntiation vor?

In Gen 35 (s. Seite 31, Frage 17), Jos 24 und 1 Sam 7.

213

19. Ez 20 verweist darauf, daß in der Wüstenzeit der Sabbat geschändet worden ist. Dies sei der Grund, weshalb die Exodusgeneration nicht in das verheißene Land einziehen durfte. Welche Motivverbindung liegt hier vor?

Die Verbindung von Ex 16,27, der Mannasuche am Sabbat, mit Num 14,26–38, dem Tod einer Generation als Strafe für die Reaktion auf den Bericht der Kundschafter.

20. Ez 1–24 zeigt in den großen Geschichtszusammenfassungen die Geschichte des Volkes Gottes als eine große Verfehlung und Schuld. Dies gilt für das Nordreich Israel (Ez 20) genauso wie für das Südreich Juda mit der Hauptstadt Jerusalem (Ez 16; 22; 24). Folgerichtig wird die Unabwendbarkeit des kommenden Schicksals in aller Klarheit ausgesprochen: Hierzu wird in Ez 14 ein Motiv aufgegriffen, um diese Aussage zu unterstreichen. Um welches Motiv handelt es sich, und wo finden Sie dieses noch?

● Es handelt sich um das Motiv, daß selbst herausragende Gestalten der Geschichte Israels das Geschick des Volkes nicht wenden können. Nur sie selbst könnten sich retten, noch nicht einmal ihre eigenen Söhne und Töchter. In Ez 14,14 werden Noach, Daniel und Ijob genannt, wobei es sich bei diesem Daniel kaum um den biblischen handelt, dessen Schrift viel jünger als Ezechiel ist. Wahrscheinlich liegt hier ein Bezug zur ugaritischen Literatur vor.
●● Eine Parallele finden Sie in Jer 15,1, wo Gott sein Herz seinem Volk selbst dann nicht mehr zuwenden würde, wenn Mose und Samuel vor sein Angesicht träten.

21. Die Ankündigung der Zerstörung von Tyros, die in Ez 26–28 so großartig ausgemalt wird, wird später korrigiert. Wo geschieht dies und in welcher Weise?

In Ez 29,17–21 wird die Uneinnehmbarkeit von Tyros durch Nebukadnezzar erwähnt und die Eroberung Ägyptens als Ersatzlohn dargestellt.

22. Ez 33,1–9 spricht vom Wächteramt des Propheten. Welcher Text im Buch Ezechiel tut dies auch?

Ez 3,16–21.

23. Der Prophet ist als Wächter dafür verantwortlich, daß alle die Warnung (»den Schall des Horns«) hören. Für die Entscheidung und das dementsprechende Verhalten ist jeder einzelne selbst verantwortlich. Deshalb spricht Ez 33, 10–20 von der Möglichkeit der Umkehr, die Leben bedeutet. In welchem anderen Kapitel kommt diese theologische Konzeption noch vor?

In Ez 18 betont Ezechiel den Kernpunkt seiner Geschichtstheologie: Nur wer sich schuldig macht, wird bestraft. Wer umkehrt, muß nicht sterben, und das Sprichwort: »Die Väter essen saure Trauben; und den Söhnen werden die Zähne stumpf« (auch Jer 31,29) stimmt so nicht. Vgl. auch Dtn 4,29–31; 30,1–10; Jes 10,20–22; Jer 29,10–14.

24. Ez 34 enthält das Motiv von Gott als dem guten Hirten. Wo kommt dieses Motiv noch vor? Wir sind sicher, daß Sie es wissen.

Richtig, in Ps 23, ebenso auch in Joh 10,1–18.
Zur Tradition des gerechten Davididen s. Seite 199, Frage 24.
Zu den Worten gegen Edom s. Obadja, Seite 233.

25. Wie bereits in der Feingliederung Frage 1 als besonderer Merkspruch erwähnt, enthält Ez 36 in Vers 26 das Motiv von einem neuen Herzen und einem neuen Geist. Benennen Sie zumindest eine weitere Parallele

Jer 31,31–34 enthält ebenfalls dieses Motiv, s. aber auch Ez 11,19.

26. Der Schluß von Ez 36, die Verse 37 f. enthalten eine Mehrungsverheißung, in der gesagt wird, daß die Israeliten wie eine Schafherde vermehrt werden. Solche Mehrungsverheißungen spielen in einem anderen literarischen Kontext eine entscheidende Rolle. In welchem?

In den Vätergeschichten.

27. Die Demonstration in Ez 37,15–28 mit der Intention *ein Volk, ein König, ein Bund, ein Tempel* hat eine auffallende Analogie. Wissen Sie, wo?

Im Buch Deuteronomium: und zwar in Kap. 6, vor allem aber in Kap. 12, 4–7.

28. Das gesamte Ezechielbuch enthält acht Visionen, die diesem prophetischen Buch eine gewisse Prägung verleihen. Stellen Sie diese bitte zusammen

Es handelt sich um die Thronwagenvision 1,4–28, um die Buchrollenvision 2,8–3,3, um die Vision von einem Altar des »Eifersuchtsbildes« 8,5–18, um die Vision von fünf Männern mit Schwertern zur Vernichtung der Jerusalemer 9,1–11, um die Vision vom Mann mit dem Priestergewand 10,1–22, um die Vision von den 25 Männern, die das Verderben Jerusalems zu verantworten haben 11,1–25, um die Vision, in der Gott das tote Israel zu neuem Leben erweckt 37,1–14, um die Vision vom künftigen Tempel 40–42.

29. Zum Schluß noch eine Aufgabe: In Ez 40–48, die vom künftigen Tempel handeln, sind viele kultische Bestimmungen und Informationen verarbeitet worden, die Sie auch in der Tora/dem Pentateuch finden. Versuchen Sie, am Text entlangzugehen und die entsprechenden Parallelen selbst zu erarbeiten

Literatur: H. Gese: Der Verfassungsentwurf des Ezechiel (Kap. 40–48), traditionsgeschichtlich untersucht, BHTh 25, 1957. Hilfreiche Skizzen finden Sie u. a. in: *W. Zimmerli:* Ezechiel 25–48, BK AT XIII/2, ²1979, z. St., und in der Bibelübersetzung *Die Gute Nachricht. Die Bibel in heutigem Deutsch,* 1982.

Beachten Sie auch, wie in der Komposition des Ezechielbuches die Kap. 40–48 auf die Kap. 1–3; 8–11 bezogen sind. Welches Beispiel ist hierfür besonders markant?

In Ez 10,18–22 verläßt der kabod JHWHs, die Herrlichkeit Gottes, den Jerusalemer Tempel, in 11,23 die Stadt Jerusalem. In Ez 43,1–4 kehrt die Herrlichkeit Gottes wieder zum Tempel zurück.

Literatur: D. Baltzer: Ezechiel und Deuterojesaja, BZAW 121, 1971. – *G. Fohrer:* Die Hauptprobleme des Buches Ezechiel, BZAW 72, 1952. – *F. Hossfeld:* Untersuchungen zur Komposition und Theologie des Ezechielbuches, FzB 20, 1977. – *B. Lang:* Ezechiel, EdF 153, 1981. – *H. Graf Reventlow:* Wächter über Israel. Ezechiel und seine Tradition, BZAW 82, 1962. – *S. Talmon/M. Fishbane:* The Structuring of Biblical Books. Studies in the Book of Ezekiel, in: ASTI 10, 1976, S. 129-153. – *W. Zimmerli:* Ezechiel. Gestalt und Botschaft, BSt 62, 1972. – Zahlreiche Aufsätze W. Zimmerlis über Ezechiel finden Sie in: *W. Zimmerli:* Gottes Offenbarung. Gesammelte Aufsätze zum Alten Testament, ThB 19, ²1969.

Dodekapropheton (Zwölfprophetenbuch)

Die zwölf *Kleinen Propheten* waren ursprünglich in einem biblischen Buch zusammengefaßt, das dann mit insgesamt 65 Kapiteln umfangmäßig zwischen Jesaja und Jeremia anzusiedeln war (vgl. Prolog in der Vulgata). Bereits in Jesus Sirach 49,10 werden die *Zwölf Propheten* als eine Einheit bezeichnet: »Ferner die Zwölf Propheten: Ihre Gebeine mögen von ihrer Stätte emporsprossen. Sie brachten Heilung für Jakobs Volk, und halfen ihm durch zuverlässige Hoffnung.«

Die Anordnung der einzelnen Bücher als zeitliche Reihenfolge wird im Babylonischen Talmud Baba Batra 14b erklärt: »Die Rabbanan lehrten: Die Reihenfolge der Propheten ist wie folgt: Jehošuá, Richter, Šemuél, Könige, Jirmeja, Jeḥezqel, Ješája und die zwölf (kleinen Propheten). – Merke, Hošeá war ja früher, denn es heißt: *Anfang der Worte des Herrn mit Hošeá,* und da er nicht zuerst mit Hošeá redete, denn von Moše bis Hošeá waren es viele Propheten, so erklärte R. Joḥanan, er war der erste von den vier Propheten, die zu jener Zeit geweissagt haben, nämlich Hošeá, Ješája, Ámos und Mikha, somit sollte er doch Hošeá an die Spitze setzen!? – Da seine Prophetie zusammen mit der des Ḥaggaj, Zekharja und Maleakhi geschrieben ist, und diese die letzten der Propheten waren, so nennt er ihn mit diesen zusammen. – Sollte sie doch besonders geschrieben und vorangesetzt werden!? – Da sie klein ist, könnte sie sich verlieren. – Merke, Ješája war ja früher als Jirmeja und Jeḥezqel, so sollte er doch Ješája an die Spitze setzen!? ...« (zitiert nach L. Goldschmidt: Der Babylonische Talmud, 1981, Bd. 8, S. 55).

Daß diese Anordnung umstritten ist, zeigt sich auch an der vom hebräischen Kanon abweichenden Reihenfolge der Septuaginta, die das Dodekapropheton nicht nur vor Jesaja, sondern auch in der Reihenfolge Osee – Amos – Michias – Joel – Abdion – Jonas – Naoum – Ambakoum – Sophonias – Aggaios – Zacharias – Malachias bietet (vgl. hierzu die Übersichtstabelle Seite 16). Im *Prologus Duodecim Prophetarum* der Vulgata schreibt Hieronymus: »Et quia longum est nunc de omnibus dicere, hoc tantum vos, o Paula et Eustochium, admonitas volo, unum librum esse duodecim Prophetarum, et Osee συνχρονον Esaiae, Malachiam vero Aggei et Zacchariae fuisse temporibus.«

Dürfte die Bezeichnung *Dodekapropheton* wohl auf das δώδεκα προφητῶν Sir 49,10 zurückzuführen sein, so ist der Ausdruck *Kleine Propheten* als *prophetae minores* wohl zuerst bei Augustin, De Civitate Dei XVIII, 29, nachweisbar, womit Augustin den geringeren Umfang ihrer Überlieferung begründet: »Esaias propheta non est in libro duodecim prophetarum, qui propterea dicuntur minores, quia sermones eorum sunt breves, in eorum comparatione, qui maiores ideo vocantur, quia prolixa volumina condiderunt ...«

Wirkungszeiten der Propheten

Die zeitliche Reihenfolge der einzelnen prophetischen Bücher hat nicht nur bei ihrer Anordnung eine wesentliche Rolle gespielt. Sie erleichtert auch das Verständnis der Prophetie als eines ganz konkreten Hineinwirkens in das Geschehen des Tages und über den jeweiligen Tag hinaus. Die folgende Übersicht soll hierfür eine erste Hilfe sein. Die Zeitangaben sind Annäherungswerte und müssen beim heutigen Stand der atl. Wissenschaft umstritten bleiben.

Nordreich Israel	*Südreich Juda*
Amos um 760	
Hosea 752–725	
	Micha 725–711/01
	Jesaja 740–701
	Nahum zwischen 650 und 612
	Zefanja um 630
	Habakuk 612–598
Exil	Jeremia 627–585
	Ezechiel 597–537
	Deuterojesaja zwischen 550 und 540
	Tritojesaja zwischen 538 und 520
	Haggai 520
	Sacharja 520–518
	Maleachi 5. Jahrhundert
	Joël 4. Jahrhundert
	Obadja vielleicht 4./3. Jahrhundert
	Jona wahrscheinlich 4./3. Jahrhundert
	Deuterosacharja um 300
	Tritosacharja 3. Jahrhundert

Hosea (752–725)

1. Bestimmen Sie den Aufbau des Buches Hosea

1–3: Hoseas Ehe als bildhafte Verkündigung an Israel

1,1: Überschrift des gesamten Prophetenbuches

1,2–9: Auftrag zur Heirat einer Hure
Begründung: Israel hurt mit fremden Göttern; Name der Hure ist Gomer;
Gomers 1. Sohn: Jesreel – Symbolname für die Ahndung der Blutschuld Jehus in Jesreel,
Gomers Tochter: Lo-Ruhama (Kein Erbarmen) – Symbolname für das Nichterbarmen Gottes mit Israel,
Gomers 2. Sohn: Lo-Ammi (Nicht mein Volk) – Symbolname für die Trennung Gottes von seinem Volk.

2,1–3: Umdeutung der Symbolnamen als Verheißung einer neuen Zukunft für Israel

2,4–15: Israel als die Gott treulos gewordene Frau
Gott klagt Israel an; Israels Verhalten ist das einer Frau, die ihren Liebhabern folgte. Die Rückkehr zu ihrem ersten Mann wird ihr verwehrt, und sie wird vor ihren Liebhabern bloßgestellt.

2,16–25: Gottes künftiges Liebeshandeln an Israel
a) 16–17: Rückkehr in die Wüste als in die Zeit der Jugendliebe;
b) 18 f.:   Gott wird nicht mehr Baal genannt;
c) 20:   Frieden; kein Schaden durch Tiere; Zerbrechen der Waffen;
d) 21 f.:   Neuer Eheschluß;
e) 22–25:   Erhören der Bitten und Umkehrung der Symbolnamen in *Erbarmen* und in *Du bist mein Volk.*

3,1–5: Auftrag zur Heirat einer Hure (Ich-Bericht)
Der Brautpreis wird genannt, der Frau wird der Geschlechtsverkehr untersagt: Zeichen dafür, daß Israel lange Zeit keine Führungsschicht und Opferstätten haben wird.

4–11: Worte des Ringens Gottes um Israel

4,1–10: Worte gegen die Priester
Sie sind verantwortlich für das Unrecht im Volk; sie haben das Volk veranlaßt, die Weisung Gottes zu vergessen; sie haben gesündigt und so den Herrn verlassen.

4,11–19: Israels Sünde: Abfall von Gott und Hurerei für andere Götter
Israel hurt unter jedem grünen Baum und auf jedem Hügel; es ist eine störrische Kuh.

5,1–7: Worte gegen die Führenden
Sie locken Israel ins Verderben; Israel beschmutzt sich durch Götzendienst.

5,8–15: Gerichtsankündigung Gottes gegen sein eigenes Volk durch ihn selbst
Die Führenden sind Betrüger; Assur ist keine Hilfe, denn Gott ist wie ein brüllender Löwe.

6,1–6: Klagelied des Volkes und Antwort Gottes
Aufforderung zur Umkehr, Hoffnung auf Wiederaufrichtung am dritten Tag. Die Antwort Gottes: Israels Liebe ist flüchtig wie die Wolke am Morgen und wie der Tau, der bald vergeht. »Liebe will ich, nicht Schlachtopfer, Gotteserkenntnis statt Brandopfer« (V. 6).

6,7–7,2: Heftige Anklage gegen Städte Israels als Stätten des Frevels

7,3–7: Königsmacher und Königsmörder
Sie feiern Gelage und brennen voll Leidenschaft wie ein angeheizter Backofen; sie fressen ihre Regenten.

7,8–16: Warnung vor falscher Bündnispolitik mit Ägypten und Assur

8,1–14: Anklagen gegen Israel:
a) »Sie setzen Könige ein, aber gegen meinen Willen ...« (V. 4);
b) Sie machen sich Götterbilder aus Silber und Gold;
c) »Samaria, dein Kalb ist verworfen« (V. 5);
d) »Denn sie säen Wind, und sie ernten Sturm« (V. 7);
e) Sie koalieren mit Assur, obwohl selbst ein Wildesel für sich allein bleibt;
f) Sie haben ihre Altäre vervielfacht, doch auch diese sind ihnen zur Sünde geworden und Gott mag ihre Opfer nicht;
Die Strafe: Rückkehr nach Ägypten und Vernichtung der Städte.

9,1–6: Das Exil als Strafe für die Untreue: Israel als Beute der Fremden

9,7–9: Verhöhnung und Verfolgung der Propheten
»Der Prophet ist ein Narr, der Geistesmann (isch ha-ruach) ist verrückt (mᵉ-schugga')«, V. 7.

9,10–17: Die Verwerfung Efraims
Baal-Pegor als Beispiel für den Abfall Israels von Gott; Gilgal als Symbol der Bosheit. 2 kurze Rachegebete (V. 14. 17).

10,1–15: Einst – Jetzt
Einst war Israel ein üppiger Weinstock, und der Wohlstand führte zu immer mehr Altären – jetzt zerschlägt Gott die Altäre; Worte gegen das Kalb von Bet-Awen (Haus der Sünde, gemeint ist Bet-El, das Haus Gottes), Ankündigung der Zerstörung Bet-Els und Samarias; einst war Efraim ein gelehriges Rind zum Pflügen: Gutes sollte gepflügt werden, aber Schlechtigkeit wurde eingepflügt, jetzt kommt die Strafe für das Unrecht: Zerstörung.

11,1-11: Gottes große Liebe
»Als Israel jung war, gewann ich ihn lieb, ich rief meinen Sohn aus Ägypten«
(V. 1). Israel opferte statt dessen für Baal, darum kommt das Schwert und ein
neuer Exodus, der den ersten aufhebt. Doch Gott kann die Liebe nicht auf-
geben:»Denn ich bin Gott, nicht ein Mensch, der Heilige in deiner Mitte.
Darum komme ich nicht in der Hitze des Zorns« (V. 9).

12-14: Vernichtung und Heil
12,1-15: Efraim lügt und betrügt – würdiger Nachfahre Jakobs
Erinnerung an die Geschichte Jakobs, der schon im Mutterleib seinen Bruder
betrog, und den Exodus; Efraim, ein betrügender Händler.
13,1-14,1: Das große Gericht Gottes an Efraim zur Vernichtung
Sie verehren Handwerksarbeit und küssen Kälber; Gott führte sie aus Ägypten heraus, leitete sie in der Wüste, aber mit dem Wohlstand kam der Abfall;
deshalb wird Gott für sie zum Löwen und zur Bärin; er vernichtet und kein
König rettet.
»Tod, wo sind deine Seuchen? Unterwelt, wo ist dein Stachel?« (V.14).
14,2-9: Ruf zur Umkehr und Ankündigung eines neuen heilvollen Verhältnisses zwischen Gott und seinem Volk
14,10: Nachwort

2. **Hosea ist ein Prophet des Nordreiches. Nennen Sie andere Propheten, die im Nordreich wirkten**

Hosea + Amos

Zu verweisen ist auf die beiden Tabellen Seite 137 und Seite 218, aus denen Sie
die Antwort entnehmen können. Wichtig ist dabei, daß von den sogenannten
Schriftpropheten neben Hosea nur <u>Amos</u> im Nordreich gewirkt hat.

3. **Im Unterschied zu Amos, der zwar im Nordreich wirkte, aber aus
Tekoa bei Betlehem im Südreich stammte, dürfte Hosea wohl selbst
Angehöriger des Nordreiches sein. Wenn seine Verkündigung sich
auch hauptsächlich an die Bewohner des Nordreiches richtet, so
finden sich doch bei ihm auch Erwähnungen des Südreiches Juda.
Stellen Sie bitte die entsprechenden Textstellen zusammen**

Eine positive Erwähnung, oft in Kontrast zu Israel findet sich Hos 1,7; 2,2;
4,15; 10,11; 12,1, eine negative Erwähnung Judas, oft zusammen mit Israel findet sich Hos 5,5. 10. 12. 13. 14; 6,4. 11; 8,14.

221

Problemanzeige: Nicht enthalten ist in dieser Auflistung aus textkritischen Gründen Hos 12,3.

Literatur: H. W. Wolff: Dodekapropheton 1: Hosea, BK AT XIV/1, ³1976, z. St. *J. Jeremias:* Der Prophet Hosea, ATD 24/1, 1983, z. St.

4. Hosea darf wohl als derjenige Prophet angesehen werden, der die häufigste und heftigste Kritik am Königtum übt. Eine Zusammenstellung der entsprechenden Textstellen ist mit Hilfe der Feingliederung zu erstellen. Zugleich ist aber diese Kritik an einem konkreten Einzelbeispiel zu konkretisieren, am König Jehu, den Hosea als Person anspricht. Wie sieht er ihn, und wie wird er im 2. Königsbuch dargestellt?

Als Texte zur Kritik am Königtum sind zu nennen: Hos 1,4; 3,4; 5,1-7; (5,10); 7,3-7; 8,4. 10; 9,15-17; 10,3f. 15; 13,9-11.
In Hos 1,4 wird Jehu als Bluttäter dargestellt, dessen Schuld bald bestraft wird, in 2 Kön 9 tritt er dagegen als Eiferer für JHWH auf.

5. Hosea stellt das Verhältnis zwischen Gott und Israel analog einer Ehe dar, in der die Frau die Ehe bricht. Bei welchen Propheten findet sich eine Aufnahme dieses Bildes?

Bei Jeremia (z. B. Kapitel 2f.) und bei Ezechiel (Kapitel 16; 23).

6. Wo kommt das Motiv vor, daß Israel den ehemaligen Liebhabern preisgegeben wird?

In Hos 2,4-15 ist dieses Motiv auf Israel als das Nordreich bezogen, in Ez 16,35-43 auf Jerusalem, in Ez 23,9f. auf Samaria und in Ez 23,22-35 auf Jerusalem, wobei die Hauptstädte auch stellvertretend für die jeweiligen Reiche stehen.

7. In Hos 2,16-25 wird die Wüstenzeit als Zeit idealer Liebe zwischen Gott und Israel charakterisiert. Wie wird diese Wüstenzeit im Pentateuch dargestellt?

Im Pentateuch wird die Wüstenzeit als Zeit wiederkehrenden Murrens und Abfallens von Gott sowie als Zeit seines ständigen Heilshandelns dargestellt. Vgl. Sie auch Frage 8 zu Jeremia Seite 195.

8. Hos 2,20 spricht von einem Bund Gottes mit den Tieren. Wo kommt dieses Motiv auch vor?

Von einem Friedensbund mit den Tieren spricht auch Ez 34,25.

9. Ebenfalls in Hos 2,20 wird die Zerstörung der Waffen durch Gott angekündigt. Wo kommt dieses Motiv noch vor?

Dieses Motiv finden Sie ebenfalls in Jer 49,35; Hos 1,4; Mi 5,9; Sach 9,10; Ps 46,10; 76,4. Wenn auch nicht direkt durch Gott, wohl aber unter seiner Leitung werden Ez 39,9 die Waffen zerstört.

Problemanzeige: Beachten Sie, daß Jes 2,4 par. Mi 4,3 nicht vom Zerstören der Waffen, sondern vom Umrüsten spricht. S. auch Frage 5 zu Jesaja Seite 164.

Literatur: R. Bach: »... Der Bogen zerbricht, Spieße zerschlägt und Wagen mit Feuer verbrennt«, in: *H. W. Wolff (Hrsg.):* Probleme biblischer Theologie, FS G. von Rad zum 70. Geburtstag, 1971, S. 13–26.

---

10. In Hos 8,5f. wird das Kalb bzw. der Jungstier von Samaria angegriffen. Wissen Sie, was damit gemeint ist?

Die Kritik richtet sich gegen die Errichtung eines Stierbildes durch Jerobeam I. in Dan und Bet-El 1 Kön 12,26–33, was wiederum an Ex 32 erinnert.

11. Hos 9,10 erwähnt Baal-Pegor. Wo erfahren wir sonst etwas darüber?

Baal-Pegor ist der kanaanäische Gott, der am Berg Pegor in Moab verehrt wurde. In Num 25,4 fordert Mose die Richter Israels auf, einen jeden Israeliten zu töten, der sich mit Baal-Pegor eingelassen hat; vgl. auch Dtn 4,3; Ps 106,28.

12. Stellen Sie bitte die Überlieferungen des Jakob-Erzählkreises zusammen, auf die in Hos 12 angespielt wird

Gen 25,19–26: Stoßen der beiden Zwillinge im Mutterleib;
Gen 32,23–33: Ringen mit Gott am Jabbok;
Gen 28,10–22: Begegnung mit Gott in Bet-El;

Gen 27,41–45: Jakobs Flucht vor Esau nach Mesopotamien;
Gen 29,1–30: Jakob hütet die Schafe Labans als Lohn für Lea und Rahel.
Mit dem Herausführen und Behüten durch einen Propheten V. 14 ist die
Mose-Überlieferung Ex – Num gemeint.

13. Stellen Sie schließlich noch überblickartig die Traditionen zusammen, die im Buche Hosea verarbeitet sind und geben Sie die jeweiligen Kapitel an

a) Wüstentradition 9; 12; 13 – funktionsatypisch 2;
b) Ägypten-; Exodustradition 11; 12;
c) Jakobtradition 12.

Literatur: J. Jeremias: Zur Eschatologie des Hoseabuches, in: *J. Jeremias/L. Perlitt (Hrsg.):* Die Botschaft und die Boten, FS H. W. Wolff zum 70. Geburtstag, 1981, S. 217–234. – *D. Kinet:* Ba'al und Jahwe. Ein Beitrag zur Theologie des Hoseabuches, EHS.T 87, 1977. – *H. Utzschneider:* Hosea – Prophet vor dem Ende, OBO 31, 1980. – *H. W. Wolff:* Die Hochzeit der Hure. Hosea heute, 1979. – *Ders.:* Hoseas geistige Heimat (1956), in: *ders.:* Gesammelte Studien zum Alten Testament, ThB 22, ²1973, S. 232–250.

Joël (vermutlich 4. Jahrhundert)

Grobgliederung:
1–2: Klage über Heuschreckenplage
3: Ausgießen des Geistes
4: Gericht über die Völker

1. Bestimmen Sie den Aufbau des Buches Joël

1–2: Klage über Heuschreckenplage
1,1: Überschrift
1,2–4: Die große Heuschreckenplage
1,5–14: Aufruf zur Klage, vor allem an die Priester, weil keine Speise- und Trankopfer mehr möglich sind. Aufruf zu einem Fasten- und Bußgottesdienst
1,15: Klage über das Bevorstehen des »Tages JHWHs«
1,16–20: Klage über Dürre
2,1–11: Der Tag JHWHs
»... der Tag des Dunkels und der Finsternis, der Tag der Wolken und Wetter« (V. 2). Schilderung eines Krieges gegen ein Volk, »groß und gewaltig, wie es vor ihm noch nie eines gab und nach ihm keines mehr geben wird bis zu den fernsten Geschlechtern« (V. 2), das (analog den Heuschrecken) durch nichts aufzuhalten ist – das aber schließlich nur Vollstrecker des Befehls JHWHs ist.
2,12–14: Aufruf zur Umkehr
2,15–17: Aufruf zu einem Fasten- und Bußgottesdienst
2,18–27: Ankündigung der Rettung: Jubel über die Fülle der Ernte

3: Ausgießen des Geistes
3,1–5: Ankündigung der Ausgießung des Geistes
Alle werden Anteil an prophetischen Gaben haben; nach wunderbaren Zeichen kommt der Tag JHWHs, wer den Namen JHWHs anruft, wird gerettet.

4: Gericht über die Völker
4,1–21: Gericht über die Völker
   a) 1–3: Die Israel feindlichen Völker werden im Tal Joschafat zur Rechenschaft gezogen;
   b) 4–8: Worte an Tyrus, Sidon und die Philister: Wegen des Verkaufs von Judäern an die Griechen werden ihre Kinder nach Saba verkauft;

c) 9–16: Alle Völker sollen sich gegen Gott rüsten: »Schmiedet Schwerter aus euren Pflugscharen und Lanzen aus euren Winzermessern!« (V. 10 – ironische Aufnahme von Jes 2,2–4; Mi 4,1–4). Der Heilige Krieg am Tag JHWHs führt zu ihrer Vernichtung;

e) 17–21: Am Tag JHWHs, dem Gerichtstag über die Völker, wohnt Gott auf dem Zion und ist ein Schutz für Israel; eine Quelle, vom Tempel ausgehend, bewässert alles, außer Ägypten und Edom.

Zum Tag JHWHs, der bei Joël vorkommt, s. Frage 6 Jesaja, Seite 164.

2. In Joël 2,20 wird das Motiv vom *Feind aus dem Norden* in einer neuen Funktion aufgenommen. Woher kennen Sie dieses Motiv, und wieso handelt es sich dabei um eine neue Funktion?

Das Motiv vom *Feind aus dem Norden* begegnet vor allem bei Jeremia (s. Frage 7 bei Jeremia, Seite 195). Da es sich dort wohl um eine geschichtliche Größe handelt, die für die Zeit Joëls nicht in gleicher Weise zutreffen kann, ist in Kapitel 2 entweder an eine andere geschichtliche Großmacht oder an eine mythische Größe zu denken, die aber weggeschickt wird.

3. In Joël 3 kommt das Motiv vor, daß alle Israeliten Propheten werden. Etwas Ähnliches taucht bereits im Pentateuch auf. Woran denken Sie dabei?

In Num 11,29 sagt Mose zu Josua: »Wenn nur das ganze Volk des Herrn zu Propheten würde, wenn nur der Herr seinen Geist auf sie alle legte.«

4. Joël 3,1 enthält den Gedanken vom Ausgießen des Geistes. Wo kommt er noch vor?

Num 11,25–30; Ez 39,29; Apg 2,17–21.

5. Joël 4,18 enthält die Vision einer Quelle, die vom Tempel ausgeht. Wo kommt dieses Motiv noch vor?

Ez 47,1–12; Offb 22,1; vgl. auch Sach 13,1; 14,8; Ps 46,5.

Literatur: H. W. Wolff: Die Botschaft des Buches Joël, ThEx 109, 1963.

Amos (um 760)

Grobgliederung:
1–2: Gerichtsworte über Völker (Strophengedicht)
3–6: Gerichtsworte gegen Israel
7–9,6: Visionen – darin 7,10–17 Amos und Amazja
9,7–15: Gerichts- und Heilsworte

1. Bestimmen Sie den Aufbau des Buches Amos

1–2: Gerichtsworte über Völker (Strophengedicht)
1,1: Überschrift
1,2: Gottes Stimme – ein Brüllen und Donnern im Zorn

1,3–5: Aramäerstrophe	(Anklage: Gilead wurde gedroschen)
1,6–8: Philisterstrophe	(Anklage: Bewohner ganzer Gebiete wurden an Edom ausgeliefert)
1,9f.: Tyrusstrophe	(Anklage: Verschleppte wurden an Edom ausgeliefert; vgl. Philisterstrophe)
1,11f.: Edomstrophe	(Anklage: Israel wurde mit dem Schwert verfolgt)
1,13–15: Ammoniterstrophe	(Anklage: Schwangere wurden aufgeschlitzt)
2,1–3: Moabstrophe	(Anklage: Gebeine des Königs von Edom verbrannt)
2,4f.: Judastrophe	(Anklage: Götzendienst)
2,6–16: Israelstrophe	(Anklage: soziales Unrecht; Erinnerung an die Geschichte)

3–6: Gerichtsworte gegen Israel
3,1f.: Die Exodustat begründet die Schwere der Schuld: »Nur euch habe ich erwählt aus allen Stämmen der Erde; darum ziehe ich euch zur Rechenschaft für alle eure Vergehen« (V. 2).
3,3–7: Weisheitliche Schulfragen, die zu erwartende Antwort ist »nein«.
3,8: Schulfrage: »Der Löwe brüllt – wer fürchtet sich nicht? Gott, der Herr, spricht – wer wird da nicht zum Propheten?« Antwort ist: »jeder«.
3,9–12: Gewalttaten und Unterdrückung in Samaria; die Folge: Untergang
3,13–15: Zerschlagen der Altäre von Bet-El und der Luxuspaläste
4,1–3: Worte gegen die Frauen der Führenden in Samaria (Baschankühe!)
4,4f.: Parodie auf eine Priestertora: »Kommt nach Bet-El, und sündigt, kommt nach Gilgal, und sündigt noch mehr!« (V. 4)
4,6–12: Strophengedicht über Strafen JHWHs an Israel – »Und dennoch seid ihr nicht umgekehrt zu mir ...« (V. 11)

4,13: Doxologie

5,1–3:   A. Totenklage: Gefallen ist die Jungfrau Israel.

5,4–6:   B. Mahnung: »Sucht mich, dann werdet ihr leben. Doch sucht nicht Bet-El auf, geht nicht nach Gilgal, zieht nicht nach Beerscheba!« (V. 4 f.)

5,7:   C. Weheruf gegen den Rechtsmißbrauch: »Weh denen, die das Recht in bitterer Wermut verwandeln und die Gerechtigkeit zu Boden schlagen.«

5,8: Doxologie

5,10–13: C. Weheruf gegen die Unwahrheit vor Gericht und die Ausbeutung der Armen

5,14 f.: B. Mahnung: »Sucht das Gute, nicht das Böse; dann werdet ihr leben ...« (V. 14)

5,16 f.: A. Totenklage und Trauer herrschen überall

5,18–20: Der Tag JHWHs – Wehe denen, die diesen Tag herbeisehnen

5,21–27: Ablehnung der Opfer und Feste, »sondern das Recht ströme wie Wasser, die Gerechtigkeit wie ein nie versiegender Bach« (V. 24) (Die Zeit in der Wüste war eine opferlose Zeit, V. 25.)

6,1–7: Wehe den Sicheren (in Samaria auf den Luxusbetten)!

6,8–11: Der Untergang der Stadt; die todbringende Gegenwart Gottes

6,12: Ist die Ordnung der Welt gestört?

6,13 f: Der Untergang der Sieger
Der Selbstruhm über militärische Stärke wird mit der Niederlage bestraft.

7–9,7: Visionen

7,1–3: 1. Vision: Heuschrecken. Fürbitte des Propheten: Gott vergibt;

7,4–6: 2. Vision: Feuer(sglut). Fürbitte des Propheten: Gott vergibt;

7,7–9: 3. Vision: Senkblei; Strafansage gegen das Haus Jerobeams II.

7,10–17: Amos und Amazja in Bet-El

8,1–3: 4. Vision: Reifes Obst = reif für das Ende. Ankündigung des Todes für alle

8,4–13: Sprüche und Ansagen über das Ende:
  – gegen das Zertreten der Armen;
  – Verwandeln der Feste in Trauer;
  – Hunger nach dem Wort: »Seht, es kommen Tage – Spruch Gottes, des Herrn –, da schicke ich den Hunger ins Land, nicht Hunger nach Brot, nicht Durst nach Wasser, sondern nach einem Wort des Herrn« (V. 11);
  – Verdursten von schönen jungen Mädchen und jungen Männern

9,1–4: 5. Vision: Gott steht am Altar, der Prophet zerschmettert den Knauf der Säulen im Tempel; Ankündigung des Todes aller, wenn sich auch einer versteckt, so wird er doch gefunden

9,5 f.: Doxologie

228

9, 7–15: Heilsworte

a) 7: Es gibt keine Sonderstellung Israels (Gott führte die Philister aus Kaftor und die Aramäer aus Kir);

b) 8–10: Vernichtung des Königtums, Aussieben Israels und Tod für die Selbstsicheren;

c) 11 f.: Aufrichten der zerfallenen Hütte Davids;

d) 13: Eine Heilszeit der Erntefülle kommt;

e) 14 f.: Wiederaufbau des Zerstörten: »Sie bauen die verwüsteten Städte wieder auf und wohnen darin; sie pflanzen Weinberge und trinken den Wein, sie legen Gärten an und essen die Früchte« (V. 14).

2. Eins der Gerichtsworte über verschiedene Völker in Am 1, 2–2, 3 zeigt eine Betroffenheit mit dem Schicksal des Nachbarn, die so beileibe nicht in allen Fremdvölkersprüchen zur Sprache kommt. Während z. B. Edom in 1, 11 f. noch wegen furchtbaren Verbrechen an Israeliten angeklagt wird, steht man in 2,1 betroffen vor der Tatsache, daß die sterblichen Überreste und damit das Andenken an den König von Edom völlig ausgelöscht worden sind. Zugleich sind hier auch die Wurzeln des Universalismus und Internationalismus zu finden. Welchen Fremdvölkersprüchen bei anderen Propheten stehen diese nahe?

Hier ist vor allem an die Moabworte Jes 15 f.; Jer 48 zu denken. Weitere Äußerungen der Betroffenheit, wie sie vor allem in Klagen und Klageelementen zum Ausdruck kommen, finden Sie in Jer 46–51 in den Worten über Ägypten (vor allem Jer 46, 15), gegen die Philister (vor allem Jer 46, 5 f.), über die Ammoniter (Jer 49, 3), über Damaskus (Jer 49, 23–26) und sogar in den Worten gegen Babel (Jer 51, 41–43). Schließlich sind die großen Klagelieder über Tyrus und Sidon Jes 23, 1–14; Ez 27, 1–36 zu nennen. Vgl. Frage 35 zu Jeremia, Seite 202, mit der dortigen Literaturangabe.

3. In der Aramäerstrophe Am 1, 3–5 heißt es, daß Gott Feuer ausschickt, um den Palast zu verzehren. Wo kommt dieser Satz noch vor?

Dieser Satz kommt in ganz ähnlicher Weise bei Jeremia im Wort über Damaskus Jer 49, 23–27 vor. Dort heißt es in V. 27, daß Gott Feuer an die Mauer von Damaskus legt, das die Paläste Ben-Hadads verzehrt.

4. An welche Ereignisse aus der Geschichte erinnert Amos in der Israelstrophe?

Amos erinnert an:
- den Sieg über die Amoriter (Num 21?),
- die Befreiung aus Ägypten,
- die 40jährige Bewahrung in der Wüste,
- die Berufung von Propheten und Nasiräern (vgl. Num 6).

5. Amos übt in verschiedener Weise Kritik an den Zuständen seiner Zeit. Unterscheiden Sie dabei die unterschiedlichen Gebiete seiner Kritik und stellen Sie die entsprechenden Textstellen zusammen

a) Sozialkritik: 2,6–8 (innerhalb der Israelstrophe); 3,9–11. 12–15; 4,1–3; 5,7. 10–13. 14 f.; 6,1–7; 8,4–7;
b) Kultkritik: 2,8 (innerhalb der Israelstrophe); 3,14; 4,4 f.; 5,4–6. 21–27.

Problemanzeige: Natürlich lassen sich Sozial- und Kultkritik nicht völlig voneinander trennen, da ein gestörtes soziales Miteinander auch kein rechtes kultisches Verhalten ermöglicht und umgekehrt. Beide Bereiche sind aufeinander bezogen, wie auch Am 2,6–8; 3,12–15 verdeutlichen, wo die Kultkritik in die Sozialkritik eingebettet ist. Und doch sind beide Bereiche gerade angesichts der Tatsache, daß Amos mitunter einseitig als Sozialkritiker angesehen wird, zu unterscheiden.

Literatur: R. Bach: Gottesrecht und weltliches Recht in der Verkündigung des Propheten Amos, in: *W. Schneemelcher (Hrsg.):* FS G. Dehn, 1957, S. 23–34. – *M. Fendler,* Zur Sozialkritik des Amos. Versuch einer wirtschafts- und sozialgeschichtlichen Interpretation alttestamentlicher Texte, in: EvTh 33, 1973, S. 32–53. – *W. Zimmerli:* Das Gottesrecht bei den Propheten Amos, Hosea und Jesaja, in: *R. Albertz, H.-P. Müller, H. W. Wolff, W. Zimmerli (Hrsg.):* Werden und Wirken des Alten Testaments, FS für C. Westermann zum 70. Geburtstag, 1980, S. 216–235. – *H. J. Boecker:* Überlegungen zur Kultpolemik der vorexilischen Propheten, in: *J. Jeremias/L. Perlitt (Hrsg.):* Die Botschaft und die Boten, FS für H. W. Wolff zum 70. Geburtstag, 1981, S. 169–180. – *R. Hentschke:* Die Stellung der vorexilischen Schriftpropheten zum Kultus, BZAW 75, 1957. – *H. Schüngel-Straumann:* Gottesbild und Kultkritik vorexilischer Propheten, SBS 60, 1972.

6. Stellen Sie bitte die doxologischen Texte des Amosbuches zusammen. Wo finden Sie weitere Doxologien im AT?

Die doxologischen Texte des Amosbuches sind 4,13; 5,8 f.; 9,5 f.
Doxologien finden sich sonst im Psalter, wo sie am Ende der jeweiligen Psalmbücher stehen und gliedernde Funktion haben (Ps 41,14; 72,19; 89,5; 106,48; 150) sowie bei Deuterojesaja. Es handelt sich bei den Doxologien um beschreibendes Lob vor allem der Schöpfermacht Gottes. Nimmt man die doxologischen Texte des Amosbuches zusammen, so sind sie ein schönes Beispiel dafür, wie ein Schöpfungspsalm auch innerhalb einer Sammlung prophetischer Worte stehen kann. S. hierzu auch die Einleitung zu den Psalmen, Seite 262.

Literatur: F. Horst: Die Doxologien im Amosbuch (1929), in: *ders.:* Gottes Recht. Studien zum Recht im Alten Testament, ThB 12, 1961, S. 155–166. – *K. Koch:* Die Rolle der hymnischen Abschnitte in der Komposition des Amos-Buches, in: ZAW 86, 1974, S. 504–537.

Zu Am 5,18-20, den Tag JHWHs, s. Frage 6 Jesaja, Seite 164.

7. Am 5,25 f. stellt die Wüstenzeit als opferlose Zeit dar. Wo wird dies auch so gesehen?

In Jer 7 wird die Wüstenzeit ebenfalls als opferlose Zeit dargestellt. Vgl. Sie Frage 15 Jeremia, Seite 197.

8. Eine betonte Kritik übt Amos immer wieder an einer falschen Sicherheit. Inwieweit könnte Am 6,1 hierfür eine Schlüsselstelle sein?

In Am 6,1 warnt der Prophet sowohl die »Sorglosen auf dem Zion« als auch die »Selbstsicheren auf dem Berg von Samaria«. Möglicherweise klagt er damit die falsche Sicherheit sowohl in kultischer als auch in sozialer und politischer Hinsicht an.

9. Am 7,10–17, Amos und Amazja in Bet-El, ragt aus dem Visionszyklus heraus. Wie könnte dieser Text verstanden werden?

Ohne auf die umfangreiche wissenschaftliche Diskussion eingehen zu können, bietet sich das Verständnis eines *Apophthegma (Memorabile)* an, »in dem ein Geschichtsausschnitt nur dazu vorgeführt wird, um das Hervorwachsen eines gezielten Prophetenspruches verständlich zu machen und den Spruch auf diese Weise zu erklären« (H.W. Wolff: Dodekapropheton 2: Joël und Amos, BK AT XIV/2, ²1975, S. 354). Unvereinbar mit der Form eines Apophthegma ist das Verständnis als Fragment einer Prophetenbiographie.

Problemanzeige: V. 14 enthält drei kurze Nominalsätze: *Ich (bin) kein Prophet – Ich (bin) kein Prophetenschüler – Ich (bin) Viehzüchter und Maulbeerfeigenritzer.* Umstritten ist in der Auslegung, ob diese Nominalsätze nur etwas über die Vergangenheit oder auch etwas über die Gegenwart des Amos aussagen wollen. Wichtig ist die Frage insofern, als hiermit zentral das Selbstverständnis seines prophetischen Amtes zusammenhängt. Diese Problematik sollte zwar bei der bibelkundlichen Erarbeitung bekannt sein, ihre Lösung kann jedoch nur im Zusammenhang einer Exegese erfolgen.

Literatur: R. Bach: Erwägungen zu Am 7,14, in: *J. Jeremias/L. Perlitt (Hrsg.):* Die Botschaft und die Boten, FS für H.W. Wolff zum 70. Geburtstag, 1981, S. 203–216. – *A. J. Bjørndalen:* Erwägungen zur Zukunft des Amazja und Israels nach der Überlieferung Amos 7,10–17, in: *R. Albertz u. a. (Hrsg.):* Werden und Wirken des Alten Testaments, FS für C. Westermann zum 70. Geburtstag, 1980, S. 236–251. – *H. W. Wolff:* Dodekapropheton 2: Joël und Amos, BK AT XIV/2, ²1975, S. 359–361 (Exkurs zu diesem Problem, dort weitere Literatur und Überblick über die verschiedenen Positionen).

---

10. In dem Visionszyklus Am 7–9,7 weicht eine der 5 Visionen in ihrem formalen Aufbau von den anderen ab. Um welche handelt es sich, und welche weiteren atl. Beispiele können Sie hierfür anführen?

Es handelt sich um die 4. Vision Am 8,1–3, die im Unterschied zu den anderen eine Wortassonanzvision ist. Das Entscheidende ist dabei nicht die Übereinstimmung des Bildes mit der Realität, sondern der Gleichklang des Wortes zwischen dem Gesehenen und dem, was damit angekündigt werden soll. Weitere Beispiele für Wortassonanzvisionen sind Jer 1,11 f. 13 f. S. auch Frage 6 Jeremia, Seite 195.

Literatur: W. Schottroff: Der Prophet Amos. Versuch der Würdigung seines Auftretens unter sozialgeschichtlichem Aspekt, in: *W. Schottroff/W. Stegemann (Hrsg.):* Der Gott der kleinen Leute. Sozialgeschichtliche Bibelauslegungen, Band 1: Altes Testament, 1979, S. 39–66. – *H. W. Wolff:* Amos' geistige Heimat, WMANT 18, 1964. – *Ders.:* Die Stunde des Amos. Prophetie und Protest, ⁵1981.

Obadja (vielleicht 4./3. Jahrhundert)

1. Bestimmen Sie den Aufbau des Buches Obadja

V. 1–15: Ansage einer Vernichtung Edoms als Strafe für die Schadenfreude bei der Zerstörung der Stadt Jerusalem
V. 16–21: Heilsankündigung für Juda
    a) Unantastbarkeit des Zion und Inbesitznahme des Landes derjenigen Völker, die Juda besetzt haben;
    b) Besetzung edomitischer Gebiete durch Judäer = Herrschaft JHWHs

2. Das Verhältnis zwischen Israel/Juda und Edom ist stets ein problematisches gewesen. Dies wird bereits im Stammesspruch Gen 25, 23 zum Ausdruck gebracht, in dem Esau als dem Stammvater der Edomiter eine eindeutig dienende Funktion zugeordnet wird, ebenso in dem Segensspruch Gen 27, 39 f. Die meisten Texte des AT, in denen Edom vorkommt, äußern sich kritisch. Stellen Sie diese bitte zusammen, fragen Sie aber zugleich auch, ob dies die einzige Sicht des AT in bezug auf Edom ist

Kritisch äußern sich folgende Texte über Edom: Ex 15, 15; Num 20, 14–21; 24, 18; Ri 11, 17 f.; 2 Kön 14, 7; Jes 34; Jer 25, 21; 49, 7–22; Ez 25, 12–14; 35; 36, 5; Jo 4, 19; Am 1, 11 f.; 9, 12; Ob; Mal 1, 4; Ps 60, 10 f. = 108, 10 f.; 83, 7; 137, 7; Thr 4, 21 f.
Im Wissen um die engen verwandtschaftlichen Beziehungen findet sich aber auch die ausführliche genealogische Liste Gen 36, 1–30 der Nachkommen Esaus, die Königschronik der Edomiterkönige Gen 36, 31–39 par. 1 Chr 1, 43–51 a (übrigens die einzige nichtjudäische Königschronik in den Chronikbüchern!) und die Namenliste der Edomiterfürsten Gen 36, 40–43 par. 1 Chr 1, 51 b–54. Geschichtliche Notizen enthalten im allgemeinen auch keine kritischen Untertöne, wobei zu beachten ist, daß Edom von David unterworfen worden war (2 Sam 8, 14) und erst unter Joram für Juda wieder verlorenging (2 Kön 8, 20; vgl. 2 Chr 21, 8–10). Besonders wichtig sind schließlich zwei Texte, die Überraschung und Betroffenheit zum Ausdruck bringen: Ez 32, 29 und Am 2, 1. Verdeutlichen Sie sich den großen Abstand, der z. B. zwischen Ps 137, 7 und Am 2, 1 liegt.
Zum Tag JHWHs s. Frage 6 Jesaja, Seite 164.

3. Ob 16 enthält das Motiv des Taumelbechers: »Sie trinken und tau-
meln, sie werden, als seien sie niemals gewesen.« Wo kommt dieses Motiv sonst noch vor?

Sie finden dieses Motiv auch in Jes 51,17–23; Jer 25,15–29; Ps 75,9. Teilweise
ist dieses Motiv in Jer 13,12–14 enthalten.

Problemanzeige: Die Datierung des Buches Obadja ist besonders umstritten
und hängt von zwei Punkten ab: 1. von der Frage, was als Zusatz oder als nach-
trägliche Erweiterung anzusehen ist, wobei es sich hier um eine Einleitungs-
frage handelt, die nicht zur Bibelkunde gehört, da diese von der uns vorliegenden Komposition als ganzer ausgeht, und 2. des Verhältnisses zwischen dem
historischen Feldzug Nebukadnezzars mit der Eroberung Jerusalems 587 und
dem Gericht über alle feindlichen Völker Judas, das viele typisierende Elemente
enthält.

Jona (wahrscheinlich 4./3. Jahrhundert)

1. Bestimmen Sie den Aufbau des Buches Jona

1,1 f.: Jonas Berufung

1,3–16: Jonas Flucht

Jonas Auftrag: Er hat gegen Ninive zu predigen. Er will nach Tarschisch fliehen und schifft sich in Jafo ein; ein gewaltiger Sturm entsteht; alle Matrosen beten zu ihren Göttern; Jona schläft; die Matrosen losen, wer am Unglück schuld ist, das Los fällt auf Jona; Jona gesteht seine Flucht; die Matrosen werfen ihn ins Meer.

2,1–11: Jonas Rettung

Ein großer Fisch verschlingt Jona; Jona betet im Bauch des Fisches: berichtendes Lob Gottes mit Rückblick auf die Not; der Fisch spuckt Jona aus.

3,1–10: Jona predigt – Ninive kehrt um

Jonas Auftrag wird wiederholt; Jona gehorcht und macht sich auf den Weg nach Ninive; riesige Ausdehnung der Stadt; Jona verkündigt ihren baldigen Untergang, die Einwohner fasten und trauern, auch der König trauert und fordert zur Buße auf. Gott revidiert seinen Vernichtungsbeschluß.

4,1–11: Jonas Streit mit Gott

Jona beklagt sich bei Gott über seine Güte. Gott läßt einen Rizinusstrauch wachsen, der Jona Schatten spendet, durch Wurmfraß und Sonnenglut verdorrt der Baum; daraufhin möchte Jona sterben. Gottes Pädagogik: So wie Jona über den verdorrten Rizinusstrauch trauert, den er nicht einmal geschaffen hat, trauert Gott, wenn er die große Stadt Ninive mit 120000 Menschen samt dem Vieh vernichten müßte.

2. Bereits an der Gliederung dürfte deutlich geworden sein, daß sich das Buch Jona von den anderen Prophetenbüchern unterscheidet. Wieso?

Das Buch Jona enthält keine Sammlung von Prophetenworten, sondern ist eine Erzählung vom Propheten Jona, der in 2 Kön 14,25 vorkommt und an den hier in späterer Zeit angeknüpft wird.

3. Jona 1,7 enthält das Motiv des Auslosens eines Übeltäters. Kennen Sie diesen Vorgang aus einem anderen literarischen Bereich des AT?

In 1 Sam 14 wird Jonatans Schuld durch Los ermittelt; vgl. auch Jos 7, wo jeweils der Stamm, die Sippe, die Familie und der Mann von Gott bezeichnet wird, bis die Schuld Achans feststeht.

4. Jonas Gebet im Bauch des Fisches ist als berichtendes Gotteslob gestaltet, wobei Jona 2,3–10 aus verschiedenen Psalmen komponiert worden ist. Stellen Sie diese bitte überblickartig zusammen

Jona 2,3–10	Psalm
3	120,1; 18,5–7; 31,23
4	42,3
5	31,23
6	69,2f.
7	40,3
8	18,7
9	31,7
10	22,26; 116,17f.

5. Jona 4,2. 10f. enthält einen wichtigen Aspekt der Vorstellung von der Reue Gottes. Während Jona in 4,2 selbst darauf verweist, daß JHWH ein gnädiger und gütiger Gott ist, dem das Unheil leid tut, mutet Gott Jona und damit auch den Lesern in 4,10f. die Vorstellung zu, daß seine Reue die Heiden ebenso wie die Israeliten einschließt, wenn sie zu Gott umkehren. Benennen Sie weitere Textstellen, die diese Vorstellung der Reue Gottes als Wille zur Verschonung sowohl der Israeliten als auch der Heiden enthalten

Jona 4,2 ist eine Aufnahme von Ex 34,6 und Jona 2,13f. Hierzu gehört weiterhin Jer 26,13; 46,10; Hos 11; Am 7,3. 6, der Wille Gottes zur Verschonung *seines* Volkes.

Literatur: J. Jeremias: Die Reue Gottes. Aspekte alttestamentlicher Gottesvorstellung, BiblStud 65, 1975. – H. W. Wolff: Studien zum Jonabuch, ²1975, S. 79–83.

6. Ein Motiv des Jonabuches findet sich als ganz zentrale Aussage des NT wieder. Um welches handelt es sich?

Es ist das Motiv, daß Jona drei Tage und drei Nächte im Bauch des Fisches gewesen ist – analog der drei Tage, die Jesus Christus zwischen Tod und Auferstehung im Grab lag. »So wird Jonas Geschick zum Typos des Geschicks Jesu« (H. W. Wolff: Dodekapropheton 3: Obadja und Jona, BK AT XIV/3, 1977, S. 117).

7. Auch die Klage Jonas über Gottes Güte und deren Abweisung durch eine Frage (»Ist es recht von dir, ... zornig zu sein«, 4,9) hat eine auffallende Entsprechung im NT. An welches Gleichnis Jesu denken Sie dabei?

An das Gleichnis von den Arbeitern im Weinberg Mt 20,1–16.

8. Schließlich noch eine Frage zur Gestalt Jonas: Welchem anderen Propheten entspricht diese am meisten?

Jona weist eine Reihe von Parallelen zu Jeremia auf: die Weigerung zur Verkündigung (vgl. Jer 1,6), auch wenn diese bei Jona nicht innerhalb einer Berufung steht, das unentrinnbare Schicksal des Propheten (vgl. Jer 1,7; 20,7–13), die Einsamkeit und der Todeswunsch (vgl. Jer 15,10–21; 20,14–18).

Literatur: C. A. Keller: Jonas. Le portrait d'un prophète, in: ThZ 21, 1965, S. 329–340.

Literatur: O. Kaiser: Wirklichkeit. Möglichkeit und Vorurteil. Ein Beitrag zum Verständnis des Buches Jona, in: EvTh 33, 1973, S. 91–103. – *L. Schmidt:* De Deo. Studien zur Literarkritik und Theologie des Buches Jona, des Gesprächs zwischen Abraham und Jahwe in Gen 18,22 ff. und von Hi 1, BZAW 143, 1976.

Micha (725–711/01)

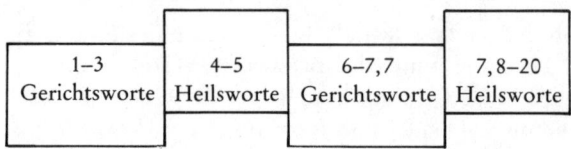

| 1–3 Gerichtsworte | 4–5 Heilsworte | 6–7,7 Gerichtsworte | 7,8–20 Heilsworte |

1. Bestimmen Sie den Aufbau des Buches Micha

1–3: Gerichtsworte

1,1: Überschrift

1,2-7: Gerichtsepiphanie gegen Samaria und Jerusalem, weil die Hauptstädte Hauptstätten der Götzenbilderverehrung sind

1,8-16: Klagebegehung: Entsetzen, Flucht, Tauer angesichts der Zerstörung in Juda/Jerusalem

2,1-5: Wehe denen, die auf ihren Lagern Unheil planen und Böses ersinnen: die Bodenspekulanten

2,6-11: Worte gegen die, die ihm das Reden verbieten wollen und gegen Häuserspekulanten

2,12 f.: Sammlung des Restes Jakobs

3,1-4: Worte gegen die Rechtsbrecher: »Sie fressen mein Volk auf, sie ziehen den Leuten die Haut ab ...« (V. 3)

3,5-8: Worte gegen die Propheten, die irreführen: Sie werden ohne Offenbarung bleiben. »Haben sie etwas zu beißen, dann rufen sie: Friede! Wer ihnen aber nichts in den Mund steckt, dem sagen sie den Heiligen Krieg an« (V. 5). »Ich aber, ich bin voller Kraft, ich bin erfüllt vom Geist des Herrn, voll Eifer für das Recht und voll Mut, Jakob seine Vergehen vorzuhalten und Israel seine Sünden« (V. 8).

3,9-12: Worte gegen die Oberschicht: Gottes Gegenwart ist keine Garantie. »Darum wird Zion euretwegen zum Acker, den man umpflügt, Jerusalem wird zu einem Trümmerhaufen, der Tempelberg zur überwucherten Höhe« (V. 12).

4–5: Heilsankündigungen

4,1-5: Völkerwallfahrt zum Zion, Zion als Mittelpunkt eines Friedensreiches; Schmieden von Schwertern zu Pflugscharen ... (≙ Jes 2,2-4)

4,6-13: Sammlung der Zersprengten; Rückkehr der Exilierten nach jetziger Bedrohung

4,14: Situation der Not

5,1-5: *Der Messias aus Betlehem*
»Aber du, Betlehem-Efrata, so klein unter den Gauen Judas, aus dir wird mir
einer hervorgehen, der über Israel herrschen soll. Sein Ursprung liegt in ferner Vorzeit, in längst vergangenen Tagen.«
5,6-14: Der Rest Jakobs wird wieder stark inmitten der Völker; JHWH vertilgt
alles, was Israel geschadet hat: militärische Ausrüstung, Zaubermittel, Gegenstände für Götzenverehrung

6-7,7: Gerichtsworte
6,1-8: Gottes Rechtsstreit mit seinem Volk
»Womit soll ich vor den Herrn treten …? … Es ist dir gesagt worden,
Mensch, was gut ist und was der Herr von dir erwartet: Nichts anderes als
dies: Recht tun, Güte und Treue lieben, in Ehrfurcht den Weg gehen mit deinem Gott« (V. 6. 8).
6,9-16: Anklage gegen:
   a) Anhäufung von ungerecht erworbenem Besitz;
   b) falsche Maße und Gewichte;
   c) Lügen und Betrug;
Ankündigung von:
   a) Hunger;
   b) Schwert;
   c) Nichtverwertung des Gesäten, der Oliven und der Weintrauben.
7,1-7: Klage des Propheten: Wehe mir, kein Gerechter ist mehr zu finden, niemand, dem man vertrauen kann, selbst die nächsten Angehörigen nicht.

7,8-20: Heilsworte
7,8-13: Jerusalems Lied: Ich stehe wieder auf …; Vertrauen mit Schuldbekenntnis
7,14-20: Bitte an Gott, sein Volk zu weiden; Vertrauen auf Vergebung

2. Aus der Übersichtstabelle Seite 218 können Sie ersehen, daß Micha
   ein Zeitgenosse Hoseas und Jesajas war, der wie Jesaja im Südreich Juda wirkte. Nach Mi 1,1 kommt der Prophet aus Moreschet.
   Wo liegt dies? Können Sie aus dem uns überlieferten Prophetenbuch auch etwas zur sozialen Stellung Michas sagen?

Moreschet ist Gat benachbart, weshalb Sie auch häufiger Moreschet-Gat als
Heimatort Michas finden (vgl. Mi 1,14). Dieser liegt ca. 35 km südwestlich von
Jerusalem inmitten des von Rehabeam I. ausgebauten Festungsgürtels, der geo-
graphisch-strategisch günstig zwischen judäischem Bergland und Küstenebene
lag.

Micha gehört selbst einer gehobenen sozialen Schicht an, möglicherweise ist er *einer der Ältesten von Moreschet* (so H.W.Wolff). Schlüsselstelle ist hierfür 3,8, weiterhin sind vor allem jene Stellen wichtig, an denen Micha von »*meinem Volk*« spricht (1,9; 2,9; 3,3. 5).

> *Literatur: H. W. Wolff:* Mit Micha reden. Prophetie einst und jetzt, 1978, bes. S. 30–40. – *Ders.:* Wie verstand Micha von Moreschet sein prophetisches Amt?, in: VT.S 29, 1978, S.403–417. – S. auch *ders.:* Dodekapropheton 4: Micha, BK AT XIV/4, 1982, S.XIII–XVII und z.St.

Problemanzeige: Die Wortspiele in der Klagebegehung Mi 1,8–16 sind in der deutschen Bibelübersetzung nur unvollkommen wiedergegeben. Um die Schärfe Michas zu erfassen, seien deshalb die Übertragung H.W.Wolffs: Mit Micha reden, S.43f., und die Ausführungen, a.a.O. S.54, empfohlen.

3. Das berühmte Wort Michas 3,12, daß der Zion zum Acker wird, den man umpflügt, und der Tempelberg zur überwucherten Höhe, spielt in einem anderen wichtigen Zusammenhang eine wesentliche Rolle. Wissen Sie, in welchem?

Bei Jeremias Tempelrede Jer 26 wird der Prophet mit dem Tode bedroht. Die Situation entspannt sich aber für Jeremia, als sich einige Älteste an eben dieses Wort Michas erinnerten, der daraufhin ebenfalls nicht hingerichtet worden ist (V. 17–19). Dies ist ein schönes Beispiel mündlicher Überlieferung prophetischer Worte über etwa ein Jahrhundert hinweg.

4. Wegen ihrer Wichtigkeit sei auch im Fragenteil noch einmal an die Parallele zu Mi 4,1–4 erinnert. Sicher wissen Sie, wo diese steht?

Richtig, in Jes 2,2–4.

5. Mi 5,1 erwartet den künftigen Messias aus Betlehem. Was bedeutet das?

Dies ist eine dezidierte Anknüpfung an die David-Tradition, da David auch aus Betlehem stammt (1 Sam 16,1–13).

6. Wie wird Mi 5,1 im NT aufgenommen?

Mt 2,6 negiert Mi 5,1 a, indem es heißt: »Du, Betlehem im Gebiet von Juda, bist *keineswegs* die unbedeutendste unter den führenden Städten von Juda; denn aus dir wird ein Fürst hervorgehen, der Hirt meines Volkes Israel.«
Zugleich knüpft die Tradition, die die Geburt Jesu nach Betlehem verlegt, an die messianische Tradition von Mi 5,1 an.

7. In Mi 6,1–5 sind verschiedene Traditionen verarbeitet worden. Benennen Sie diese und geben Sie überblickartig die entsprechenden Texte an

- Exodus: Ex 1–14;
- Mose, Aaron und Mirjam als Führer: Ex 1–19; Num 10–20;
- Balak-Bileam-Tradition: Num 22–24;
- Jordandurchzug Jos 3.

8. Lernen Sie Mi 6,8 in der Lutherübersetzung auswendig

»Es ist dir gesagt, Mensch, was gut ist und was der Herr von dir fordert, nämlich Gottes Wort halten und Liebe üben und demütig sein vor deinem Gott.«
H.W.Wolff: Mit Micha reden, S.110f. u.ö., weist darauf hin, daß Jimmy Carter bei seiner Vereidigung zum Präsidenten der Vereinigten Staaten von Amerika am 20.1.1977 seine Hand auf diese Stelle der Bibel gelegt hatte und zu Beginn seiner Rede auf dieses Wort von Micha einging.

9. Mi 7,1–7 wird beklagt, daß kein Gerechter mehr unter den Menschen zu finden sei. Wer klagt ähnlich?

Jeremia klagt im 5. Kapitel in ähnlicher Weise.

10. Woran erinnert das Motiv vom Weiden des Volkes durch Gott 7,14–20?

Dies erinnert an den guten Hirten in Ez 34.

Hinweis: Wenn Sie sich bei der bibelkundlichen Erarbeitung dieses prophetischen Buches nicht von der Radikalität der Unheilsprophetie Michas haben »anstecken« lassen, dann bleiben die Texte angelerntes Wissen ohne Lebensbezug, also gerade das, was das Studium des Alten Testaments verhindern soll.

Literatur: J. Jeremias: Die Deutung der Gerichtsworte Michas in der Exilszeit, in: ZAW 83, 1971, S. 330–354. – *J. Kegler:* Prophetisches Reden von Zukünftigem, in: Eschatologie und Friedenshandeln. Exegetische Beiträge zur Frage christlicher Friedensverantwortung, SBS 101, S. 15–58.

Nahum (zwischen 650 und 612)

1. Bestimmen Sie den Aufbau des Buches Nahum

1,1: Überschrift

1,2–8: Hymnus (teilweise alphabetisch): Epiphanie Gottes zur Rache an seinen Gegnern und zur Zuflucht und Sicherheit für die, die Schutz bei ihm suchen

1,9–11: Aufforderung zum Vertrauen auf Gott

1,12–14: Ankündigung des Endes der Fremdherrschaft in Juda und der Zerstörung Ninives

2,1–14: Der Freudenbote: Ankündigung der Zerstörung Ninives (dramatische Gestaltung des ausbrechenden Krieges); die Stadt ist voller geraubter Schätze

3,1–7: Ninive, die Hure, wird bestraft

3,8–17: Drastische Schilderung der Schwäche der Stadt

2. In Nah 2,1 wird das Motiv erwähnt, daß auf den Bergen die Schritte des Freudenboten zu sehen sind, der Frieden verkündet. Wo kommt dieses noch vor?

Sie finden es noch in Jes 52,7.

3. In Nah 3,4 wird die Stadt Ninive im Bild einer schönen Frau dargestellt. Gleiches gibt es auch für Jerusalem. Benennen Sie bitte exemplarische Bibelstellen

Jer 4,30; Ez 16,13 f. 15. 25. 32.

4. In diesem Zusammenhang finden Sie als weiteres Motiv das Aufheben der Schleppe, damit die Völker die Blöße sehen können. Wo finden Sie dieses noch?

In Jer 13,22 und Ez 16,37.

5. Warum wird in Nah 3,8–19 Ninive gerade mit Theben (= No-Amon) verglichen?

Während Theben am Nil liegt, ist Ninive am Oberlauf des Tigris gelegen. Beide haben also durch die großen Ströme einen natürlichen Schutzwall, ihre Mauern sind die Wasser (V. 8). Und doch: Wie Theben bereits erobert wurde, so wird es auch Ninive ergehen.

Problemanzeige: Blickt Nahums Ankündigung auf die künftige oder auf die bereits geschehene Eroberung Ninives? »Wahrscheinlich enthält das Buch wirkliche, vorher ergangene Ankündigung des Falles Ninives, die dann für die gottesdienstliche Tradition *nach* dem Fall Ninives so gefaßt wurde, wie sie uns überliefert ist« (C. Westermann: Kurze Bibelkunde des Alten Testaments, ³1978, S. 108).

Habakuk (612–598)

1. Bestimmen Sie den Aufbau des Buches Habakuk

1,1: Überschrift

1,2–4: Klage des Propheten über das ungestrafte Unrecht

1,5–17: Antwort Gottes: Ankündigung des Kommens der Chaldäer = Babylonier

12 f. eingeschaltete Klage

2,1–4: Auftrag an den Propheten: Niederschreiben der Offenbarung; denn noch gibt es eine Frist, bis sie sich erfüllt

2,5–19: Weherufe
  a) über die, die Besitz raffen;
  b) über die, die unrechten Gewinn sammeln;
  c) über die Bauherren, die Blutschuld auf sich laden;
  d) über die, die Gewalt üben;
  e) über die, die Götzen anbeten.

2,20: »Der Herr aber wohnt in seinem heiligen Tempel. Alle Welt schweige in seiner Gegenwart.«

3,1–19: Gebet des Propheten Habakuk:
  - Bitte um baldiges Eintreffen der Ansagen;
  - *Epiphanie Gottes V. 3–15;*
  - Angst, gegen wen sich das Kommen richtet, und Gewißheit, daß sich das Kommen Gottes gegen das feindliche Volk richtet;
  - Loben Gottes

2. Woran erinnert die Klage in Hab 1,2–4?

Das Problem, warum es den Gottlosen so gut geht, finden Sie auch in den Psalmen und Proverbien, vor allem aber bei Ijob und Kohelet.

3. Eine der Antworten Gottes findet sich in Hab 2,4: »Wer nicht rechtschaffen ist, schwindet dahin, der Gerechte aber bleibt wegen seiner Treue am Leben.« Wo und wie wird diese Stelle im NT aufgenommen?

In Röm 1,17 wird diese Textstelle als Thema des gesamten Römerbriefes verarbeitet; vgl. ebenso Gal 3,11. Aus der Septuaginta wird sie in Hebr 10,38 aufgenommen.

Problemanzeige: Im hebräischen Wort *æmunah,* das hier mit »Treue« übersetzt wird, klingt entfernt auch der Begriff »Glaube« an, der dann im ntl. Begriff *pistis* zentrale Bedeutung gewinnt.

4. Die schreiende Anklage, die in den Weherufen Hab 2, 5–19 zur Sprache kommt, wird besonders schön in Vers 11 zum Ausdruck gebracht: »Es schreit der Stein in der Mauer, und der Sparren im Gebälk gibt ihm Antwort.« Selbst das Baumaterial ist in die brutale Unterdrückung einbezogen. Im NT nimmt Jesus diesen Vergleich in etwas anderer Weise auf. Wissen Sie, wie?

Im Zusammenhang des Einzugs in Jerusalem rufen nach dem Evangelium des Lukas einige Pharisäer Jesus zu, er solle seine Jünger zum Schweigen bringen, woraufhin er antwortet: »Wenn sie schweigen, werden die Steine schreien« (Lk 19, 40).

5. Hab 3, 3 hat für die Frage der Lokalisierung des Gottesberges eine wichtige Bedeutung. Wo liegen *Teman* und *Paran,* und welche anderen Textstellen können in diesem Zusammenhang genannt werden?

Teman ist im nördlichen Teil Edoms (Seïrs) zu lokalisieren, *Paran* im südlichen Teil des Negev.
Als weitere Texte sind Dtn 33, 2 und Ri 5, 4 f heranzuziehen.

Zur Epiphanie und Theophanie s. Frage 20 Exodus, Seite 50.

Literatur: P. Jöcken: Das Buch Habakuk, BBB 48, 1977 (dort weitere Literatur). – *C. A. Keller:* Die Eigenart der Prophetie Habakuks, in: ZAW 85, 1973, S. 156–167. – *E. Otto:* Die Stellung der Wehe-Worte in der Verkündigung des Propheten Habakuk, in: ZAW 89, 1977, S. 73–107.

Zefanja (um 630)

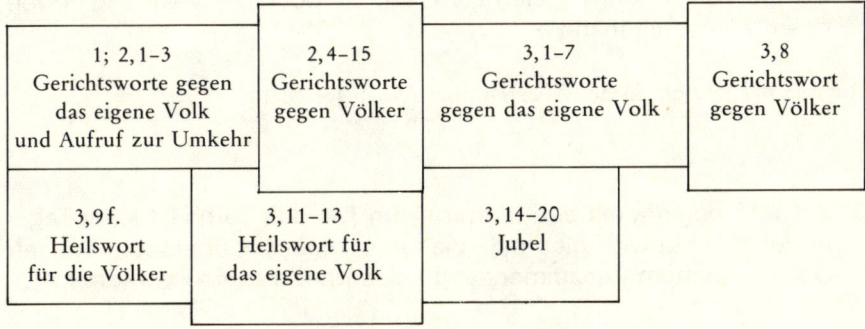

| 1; 2,1–3 Gerichtsworte gegen das eigene Volk und Aufruf zur Umkehr | 2,4–15 Gerichtsworte gegen Völker | 3,1–7 Gerichtsworte gegen das eigene Volk | 3,8 Gerichtswort gegen Völker |
| 3,9f. Heilswort für die Völker | 3,11–13 Heilswort für das eigene Volk | 3,14–20 Jubel | |

1. Bestimmen Sie den Aufbau des Buches Zefanja

1,1: Überschrift

1,2–18: Der Tag des Herrn (Tag JHWHs)
Gerichtstag über Juda und Jerusalem, ausgeweitet auf die gesamte Schöpfung.
Angesagte Vernichtung von Mensch und Tier; Grund: Götzendienst in Jerusalem; Worte gegen Führende und in Luxus Lebende.
V. 14–16: Beschreibung des Tages JHWHs – ein Tag der Angst, des Zorns und der Not, des Dunkels und des Kriegsgeschreis …

2,1–3: Aufruf zur Umkehr

2,4–15: Gerichtsworte gegen Völker:
Philistäische Küstenstädte: Sie werden Wohngebiet der Judäer; Moab und Ammon: Plünderung und Beerbung durch Judäer als Strafe für ihren Hochmut und ihre Verhöhnung;
Vernichtung aller Götter der Erde, Verehrung JHWHs durch alle Völker (V. 11);
Vernichtung der Kuschiter (Äthiopier), Assurs und Ninives.

3,1–7: Weheruf gegen Jerusalem:
Anklage gegen die Fürsten, Richter, Propheten und Priester;
die bisherigen Strafen Gottes wirkten nicht.

3,8: Gerichtswort gegen Völker

3,9f.: Heilswort für diese Völker

3,11–13: Der Rest Israels, ein demütiges und wahrhaftiges Volk

3,14–20: Zions Jubel über die Rettung, die Gottes Sieg gegen die Feinde bringt
»An jenem Tag wird man zu Jerusalem sagen: Fürchte dich nicht, Zion! Laß die Hände nicht sinken! Der Herr, dein Gott, ist in deiner Mitte, ein Held, der Rettung bringt« (V. 16. 17a).

2. Das Motiv »dick geworden sein auf seiner Hefe« (V, 12) haben Sie bereits bei einem anderen Propheten in dessen Worten über fremde Völker kennengelernt. Wissen Sie noch, bei wem und in welchem Zusammenhang?

Richtig, bei Jeremia in den Worten über Moab Jer 48,11.

3. Zef 1,15 beginnt mit den Worten: »Ein Tag des Zorns ist jener Tag.« In der Vulgata wird dies mit »dies irae, dies illa« übersetzt. Wissen Sie, in welchem Zusammenhang »dies irae, dies illa« vorkommt?

Dies ist der Anfang des von Thomas von Celano im 13. Jahrhundert gedichteten Hymnus, der in der katholischen Totenmesse ertönt. Auch in Goethes Faust, 1. Teil, singt in der Szene im Dom der Chor das »dies irae, dies illa«, während Gretchen mit sich selbst ringt (Zeile 3798).
Zum Tag JHWHs s. Frage 6 Jesaja, Seite 164.

4. Zef 1,13 findet sich in ganz ähnlicher Formulierung bei einem anderen Propheten. Wissen Sie, bei wem?

Es ist bei Amos Am 5,11.

5. Zef 2,13 wird der Untergang Assurs und Ninives angekündigt. Bei welchem Propheten findet sich Ähnliches?

Bei Jesaja; vgl. Sie Jes 10,5–34; 14,24–27; 30,27–33.

6. Die Kritik an den Fürsten, Richtern, Propheten und Priestern Zef 3,3f. findet sich in einer anderen Reihenfolge bei einem Propheten, der etwa 40 Jahre später wirken sollte. Um welchen handelt es sich?

Es handelt sich um Ezechiel. In Ez 22,25–28 lautet die Reihenfolge: Fürsten (ebenfalls im Bild des brüllenden Löwen), Priester, Beamten (im Bild der Wölfe) und Propheten.

7. Wo finden Sie außer Zef 3,14 das Motiv des Jubels der Tochter
   Zions noch?

Jes 12,6; Sach 2,14.

Literatur: R. Edler: Das Kerygma des Propheten Zefanja, FThSt 126, 1984. – *A. S. Kapelrud:* The Message of the Prophet Zephanja, 1975.

Haggai (um 520)

1. Bestimmen Sie den Aufbau des Buches Haggai

1,1: Überschrift: Das Wort des Herrn ergeht durch den Propheten Haggai an den Statthalter von Juda, Serubbabel, und an den Hohenpriester Jeschua

1,2–11: 1. Wort: Es ist Zeit zum Wiederaufbau des Tempels. Die Not in Juda kommt daher, daß der Tempel noch zerstört ist.

1,12–15: 2. Wort: »Ich bin bei euch-Spruch des Herrn« (V. 13). Beginn der Bauarbeiten.

2,1–9: 3. Wort: Der jetzige elende Zustand und die künftige Pracht des Tempels, die größer als die des ersten Tempels sein wird.

2,10–19: 4. Wort: Warnung vor Unreinheit (in Form einer Torafrage); Ankündigung des Segens vom Zeitpunkt der Grundsteinlegung des Tempels an.

2,20–23: 5. Wort: Verheißung der Vernichtung von Feinden; der Davidide Serubbabel als Gottes Siegelring

2. Im Buch Haggai spielt Serubbabel eine wichtige Rolle. In welchem anderen atl. Buch ist dies auch der Fall?

Im Buch Esra, vor allem in den Kapiteln 3–5.

3. Wenn im 5. Wort Hag 2,20–23 Gott verheißt, Serubbabel zu seinem Siegelring zu machen, so wird damit auch auf die davidische Abstammung rekurriert, die in Hag 1,1 angedeutet wird. Wo finden wir in einem biblischen Buch eine Genealogie, aus der dies deutlicher ersichtlich ist?

Es handelt sich um die Genealogie der Nachkommen Davids von Joschija bis Anani 1 Chr 3,15–24, in der Serubbabel in V. 19 angeführt wird. Eine atl. Parallele zu dieser Genealogie gibt es nicht, vgl. aber Mt 1,1–17, vor allem die Verse 12 f. Serubbabel ist demnach ein Enkel des vorletzten judäischen Königs Jojachin, der nach 2 Kön 25,27–30 am babylonischen Hof begnadigt und in eine ehrenvolle Stellung wiederaufgenommen wurde.

4. Zum Hohenpriester Jeschua (hebr.: Jehoschua): Auch von ihm erfahren wir in Hag 1,1. 12. 14; 2,2. 4 nur den Namen des Vaters: Jo-

zadak. Dieser spielt in einem anderen Zusammenhang eine wichtige Rolle. Wissen Sie, in welchem?

Nach 1 Chr 5, 41 ist Jozadak derjenige levitische Priester, der unter Nebukadnezzar in die Verbannung geführt wird. Mit der Rückkehr Jeschuas als Hoherpriester nach Jerusalem wird also dezidiert auf die Kontinuität des levitischen Priestertums hingewiesen. 2 Kön 25, 18 führt dagegen Seraja, den Vater Jozadaks, als denjenigen an, der in die babylonische Gefangenschaft gehen muß.

5. Ein zentrales Thema des Buches Haggai ist der Wiederaufbau des neuen, noch prächtigeren Tempels. Wo finden Sie dieses im AT noch?

Jes 60, vor allem V. 13; Sach 8, 9–13.

6. Wenn Sie Hag 2, 6 f. lesen, sollte Ihnen eine sehr gebräuchliche Redewendung einfallen, deren Ursprung diese Bibelstelle ist. Fällt Sie Ihnen ein?

»Himmel und Erde in Bewegung setzen.«

7. In Hag 2, 11–14 wird in Form einer Torafrage auf das Problem der kultischen Unreinheit rekurriert. Welche Texte der Tora dienen hier als Grundlage?

Lev 11–15; Num 19.

8. In Hag 2, 23 wird Serubbabel als Siegelring Gottes bezeichnet. Wo finden Sie das Motiv des Siegelrings im AT noch?

In kultischer Hinsicht finden Sie es Ex 28, 11. 21. 36; 39, 6. 14. 30. Positiv aufgenommen ist dieses Motiv auch in Hld 8, 6 im Zusammenhang der Liebe, währenddessen in Jer 22, 24 eine negative Aufnahme vorliegt.
Hag 2, 23 wird außerhalb des AT dezidiert aufgenommen – in Sir 49, 11.

9. Diese Frage zum Abschluß stellt zugleich eine Überleitung zum nächsten Prophetenbuch dar: Wo wird in den Schriften auf die Propheten Haggai und Sacharja verwiesen?

In Esra 5, im Zusammenhang der Wiederaufnahme der Bauarbeiten des Jerusalemer Tempels, s. vor allem V. 1.

Problemanzeige: Um wen es sich bei *diesem unreinen Volk* Hag 2,14 handelt, ist umstritten – entweder um die Samaritaner oder um das eigene Volk.

Literatur: K. Koch: Haggais unreines Volk, in: ZAW 79, 1967, S.52–66. – *H. G. May:* »This People« and »This Nation« in Haggai, in: VT 18, 1968, S.190–197. – *H. W. Wolff:* Dodekapropheton 6: Haggai, BK AT XIV/6, 1986, S.1–9.

Sacharja

1. Bestimmen Sie den Aufbau des Buches Sacharja

1–8: (Proto-) Sacharja (= Sacharja ben-Berechja ben-Iddo, ca. 520–518)

1,1–6: Aufruf zur Umkehr; Gottes Worte sind in Erfüllung gegangen
1,7–6,8: *Die 8 Nachtgesichte Sacharjas*

    1,7: Überschrift

I.   1,8–17: Der Mann zwischen den Myrtenbäumen und die verschiedenfarbigen Pferde
Der Deuteengel: Gottes Zorn gilt den Völkern; Jerusalem erwartet
eine neue Zukunft; der Tempel soll wiederaufgebaut werden.

II.   2,1–4: Die vier Hörner und die vier Schmiede
Der Deuteengel: Es sind die vier Völker, unter denen Juda/Israel gelit-
ten hat und die nun selbst zerschlagen werden.

III. 2,5–17: Der Mann mit der Meßschnur
Ausmessen der Mauern Jerusalems; Engelbefehl: Jerusalem soll keine
Mauern erhalten, JHWH selbst wird eine Mauer von Feuer sein.
2,10–17 Aufruf an die Exilierten zur Flucht aus Babylon.

IV. 3,1–10: Der Hohepriester Jeschua – neben dem Engel des Herrn- und
der Satan, der ihn anklagen will
Die Anklage wird verboten und Jeschua neu eingekleidet.
Jeschua ist Gewähr für den kommenden Davididen und Garant eines
künftigen Friedens.

V.   4,1–14: Goldener Leuchter mit sieben Lampen und zwei Ölbäume
Der Deuteengel: 7 Lampen = 7 Augen Gottes; 2 Ölbäume = 2 ge-
salbte Männer des Herrn. Ermutigung für Serubbabel: Er hat den
Tempelbau begonnen, er wird ihn auch vollenden können.

VI. 5,1–4: Die fliegende Buchrolle
Der Deuteengel: Fluch für Diebe und Meineidige.

VII. 5,5–11: Die Frau im Faß (Epha)
Der Deuteengel: Es ist die Ruchlosigkeit. Sie wird nach Schinar (=
Mesopotamien) gebracht, wo man ihr einen Tempel baut und sie auf
ein Podest stellt.

VIII. 6,1–8: Die vier Wagen, die zwischen den zwei Bergen aus Bronze hervorfahren

Der Deuteengel: Die vier Wagen mit den verschiedenfarbigen Pferden bringen das Gericht in alle vier Himmelsrichtungen.

6,9–15: Auftrag an Sacharja, eine goldene Krone für den Hohenpriester Jeschua herzustellen und ihn zu krönen (Vereinigung von Priesteramt und Königtum)

7,1–14: Sacharja beantwortet im Auftrag Gottes die Frage nach der Fortsetzung von Fastengottesdiensten: Das Fasten dient nicht Gott, sondern euch; Aufforderung zur Änderung und Verstockung der Hörer; Begründung des Gerichts

8,1–23: Jerusalems künftiges Heil:
 a) Gott kehrt zum Zion zurück;
 b) Langes Leben, Kinderreichtum, Sammlung der Zerstreuten;
 c) Der Tempelbaubeginn ist Beginn eines neuen Segenshandelns Gottes;
 d) Gottes Entschluß: Wie er einst Unheil eintreffen ließ, so läßt er jetzt Heil kommen;
 e) Beitrag der Menschen: Wahrheit, gerechte Urteile, keine bösen Pläne gegen den Nächsten, keine Meineide;
 f) Fasten- und Trauertage werden zu Freudentagen;
 g) Völkerwallfahrt zum Zion.

Problemanzeige: Unzweifelhaft stellen die Kapitel 9–14 gegenüber den Kapiteln 1–8 eine eigenständige Einheit dar. Die Kapitel 9–14 sind nun aber durch 9,1 und 12,1 wiederum gegliedert. Zusammen mit einigen inhaltlich-thematischen Gründen läßt sich daher eine weitere Unterteilung rechtfertigen, die jedoch nicht so einschneidend wie diejenige zwischen 1–8 und 9–14 ist. Diesem Tatbestand soll dadurch Rechnung getragen werden, daß die Grobgliederung dieses biblischen Buches zwar von zwei Teilen ausgeht, den zweiten jedoch noch einmal untergliedert. Analog zum Jesajabuch hat sich in der atl. Wissenschaft für Sach 9–11 der Begriff *Deuterosacharja,* für Sach 12–14 der Begriff *Tritosacharja* eingebürgert. Die Wirkungszeit beider Verfasserkreise dürfte nur wenige Jahrzehnte auseinanderliegen. Dies soll dadurch zum Ausdruck gebracht werden, daß die Wirkungszeit Deuterosacharjas auf ca. 300, diejenige Tritosacharjas in das 3. Jahrhundert datiert wird. Zur redaktionellen Überschrift Mal 1,1 s. S.260.

9–14: 2. Teil

9–11: Deuterosacharja (anonymer Prophet um 300)
9,1–8: Unheilsansage gegen Israels Nachbarn (Aram, Tyrus, Sidon, Philister)

254

9,9f.: Verheißung eines Friedenskönigs, der auf dem Esel in Jerusalem einzieht; Vernichtung der Waffen

»Juble laut, Tochter Zion! Jauchze, Tochter Jerusalem! Siehe, dein König kommt zu dir. Er ist gerecht und hilft; er ist demütig und reitet auf einem Esel, auf einem Fohlen, dem Jungen einer Eselin« (V. 9).

9,11–17: Gott selbst wird sein Volk aus der Gefangenschaft zurückführen und gegenüber den Feinden beschützen

10,1f.: Bitte um Regen

10,3–12: Gottes Zorn auf die falschen Hirten, die sein Volk ins Elend führten; Verheißung der Hilfe gegen fremde Mächte; Signal zur Rückkehr für alle Exilierten: neuer Exodus

11,1–3: Klage der entmachteten Völker und ihrer Herrscher im Bild der vernichteten Natur

11,4–17: Wehewort über den nichtsnutzigen Hirten – Symbol für den Propheten

a) Der Stab »Freundlichkeit« wird zerbrochen – Ende der Freundlichkeit Gottes über alle Völker;

b) Der Stab »Verbindung« wird zerbrochen – Ende der Zusammengehörigkeit der beiden Staaten Juda und Israel;

c) Der Hirtenlohn = 30 Silberstücke

12–14: Tritosacharja (anonymer Prophet 3. Jahrhundert)

12,1–8: Gott selbst schützt Jerusalem vor dem Ansturm der Feinde

12,9–12: Klage in Jerusalem um den Durchbohrten

13,1–6: Reinigungsquelle in Jerusalem; Reinigung von Göttern und falschen Propheten

13,7–9: Vernichtung des Hirten und Läuterung des restlichen Drittels im Feuer

14,1–21: Der Kampf um Jerusalem:

a) Sieg der Feinde über Jerusalem;

b) Eingreifen Gottes für Jerusalem; seine Füße stehen auf dem Ölberg, der sich spaltet;

c) Das Ende von Tag und Nacht, eine Quelle in Jerusalem;

d) Gott als König über alle Völker;

e) Die Feinde werden alle vernichtet;

f) Jährliche Völkerwallfahrt zum Zion anläßlich des Laubhüttenfestes: Alles wird dem Herrn heilig sein, auch die Pferdeschellen

2. Sach 1,1–6 enthält die Aussage, daß die durch die Propheten angesagten Dinge eingetroffen sind. Bei welchem anderen Propheten spielt dies auch eine wichtige Rolle?

Bei Deuterojesaja, der während des Exils selbst wirkte.

3. In den Nachtgesichten Sacharjas kommt ein Deuteengel des öfteren vor. Dieser *angelus interpres* spielt in der späteren Apokalyptik eine wichtige Rolle, hat aber bereits in zwei weiteren atl. Büchern einen Vorläufer. Wissen Sie, wo?

Einmal handelt es sich im Zusammenhang von Ez 40–48 um den *Mann,* der in Ez 40,3 erwähnt wird, dann in den Visionen Daniels (Dan 7–12) um die beiden Gestalten Dan 8,15 f.; 10,10 f.

4. Im zweiten Nachtgesicht Sacharjas wird auf vier Völker verwiesen, unter denen Israel/Juda litten. Um welche könnte es sich Ihrer Kenntnis nach dabei handeln?

Die vier Hauptgegner in der Geschichte der beiden Staaten Israel und Juda bis zum Auftreten Sacharjas dürften wohl Assyrien, Aram/Damaskus, Ägypten, und das neubabylonische Reich gewesen sein.

Problemanzeige: Diese historische Deutung des zweiten Nachtgesichts ist jedoch nicht unumstritten. Während z. B. K. Galling nur von einer Macht, nämlich Babylon, ausgeht und die vier Hörner auf den babylonischen Königstitel »Herr der vier Weltgegenden« bezieht, möchte W. Rudolph die Vierzahl auf die Anschauung von den vier Himmelrichtungen zurückführen.

5. Der Aufruf zur Flucht aus Babel (Sach 2,10) erinnert an einen Aufruf Deuterojesajas. Wo finden Sie dort diese Textstelle?

Jes 48,20 f.; vgl. auch Jes 52,11; Jer 51,6.

6. Nur in zwei atl. Texten kommt der Satan als Ankläger vor. Um welche beiden handelt es sich?

Sach 3 und Ijob 1 f. In 1 Chr 21,1 ist der Satan der Verführer zur Volkszählung.

7. In dem fünften Nachtgesicht Sach 4, 1–14 ist von einem goldenen Leuchter die Rede. Woran erinnert Sie dieser?

An die Menora, den siebenarmigen Leuchter des Tempels, obwohl die Darstellung Sacharjas weder mit den sonstigen atl. Beschreibungen noch mit der bekanntesten, uns überlieferten Darstellung der Menora auf dem Relief des Titusbogens in Rom (anläßlich der Triumphfeier nach der Zerstörung Jerusalems 70 n. Chr.) zu harmonisieren ist.

8. In Sach 5, 2 ist von einer fliegenden Schriftrolle die Rede, die 20 Ellen lang und 10 Ellen breit ist. Kommt Ihnen dies irgendwie bekannt vor?

Diese Textstelle ist die Grundlage für unser geflügeltes Wort »ein ellenlanger Brief«.

9. Im siebenten Nachtgesicht Sach 5, 5–11 ist von einer Frau im Faß die Rede, im hebräischen Text von einer Frau im Efa. Wissen Sie, wie groß dieses Hohlmaß ist?

Sie finden in den entsprechenden Übersichten (z. B. am Ende der meisten Bibelübersetzungen) Angaben zwischen 30 und 40 Litern. Dies wäre, selbst für eine kleine Frau, noch viel zu klein.

Literatur: *K. Galling:* Die Exilswende in der Sicht des Propheten Sacharja, in: *ders.:* Studien zur Geschichte Israels im persischen Zeitalter, 1964, S. 109–126. – *Chr. Jeremias:* Die Nachtgesichte des Sacharja, FRLANT 117, 1977. – *W. Rudolph:* Haggai – Sacharja 1–8 – Sacharja 9–14 – Maleachi, KAT XIII/4, 1976, S. 59–156. – *K. Seybold:* Bilder zum Tempelbau. Die Visionen des Propheten Sacharja, SBS 70, 1974.

10. Der Hohepriester Jeschua und Serubbabel werden häufiger erwähnt. Stellen Sie bitte die Texte zusammen und erörtern Sie das Verhältnis der beiden zueinander

3, 1–10: Jeschua erhält die Investitur für das Amt des Hohenpriesters. Er ist Gewähr für den kommenden Davididen und Garant eines künftigen Friedens.
4, 1–14: Serubbabel wird als Tempelerbauer besonders herausgehoben, in V. 14 werden beide als die Gesalbten JHWHs nebeneinandergestellt.

6,9–15: Problematisch ist das Verhältnis von Jeschua und dem Mann namens *Sproß* (V. 12), der Vereinigung von Priesteramt und Königtum in Verbindung mit dem Tempelbau.

11. Mit dem Hohenpriester Jeschua verbindet sich auch die Verheißung des Genießens der Früchte vom Feigenbaum und vom Weinstock (3,10). Woher kennen Sie dieses Motiv?

Sie kennen es wohl aus Mi 4,5. Vgl. Sie aber auch 1 Kön 5,5.

12. Die Ermutigung Serubbabels durch Sacharja, den Tempel weiterzubauen, erinnert sehr stark an einen anderen Propheten, der zur gleichen Zeit wirkte. Um welchen handelt es sich?

Richtig, es handelt sich um den Propheten Haggai.

13. Welche beiden Texte des Sacharjabuches spielen in der Passionsgeschichte Jesu eine wichtige Rolle?

Es sind dies Sach 9,9 f. im Zusammenhang des Einzugs Jesu in Jerusalem (Mt 21,5; Joh 12,14 f.) und Sach 11,12 f. als Judaslohn für den Verrat an Jesus (Mt 27,9 f.; vgl. Mt 26,14–16).

14. In Sach 13,1 sind zwei verschiedene Traditionen zusammengeflossen. Um welche handelt es sich und geben Sie für beide einige charakteristische Bibelstellen an

a) Kultische Reinigung: Num 8,7; 19; 31,23 f.;
b) Tempelquelle: Ez 47,1–12; Joël 4,18; Sach 14,8; Ps 46,5.

15. In Sach 14 wird der Kampf um Jerusalem, der ständig umkämpften Stadt, in ein endzeitliches Geschehen transponiert. Welche anderen atl. Texte sind in diesem Zusammenhang zu nennen?

Jes 2,2–4; 54; 60; 62; 65; Jer 31; 33; Ez 40–48; Hag 2 und die Stellen bei Sacharja, wobei vor allem noch 8,3 und 9,9 f. zu nennen sind.

Literatur: H. Gese: Anfang und Ende der Apokalyptik, dargestellt am Sacharjabuch (1973), in: *ders.:* Vom Sinai zum Zion. Alttestamentliche Beiträge zur biblischen Theologie, BEvTh 64, ²1984, S. 202–230. – *H.-M. Lutz:* Jahwe, Jerusalem und die Völker. Zur Vorgeschichte von Sach 12, 1–8 und 14, 1–5, WMANT 27, 1968. – *O. Plöger:* Theokratie und Eschatologie, WMANT 2, ³1968. – *M. Saebø:* Sacharja 9–14. Untersuchungen von Text und Form, WMANT 34, 1969. – *I. Willi-Plein:* Prophetie am Ende. Untersuchungen zu Sacharja 9–14, BBB 42, 1974.

Maleachi (5. Jahrhundert)

1. Bestimmen Sie den Aufbau des Buches Maleachi

1,1: Überschrift

1,2–5: Gottes Liebe zu Israel zeigt sich in der Vernichtung Edoms
»Ich liebe euch, spricht der Herr. Doch ihr sagt: Worin zeigt sich deine Liebe? ... Esau aber hasse ich ...« (V. 2 f.).

1,6–14: Die rechte Gottesverehrung widerspricht unreinen Opfergaben
»Der Tisch des Herrn ist nicht so wichtig« (V. 7), deshalb werden lahme, kranke und fehlerhafte Tiere geopfert.

2,1–9: Drohwort gegen die Priester
Der Bund mit Levi ist durch die Priester zunichte gemacht worden; falsche Tora.

2,10–16: Zwei Frevel in Jerusalem:
a) Heirat von Frauen, die fremde Götter verehren (Mischehen);
b) Verstoßen der ersten Frau – Strikte Ablehnung der Scheidung.

2,17–3,5: Die Frage der Frommen und der Tag des Herrn
Die Frommen murren über das Ausbleiben des Eingreifens Gottes gegen das Unrecht; der Tag des Herrn ist ein Tag der Läuterung und des Gerichts.

3,6–12: Gegen die Unterschlagung des Zehnten; die Angst vor Mangel wird durch die Verheißung des Segens aufgehoben

3,13–21: Erneute Frage der Frommen und Tag des Herrn
Das Problem der Frommen: Die Gottlosen sind reich, glücklich und erfolgreich. Die Antwort: Die Taten der Frommen sind verzeichnet und werden am Gerichtstag belohnt. Unser gebräuchliches Wort Denkzettel hat in V. 16 seinen Ursprung.

3,22: Mahnung zum Halten des Gesetzes Moses

3,23 f.: Elijas Wiederkunft als Wegbereitung vor dem Gerichtstag

Problemanzeige: Das Buch Maleachi beginnt wie Sacharja 9 und Sacharja 12 mit dem Begriff *Ausspruch* (hebräisch ›massa‹). Damit ist eine Gliederung vorgenommen, die in Spannung zu derjenigen des Zwölfprophetenbuches steht, sind doch dort die beiden ersten Sammlungen mit Sach 1–8 zum prophetischen Buch *Sacharja* zusammengefaßt, während nur das prophetische Buch *Maleachi* eigenständig bleibt. Vgl. hierzu auch die Problemanzeige zwischen Sach 8 und Sach 9, Seite 254.
Zum Tag des Herrn bzw. Tag JHWHs s. Jesaja Frage 6, Seite 164.

2. Stellen Sie als Lernhilfe die zentralen kultischen Themen Maleachis zusammen, die Sie dann auch behalten sollten

Opfer, (falsche) Tora, Mischehen, Abgabe des Zehnten.

3. Was können Sie über den Namen dieses Prophetenbuches sagen?

Maleachi heißt *mein Bote*. Entweder handelt es sich um die Kurzform eines Eigennamens oder um eine anonyme Schrift, deren Name aus 3,1 übernommen wurde.

4. In Mal 2,11f. wird gegen Mischehen polemisiert. Etwa zur gleichen Zeit geißelt ein anderer, um Reformen Bemühter, diese Mißstände ebenso. Wissen Sie, um wen es sich handelt und wo Sie dies finden?

Es handelt sich um Nehemia, und Sie finden dieses in Neh 13.

5. Mal 3,10–12 entspricht dem Grundgerüst eines wahrscheinlich späteren prophetischen Buches. Wissen Sie, welches?

Das kleine prophetische Buch Joël entspricht diesem Aufbau: Heuschreckenplage – Umkehr zu Gott – Segen im Übermaß.

6. Auf die Wiederkunft Elijas vor dem Ende wird im NT angespielt. Wo?

Im Messiasbekenntnis des Petrus Mk 8,27–30 par., in der Verklärung Jesu Mk 9,2–10 par., aber auch in der Annahme einiger, die am Kreuz dabeistanden, Jesu rufe Elija Mk 15,35 par.

Literatur: *A. Renker:* Die Tora bei Maleachi, FThSt 112, 1979. – *G. Wallis:* Wesen und Struktur der Botschaft Maleachis, in: *F. Maass (Hrsg.):* Das ferne und das nahe Wort, FS für L. Rost zum 70. Geburtstag, BZAW 105, 1967, S. 229–237.

Psalmen

Das Psalmenbuch ist heute in fünf Bücher unterteilt:

I.   = Ps 1–41
II. = Ps 42–72
III. = Ps 73–89
IV. = Ps 90–106
V.   = Ps 107–150

Erkennbar ist diese Einteilung daran, daß am Ende eines jeden dieser Bücher eine Doxologie zu finden ist:

41,14: »Gepriesen sei der Herr, der Gott Israels, von Ewigkeit zu Ewigkeit. Amen, ja amen.«

72,19: »Gepriesen sei sein herrlicher Name in Ewigkeit! Seine Herrlichkeit erfülle die ganze Erde. Amen, ja amen (Ende der Gebete Davids, des Sohnes Isais)«.

89,53: »Gepriesen sei der Herr in Ewigkeit. Amen, ja amen.«

106,48: »Gepriesen sei der Herr, der Gott Israels, vom Anfang bis ans Ende der Zeiten. Alles Volk soll sprechen: Amen. Halleluja!«

Psalm 150 selbst ist eine einzige Doxologie.

Innerhalb der Bücher sind deutlich Teilsammlungen zu erkennen. Vor allem in den Überschriften, die allerdings in ihrer vollen Bedeutung noch immer nicht enträtselt sind, aber auch durch den Charakter der Psalmenarten finden sich Hinweise auf Psalmengruppen, die wohl bewußt zusammengestellt worden sind. Schematisch läßt sich das etwa so darstellen:

Davidpsalmen (Ps 3–41), darin: Klagen von einzelnen 3–7/10–17*/22–28*/38–41*
Königspsalmen 20–21
Lobpsalmen 29–30/32–34
Korachpsalmen (Ps 42–49)
Davidpsalmen (Ps 51–72), darin: Klagen von einzelnen 51–64/69–71
Lobpsalmen 65–68
Königspsalm 72
Asafpsalmen (Ps 73–83)
Korachpsalmen (Ps 84–85. 87–88)
JHWH-Königspsalmen (Ps 93–99)
Lobpsalmen (Ps 103–107)
Davidpsalmen (Ps 108–110)
Lobpsalmen (Ps 111–118)
Wallfahrtslieder (Ps 120–134)
Lobpsalmen (Ps 135–136)
Davidpsalmen (Ps 138–145), darin: Lobpsalmen 138–139
Klagen 140–143
Lobpsalmen (Ps 145–150)

Es gibt also vier Gruppen von Davidpsalmen (3–41; 51–72; 108–110; 138–145), zwei Gruppen von Korachpsalmen (42–49; 84–85.87–88) und vier Gruppen von Lobpsalmkompositionen (103–107; 111–118; 135–136; 145–150). Nach welchen Gesichtspunkten die einzelnen Sammlungen, die jeweils eine eigene Überlieferungsgeschichte haben, zusammengestellt worden sind, ist noch nicht geklärt. Auch das Alter der Psalmen ist oft nicht bestimmbar; es gibt einige, die bis in die frühe Königszeit zurückgehen, andere wiederum setzen den 2. Tempel voraus oder blicken auf das Exil zurück. Neben den Sammlungen gibt es viele Einzelpsalmen, deren Einfügung in die Gesamtkomposition oft nicht erklärt werden kann. Deutlich ist, daß eine Häufung von Lobpsalmen am Ende des Psalters erkennbar ist; damit soll dem Loben Gottes ein besonderes Gewicht verliehen werden.

Die Davidpsalmen sind nicht von David selbst verfaßt. Die Tradition, die David als Musikanten am Hofe Sauls kannte, hat hier weitergewirkt und dazu geführt, daß ihm die Schaffung der meist anonymen Gebete und Lieder zugeschrieben wurde. Vielleicht hat auch mitgewirkt, daß mit dem Königtum Davids und ganz sicher Salomos die Pflege von Kultur und die Sammlung überlieferter Texte begonnen hat.

Neben den Sammlungen gibt es noch eine Gruppe von Psalmen, die eine Besonderheit aufzuweisen hat: Die einzelnen Verse oder Strophen sind alphabetisch geordnet. Da sich dies nur am hebräischen Originaltext erkennen läßt, können Sie diese Psalmen in der deutschen Übersetzung nicht erkennen. Alphabetische Psalmen sind: 9/10; 25; 34; 37; 111; 112; 119; 145.

Problemanzeige: Um die Psalmen verstehen und wichtige Inhalte lernen zu können, ist es wichtig, den Charakter der einzelnen Psalmen zu bestimmen. Schon bei der Übersicht über die Gruppen haben wir Ihnen drei Gruppen benannt, die sich durch inhaltliche bzw. gattungstypische Merkmale hervorheben: Lobpsalmen, JHWH-Königspsalmen und Wallfahrtspsalmen. Diese Gruppierung nach Gattungsmerkmalen ist bei der Erlernung des Psalters äußerst hilfreich. Deshalb bieten wir Ihnen eine Übersicht über die wichtigsten Gattungen und die ihnen zugehörenden Psalmen. Nun ist allerdings die Gattungsbestimmung in der Forschung umstritten, und viele Psalmen sind Mischpsalmen, d.h., sie sind aus verschiedenen Elementen mehrerer Gattungen komponiert. Daher ist die Zuordnung nicht immer einfach. Und bei der Terminologie finden Sie nicht unerhebliche Abweichungen. C. Westermann faßt z.B. die Lobpsalmen zusammen und differenziert in *beschreibendes Gotteslob* und *berichtendes Gotteslob*. Andere Forscher, vor allem H. Gunkel, in neuerer Zeit z.B. F. Crüsemann, unterscheiden zwischen *Hymnus* und *Danklied*. Strittig ist auch die Gattung der JHWH-Königspsalmen. Mowinckel sah in ihnen den Beleg für ein Thronbesteigungsfest JHWHs in Israel und nannte sie »Thronbesteigungspsalmen«. Um keine exegetischen Vorentscheidungen zu treffen, nennen wir sie einfach mit den ersten beiden Worten von Psalm 99 (»JHWH ist König«) *JHWH-Königspsalmen*. Relativ unumstritten sind die Gattungen *»Klage eines einzelnen«* und *»Klage des Volkes«*. In einigen Psalmen wird der Zion besungen; sie tragen die Bezeichnung *»Zionslieder«*.

Literatur: F. Crüsemann: Studien zur Formgeschichte von Hymnus und Danklied in Israel, WMANT 38, 1969. – *H. Gunkel:* Einleitung in die Psalmen, 1933. – *H. J. Kraus:* Psalmen, BK AT XV/1, ⁵1978, S. XXX–LVI. – *S. Mowinckel:* Psalmenstudien I–VI, 1921–1924. – *C. Westermann:* Lob und Klage in den Psalmen, ⁶1977.

Übersicht über Psalmengattungen

Klage des einzelnen (mit den Elementen: Ich-Klage, Feind-Klage, Anklage Gottes, Bitte, Bekenntnis der Zuversicht, Lobgelübde):
3–7; 10–14; 16–17; 22–23; 25–28; 31; 35/36; 38–43; 51–59; 61–64; 69–71; 73; 86; 88; 94; 102; 109; 120; 130–131; 140–144.
Besonders typisch aus dieser Gruppe: Ps 13; 22; 130.
(Zum Merken von Klagen von einzelnen sei auf folgende Reihen hingewiesen: 31. 41. 51. 61. 71. 131/10. 40. 70. 120. 130. 140/6. 16. 26. 36. 56. 86.)
Vielleicht haben Sie bemerkt, daß in dieser Gruppe auch Vertrauenspsalmen wie Ps 23; 11; 16; 62; 131 auftauchen. Das hat seinen sachlichen Grund darin, daß die Vertrauenspsalmen aus der Klage erwachsen sind. Die Klagen enthalten ja das Element des »Bekenntnisses der Zuversicht« oder einer Äußerung des Vertrauens auf Gott. Sie haben ihren Ursprung in der Klage.
Klage des Volkes (mit den Elementen: Notklage, Feindklage, Anklage Gottes, Rückblick auf Gottes Handeln in der Vergangenheit, Bitte):
44; 60; 74; 79–80; 83; 85; 89; 90; 123; 126.
Besonders typisch aus dieser Gruppe: Ps 74; 80.
Berichtender Lobpsalm des Volkes (Lob aus Anlaß eines Handelns Gottes an seinem Volk): 114; 124; 129.
Berichtender Lobpsalm des einzelnen (mit den Elementen: Ankündigung eines Lobopfers, Rückblick auf die Not, Bericht von der Errettung, Lobgelübde und hymnisches Lob Gottes):
9; 18; 30; 32; 34; 40; 66; 92; 107; 116; 118; 138.
Typisches Beispiel für diese Gattung: Ps 30.
Beschreibender Lobpsalm/Hymnus (mit den Elementen: imperativischer Ruf zum Loben, Begründung für das Lob [... denn ...], ein hymnisches Hauptstück mit Partizipien [im Hebräischen], die Gottes Majestät preisen, und ein Lobruf zum Abschluß):
8; 19 A; 33; 47; 100; 111; 113; 117; 134; 135; 145–150.
Besonders typisch: Ps 8; 33; 113; 117 (der kürzeste Psalm!); 148.
Königspsalmen (in ihnen wird eine besondere Beziehung Gottes zum König greifbar):
2; 20; 21; 45; 72; 89; 101; 110; 132.

JHWH-Königspsalmen (in ihnen wird das Königsein JHWHs gepriesen):
47; 93; 96–99.
Prozessionslieder (Wallfahrtspsalmen):
15; 24; 120–134.
Weisheitslieder (in ihnen werden weisheitliche Ordnungsvorstellungen entfaltet): 1;
19 B; 37; 49; 73; 112; 119 (der längste Psalm des Psalters); 127; 128; 133.
Zionslieder: 46; 48; 76; 84; 87.

> Bereits die Bezeichnungen Königspsalmen, Weisheitslieder und Zionslieder zeigen,
> daß die Begriffe aus den Inhalten bzw. zentralen Themen dieser Psalmen gewon-
> nen worden sind. So lassen sich nach thematischen Gesichtspunkten noch weitere
> Gruppen von Psalmen ordnen:
> *Liturgien* (gekennzeichnet durch den Wechsel von Sprechern): Ps 15; 24; 118;
> *Litanei:* Ps 136 (mit einem stereotypen Kehrvers);
> *Geschichtspsalmen* (mit langen Rückblicken auf Gottes Handeln in der Geschichte mit
> seinem Volk): Ps 78; 81; 105; 106;
> *Schöpfungspsalmen:* 8; 19 A; 29; 104 (gattungsmäßig gehören sie zu den beschreiben-
> den Lobpsalmen);
> *Rachepsalmen:* 69 (besonders V. 24–29); 109; 137 (es ist eine Weiterführung der
> Feindklage aus den Klagepsalmen).
>
> Bei den übrigen Psalmen sind Mischungen von Gattungselementen zu beobachten, so
> daß eine Zuordnung zu *einer* Gattung nicht möglich ist. Hier müssen die einzelnen
> Elemente beachtet und die Absicht ihrer Verbindung jeweils individuell bestimmt wer-
> den. Die Gliederung gibt Ihnen dazu eine Hilfestellung.

Grobgliederung:
1–41: 1. Buch
   42–83: Sog. »Elohistischer Psalter«
42–72: 2. Buch
73–89: 3. Buch
   73–83: Asafpsalmen
   84–88: Korachpsalmen
90–106: 4. Buch
   93–99: JHWH-Königspsalmen
107–150: 5. Buch
   111–118: Lobpsalmen
   120–134: Wallfahrtspsalmen
   145–150: Lobpsalmen

Zeichenerklärung:

* = Alphabetischer Psalm
LXX = Septuaginta
LE = Loblied eines einzelnen
KE = Klagelied eines einzelnen
KV = Klage des Volkes
LV = Loblied des Volkes

1. Bestimmen Sie die einzelnen Psalmen mit wichtigen Stichworten und den Gesamtaufbau des Psalters

1–41: 1. Buch

1: Weisheitspsalm: »Wohl dem Mann, der nicht dem Rat der Frevler folgt ...«
»Er ist wie ein Baum, der an Wasserbächen gepflanzt ist.«
2: Rahmen: Königspsalm »Warum toben die Völker ...«
»Mein Sohn bist du, heute habe ich dich gezeugt.«

3–41: Davidpsalmen
3–7: Klagen von einzelnen
3 (Situation nach 2 Sam 15): »Herr, wie zahlreich sind meine Bedränger ...«
4: »Wenn ich rufe, erhöre mich ...«
5: »Höre meine Worte, Herr, achte auf mein Seufzen!«
6: »Herr, strafe mich nicht in deinem Zorn ...«
7: Unschuldsbeteuerung eines von Feinden Verfolgten
8: Loblied: Was ist der Mensch, daß du an ihn denkst (Schöpfungsmotive!).
* 9 LE: Sieg über Feinde und Völker: »... Du hast mir Recht verschafft ...«
10–17: Klagen von einzelnen
*10: Der Frevler: Herr, steh auf! (Fortsetzung im Alphabet von Psalm 9; LXX: 1 Psalm)
11: Beim Herrn finde ich Zuflucht; Gott im Tempel prüft den Menschen
12: »Hilf doch, o Herr, die Frommen schwinden dahin ...« (V. 2)
13: »Wie lange noch, Herr, vergißt du mich ganz?«
14: Die Toren sprechen: Es gibt keinen Gott

15: Wallfahrt Herr, wer darf Gast sein? Der makellos lebt und das Rechte tut ...
16: Vertrauenspsalm: Ablehnung fremder Götter
17: Beteuerung der Unschuld des Beters
18 LE ≙ 2 Sam 22: Epiphanie zur Rettung des Beters; Selbstbewußtsein des siegreichen Königs

266

19 Teil A (V. 1–7) L: Die Himmel rühmen die Herrlichkeit Gottes (Schöpfungsmotive!)
Teil B (V. 8–15) Weisheit: Das Gesetz des Herrn
20: Königspsalm: Fürbitte für den König
21: Königspsalm: Der König freut sich an deiner Macht und Hilfe, Herr
22–28: Klagen von einzelnen
22: »Mein Gott, mein Gott, warum hast du mich verlassen …?«
23: Vertrauenspsalm: »Der Herr ist mein Hirte …«

24: Wallfahrt Wer darf hinaufziehen zum Berge des Herrn … »Ihr Tore, hebt euch nach oben …«
* 25: Bitte um Sündenvergebung
26: »Erprobe mich, Herr, und durchforsche mich, prüfe mich auf Herz und Nieren!«
27: »Der Herr ist mein Licht und mein Heil: Vor wem sollte ich mich fürchten?«
28: Bitte um Hören, wenn die Hände zum Heiligtum ausgestreckt sind. »Zu dir rufe ich, Herr, mein Fels. Wende dich nicht schweigend ab von mir!«
29 L: Die Stimme des Herrn ertönt mit Macht
30 LE: … ich schrie zu dir … du hast mich gesund gemacht.
31: Ich verlasse mich auf dich, Herr. Du bist eine feste Burg.
32 LE: Wohl dem, dessen Frevel vergeben …
33 L: Vom Himmel herab blickt der Herr auf die Menschen (Schöpfungsmotive!)
* 34 LE: »… immer sei sein Lob in meinem Mund.«
35: Lange Feindklage! – »Ergreife Schild und Waffen …«
36: Mischpsalm: KE und: »Denn bei dir ist die Quelle des Lebens, in deinem Licht schauen wir das Licht.« (V. 10)

* 37: Weisheit: »Befiehl dem Herrn deinen Weg …« (V. 5)
Gottlose und Gerechte
38: »Herr, strafe mich nicht in deinem Zorn … Nichts blieb gesund an meinem Leib …«
39–41: Klagen von einzelnen
39: (Erst blieb ich stumm, dann mußte ich reden …) Die Kürze des Lebens
40: Leiden ohne Zahl umfangen mich (verbunden mit einem Loblied).
41: Die hämischen Feinde warten auf den Tod des Klagenden.
Doxologie

42–83: Der sog. elohistische Psalter

42–72: 2. Buch

42 KE: »Wie der Hirsch lechzt nach frischem Wasser, so lechzt meine Seele, Gott, nach dir.«

43 KE: »Verschaff mir Recht, o Gott.« Beide Psalmen (42 und 43) haben den gleichen Kehrvers: »Meine Seele, warum bist du betrübt und bist so unruhig in mir?«

44 KV: Klage über die Zerstreuung unter Völkern. »Wach auf! Warum schläfst du, Herr?«

45: Königspsalm Preis der Schönheit des Königs und seiner Familie (Hochzeit?)

46: Zion Der Gott Jakobs ist unsre Burg (Kehrvers)

47: JHWH ist König Ein großer König über die ganze Welt

48: Zion Völkersturm gegen Zion; Gott läßt den Zion auf immer bestehen

49: Weisheit Der Mensch in Pracht ohne Verstand; Menschenleben ist nicht kaufbar

50: Asafpsalm

50: Ablehnung des Tieropfers, denn alle Tiere gehören Gott: Gegen die Berufung auf den Bund

51–72: Davidspsalmen

51–64: Klagen von einzelnen

51:»Wasch meine Schuld von mir ab ... Erschaffe mir, Gott, ein reines Herz, und gib mir einen neuen, beständigen Geist!«

52: »Was rühmst du dich deiner Bosheit ...?«

53 = 14

54: »Hilf mir, Gott, durch deinen Namen ...«

55: Angst vor Feinden; Wunsch, wegzufliehen

56: Was können Menschen mir antun? (Kehrvers)

57: Klage und Preis

58: Rachepsalm: Gegen das Unrecht, das die Mächtigen begehen: Gott, der gerechte Richter

59: Entreiße mich meinen Feinden

60 KV: »Du hast uns verworfen ...«

61: »Vom Ende der Erde rufe ich zu dir ...« Königsbitte (V. 7)

62: Vertrauen: »Bei Gott allein kommt meine Seele zur Ruhe...«

63: Sehnsucht nach dem DU

64: Gottes Gericht über hinterhältige Feinde

65–68: Lob
    65 L: Gott sorgt für das Land, für Wasser und Gaben
    66 LV/E: Gottes Tat: Durchzug durch das Meer; Opfergabe des Beters
    67 LV: »Die Völker sollen dir danken, o Gott …«
    68 LV: Gott steht auf gegen seine Feinde; Wüstenwanderung; Gottes Heer
69–71: Klagen von einzelnen
    69: Das Wasser reicht mir bis an die Kehle; große Feindklage
    70 ≙ 40,14–18
    71: »Vom Mutterleib an stütze ich mich auf dich, … Verwirf mich nicht,
    wenn ich alt bin …«

72: Königspsalm Wünsche für den König; er ist gottgleicher Lebensgarant
            Abschlußsatz

73–89: 3. Buch

73–83: Asafpsalmen
    73: Klage über Gottlose: Sie leiden keine Qualen
    74 KV: »Warum, Gott, hast du uns für immer verstoßen? … Sie legten an
    dein Heiligtum Feuer …«
    Erinnerung an die Schöpfung!
    75: Gott hält Gericht; Gottes bitterer Becher

76: Zion Gott hält Gericht auf dem Zion über alle Völker und Mächtige
    77 KE: Angstvolles Nachdenken über Gott – Problem: Gelten die Verhei-
    ßungen noch? Erinnerung an das Spalten des Meeres
    78 LE: *Geschichtspsalm* mit folgenden Ereignissen: Bundesschluß; Untreue
    der Vorfahren; Teilung des Meeres; Wolken- und Feuersäule; Wasserwun-
    der in der Wüste; Manna und Fleisch; Bestrafung – Abfall; Murren in der
    Wüste; Plagen in Ägypten; Bewahrung in der Wüste; Kommen zum heiligen
    Berg; Vertreiben von Völkern; Raub der Bundeslade; Erwählung des Stam-
    mes Juda und des Zion; Tempelbau; Erwählung Davids
    79 KV: »Gott, die Heiden sind eingedrungen in dein Erbe, sie haben deinen
    heiligen Tempel entweiht und Jerusalem in Trümmer gelegt.«
    80 KV: Kehrvers: »Gott der Heerscharen, richte uns wieder auf! Laß dein
    Angesicht leuchten, dann ist uns geholfen«; Israel als ausgegrabener Wein-
    stock aus Ägypten

81: Wallfahrt Gottesrede (Paränese): Erinnerung an Meriba; Warnung vor
            fremden Göttern
    82: Gottes Gericht: Anklage wegen sozialen Unrechts (prophetisch-deutero-
    nomische Mahnrede)

83 KV: Klage über den Ansturm der Feinde; Erinnerung an Gottes Taten an Midian, Jabin und Sisera; Oreb und Seeb; Sebach und Zalmunna

84–88: Korachpsalmen (Gemeinschaftslieder, außer Ps 86)

84: Zion »Meine Seele verzehrt sich in Sehnsucht nach dem Tempel des Herrn.«
85: Ankündigung von Frieden: »Willst du uns nicht wieder beleben …?«
86 KE: Bitte um Hilfe »… groß ist über mir deine Huld.«

87: Zion JHWH liebt Zion
88 KE: Erschlagenen bin ich gleich/Tote preisen Jahwe nicht …

89: Rahmen: Königspsalm Natanverheißung; Drachenkampfmythos; König als Auserwählter; gilt die Verheißung noch nach der Zerstörung des Königtums? Klage
Doxologie

90–106: 4. Buch
90 KV: Tausend Jahre wie ein Tag … Alter von 70–80 Jahren … lehre uns bedenken, daß wir sterben müssen … (ehe die Berge geboren wurden, bist Du, o Gott …)
91 LE: »Wer im Schutz des Höchsten wohnt …«; »… er befiehlt seinen Engeln …«
92 LE: »Wie schön ist es, dem Herrn zu danken …«

93–99: JHWH-Königspsalmen
93 JHWH ist König; Gottes Thron steht seit unvordenklicher Zeit; Gott mächtiger als Jam (Meer)
94: Gott der Vergeltung, erscheine! »Sollte der nicht hören, der das Ohr gepflanzt hat …?«
95 L: Gott herrscht über Naturgewalten; Erinnerung an Meriba
96: »Singet dem Herrn ein neues Lied …«; Ruf an alle Völker: JHWH ist König (V. 10)
97: JHWH ist König → Epiphanie; Untergang der Götzendiener
98 L: Jauchzet, jubelt, spielt! Gott hat sein Volk gerettet.
99: JHWH ist König! Heilig ist er! Herrscher über Völker; Ordnung für das Leben. Mose, Aaron, Samuel waren seine Gesprächspartner
100: Doxologie »Jauchzt vor dem Herrn, alle Länder der Erde! Dient dem Herrn mit Freude! Kommt vor sein Antlitz mit Jubel!«

101: Königspsalm Gelübde des Herrschers: untadeliger Lebenswandel
102 KE/V: Nur noch stöhnen und seufzen ... »wende dein Ohr mir zu«;
Wiederaufbau Zions
103–106: Lobpsalmen
103: »Lobe den Herrn, meine Seele, und alles in mir seinen heiligen Namen!«
Dank für die Rettung
104: *Schöpfungspsalm:* Lob des Schöpfers und seiner Werke
105: *Geschichtspsalm:* Abraham; Isaak; Israel (Bund); Josef; Unterdrückung
in Ägypten; Mose/Aaron-Wunder; Plagen; Exodus; Wachteln; Manna; Wasser in der Wüste; Landgabe
106: *Geschichtspsalm:* Sündenbekenntnis; Murren am Schilfmeer; Gelüst in
der Wüste; Datan und Abiram; Goldenes Kalb; Kundschafter; Baal Peor;
Meriba; Vermischung mit Völkern; Bedrückung durch Feinde; Gott denkt
an den Bund; Bitte um Sammlung der Diaspora
Doxologie

107–150: 5. Buch
107 LE: »Danket dem Herrn, denn er ist gütig, denn seine Huld währt ewig
... die dann in ihrer Bedrängnis schrien zum Herrn.«
a) Gott sammelte die Zerstreuten;
b) Gott half den Armen;
c) Gott half den Abtrünnigen;
d) Gott half den Seeleuten.

108–110: Davidpsalmen
108 = 57,8–12 + 60,7–14
109: Fluchpsalm: Zitat gottloser Wünsche gegen den Beter

110: Königspsalm »So spricht der Herr zu meinem Herrn: Setze dich mir zur
Rechten ...«; Melchisedek

111–118: Lobpsalmen
* 111: »An seinen Bund denkt er auf ewig.«
* 112: Wohl dem, der JHWH fürchtet ... – Wohlstand und Wohlergehen
113: »Vom Aufgang der Sonne bis zum Untergang sei der Name des Herrn
gelobt«; Erhöhung der Niedrigen
114: Als Israel aus Ägypten auszog ... erwählte Gott Juda (Weichen des Meeres Ex 14/des Jordan Jos 3)
115: Die Götzen sind nichts (LXX: 114 + 115 = ein Psalm)
116 LE: Die Fesseln des Todes umfingen mich – Rettung vom Tod (LXX:
2 Psalmen)

117: Halleluja (2 Verse)

118 LE: »... ich wehre sie ab im Namen des Herrn ... Danket dem Herrn, denn er ist gütig ...«

*119: Weisheit Das Gesetz (eine Komposition um 8 Begriffe für Gesetz/Recht/Weisung) »Das güldene Abc«

120–134: Wallfahrtspsalmen

120 KE: Feindklage

121: »Ich hebe meine Augen auf zu den Bergen ...«

122: Preis Jerusalems »Erbittet für Jerusalem Frieden ...« (V. 6)

123 KE/V: »Denn übersatt sind wir vom Hohn der Spötter ...«

124 LV: »Hätte sich nicht der Herr für uns eingesetzt ... Unsre Hilfe steht im Namen des Herrn, der Himmel und Erde gemacht hat.«

125 KV: »Wer auf den Herrn vertraut, steht fest wie der Zionsberg ...«

126 KV: »Als der Herr das Los der Gefangenschaft Zions wendete, da waren wir alle wie Träumende.«

127: Weisheit »Wenn nicht der Herr das Haus baut ...«; Kinder Gabe Gottes

128: Weisheit Gottes Segen: Genießen der Arbeitsfrüchte; Frau; Kinder

129 LV: Trotz harter Schläge ist Gott Israel treu geblieben

130 KE: »Aus der Tiefe rufe ich, Herr, zu dir ...«

131 KE: Unschuldsbeteuerung und Geborgenheit

132: Natanverheißung! (Davids Gelübde: Ich will nicht schlafen ... bis ich eine Stätte für JHWH gefunden habe ...) Wahl des Zion durch Gott

133: »Seht doch, wie gut und schön ist es, wenn Brüder miteinander in Eintracht wohnen.«

134: Auf! Lobt den Herrn!

135–136: Lobpsalmen

135: *Geschichtspsalm:* Erwählung Israels; V. 6 f.: Herr der Schöpfung; Tod der Erstgeburt in Ägypten; Siege über Sihon und Og; Nichtigkeit der Götzen

136: Litanei: »... denn seine Huld währt ewig.«

137: Klage in Babel: »An den Strömen von Babel, da saßen wir und weinten ... Wenn ich dich je vergesse, Jerusalem ...«

138–145: Davidspsalmen

138–139: Lob (LE)

138: Lobpreis; Aufforderung an alle zum Lob; Gewißheit

139: »Herr, du hast mich erforscht und du kennst mich ...« Gott ist überall. Menschenschöpfungsmotiv!

140–144: Klage (KE)
140: Vergeltung für Feinde
141: Hindere mich an bösen Taten und Worten
142: Mit lauter Stimme schreie ich … Kerker (Reinste Form einer KE)
143: Gehe mit deinem Knecht nicht ins Gericht. »Lehre mich, deinen Willen zu tun; denn du bist mein Gott« (V. 10)
144: Gebet des Königs. Bitte um Rettung vor Feinden. »Herr, was ist der Mensch, daß du dich um ihn kümmerst …?« Kinder und Reichtum als Zeichen des Segens

145–150: Hymnen (Lobpsalmen)
*145: Aufforderung zum ständigen Rühmen, Loben, Preisen Gottes
146: »Ich will den Herrn loben, solange ich lebe …« Schöpfungsmotive! Parteilichkeit Gottes!
147: Halleluja, denn es ist schön, ihm zu singen. Wiederaufbau Jerusalems. Herr der Natur (LXX: 2 Psalmen)
148: Sechsmal: Lobt; eingeschlossen ist der ganze Kosmos (Schöpfungsmotive!)
149: »Singt dem Herrn ein neues Lied«
150: Halleluja (mit allen Instrumenten).

2. In Psalm 3 verweist die Überschrift auf die Flucht Davids vor Abschalom. Wo wird davon berichtet?

2 Sam 15.

3. In Psalm 7 spricht die Überschrift von einer Beschuldigung des Benjaminiters Kusch gegen David. Wo wird davon im AT erzählt?

Nirgendwo. Hier wird auf eine außerbiblische Tradition Bezug genommen.

4. In Psalm 7 kommt eine Unschuldsbeteuerung vor. Woher kennen Sie Ähnliches?

Aus Ijob 31,7–34. Dies zeigt die Abhängigkeit der Ijobdichtung von der Tradition der Klagepsalmen.

5. »Die Toren sagen in ihrem Herzen: ›Es gibt keinen Gott‹« (Ps 14,1).
   Nennen Sie zu dieser Wendung Analogien

Ps 10,4; 73,11; 94,7; s. auch Jes 29,15; Jer 5,12; Ez 8,12; 9,9; Zef 1,12.

6. Zu Psalm 31,12–14: Suchen Sie eine ähnliche Klage im Ijobbuch

Ijob 19,13–22.

7. Vergleichen Sie die Schöpfungsaussagen in Psalm 33 mit denen
   von Gen 1

Dazu ein Hinweis: Es ist wichtig, auf jedes Detail zu achten, denn dahinter stehen jeweils spezifische Schöpfungstraditionen. Dies soll die folgende Übersicht
verdeutlichen:

Psalm 33	Gen 1
Schaffen des Himmels durch das Wort (V. 6)	ebenfalls (V. 6)
Heer des Himmels (V. 6)	–
Meer gefaßt wie in einem Schlauch (V. 7)	Scheiden von Wasser über und unter dem Himmel (V. 7)
	Sammlung des Wassers an einem Ort (V. 9)
Verschließen der Urflut in Kammern (V. 7)	

8. Ps 34,1 erzählt, daß sich David vor Abimelech wahnsinnig gestellt
   hat. Woran erinnert Sie das?

An 1 Sam 21,11–16; dort ist es aber nicht Abimelech, sondern Achisch von Gat;
vgl. Frage 3.

9. Die Klage über das Zerbrechen sozialer Beziehungen zu Verwandten, Freunden und Nächsten, wie sie in Ps 31 vorkommt, ist auch in
   anderen Psalmen anzutreffen. Wo?

Z. B. Ps 38; 69; 88.

274

10. Der Gedanke von Ps 40, daß die Tieropfer eigentlich überflüssig sind, da das Hören auf die Tora dem eigentlichen Willen Gottes entspricht, kommt auch in den Geschichtsbüchern vor. Wissen Sie, wo?

In Samuels Rede 1 Sam 15, 22 f.

11. Auf welche Traditionen, die Sie durch die Lektüre des Pentateuch kennen, nimmt Ps 44 Bezug?

a) Die Besiedelung des Landes durch die Väter;
b) Den Bund.

12. Psalm 46 spricht von der Vernichtung von Waffen durch Gott. Wo kommt diese Vorstellung noch vor?

Ps 76; vgl. Jes 2; Mi 4; Jer 49, 35; Hos 1, 4; 2, 20; Mi 5, 9; Sach 9, 10; vgl. auch Frage 9 bei Hosea, S. 223.

13. Woran erinnert in Psalm 50 die Beschreibung der Erscheinung Gottes auf dem Zion?

An die Erscheinung Gottes auf dem Sinai; doch liegt hier eine Gerichtstheophanie vor.

14. In welchem Psalm kommt, außer in Ps 50, das Motiv der Ablehnung der Tieropfer durch Gott vor?

In Psalm 40.

15. Die Überschrift von Ps 51, 1 verweist auf die Kritik Natans an David. Worauf bezieht sich das?

Auf die in 2 Sam 12, 1–14 überlieferte Tradition.

16. Worauf beziehen sich die Überschriften in den Psalmen 52, 54 und 56?

Ps 52 auf 1 Sam 21 und 22; Ps 54 auf 1 Sam 23; Ps 56 auf 1 Sam 21.

17. Stellen Sie die alphabetischen Psalmen zusammen

9/10; 25; 34; 37; 111; 112; 119; 145.

18. Stellen Sie die Psalmen zusammen, in denen ein Kehrvers (Refrain) vorkommt. Ein Kehrvers ist ein Vers, der in wörtlicher Wiederholung oder in leichter Variaton im Wortgebrauch innerhalb eines Psalmes wiederholt wird. Allerdings lassen sich einige Kehrverse nur am hebräischen Text erkennen

42,6. 12/43,5; 46,8. 12; 49. 12. 21; 56,4. 12; 57,6. 12; 80,4. 8. 20; 99,5. 9; 107,6. 13. 19. 28.

19. Worauf spielen die Überschriften der Psalmen 57, 59 und 60 an?

Ps 57 auf 1 Sam 22 oder 24; Ps 59 auf 1 Sam 19; Ps 60 auf 2 Sam 8.

20. Auf welche Tradition bezieht sich Ps 66?

Auf die Tradition vom Schilfmeerdurchzug Ex 14.

21. Woran erinnert in Ps 66 die Verbindung von Opferdarbringung und Erinnerung an eine Heilstat Gottes?

An das sogenannte kleine geschichtliche Credo, das liturgische Formular, das bei der Ablieferung der Erstlingsfrüchte im Heiligtum gesprochen wurde. In ihm werden wichtige Ereignisse der Geschichte Gottes mit seinem Volk in Kurzform erzählt (Dtn 26,5–10).

276

22. Auf welche Tradition spielt Ps 68 an?

Auf die Wüstenwanderung (Ex 17f.; Num 10–21).

23. Ps 68 schildert den Siegeszug singender Frauen, hier beim Einzug Gottes ins Heiligtum. Woher kennen Sie einen solchen Vorgang?

Vom Mirjamlied Ex 15, dem Deboralied Ri 5 und von 1 Sam 18 her, wo Frauen Davids Heldentaten besingen.

24. Zu Psalm 70: Dieser Psalm ist doppelt überliefert. Welche Doppelüberlieferung von Psalmen finden sich noch im AT?

Ps 14 = 53
Ps 18 = 2 Sam 22
Ps 40,14–18 = 70
Ps 53 = 14
Ps 57,8–12 = 108,2–6
Ps 60,7–14 = 108,7–14
Ps 70 = 40,14–18
Ps 105 + 96 + 106 = 1 Chr 16
Ps 108,2–6 = 57,8–12
Ps 108,7–14 = 60,7–14

25. Auf welches Ereignis blickt Ps 74 zurück?

Auf die Zerstörung des Tempels (587 v.Chr.).

26. Auf welche Tradition spielt Ps 74,12–17 an?

Auf eine Schöpfungstradition, die Schöpfung als Kampf mit den Mächten des Chaos (Drachen, Leviatan) darstellt. Beachten Sie auch die Bundestradition in V. 20!

27. Woran erinnert Sie die Aufforderung in Ps 74,22: Steh auf, Gott!?

An die Ladesprüche Num 10,35f.

28. Als Gerichtshandeln Gottes wird in Ps 75 die Umkehr von Hoch und Niedrig angesprochen. Nennen Sie andere Texte, in denen Ähnliches von Gott ausgesagt wird

Hannas Danklied 1 Sam 2; Ijob 12.

29. In welchen Psalmen kommt das Motiv des Zerstörens von Kriegsgerät durch Gott selbst vor?

Ps 46; 76; vgl. Jes 2 oder Mi 4.

30. In welchen Psalmen wird auf die Tradition vom Schilfmeerdurchzug verwiesen?

Ps 66; 77.

31. Vergleichen Sie die Reihenfolge der erzählten Ereignisse in Ps 78 mit den entsprechenden Abschnitten in den Büchern Exodus bis Numeri

32. Vergleichen Sie ferner die Art der Plagen in Ps 78 mit den entsprechenden Erzählungen in Ex 7–12

Sinn dieser beiden Aufgaben ist es, daß Sie ein Gespür für die Vielfalt der biblischen Traditionen gewinnen. Dies hilft gegen vorschnelle Festlegungen und einen falschen Historizismus.

33. In Ps 78,59–64 wird der Raub der Bundeslade erwähnt. Wo wird davon erzählt?

In 1 Sam 4.

34. Beachten Sie: In Ps 78 wird Salomo nicht im Zusammenhang mit dem Tempel erwähnt, wohl aber David. Woran erinnert Sie das?

An die chronistische Daviddarstellung; vgl. hierzu Frage 9 S. 347.

35. In Ps 79 wird über die Zerstörung des Tempels geklagt. In welchen Texten finden sich ähnliche Klagen?

Ps 74; Klgl 1 und 2.

36. Die Asafpsalmen beschäftigen sich
    a) mit dem Problem des Verhältnisses von Gottlosen zu Gerechten;
    b) mit der Frage nach der weiteren Gültigkeit göttlicher Verheißungen;
    c) mit Schöpfungstraditionen;
    d) mit Gottes Gericht;
    e) mit der Geschichte;
    f) mit dem Zion.
    Versuchen Sie eine Aufteilung dieser Traditionen und Motive auf die einzelnen Asafpsalmen

Zu a): Ps 73;
zu b): Ps 77;
zu c): Ps 74;
zu d): Ps 75; 82 (83 fällt heraus, er enthält Rachemotive);
zu e): Ps 78;
zu f): Ps 74; 76; 78; 79 (Zerstörung); 81.

37. Auf welches Ereignis blickt Ps 79 zurück?

Auf die Zerstörung Jerusalems.

38. Woran erinnert das Bild vom Weinstock und dessen Zerstörung in Ps 80?

An das Weinberglied Jesajas (Jes 5).

39. Psalm 81 zählt Feste auf, an denen gesungen werden soll. Worauf könnte sich das beziehen?

Auf die Festkalender; ferner Num 10,10.

40. Derselbe Psalm erwähnt die Wasser von Meriba. Was ist das? Wo finden Sie Näheres darüber?

Ein Ort des Wasserwunders auf der Sinaihalbinsel; Ex 17; Num 20.

41. Die Wendung aus Psalm 81,11: »Ich bin der Herr, dein Gott, der dich heraufgeführt hat aus Ägypten« erinnert an welche Formulierung?

An den Prolog des Dekalogs.

42. Psalm 82 ist ein Text, der etwas über die Parteilichkeit Gottes aussagt. Er stellt sich auf die Seite der Unterdrückten und Rechtlosen, der Geringen und Armen, der Gebeugten und Bedürftigen. Nennen Sie andere Texte, in denen in ähnlicher Weise Gottes Parteinahme für die von Menschen Unterdrückten zum Ausdruck kommt

Zu nennen ist hier vor allem die gesamte Exoduserzählung Ex 1–14; ferner die sozialen Bestimmungen des Deuteronomiums, z. B. 14,28 f.; 15,7–11; 24,17 f.; 27,19; vor allem aber die vielen Texte aus der Prophetenliteratur, in denen soziales Unrecht angeklagt wird Am 2,6–13; 3,9–11; 4,1–3; 5,7–10; 6,12–14; 8,4–7; 9,7 f.; Mi 1,10–16; 2,1–5. 6–10; 3,1–4. 5–7. 9–12; 6,9–16; Jes 1,10–17. 23; 2,7; 3,9. 13–15; 5,8–24; 10,1 f.; 29,21; Jer 7,5–7.

43. An welche Taten wird Gott in Ps 83 in der Klage erinnert?

a) Midianitersieg: Ri 7;
b) Sisera und Jabin: Ri 4;
c) Oreb und Seeb: Ri 7,25;
d) Sebach und Zalmunna: Ri 8,18–21.

44. Auf welche Verheißung bezieht sich Ps 89,4 f.?

Natanverheißung 2 Sam 7.

45. Mit welchem Problem ringt der Beter von Ps 89?

Mit der Frage, ob die Verheißung an David noch Bestand hat.

46. Von welchem Psalm her kennen Sie ein ebensolches Ringen um die Geltung der göttlichen Verheißungen?

Von Ps 77.

47. Welche Situation setzt Ps 89 voraus?

Die Zerstörung Jerusalems (587 v. Chr.).

48. Mit welchen Psalmen teilt Ps 89 diese Situation?

Mit den Psalmen 74 und 79.

49. Wem ist Ps 90 zugeschrieben?

Mose.

50. Für welchen Tag ist Ps 92 als Lied bzw. als Gebet vorgesehen?

Für den Sabbat.

51. Ps 95 erinnert an Meriba. Welcher Psalm auch?

Ps 81; vgl. Frage 40.

52. In Ps 97 wird eine Epiphanie geschildert (mit den Elementen Wolkendunkel, Blitze, Wanken der Erde). Nennen Sie wichtige alttestamentliche Theo- bzw. Epiphanietexte

Ex 19 (Sinai); Ri 5 (Seïr); Ps 68 (Baschan); Hab 3 (Teman); s. Frage 20 zu Exodus, S. 50.

53. Psalm 102 bittet um den Wiederaufbau Jerusalems (V. 14). Wo kommt diese Bitte auch noch vor?

In Psalm 74; 79; 89.

54. Stellen Sie die Bibelstellen zusammen, auf die sich Ps 105 bezieht

Gen 40 f.; Ex 7–11; 12–14; 16–18.

55. Vergleichen Sie die Aufzählung der Plagen in Ps 105 mit der in Ex 7–11

56. Auf welche Traditionen und Motive bezieht sich Ps 106?

Ex 14; Ex 15 (Mirjamlied); Num 11 (das Gelüst); Num 16 (Neid auf Mose und Aaron); Ex 32 (Goldenes Kalb); Num 13–14 (Verschmähung des Landes); Num 25 (Baal Pegor); Num 20 (Meriba); Ri 2 (Unterdrückung durch Feinde).

57. Wo wird Ps 110,1 im NT zitiert?

Mt 22,44; Apg 2,34 f.; Hebr 1,13.

58. Ps 110 nennt den Priester Melchisedek. Wo kommt er in der Bibel noch vor?

Gen 14,18–20; Hebr 5,6; 7.

59. Worauf spielt Ps 114 an?

Auf den Schilfmeer- und den Jordandurchzug (Ex 14; Jos 3)!

60. In Ps 115 werden die Götzen verächtlich gemacht. In welchen Texten des AT geschieht dies auf ähnliche Weise?

In den Spottliedern Deuterojesajas, z.B. 40,18-20; 41,6f. 21-29; 42,17; 43,8-15; 44,9-20; Ps 135.

61. Auf welche pentateuchischen Traditionen spielt Ps 135 an?

Tötung der ägyptischen Erstgeburt Ex 12; Sihon und Og Num 21.

62. In Ps 137 werden die im Exil in Babylon lebenden Judäer aufgefordert, Zionslieder zu singen. Hier gibt ein Psalm selbst Hinweis auf eine Gattungsbezeichnung!

63. Woran erinnert die Bitte in Ps 141,4?

An die Bitten des Vaterunser: Führe uns nicht in Versuchung … erlöse uns von dem Bösen.

64. Lesen Sie einige Psalmen im Deutschen mehrmals intensiv und laut zum besseren Kennenlernen und Behalten

65. Auch außerhalb des Psalters finden wir Psalmen. Stellen Sie bei der fortlaufenden Lektüre eine Liste der Psalmen außerhalb des Psalters zusammen

Als Hilfe eine erste Übersicht:
Ex 15,1-18. 21; Num 21,17f.; Dtn 9,26-29; Dtn 32,1-43;Ri 5; 2 Sam 22; 1 Sam 1,11; 2,1-10; 2 Sam 1,19-27; 1 Kön 8,23-53; 1 Chr 16,8-36; Jes 12; 26; 30,27-33; 38,10-20; 42,10-13; 63,7-64,11; Jer 11,18-12,6; 14,2-9; 15,10-21; 17,12-18; 18,18-23; 20,7-18; Joël 1f.; Am 4,13; 5,8f.; 9,5f.; Jona 2; Mi 1,8-16; 7,8-20; Nah 1,2-8; Hab 1,2-4; 3,2-19; Klgl; Esr 9; Neh 9; Dan 9.

66. Die kirchliche Tradition kennt 7 Bußpsalmen. Nennen Sie sie

Ps 6; 32; 38; 51; 102; 130 und 143; alle diese Psalmen gehören zur Gattung der Klagen einzelner.

67. Es wurde darauf hingewiesen, daß die Vertrauenspsalmen aus dem Bekenntnis der Zuversicht der Klagen erwachsen sind. Nennen Sie einige Vertrauenspsalmen

Z. B. Ps 4; 11; 16; 23; 27,1–6; 31,1–6; 52; 62; 121; 131.

68. Die Vielfalt der Psalmenarten, die sich in ihnen aussprechenden vielschichtigen existentiellen Erfahrungen von Menschen, der Bilderreichtum, die Mannigfaltigkeit der Motive und Traditionen, die oft eine bis in früheste Menschheitsgeschichte zurückreichende Vorgeschichte haben, und der Reichtum an Vorstellungen von Gott, seinem Handeln in Vergangenheit, Gegenwart und Zukunft, seinen Schöpfungs- und Rettungstaten, seinem Segen, seiner Zuwendung zum Beter lassen sich bibelkundlich nur schwer erarbeiten. Hilfreich ist hier das wiederholte Lesen und Meditieren der Psalmen. Um Ihnen einen kleinen Überblick über die »Theologie« der Psalmen zu geben, soll in der folgenden Übersicht auf die wichtigsten Motive und Gottesvorstellungen hingewiesen und jeweils exemplarisch dazu ein Psalm genannt werden.

Übersicht: Motive und Gottesvorstellungen in den Psalmen

1. *Der klagende Mensch:* Die meisten Psalmen des Psalters sind Klagen. Ursache des Klagens können Krankheit (Ps 38), falsche Anklage vor Gericht (Ps 35) oder Bedrängung durch Feinde (Ps 17) sein. Der Klagende erlebt sein Leid als Abwendung Gottes von ihm (Ps 13). Die Klage zielt deshalb darauf, daß Gott sich dem Beter wieder gnädig zuwenden oder ihn aus der Not retten möge (Ps 22). Um Gott zum Eingreifen zu motivieren, erinnert der Beter Gott daran, daß er ihn doch eigenhändig geschaffen habe (Ps 22,10 f.). Der Klagende dringt dabei bis zu dem Moment durch, in dem er sich daran festhält, daß allein Gott ihm Fels, Schutz, Schirm oder Schild ist, daß er bei ihm Geborgenheit und Vertrauen finden kann (Ps 28; 31). Mitunter betont der Klagende seine Unschuld (Ps 7,9), oder er bekennt seine Sünden; dies ist vor allem in den sogenannten Bußpsalmen der Fall (Ps 32). In einigen Psalmen ist der Anlaß des Klagens das Ringen des Beters um Gottes Gerechtigkeit, insbesondere um das Problem, daß es den Gottlosen auf der Erde gutgeht, oder um die Frage, ob die Verheißungen noch weiter gelten (Ps 73; 89).

2. *Der lobende Mensch:* In den berichtenden Lobpsalmen erzählt der Beter von der Rettungserfahrung, die er mit Gott gemacht hat. Dabei können Opfer dargebracht werden (Ps 66,13–15). Entscheidend aber ist, daß er voller Dankbarkeit Gott für seine Zuwendung und die geleistete Hilfe öffentlich preist (Ps 18). Die Gewißheit des Beistands Gottes kann dabei zu jubelnden und Gott überhöhenden Ausrufen führen (Ps 18,33). In den beschreibenden Lobpsalmen wird in vielfältiger Weise die Majestät

Gottes besungen; z. B. seine ewige Herrschaft, seine Richterfunktion, seine Gerechtigkeit, seine Hilfe für die Bedrängten, seine Schöpfertaten, sein weises Lenken in der Geschichte, sein Kampf mit den Mächten des Chaos und des Todes, seine Überlegenheit über die Götter, sein Königsein über alle Völker (Ps 19; 96–99). Das Loben des Schöpfers hat in den Schöpfungspsalmen eine eigene Ausprägung und Weiterführung erfahren (Ps 104); ebenso das Loben Gottes als Herrn der Geschichte in den Geschichtspsalmen (Ps 105).

3. *Der König:* Die besondere Beziehung zwischen Gott und dem König zeigt sich vor allem in Ps 2, wo der König von Gott »mein Sohn« (V. 7) genannt wird. In den Königspsalmen wird dem König vor allem der Beistand Gottes im Kampf gegen die politischen Feinde (Ps 2; 45; 110) bei der Inthronisation zugesagt, und die den Davididen gegebene Verheißung bekräftigt (Ps 132).

4. *Der Zion:* In vielen Psalmen wird eine besondere Bedeutung des Zion erkennbar: Der Zion ist der von Gott als Wohnsitz gewählte Ort, dessen Gegenwart Schutz und Sicherheit verbürgt (Ps 48); auf dem Zion richtet Gott und zerbricht dort die Waffen der Feinde seines Volkes (Ps 46; 76). Deshalb wünscht sich der Beter, zum Zion zu ziehen und dort beständig bleiben zu können (Ps 84).

5. *Gottesvorstellungen und -aussagen in den Psalmen:*

a) Metaphern, in denen der besondere Schutz Gottes für den Beter ausgedrückt wird: Gott als Fels (zu dem man in der Not flieht, 18,3); als Burg (in deren Mauern man Schutz findet, 31,4); als Turm (der vor Feinden schützt, 61,4); als Feste (die Geborgenheit bietet, 18,3); als Schild (der vor den Angriffen von Feinden Schutz gewährt, 18,3); als Heil, als Zuflucht (18,3); Gottes Flügel als bergender und schützender Ort (17,8).

b) Aussagen über die Nähe Gottes, die Geborgenheit gewährt: Ps 34,19; 38,22; 73,28.

c) Mit verschiedenen Begriffen und Metaphern wird die Erfahrung des rettenden und bewahrenden Gottes entfaltet. Gott wird als »meine Hilfe« (40,18), »mein Retter« (42,12) angerufen; er befreit, rettet, bringt das Leben des Beters in Sicherheit (55,19); er entreißt ihn aus den Fallen der Feinde oder der Machtsphäre der Unterwelt (18,6; 22,21) oder führt hinaus ins Weite (18,20). Die Fürsorglichkeit und Leben ermöglichende Bewahrung Gottes wird mit Worten wie »Hirt« (23,1), »Licht« (27,1), »Quelle des Lebens« (36,10), aber auch durch Aussagen über seine Bereitschaft zur Vergebung und Gewährung von Huld (Ps 103) ausgedrückt.

d) Anthropomorphe Vorstellungen begegnen in Aussagen über Gottes Hände, seine Augen, sein Antlitz, das er dem Beter wieder zuwenden möge, seine Augen, um das Leid des Beters zu sehen, seine Stimme oder sein Einherschreiten (17,6; 29,3; 31; 68).

e) Der für sein Volk in den Kampf ziehende Gott wird vor allem in den Psalmen 9; 48; 68 mit Attributen beschrieben, wie sie aus kanaanäischen Kriegsgottraditionen bekannt sind.

f) Auf vielfältige Weise wird das Schöpfertun Gottes beschrieben. Es finden sich Vorstellungen von Schaffen analog handwerklichem Tun, also dem Tun eines Baumeisters, eines Töpfers, eines Bauern, eines Nomaden oder eines Webers; Vorstellungen von Schaffen durch Zeugen oder Gebären oder der Mithilfe bei der Geburt wie eine Hebamme; Vorstellungen von Schöpfung als Kampf gegen Chaosmächte und von der Schöpfung durch das Wort. Zu jeder Vorstellung sei exemplarisch eine Stelle angeführt:

Bauen: 104   Töpfern: 95,5   Pflanzen: 94,9   Ausspannen
                                                                eines Zeltes: 19,5
                                      Weben: 139,13
Zeugen : 2,7   Geburtshilfe: 22,10
Kampf: 74,13f.   Wortschöpfung: 33,6. 9

g) Als Schöpfer ist Gott Herr der Welt und der Völker (99,2). Er ist König (93), der auf einem ewigen Thron thront, und er ist der Richter aller Menschen (75) und auch aller Götter (82). Als Richter ergreift er Partei für die, die unter Menschen Unrecht erleiden (146). Da er dabei menschliche (Un-)Ordnung zerstört, erscheint er wie ein Revolutionär (113).

h) Als der Heilige thront er über den Kerubim, den Flügelwesen (99), dem gebührt Verehrung und Anbetung. Allerdings sind die Vorstellungen von Gottes Wohnen uneinheitlich: mal ist der Zion sein Wohnsitz (46), mal der ganze Kosmos (139,8f.).

i) Als Vater des Königs wird Gott in Ps 2 bezeichnet; väterliche Züge, vor allem das Erbarmen, werden in Ps 103,13 und Ps 27,10 gepriesen. In Ps 23 erscheint er wie ein fürsorglicher Gastgeber, in Ps 103,3 wie ein Arzt.

Dies ist nur eine beschränkte Auswahl aus dem Reichtum der Metaphern, mit denen das Tun und Wirken Gottes in den Psalmen beschrieben wird. Stellen Sie selbst eine Übersicht bei Ihrer Lektüre zusammen!

Literatur: O. Keel: Die Welt der altorientalischen Bildsymbolik und das Alte Testament. Am Beispiel der Psalmen, ³1980. – *H. J. Kraus:* Theologie der Psalmen, BK AT XV/3, 1979. – *C. Westermann:* Ausgewählte Psalmen, 1984. – *Ders.:* Vergleiche und Gleichnisse im Alten und Neuen Testament, CTM A 14, 1984.

---

69. Und noch eines bitten wir Sie zu beachten. Der Psalter ist eine Sammlung von Liedern und Gebeten, die sowohl im jüdischen als auch im christlichen Gottesdienst in der Liturgie, aber auch im – nachgedichteten – Liedgut, eine außerordentlich wichtige Rolle spielen. Dieses gemeinsame Erbe stellt ein grundlegendes Verbindungsglied zwischen beiden Religionen dar.

Ijob

Schematische Übersicht

1–2 Rahmenerzählung: Ijobs Versuchung	3 Ijobs Klage	4–14 1. Redegang	15–21 2. Redegang	22–28 3. Redegang	29–31 Ijobs Klage	32–37 Die Rede des Elihu	38–41 Gottesreden	42,1–6 Ijobs Antwort	42,7–17 Rahmenerzählung: Ijobs Restitution
		Elifas 4–5	Elifas 15	Elifas 22			38–40,2 1. Rede Gottes		
		Ijob 6–7	Ijob 16–17	Ijob 23–24			40,3–5 Ijobs Antwort		
		Bildad 8	Bildad 18	Bildad 25			40,6–41 2. Rede Gottes		
		Ijob 9–10	Ijob 19	Ijob 26–27					
		Zofar 11	Zofar 20	Ijob 28					
		Ijob 12–14	Ijob 21	Ijobs Weisheitslied					

Das Ijobbuch gehört zur biblischen Weisheitsliteratur. Jedoch wird nicht abstrakt über das weisheitliche Problem des Tun-Ergehen-Zusammenhangs (das Ergehen eines Menschen ist Folge seines – guten oder schlechten – Lebenswandels) nachgedacht, sondern es kommt ein Leidender mit seiner Klage über sein Lebensschicksal selbst zu Wort. Ijobs Leiden ist, wie der Prolog zeigt, nicht Strafe für eine Schuld, wie es die Freunde ihm nahelegen möchten, sondern grundloses Leiden. Der Prolog stellt es als eine Bewährungsprobe dar. Ijob selber erlebt es als grundlos-unschuldiges Leiden. Seine Reden sind deshalb leidenschaftliche, aus der Erfahrung des Leides geborene Klagen und Anklagen Gottes. Ijob erlebt Gott als einen absolutistischen, willkürlichen Tyrannen. Er schreit zu ihm und fordert ihn vor ein Gericht, wohl wissend, daß es keine Instanz gibt, die über Gott zu Gericht sitzen kann. Ijobs Rede beginnt mit einer Klage und endet (in 29–31) mit einer Klage. Dazwischen liegen 3 Redegänge, in denen jeweils die drei Freunde Elifas, Bildad und Zofar in konstanter Reihenfolge antworten. Sie versuchen Ijob zu trösten und zu tadeln. Der dritte Redegang ist nicht vollständig, eine Rede Zofars fehlt. An ihrer Stelle findet sich ein Weisheitslied. Nach Ijobs abschließender Klage meldet sich Elihu zu Wort in der längsten zusammenhängenden Rede des ganzen Ijobbuches. Die dann erfolgende Rede Gottes ist als Antwort auf Ijobs Klage in 29–31 konzipiert. Sie gehört mit zu den schwierigsten exegetischen Problemen. Was bedeutet sie? Soll Ijob durch sie erniedrigt werden? Ist die Tatsache, daß Gott Ijob antwortet, eine Geste der Annahme, der Bejahung des klagenden Ijob? Ist sie eine Zurechtweisung? Wird Ijob durch sie von seinem Leid fortgeführt? Diese Fragen sollen Ihnen zeigen, wie umstritten die Deutung des Ijobbuches ist. Die Leidenschaftlichkeit des Klagens und die Dramatik dieser Dichtung hat diesem biblischen Buch einen herausragenden Platz in der Weltliteratur verschafft. Der Ijobstoff ist bis zur Gegenwart immer wieder von Dichtern aufgegriffen und bearbeitet worden. Deshalb ist es wichtig, bei der Lektüre des Ijobbuches auch auf die sprachliche Gestaltung zu achten. Es ist ein Meisterstück hebräischer Dichtung. Eine Vorgeschichte des Stoffes läßt sich bis in sumerische Zeit zurückverfolgen.

Literatur: R. Albertz: Der sozialgeschichtliche Hintergrund des Hiobbuches und der »Babylonischen Theodizee«, in: *J. Jeremias/L. Perlitt (Hrsg.):* Die Botschaft und die Boten, FS H. W. Wolff, 1981, S. 349–372. – *F. Crüsemann:* Hiob und Kohelet. Ein Beitrag zum Verständnis des Hiobbuches, in: *R. Albertz/H.-P. Müller/H. W. Wolff/ W. Zimmerli (Hrsg.):* Werden und Wirken des Alten Testaments, FS C. Westermann, 1980, S. 373–393. – *G. Fohrer:* Studien zum Buch Hiob, 1963. – *H.-P. Müller:* Das Hiobproblem. Seine Stellung und Entstehung im Alten Orient und im Alten Testament, 1978. – *C. Westermann:* Der Aufbau des Buches Hiob. Mit einer Einführung in die neuere Hiobforschung von J. Kegler, CTM A6, ²1977.

Um Ihnen die Wirksamkeit des Ijobstoffes in der deutschen Literatur und Dichtung nahezubringen, nennen wir Ihnen einige deutschsprachige Autoren, die ihn verarbeitet bzw. neu gestaltet haben:

Altendorf, Wolfgang	Hiob im Weinberg. Erzählung
Bertesius, Johann	Hiob. Tragikomödie (1603)
Bloch, Ernst	Atheismus im Christentum (1968)
Bruder, Otto	Hiob. Gedicht
Brunner, Sebastian	Der deutsche Hiob (Politische Satire)
Clement, Victor	Hiob, die Geschichte eines armen Mannes (nach J. Roths Roman). Drama
Döblin, Alfred	Berlin Alexanderplatz. Roman
Fuchs, Anna Rupertina	Hiob. Drama (1714)
Goethe, Johann Wolfgang	Hiob-Anklänge im »Faust«
Goll, Yvan	»Traumkraut« (Gedichte zwischen 1941 und 1949)
Günther, Joh. Christian	Gedichte (Ausgabe Krämer, Bd. II)
Hegel, Georg Wilh. Fried.	Vorlesungen über die Philosophie der Religion
Heine, Heinrich	Gedichte (aus dem Buch »Lazarus«)
Herder, Joh. Gottfried	Dialog (»Vom Geist der Ebräischen Poesie«)
Kafka, Franz	– Vor dem Gesetz
	– Die Verwandlung
	– Der Hungerkünstler
Kierkegaard, Sören	Die Wiederholung
Koester, Hans	Hiob. Episches Gedicht in 12 Gesängen (1885)
Lorichius, Joan	Jobus. Lateinisches Schauspiel (1543)
Mann, Thomas	Joseph und seine Brüder
Mönnich, Horst	Hiob im Moor. Hörspiel
Müller, Th. A. H. Fr.	Unterhaltungen mit Goethe
Narhamer, Joseph	Hiob. Komödie (1546)
Riedel, F. X.	Das Buch Job. Epos (1779)
Rietmann, J. J.	Hiob und das alte Leid im neuen Liede (1843)
Ruof, Jakob	Das Buch Job. Biblisches Schauspiel (1553)
von Sacher-Masoch, Leopold	Der neue Hiob (1878)
Sachs, Hans	Hiob. Schauspiel (1547)
Sachs, Nelly	Späte Gedichte
Scharff, Gottfried Bal.	Die verkehrte Bibel der Gottlosen

Schupp, J. B.	Geplagter Hiob. Didaktische Schrift (1659)
Wolfskehl, Karl	Hiob oder die vier Spiegel. Gedichte entstanden im Exil
Zapf, Philipp	Hiob. Ein dramatisch-didaktisches Bild aus dem Morgenland (1866)

Und aus der deutschsprachigen Literatur des 20. Jahrhunderts verweisen wir noch – in chronologischer Reihenfolge – auf:

1917 Oskar Kokoschka: Hiob. Ein Drama
1922 Georg Britting: Der verlachte Hiob. Novelle
1926 Oskar Maurus Fontana: Hiob der Verschwender
     Paul Zech: Zuletzt bleibt Hiob. Drama
1928 J. Hilbert: Job. Drama
     Albert Jakob Welti: Hiob der Sieger. Schauspiel
1929 Margarete Susman: Das Hiob-Problem bei Franz Kafka
1930 Joseph Roth: Hiob. Roman eines einfachen Mannes
1932 Ernst Wiechert: Spiel vom deutschen Bettelmann
1933 Kurt Eggers: Job der Deutsche. Drama
1936 Th. Haerten: Die Hochzeit von Dobesti. Drama
1937 H. J. Haecker: Hiob. Spiel
1942 Alfred Mombert: »Sfaira der Alte«
1947 Heinz Flügel: Hiobs Frömmigkeit. Essay (in: Mensch und Menschensohn)
1948 Hermann Lienhard: Hiob (Gedicht: ›Die Verwandlung‹)
     Rudolf Alexander Schröder: Marginalien zum Buch Hiob
     Johann Straubinger: Job (Ein Trostbuch)
     Margarete Susman: Das Buch Hiob und das Schicksal des jüdischen Volkes
     F. J. Weinreich: Das Gastmahl des Job. Spiel
1949 Rolf Lauckner: Hiob. Drama
1952 Hans Ehrenberg: Hiob der Existentialist
     C. G. Jung: Antwort auf Hiob
1958: Georg Gemüsch: Das Rätsel Hiob
     Archibald McLeish: Job. A Play in Verse
1959 Meyer-Fortes: Ödipus und Hiob in westafrikanischen Religionen
1962 Edzard Schaper: Die Söhne Hiobs
1967 Walter Strolz: Hiobs Auflehnung gegen Gott

Grobgliederung:
1–2: Rahmenerzählung (Prosa)
3: Ijobs Klage
4–14: 1. Redegang
15–21: 2. Redegang
22–28: 3. Redegang
29–31: Ijobs Klage   } Poesie
32–37: Elihus Reden
38–41: Reden Gottes
42,1–6: Ijobs Antwort
42,7–17: Rahmenerzählung (Prosa)

1. Bestimmen Sie den Aufbau des Ijobbuches

1–2: Rahmenerzählung
1,1–22: Ijobs Frömmigkeit. Der himmlische Hofstaat: Satan erhält Vollmacht über Ijob mit Ausnahme seines Körpers. »Hiobsbotschaften«:
a) Raub der Rinder und Esel durch Beduinen;
b) Verbrennen der Schafe und Ziegen;
c) Raub der Kamele;
d) Tod aller Kinder (7).
»Der Herr hat gegeben, der Herr hat genommen; gelobt sei der Name des Herrn« (V. 21).
2,1–10: Satan erhält Vollmacht über Ijobs Körper. Seine Frau rät ihm, Gott zu verfluchen.
2,11–13: Ijobs Freunde besuchen ihn, sind entsetzt

3: Ijobs Klage
3,1–26: Ijob verflucht den Tag seiner Geburt

4–14: 1. Redegang
4–5: Elifas von Teman
4,1–21: Nicht die Gerechten, nur die Ungerechten werden gestraft. Elifas Gesicht: Der Mensch ist vergänglich.
5,1–27: Klage gegen Gott ist Dummheit; wende dich an ihn; Preis der Macht Gottes
6–7: Ijob
6,1–30: Ich bin voller Kummer; Gott möge mich töten! Ihr, meine Freunde, enttäuscht mich. Aus mir spricht die Verzweiflung.
7,1–21: Das Leben des Menschen ist Qual. Ich bin nur ein vergänglicher Hauch. Warum quält Gott mich so? Laß mich in Ruhe!

8: *Bildad von Schuach*

8,1–22: Gott hält sich an das Recht. Kehr um zu ihm, dann hilft er dir auch. Der Gottlose ist halt- und wurzellos.

9–10: *Ijob*

9,1–35: Kein Mensch behält im Rechtsstreit Recht gegen Gott, weil er zu gewaltig ist. Seine Gewalt ist willkürlich. Wenn er will, vernichtet er mich. Ich bin im Recht, doch habe ich keine Macht, es gegen Gott durchzusetzen. Selbst, wenn ich unschuldig bin, spricht er mich schuldig.

10,1–22: Warum, Gott, bist du so grausam gegen mich? Du hast mich doch geformt. Was ich auch tue, ist in deinen Augen Beweis meiner Schuld. Warum hast du mich erst gemacht?

11: *Zofar von Naama*

11,1–20: Du sündigst mit deiner Behauptung der Unschuld. Gott ist so groß; er holt jeden Schuldigen vor sein Gericht. Wende dich zu Gott, reinige dich von deiner Bosheit.

12–14: *Ijob*

12,1–25: Ihr seid die Klügsten! Gott ist der Mächtige, von dem alles abhängt. Er hat Macht und Wissen zu jeder Willkür: Wenn er will, kehrt er alles um (revolutionär) (V. 16–25).

13,1–28: Ich bin genauso klug wie ihr. Warum ergreift ihr Partei für Gott? Seid ihr ruhig, ich klage Gott an, denn auf mich wartet nur der Tod. Ich will von Gott ein Rechtsverfahren, um meinen Fall vorzutragen.

14,1–22: Der Mensch ist nichts, warum suchst du ihn heim. Mit dem Tod ist alles aus.

15–21: 2. Redegang

15: *Elifas von Teman*

15,1–35: Dein Reden gefährdet die Frömmigkeit. Bist du ein besonderer Mensch? Deine Worte lästern Gott. Das ist die Tradition der Gottlosen: Sie haben ständig Angst, am Ende sind sie nichts.

16–17: *Ijob*

16,1–22: Ihr habt nur Worte für mich, keinen Trost. Gott bekämpft mich. Es gibt einen Zeugen im Himmel für mich.

17,1–16: Schilderung der Krankheit und der Perspektive, die Ijob noch bleibt: das Totenreich.

18: *Bildad von Schuach*

18,1–21: Vorwurf an Ijob, sich allein für gerecht zu halten. Das Schicksal der Gottlosen.

19: *Ijob*

19,1–29: Gott bekämpft mich grundlos. Alle sozialen Beziehungen sind abgebrochen. Wunsch, die Worte in Stein zu hauen. »Ich weiß, mein Anwalt lebt«

(Einheitsübersetzung: »mein Erlöser«, V. 25; hebr. Goël = Auslöser oder Bluträcher).

20: *Zofar von Naama*

20,1–29: Der Gottlose wird immer bestraft

21: *Ijob*

21,1–34: Im Gegenteil: Gerade den Gottlosen geht es gut. Sie halten die Hinwendung zu Gott für unnütz, trotzdem leben sie gut. Ja, selbst nach dem Tod werden sie geehrt.

22–28: 3. Redegang

22: *Elifas von Teman*

22,1–30: Du bist böse und ungerecht, hartherzig und zurückweisend, darum straft dich Gott. Preis der Größe Gottes. Kehr um zu Gott, er ist nicht dein Feind.

23–24: *Ijob*

23,1–17: Ich würde meinen Rechtsstreit mit Gott gewinnen. Aber ich weiß nicht, wo er ist; er aber weiß, wo ich bin. Er erdrückt mich.

24,1–25: Die Mächtigen sündigen ungestraft; die Armen hungern und frieren; die Schwachen werden mißhandelt; die Übeltäter handeln im Dunkeln. Sie haben dasselbe Geschick.

25: *Bildad von Schuach*

25,1–6: »...wie wäre rein der vom Weib Geborene?« (6 Verse).

26–28: *Ijob*

26,1–14: Gottes Macht im Himmel und Meer; sein Sieg über den Drachen Rahab. Zeichen für seine riesige Gewalt.

27,1–23: Ijobs Eid: Kein Unrecht kommt über meine Lippen. Das Schicksal des Gottlosen: Er verliert alles, seine Nachkommen hungern; andere erben (≠ die Argumentation Ijobs bisher!)

Exkurs: 28,1–28: Der Mensch erforscht alles (Schächte in der Erde; Fund von Edelsteinen und Gold) – doch die Weisheit ist nirgends zu finden. Nur Gott kennt sie. Sie war bei der Schöpfung dabei.

29–31: Ijobs Klage

29,1–25: Das *Einst:* Ijob war geachtet und verehrt, sein Rat war begehrt, er selbst war stark.

30,1–31: Das *Jetzt:* Ijob ist ein Spottlied auch für die Geringen und Verabscheuungswürdigen; Schmerz und Todesaussicht.

31,1–34: Selbstverfluchung Ijobs für den Fall, daß er Unrecht tat. Unschuldsbeteuerung: Er begehrte kein Mädchen; beging nicht Ehebruch; achtete das Recht der Diener; gab Almosen den Armen, Waisen und Witwen; betrog nicht; war nicht schadenfroh über das Leid anderer; pflegte den Ackerboden und die Gastfreundschaft.

31,35–40: Ich will Gottes Klageschrift sehen!
»Zu Ende sind die Worte Ijobs« (V. 40).

32–37: Elihus Reden

32,1–22: Obwohl ich jünger bin als ihr, kann ich meine Rede nicht zurückhalten: Keiner konnte Ijob widerlegen. Darum will ich ihm jetzt antworten.
33,1–33: Wir sind beide gleich, weil aus Erde gemacht, aber du bekennst dich unschuldig. Gott hilft dem, der seine Sünden bekennt und seinen Hochmut dämpft.
34,1–37: Gott verdreht das Recht niemals. Er vergilt dem Menschen nach seinem Tun. Er bestraft die Übeltäter, auch die großen. Doch wenn einer seine Schuld bekennt, wird ihm vergeben, auch wenn das Ijob nicht paßt.
35,1–16: Gott hilft weder des Menschen Unschuld noch seine Schuld; wenn Menschen in der Not zu Gott schrien, würden sie ihn sehen. Sei geduldig!
36,1–33: Gott gebraucht seine Macht gerecht; er richtet gerecht; wer ihm gehorcht, empfängt Gutes. Du erlebst jetzt den Lohn der Bosheit. Gott ist so mächtig, daß man ihn nicht beschuldigen darf.
37,1–24: Preis der Größe Gottes: Er gebietet über die Wetter (Blitz, Donner, Regen, Schnee, Hagel). Jeder muß Ehrfurcht vor ihm haben.

38–41: Reden Gottes

38,1–41: Gott fragt Ijob, ob er Bescheid weiß. Es folgen Fragen über die Schöpfung (Gründung des Alls, Absperrung des Meeres, Entstehen des Tages; Untergrund; Licht; Vorratskammern von Schnee und Hagel; Regen; Siebengestirn; Gewitter; Futter für Löwen).
39,1–30: Fragen über Tiere: Gebären von Gemse und Hirschkuh, Freiheit des Esels, Wildheit des Stiers, Straußeneier; Zähmung des Pferdes; Raubvögel
40,1–5: Kurzer Dialog Gott-Ijob. Ijob schweigt (V. 4f.)
40,6–32: Fragen über Behemot (Nilpferd) und Leviatan (Krokodil), wie sie zu fangen sind
41,1–26: Beschreibung der Schrecklichkeit und Unbesiegbarkeit des Leviatan

42,1–6: Ijobs Antwort

Ijob widerruft und bereut in Staub und Asche.

42,7–17: Rahmenerzählung: Epilog

Gottes Kritik an Elifas und den Freunden. Ijob wird gerechtfertigt.
Ijob wird wieder gesund. Er wird wieder reich. Er bekommt wieder Kinder, darunter drei Töchter, die die Schönsten im Land sind. Sie werden erbberechtigt. Er stirbt in hohem Alter.

2. Zu Ijob 1–2. Nennen Sie Beispiele für Texte, in denen ein himmlischer Hofstaat Gottes erwähnt wird

Wichtigster Text ist hier 1 Kön 22, die Vision des Micha ben-Jimla; dort tritt ein Geist auf, der sich anbietet, die Propheten durch einen Lügengeist zu verwirren; zu denken ist ferner an Jes 6, die Vision von Gott, der auf dem Thron sitzt und von sechsflügeligen Wesen umgeben ist; oder an Ez 1–3, die Berufungsvision Ezechiels, bei der er mehrgestaltige Wesen erblickt. Vgl. auch Gen 6, die Erwähnung von Göttersöhnen und den Plural in Gen 1,26. Aufgenommen hat das Motiv J.W. Goethe im »Faust« (Prolog im Himmel).

3. Kennen sie einen weiteren Text, in dem, wie Ijob in Kapitel 3, ein Mann den Tag seiner Geburt verflucht?

Jer 20,14–18.

4. In Ijob 12 erscheint Gott als der, der alles umzukehren vermag (Gott als Revolutionär). Kennen Sie andere Texte, in denen Gott in ähnlicher Weise charakterisiert wird?

Z.B. 1 Sam 2 (Hannas Danklied); Ps 75; 113; 146; 147.

5. Elihu zitiert in seinen Reden teilweise Aussagen Ijobs. Versuchen Sie, diese Zitate in den Reden Ijobs zu finden

Zu 33,9 vgl. etwa 11,14; 16,17; 27,6; 31,1–40; zu 33,10 vgl. 13,24; 19,11; zu 33,11 vgl. 7,15; 13,27; zu 34,5 vgl. 27,2; 31,6; zu 34,6 vgl. 6,4; 16,12 f.; 13,21; zu 35,3 vgl. 9,21 f.; zu 35,14 vgl. 9,11.

6. Ijob 42 spricht vom Sterben in hohem Alter als Zeichen des Segens Gottes. Wo kommt dieses Motiv noch vor?

In den Vätergeschichten, z.B. bei Abraham, Jakob, Josef.

7. In der Rahmenerzählung des Ijobbuches tritt ein »Satan« auf, der hier als himmlischer Ankläger zu verstehen ist. Er ist völlig von der

Macht Gottes abhängig, also kein – dualistischer – Gegenspieler. Wo begegnet im AT noch eine Satansgestalt?

Sach 3,1f. Dort ist Satan ein (himmlischer) Ankläger des Hohenpriesters Jeschua; er wird vom Engel des Herrn zurechtgewiesen; 1 Chr 21,1 ist der Satan der Verursacher der Volkszählung Davids. Hier zeigt sich ein gegenüber 2 Sam 24 verändertes Denken.

8. Wo kommt im Ijobbuch der Gottesname JHWH vor?

Nur im Prolog und im Epilog. In den poetischen Stücken fehlt er.

9. Beachten Sie: Die Einheitsübersetzung spricht zwar in Ijob 19,25f. von einem Erlöser, im Hebräischen steht dort aber der Begriff Goël. Was ein Goël, ein »Auslöser, Löser« ist, erfahren Sie am besten im Buch Rut, Kap. 4. Es wäre demnach falsch, hier an eine Messiasgestalt zu denken.

10. Und noch eine Relativierung der Einheitsübersetzung: Sie spricht in der 2. Gottesrede in 40,15 vom Nilpferd und in 40,25 vom Krokodil. Im Hebräischen steht dort Behemot und Leviatan. Beides sind Verkörperungen der gottfeindlichen Chaosmächte. Zu Leviatan vgl. etwa Jes 27,1; Ps 74,14; 104,26 und Ijob 3,8

Problemanzeige: Da der Ijobdialog keinen Gedankenfortschritt aufzeigen will, sondern eine Auseinandersetzung zwischen dem Leidenden und seinen Klagen und den Freunden, die auf die Klagen reagieren, ist es nicht einfach, die Inhalte bibelkundlich sich einzuprägen. Eine Hilfe kann jedoch dadurch gegeben werden, daß man sich den Charakter der Texte einprägt und auf bestimmte, auch in anderen Teilen des AT wiederkehrende Formmerkmale achtet. Zwar weichen die Bestimmungen durch die Forscher oft erheblich voneinander ab, doch besteht insoweit Konsens, daß sich im Ijobbuch Elemente der Klage, des Gotteslobs, des Streitgesprächs und der Gattungen des Rechts finden. Die folgende Übersicht soll Ihnen helfen, die Formelemente zu erkennen und bestimmen zu können.

1. Klage: Sie findet sich vor allem in Kap 3 und 29–31; ferner in 6,4–20; 7,1–21; 9,14–31; 10,1–22; 13,20–14,22; 16,6–17,16; 19,7–20. Kennzeichen sind dabei: die klagende »warum«-Frage (vgl. 3,11), die Ich-Klage oder das

Sichbeklagen (vgl. 6,4–20), die Anklage Gottes (vgl. 9,14–30) und die Klage über die Feinde (vgl. 30,1–15).

Versuchen Sie, auch die übrigen Texte der Ijobreden auf diese Kennzeichen hin zu lesen und die Formelemente zu bestimmen!

2. Wünsche und Bitten: Fast alle Klagen von einzelnen enthalten ein Gefälle hin auf Wünsche oder Bitten zu Gott. Bei Ijob finden wir u.a.

- den Todeswunsch (3,11–13; 6,8–10);
- den Wunsch, Gott möge von ihm ablassen (7,16; 9,34f.; 10,20; 13,21f; 14,6;)
- die Bitte, daß seine Sache von Gott gehört wird; daß er sein Recht erhält (16,18–22; 17,3; 19,23f.);
- den Wunsch, Gott zu begegnen (23,3–12; 31,35–37).

3. Unschuldsbeteuerungen und Bekenntnis der Zuversicht: Auch diese beiden Elemente finden sich in vielen Klagen von einzelnen in den Psalmen. Im Ijobbuch finden wir sie u.a. in 6,28–30; 9,21; 9,29–31; 13,15f. 18. 23; 223,10. 12; 16,19–21; 19,25–27.

4. Elemente des Gotteslobs (Hymnus) finden sich sowohl in den Reden Ijobs als auch in denen der Freunde. Dabei lassen sich thematisch unterscheiden:

- Das Lob Gottes in seiner Majestät: 5,9; 9,4.11; 11,7–9.11; 12,10.13
- Das Lob des Schöpfers der Welt: 9,5–13
- Das Lob des Menschenschöpfers: 10,8–12
- Das Lob des Herrn der Geschichte: 5,11–16.18; 12,14–25

Schließlich ist die ganze Komposition der Gottesreden eine Entfaltung des Gotteslobs – im Munde Gottes selbst.

5. Charakteristische Elemente des Streitgesprächs sind z.B. die Mahnung (5,8. 17. 27; 8,5–7. 20–22; 11,12–14; 22,21–30), die Bestreitung (dessen, was der Vorredner gesagt hat; z.B. 4,2–6; 8,2–4; 11,2–4; 15,2–13; 18,2–4; 20,2–5; im Munde Ijobs 21,1–3).

6. Elemente von Rechtsgattungen: 9,14–23 (mit Gott ist kein gerechtes Gerichtsverfahren möglich, da bei ihm Macht vor Recht geht); 13,18 (Ijob bringt sein unschuldiges Leiden als Rechtsfall vor); 23 (im Rechtsstreit mit Gott erhielte Ijob Recht).

Überall spürbar sind die außerordentlich zahlreichen weisheitlichen Elemente, die aufzuzählen kaum möglich ist. Hingewiesen sei auf die großen weisheitlichen Kompositionen in 28 und 32–37.

Literatur: M. Augustin: Marxistischer Philosoph und Humanist. Milan Machovec und die Bedeutung alttestamentlicher Traditionen in seinem philosophischen Denken. Ein Beitrag zum Dialog zwischen Christen und Marxisten, 1985, S. 167–186. – *E. Bloch:* Atheismus im Christentum. Zur Religion des Exodus und des Reichs, suhrkamp taschenbuch 144, 1973, S. 118–134. – *Ders.:* Das Prinzip Hoffnung (Gesamtausgabe, Bd. 5,1. 2), 1959, Kap. 53. – *G. Fohrer:* Studien zum Buch Hiob (1963), BZAW 159,

²1983. – *O. Keel:* Jahwes Entgegnung an Ijob. Eine Deutung von Ijob 38–40 vor dem Hintergrund der zeitgenössischen Bildkunst, FRLANT 121, 1978. – *H.-P. Müller:* Hiob und seine Freunde. Traditionsgeschichtliches zum Verständnis des Hiobbuches, 1970. – *G. von Rad:* Weisheit in Israel, ²1982. – *H. H. Schmid:* Wesen und Geschichte der Weisheit, 1966.

Sprüche (Salomos)

Das Buch der Sprüche gehört zur alttestamentlichen Weisheitsliteratur. Die Tradition schrieb diese Sprüche Salomo zu (vgl. 1 Kön 5,12), doch zeigt der Charakter der Sprüche, daß es sich um Sammlungen aus verschiedenen Epochen der Geschichte Israels handelt. Sie nachzuzeichnen ist im einzelnen sehr schwierig, da der Ursprung und die Weitergabe der Sprüche weit in die Vorzeit der vorschriftlichen Phase der Volksgeschichte zurückreicht. Da Sprichwörter bei allen Völkern des Alten Orients anzutreffen sind, ist mit einer langen und wechselseitigen Einflußnahme zu rechnen. Das Hauptcorpus dieser Sprichwörter-Weisheit findet sich in den Kap. 10–22. Die Einleitungskapitel enthalten längere, zusammenhängende Mahnungen eines Weisheitslehrers, der vor den Gefahren der Torheit warnt und zur Weisheit lockt. Der unterschiedliche Charakter des Buches der Sprüche und die Vielfalt der meist recht kurzen, im Parallelismus membrorum gehaltenen Sprüche, die von Klugheitsregeln oder humorvoll-liebevollem Spott über tiefgründiges Nachdenken über menschheitliche Phänomene bis hin zum theologischen Durchdringen der Herkunft und Existenz der Weisheit reichen, macht ihre bibelkundliche Erschließung nicht einfach. In dieser Bibelkunde soll sie auf zweifache Weise geschehen, einmal, indem wir Ihnen einen Überblick über erkennbare Kompositionen und Themen einzelner Kapitel des jetzt vorliegenden Buches geben, und zum andern, indem wir Gruppen von Sprüchen unter thematischen Gesichtspunkten aufführen. Wie bei aller Volksweisheit, so gilt auch bei den biblischen Sprüchen, daß man sie eigentlich am besten lernt, indem man sie von der älteren Generation in der konkreten Anwendung auf Lebenssituationen hin erlebt. Dieses lebendige Lernen im Vollzug wollen wir – notdürftig – dadurch ersetzen, daß wir Ihnen empfehlen, eine Reihe von Sprüchen auswendig zu lernen. Dabei bieten wir Ihnen eine Anthologie, die Sie selbständig erweitern, verändern oder ergänzen können, je nach Ihren persönlichen Interessen.

Grobgliederung:
1–9: Die Weisheit
  1–4: Lob der Weisheit
  5–7: Warnung vor Leichtfertigkeit
  8–9: Weisheit und Torheit
10–22,16: Sentenzsammlung (Salomos)
22,17–24: Sentenzsammlung (Sprüche von Weisen)
25–29: Sentenzsammlung (Sprüche der Männer Hiskijas)
30: Worte Agurs
31: Worte an Lemuël

1. Bestimmen Sie den Aufbau des Buches der Sprüche

1–9: Die Weisheit

1–4: Lob der Weisheit
  1,1–7: Einleitung
  Weisheit macht Unverständige lebensklug; »Gottesfurcht ist Anfang der Erkenntnis ...« (V. 7).
  1,8–19: Warnung vor Räubern
  1,20–33: Die Weisheit ruft – doch die Toren wollen nicht hören
  2,1–22: Weisheit ist Gabe Gottes; sie befähigt zu richtigem Leben; schützt vor der fremden Frau
  3,1–26: Gottesfurcht bringt Segen; Weisheit bringt Leben
  3,27–35: Sei gütig zu deinen Nächsten!
  4,1–27: Die lebensbringende Weisheit; sie wird von Vater zu Sohn überliefert; Weisheit bringt nur Gutes.
5–7: Warnung vor Leichtfertigkeit
  5,1–23: Warnung vor der Frau des anderen – sie führt letztlich zum Tod (durch den Ehemann). Freu dich an deiner eigenen Frau!
  6,1–19: Warnung vor Bürgschaft, vor Faulheit (die Ameise als Vorbild) und vor übler Nachrede
  6,20–35: Warnung vor der Frau des anderen – das bringt Schande und Strafe und die Wut des Ehemanns
  7,1–27: Die Verführungskünste der Frau des anderen.
8–9: Weisheit und Torheit
  8,1–36: Die Weisheit lädt ein; sie war schon bei der Schöpfung dabei, war Gottes erste Schöpfungstat
  9,1–18: Frau Weisheit und Frau Torheit.

10,1–22,16: Sentenzsammlung (Sprüche Salomos)
  10,1–32: Verständig ≠ uneinsichtig; fromm ≠ gottlos; reich ≠ arm
  11,1–31: Ethisch falsches und richtiges Verhalten
  12,1–28: Fleiß ≠ Faulheit; Einsicht ≠ Dummheit; Lüge ≠ Wahrheit
  13,1–25: Armut, die positiv gewertet wird, ≠ Reichtum, der negativ ist
  14,1–35: Sprüche über soziales Verhalten und Ausgeglichenheit
  15,1–33: Das kluge Wort; Gehorsam gegenüber Gott
  16,1–33: Das rechte Gottesverhältnis; Ratschläge zum Verhalten gegenüber dem König
  17,1–28: Das gute Haus; Worte gegen Zank und Bestechung
  18,1–24: Gegen Abtrünnige, Toren, Verleumder und die Überheblichkeit
  19,1–29: Arm ≠ Reich; falsches Zeugnis; gegen Trägheit; der schlechte Sohn

20,1-30: Gegen Geschwätzigkeit; zum Verhalten eines Königs; gerechtes Gewicht

21,1-31: Vermischte Sprüche

22,1-16: Armut ≠ Reichtum; das richtige Wort; die Güte

22,17-24,34: Sentenzsammlung (Sprüche von Weisen)

22,17-29: Soziale Mahnungen

23,1-35: Ermahnung an den Sohn zur Beherrschtheit; soziale Mahnungen; gegen Trunksucht (V. 20 f.; 29-35)

24,1-22: Mahnung zur Klugheit

24,23-34: Weitere Sprüche von Weisen: Gerechtigkeit vor Gericht; der Faule

25-29: Sentenzsammlung (Sprüche der Männer Hiskijas)

25,1-28: Der König; das richtige Wort; Feindesliebe; Warnung vor Schmeicheleien (Honig)

26,1-28: Der Tor; der Faule; der Verleumder

27,1-27: Vermischte Sprüche

28,1-28: Fromme ≠ Gottlose (Frevler ≠ Gerechte); Arm und Reich; schlechte Herrscher; Annahme von Zurechtweisung

29,1-27: Gerechte oder Frevler an der Macht; Weise und Toren

30-31: Worte Agurs und Worte an Lemuël

30,1-33: *Worte Agurs*

1-10: Vergebliche Mühe um die Gotteserkenntnis; Bitte um das rechte Maß an Besitz

11-14: Das hochmütige Geschlecht

15-33: Die Zahlensprüche (in der Form: 2 ... 3; 3 ... 4): unersättlich; unbegreiflich; unerträglich; unglaublich; prächtig.

31,1-31: *Worte an Lemuël* (als Worte einer Frau!)

1-9: Warnung vor Frauen und Alkohol; Mahnung zum Schutz der Schwachen

10-31: Lob der selbständigen Frau in ihrer Hauswirtschaft

Übersicht über Spruchgruppen zu Themenbereichen (mit je einem Beispiel) aus 10,1-22,16

1. Ansehen (»Besser unbeachtet bleiben und seine Arbeit verrichten, als großtun und kein Brot haben«): 12,9; 13,18; 17,5. 6. 26; 20,29; 22,1. 4
2. Ausgeglichenheit, Beherrschtheit, Besonnenheit (»Der Langmütige ist immer der Klügere, der Jähzornige treibt die Torheit auf die Spitze«): 14,17. 29. 30; 15,18; 16,32; 19,2. 11

3. Beamtenethik (»Die Gunst des Königs ruht auf dem klugen Diener, den schändlichen aber trifft sein Zorn«): 14,35; 16,10–15
4. Bestechung (»Bestechungsgeld ist ein Zauberstein in den Augen des Gebers; wohin er sich wendet, hat er Erfolg«): 17,8. 23; 18,16; 19,6; 21,14
5. Betrug – Aufrichtigkeit (»Falsche Waage ist dem Herrn ein Greuel, volles Gewicht findet seinen Gefallen«): 11,1; 13,17; 21,6
6. Bürgschaft (»Wer für einen Fremden bürgt, ist übel daran; wer den Handschlag ablehnt, geht sicher«): 11,15; 17,18; 20,16; 27,13
7. Depression – Fröhlichkeit (»Hingehaltene Hoffnung macht das Herz krank, erfülltes Verlangen ist ein Lebensbaum«): 13,12; 14,10. 13; 15,13; 17,22; 18,14
8. Destruktive Rede (»Ein Taugenichts ist ein Ofen voll Unheil, auf seinen Lippen ist es wie sengendes Feuer«): 16,27. 28; 17,4. 20
9. Echte Freundschaft (»Manche Freunde führen ins Verderben, manch ein lieber Freund ist anhänglicher als ein Bruder«): 18,24; 20,6
10. Ehrlichkeit (»Besser wenig und gerecht als viel Besitz und Unrecht«): 16,8; 20,10
11. Eltern – Kinder (»Ein kluger Sohn macht dem Vater Freude, ein dummer Sohn ist der Kummer seiner Mutter«): 10,1; 13,1. 24; 15,20; 17,21. 25; 19,13. 18. 26; 20,11. 20. 30; 22,6. 15
12. Faulheit – Fleiß (»Lässige Hand bringt Armut, fleißige Hand macht reich«): 10,4. 5. 26; 11,16b; 12,11. 24. 27; 13,4; 14,23; 18,9; 19,15. 24; 20,4. 13; 21,5. 25; 22,13; 28,19
13. Frauen (Tüchtigkeit/Ehrbarkeit – Untüchtigkeit/Sittenlosigkeit) – (»Eine tüchtige Frau ist die Krone ihres Mannes, eine schändliche ist wie Fäulnis in seinen Knochen«): 11,16a. 22; 12,4; 14,1; 18,22; 19,14; 21,9. 19; 22,14
14. Freigebigkeit (»Die Güte eines Menschen kommt ihm selbst zugute, der Hartherzige schneidet sich ins eigene Fleisch«): 11,17. 24. 25; 19,17; 21,26; 22,9
15. Freundlichkeit (»Strahlende Augen erfreuen das Herz, frohe Kunde labt den Leib«): 15,30; 16,24
16. Fromme – Gottlose (Gerechte – Frevler) – (»Das Verlangen des Gerechten sättigt der Herr, die Gier der Frevler stößt er zurück«): 10,3. 6. 7. 9. 11. 16. 20. 21. 24. 25. 27–32; 11,5. 7–11. 18–21. 23. 31; 12,3. 5–7. 10. 12. 13. 21. 26. 28; 13,5. 6. 9. 25; 14,2. 11. 14. 19. 22. 26. 27. 32; 15,3. 5. 8–11. 16. 25. 26. 29. 33; 16,4. 6. 7. 27–30; 17,3. 11. 24; 18,10; 19,16. 23; 20,7. 9; 21,3. 7. 8. 10. 18. 27. 29; 22,5
17. Fürsorge (»Wer seinen Nächsten verachtet, sündigt; wohl dem, der Erbarmen hat mit den Notleidenden«): 14,21. 31; 17,17; 21,13. 21
18. Gerechtigkeit – Ungerechtigkeit (Recht- /Unrechttun) – (»Wer in der Gerechtigkeit feststeht, erlangt das Leben, wer dem Bösen nachjagt, den Tod«): 11,19. 27. 30; 12,13; 13,2. 21; 14,34; 22,7
19. Gerechtes Urteil (»Wer Schuldige freispricht und wer Unschuldige verurteilt, beide sind dem Herrn ein Greuel«): 16,16; 17,15. 23. 26; 18,5. 17. 18; 20,8. 26; 21,15
20. Geschwätz – Schweigen (»Wer als Verleumder umhergeht, gibt Geheimnisse preis; der Verläßliche behält eine Sache für sich«): 11,12. 13; 12,18. 23; 13,3; 17,27. 28; 18,2; 20,19; 21,23
21. Gottesfurcht (»Gottesfurcht bringt langes Leben, doch die Jahre der Frevler sind verkürzt«): 10,27; 14,27; 15,33a

22. Greuel für JHWH (»Zweierlei Gewicht und zweierlei Maß, beide sind dem Herrn ein Greuel«): 11,20; 20,10. 23; 21,27
23. Haß – Liebe (»Haß weckt Streit, Liebe deckt alle Vergehen zu«): 10,12
24. Heimtückische – offene Kritik (»Wer mit den Augen zwinkert, schafft Leid, wer offen tadelt, stiftet Frieden«): 10,10. 18. 19; 12,2. 20; 16,30
25. Herrschaft (und Königtum) – (»Viel Volk ist der Glanz des Königs, wenig Leute sind des Fürsten Untergang«): 14,28; 16,10. 12. 13; 19,10. 12; 20,2. 8. 26. 28; 21,1; 22,11
26. Hochmut – Demut (»Kommt Übermut, kommt auch Schande, doch bei den Bescheidenen ist die Weisheit zu Hause«): 11,2; 15,33b; 16,5. 18. 19; 17,19b; 18,12; 21,4. 24; 29,23
27. Hunger (»Der Hunger des Arbeiters arbeitet für ihn; denn sein Mund treibt ihn an«): 16,26
28. Karriererat (»Ein kluger Knecht wird Herr über einen mißratenen Sohn, und mit den Brüdern teilt er das Erbe«): 17,2
29. Kollektiver Rat (»Fehlt es an Führung, kommt ein Volk zu Fall, Rettung ist dort, wo viele Ratgeber sind«): 11,14; 15,22; 20,18
30. Kluge Geschäfte (»Schlecht, schlecht, sagt der Käufer; geht er aber weg, so rühmt er sich«): 11,29; 12,11; 14,4; 20,14
31. Marktmanipulation – marktgerechtes Verhalten (»Wer Getreide zurückhält, den verwünschen die Leute, wer Korn auf den Markt bringt, auf dessen Haupt kommt Segen«): 11,26; 16,11; 20,10. 14. 23
32. Menschliches Planen – göttliches Lenken (»Der Mensch entwirft die Pläne im Herzen, doch vom Herrn kommt die Antwort auf der Zunge«): 16,1. 2. 3. 9. 33; 19,21; 20,24; 21,2. 30. 31
33. Mißachtung – Achtung der Rüge und des Rates (»Den Weg zum Leben geht, wer Zucht bewahrt; wer Warnung mißachtet, geht in die Irre«): 10,17; 12,1; 13,1. 10. 13. 14; 15,5. 12. 22. 31. 32; 17,10; 19,20. 27; 20,5; 21,11
34. Probleme der Armut (»Wer den Armen verspottet, schmäht dessen Schöpfer, wer sich über ein Unglück freut, bleibt nicht ungestraft«): 13,23; 14,31; 16,26; 17,5; 19,1. 7. 22
35. Rechtes Gelübde (»Eine Falle ist es, unbedacht zu rufen: Geweiht!, und erst nach dem Gelübde zu überlegen«): 20,25
36. Redlich – unredlich (»Die Redlichen leitet ihre Lauterkeit, die Verräter richtet ihre Falschheit zugrunde«): 11,3. 6. 11; 13,17; 20,17; 21,18
37. Redekunst (rechte Rede) – (»Mancher Leute Gerede verletzt wie Schwertstiche, die Zunge der Weisen bringt Heilung«): 12,6. 14. 18. 25; 13,2; 14,3; 15,1. 4. 23. 28; 16,21. 23; 18,4. 13. 20. 21; 20,15
38. Reichtum
    a) Unrechter Reichtum (»Wer Schätze erwirbt mit verlogener Zunge, jagt nach dem Wind, er gerät in die Schlingen des Todes«): 18,11; 21,6. 17
    b) Rechter Reichtum (»Wer sich durch Raub bereichert, zerstört sein Haus, wer Bestechung von sich weist, wird lange leben«): 13,22; 14,23; 15,27; 21,20
    c) Reichtum und Armut (Reiche und Arme) – (»Dem Reichen ist seine Habe eine feste Burg, dem Armen bringt seine Armut Verderben«): 10,15; 11,24; 13,7. 8. 11; 14,20; 15,15. 16; 16,8; 18,11. 23; 19,4; 22,2. 7. 16

d) Reichtum – Gerechtigkeit (»Reichtum hilft nicht am Tag des Zorns, Gerechtigkeit aber rettet vor dem Tod«): 11,4. 19. 27. 30; 12,13; 13,2. 21; 14,34; 22,7

39. Segen Gottes – eigenes Tun (»Der Segen des Herrn macht reich, eigenen Mühe tut nichts hinzu«): 10,22

40. Trunkenheit (»Ein Zuchtloser ist der Wein, ein Lärmer das Bier: wer sich hierin verfehlt, wird nie weise«): 20,1. 17

41 Verzeihen/Vergeltungsverzicht (»Wer Fehler zudeckt, sucht Freundschaft; wer eine Sache weiterträgt, trennt Freunde«): 17,9. 13; 20,22

42. Wahrheit – Lüge (Lügenzeuge) – (»Wer Wahrheit spricht, sagt aus, was recht ist, der falsche Zeuge aber betrügt«): 12, 17. 19. 22; 13,5; 14,5. 25; 18,8; 19,5. 9. 28; 21,28; 22,12

43. Weisheit – Torheit (Klugheit – Dummheit) – (»Der Kluge tut alles mit Überlegung, der Tor verbreitet nur Dummheit«): 10,8. 13. 14. 23; 11,12. 29; 12,8. 15. 16. 23; 13,15. 16. 20; 14,6. 7. 8. 9. 16. 18. 33; 15,2. 7. 14. 19. 21. 24; 16,16. 17. 20. 22.23; 17,7.12.16; 18,1.2.3.6.7.15; 19,3.8.25.19; 21,16.22; 22,3

44. Zank – Eintracht (»Besser ein trockenes Stück Brot und Ruhe dabei als ein Haus voll Braten und dabei Streit«): 17,1. 14. 19; 18,17. 19; 19,13; 20,3; 21,9. 19; 22,10

45. »Manch einem scheint sein Weg der rechte, aber am Ende sind es Wege des Todes«: 14,12 = 16,25

2. Die Sprüche lernen Sie am besten, indem Sie einige auswendig lernen. Hier eine Anthologie. Ergänzen Sie sie nach eigenem Geschmack

10,12: Haß weckt Streit, Liebe deckt alle Vergehen zu.

11,22: Ein goldener Ring im Rüssel eines Schweins ist ein Weib, schön, aber sittenlos.

11,24: Mancher teilt aus und bekommt immer mehr, ein anderer kargt übers Maß und wird doch ärmer.

12,15: Der Tor hält sein eigenes Urteil für richtig, der Weise aber hört auf Rat.

14,13: Auch beim Lachen kann ein Herz leiden, das Ende der Freude ist Gram.

14,31: Wer den Geringen bedrückt, schmäht dessen Schöpfer, ihn ehrt, wer Erbarmen hat mit dem Bedürftigen.

15,17: Besser ein Gericht Gemüse, wo Liebe herrscht, als ein gemästeter Ochse und Haß dabei.

15,22: Wo es an Beratung fehlt, da scheitern die Pläne, wo viele Ratgeber sind, gibt es Erfolg.

16,18: Hoffart kommt vor dem Sturz, und Hochmut kommt vor dem Fall.

16,32: Besser ein Langmütiger als ein Kriegsheld, besser, wer sich selbst beherrscht, als wer Städte erobert.

17,5: Wer den Armen verspottet, schmäht dessen Schöpfer, wer sich über ein Unglück freut, bleibt nicht ungestraft.

17,22: Ein fröhliches Herz tut dem Leib wohl, ein bedrücktes Gemüt läßt die Glieder verdorren.

18,16: Geschenke schaffen dem Geber Raum und geleiten ihn vor die Großen.

18,22: Wer eine Frau gefunden, hat Glück gefunden und das Gefallen des Herrn erlangt.

19,13: Ein Unglück für den Vater ist ein törichter Sohn und wie ein ständig tropfendes Dach das Gezänk einer Frau.

19,15: Faulheit versenkt in Schlaf, ein träger Mensch muß hungern.

19,24: Greift der Faule mit der Hand in die Schüssel, bringt er sie nicht einmal zum Mund zurück.

20,22: Sag nicht: Ich will das Böse vergelten. Vertrau auf den Herrn, er wird dir helfen.

21,9: Besser in einer Ecke des Daches wohnen als eine zänkische Frau im gemeinsamen Haus.

21,14: Eine heimliche Gabe besänftigt den Zorn, ein Geschenk aus dem Gewandbausch den heftigen Grimm.

22,2: Reiche und Arme begegnen einander, doch der Herr hat sie alle erschaffen.

23,29–30: Wer hat Ach? Wer hat Weh? Wer Gezänk? Wer Klage? Wer hat Wunden wegen nichts? Wer trübe Augen? Jene, die bis in die Nacht beim Wein sitzen, die kommen, um den Mischwein zu probieren.

24,17 f.: Freu dich nicht über den Sturz deines Feindes, dein Herz juble nicht, wenn er strauchelt, damit nicht der Herr es sieht und mißbilligt und seinen Zorn von ihm abwendet.

24,26: Einen Kuß auf die Lippen gibt, wer richtig antwortet.

25,21 f.: Hat dein Feind Hunger, gib ihm zu essen, hat er Durst, gib ihm zu trinken; so nimmst du Kohlen von seinem Haupt (anders: Einheitsübersetzung!), und der Herr wird es dir vergelten.

26,14: Die Tür dreht sich in ihrer Angel und der Faule in seinem Bett.

26,27: Wer eine Grube gräbt, fällt selbst hinein, wer einen Stein hochwälzt, auf den rollt er zurück.

27,5: Besser offener Tadel als Liebe, die sich nicht zeigt.

28,16: Mancher Fürst ist klein an Verstand und groß als Unterdrücker, wer Ausbeutung haßt, hat ein langes Leben.

29,4: Ein König richtet das Land auf durch Pflege des Rechts, wer Abgaben erpreßt, zerstört es.

29,18: Ohne prophetische Offenbarung verwildert das Volk; wohl ihm, wenn es die Lehre bewahrt.

3. Nennen Sie Beispiele für Zahlensprüche nach dem Schema »zwei ... drei« oder »drei ... vier« oder von ähnlicher Struktur

Sie finden sich vor allem in Spr 6,16–19; 30,15. 18. 21. 24. 29, aber auch in dem Strophengedicht in Am 1.

4. Die Tatsache, daß unmittelbar nach der Beschreibung der Verführungskünste der schönen Frau in Kap. 7 die einladende Weisheit auf die Straße tritt, stellt einen Kontrast dar zwischen der verführenden Frau, die Unheil bringt, und der verführenden Weisheit, die zum Leben führt. Was verbindet sich mit den beiden Personifikationen?

Mit der verführenden Frau verbindet sich: Not, Ärger, ja sogar Tod; mit der verführenden Weisheit: Reichtum, Klugheit, Leben.

5. In 30,9 kommt das Argument vor, daß Wohlstand die Gefahr mit sich bringt, Gott zu verleugnen. Kennen Sie einen Text des Pentateuchs, in dem dieses Problem thematisiert wird?

Sie werden sich sicher erinnern: Es handelt sich um Dtn 8, einen Teil der Moserede.

6. Beachten Sie, daß in dem »Lob der tüchtigen Frau« die Selbständigkeit der Haushalt, Markt und Bodengeschäfte eigenständig verwaltenden Israelitin zum Ausdruck kommt

Literatur: M. Augustin: Der schöne Mensch im Alten Testament und im hellenistischen Judentum, BEATAJ 3, 1983. – *C. Bauer-Kayatz:* Einführung in die alttestamentliche Weisheit, BSt 55, 1969. – *Dies.:* Studien zu Proverbien 1–9, WMANT 22, 1966. – *F. Crüsemann:* »... er aber soll dein Herr sein« (Genesis 3,16). Die Frau in der patriarchalischen Welt des Alten Testaments, in: *F. Crüsemann/H. Thyen:* Als Mann und Frau geschaffen. Exegetische Studien zur Rolle der Frau, 1978, S. 34–51. – *G. Fohrer:* Die Weisheit im Alten Testament, in: *ders.:* Studien zur alttestamentlichen Theologie und Geschichte, BZAW 115, 1969, S. 242–269. – *H.-J. Hermisson:* Studien zur israelitischen Spruchweisheit, WMANT 28, 1968. – *B. Lang:* Die weisheitliche Lehrrede. Eine Untersuchung von Sprüche 1–7, SBS 54, 1972. – *G. von Rad:* Weisheit in Israel, 1970 (²1980). – *W. Richter:* Recht und Ethos, StANT 15, 1966.

Megillot

Megilla (Singular von *Megillot*) bedeutet zunächst *Rolle*. Während die häufigsten Vorkommen dieses Wortes im AT im Zusammenhang mit der Buchrolle von Jer 36 stehen, hat sich in nachbiblischer Zeit eine atl. nicht belegbare Begrifflichkeit herausgebildet:

Mit *Megilla* ohne näherer Bestimmung ist dann das Esterbuch gemeint, das von der Entstehung des Purimfestes erzählt und so natürlich als (Fest-) Rolle am Purimfest im jüdischen Gottesdienst gelesen wird. Im ausgehenden ersten Jahrtausend unserer Zeitrechnung werden dann auch die vier anderen kleineren Bücher der *Schriften,* die nicht zu den historischen Interpretationen gehören, bestimmten jüdischen Festen zugeordnet und als deren Festrollen in den jeweiligen Gottesdiensten verlesen.

Unter Zugrundelegung der Reihenfolge des Codex Leningradensis, des hebräischen Textes unserer Bibelausgaben, ergibt sich damit folgende Zuordnung der Megillot zu den Festen:

Rut   – Schavuot oder Wochenfest;
Hoheslied   – Pessach oder Pascha;
Kohelet   – Sukkot oder Laubhüttenfest;
Klagelieder – Tisch'a [b]Ab oder 9. Ab;
Ester   – Purim.

Zu den jeweiligen Festen s. die einleitenden Bemerkungen zu den einzelnen atl. Büchern. Die Reihenfolge der Megillot variiert, mitunter steht das Hohelied vor Rut. Dies entspricht dem jahreszeitlichen Zyklus, beginnend mit dem Frühjahr, der mit dem angeblich historischen konkurriert, wobei Rut in der Richterzeit angesetzt wird.

Rut

Das Buch wird als Rolle zum Wochenfest (Schavuot) gelesen, das dem christlichen Pfingstfest insofern entspricht, als es 50 Tage (Pentekoste) nach dem Paschafest (dem Beginn des Omer-Zählens) am 6. Siwan gefeiert wird. Die Begründung für Rut als Megilla des Wochenfestes ist eine zweifache:
● Schavuot ist das Fest der Darbringung der Erstlingsfrüchte der Weizenernte (kazir). Das Buch Rut schildert ausführlich diesen Erntevorgang, einschließlich der Versorgung der Armen.
● Schavuot ist zugleich der Geburts- und Todestag Davids, weshalb man dieses Fest möglichst in Jerusalem am Davidsgrab auf dem Zionsberg feiert.
Nach der Genealogie Rut 4,18–22 ist Rut die Großmutter Davids.

1. Bestimmen Sie den Aufbau des Buches Rut

1,1–22: Die Rückkehr Noomis nach Betlehem mit Rut
Noomi, die Frau Elimelechs aus Betlehem, war mit ihrem Mann und ihren beiden Söhnen angesichts einer Hungersnot nach Moab fortgezogen. Die Söhne heirateten Moabiterinnen. Beide Söhne und der Vater starben. Darum will Noomi nach Beendigung der Hungersnot zurück in ihre Heimat. Eine der moabitischen Schwiegertöchter bleibt zurück, Rut dagegen begleitet sie (»Wohin du gehst, dahin gehe auch ich, und wo du bleibst, da bleibe auch ich. Dein Volk ist mein Volk, und dein Gott ist mein Gott«, V. 16: *Beachten Sie angesichts der beliebten Verwendung dieses Verses als Trauspruch, daß er von einer Frau an ihre Schwiegermutter gesprochen wird.)* Ankunft zur Zeit der Gerstenernte.
2,1–23: Die Begegnung Ruts mit Boas
Als Arme macht Rut von dem Recht Gebrauch, Nachlese zu halten, d. h. Ähren zu sammeln. Sie fällt Boas auf, und er schützt sie vor Belästigungen. Rut erzählt das Erlebnis ihrer Schwiegermutter.
3,1–18: Rut bei Boas auf der Tenne
Noomi rät Rut, sich nachts zu Boas auf die Tenne zu legen. Rut befolgt den Rat und wird von Boas nicht abgewiesen. Er gehört zu den Verwandten, die das Auslöserecht haben (Leviratsehe).
4,1–17: Boas erwirbt Rut
Rechtsversammlung im Tor der Stadt: Primär geht es zwar um ein Grundstück, aber der Erwerber ist zugleich auch zur Ehe mit Rut verpflichtet. Der in der Rangfolge näher verwandte Löser verzichtet, weil sonst sein Erbe geschmälert würde. Boas erwirbt Grundstück und Rut; Schuhausziehen als Ri-

tus der Vertragsschließung. Der erste Sohn wird Elimelechs Stammbaum weiterführen: Obed. Er ist der Großvater Davids.

4, 18–22: Genealogie Judas von Perez bis David

2. Das Büchlein Rut ist eine Novelle, die nach Rut 1, 1 zur Zeit der Richter spielt. Sie sollten nach der Lektüre dieses biblischen Buches versuchen, es mit eigenen Worten nachzuerzählen. Die Feingliederung gibt hierzu erste Anhaltspunkte. Durch diese Nacherzählung eignen Sie sich aktiv alle wichtigen Aspekte an, die Sie dann in einer Bibelkundeprüfung oder in anderen Situationen, in denen Sie ihr bibelkundliches Wissen benötigen, anwenden können.

3. Mit Rut wird eine Moabiterin in die (Glaubens-) Gemeinschaft der Israeliten aufgenommen, ja mehr noch: wird eine Moabiterin Stammmutter des davidischen Königshauses. Dies steht zumindest in Spannung, wenn nicht gar in Widerspruch zu zwei kultischen Bestimmungen. Wissen Sie, um welche es sich handelt?

In Dtn 23, 4–6 wird den Moabitern (zusammen mit den Ammonitern) die Aufnahme in die Kultgemeinschaft der Israeliten untersagt, weil Maob Bileam gegen Israel gedungen hat. Unter Verweis auf diese Stelle wird in Neh 13 das Verbot der Mischehen verschärft. S. auch die Problemanzeige zu Gen 19, 30–38.

4. In Rut 2 wird auf das Armenrecht rekurriert, das die Nachlese untersagt und den Armen Anteil an den Ähren zusichert. Wo finden Sie dieses im Pentateuch?

Sie finden das Armenrecht in Lev 19, 9 f.; 23, 22; Dtn 24, 19–22.

5. Auf welche Bestimmung geht das Löserecht des Boas in Rut 3 f. zurück?

Auf die sogenannte Levirats- oder Schwagerehe, die Sie in Dtn 25, 5–10 finden. Diese Bestimmung der Leviratsehe bildet auch den Hintergrund der Frage nach der Auferstehung der Toten bzw. der Eheproblematik der Frau mit ihren sieben Männern bei der Auferstehung, die die Sadduzäer an Jesus richten (Mt 22, 23–33; Mk 12, 18–27; Lk 20, 27–28).

6. Die Erwähnung des Tors (Stadttors), in dem Boas seinen Rechtsfall zur Diskussion stellt, hat dazu geführt, vom sogenannten »Torrecht« zu sprechen. Kennen Sie außer Rut 4, 1–12 eine weitere Stelle, in der explizit auf diese Torgerichtsbarkeit angespielt wird?

In Dtn 21,19 wird im Zusammenhang der Tötung eines unverbesserlich widerspenstigen Sohnes, in Dtn 22,15 im Zusammenhang der Beweisführung eines möglichen vorehelichen Sexualverkehrs das Tor als Gerichtsort erwähnt. Ebenso gehören die Textstellen Am 5,10. 12. 15; Spr 31,23; Klgl 5,14 zu diesem Komplex. Da das Stadttor der einzige Ort war, an dem morgens alle die ummauerte Stadt zur Feldarbeit verließen und abends in den Schutz der Mauern zurückkehrten, konnte man hier mit der größtmöglichen Resonanz auf die anstehenden Probleme rechnen bzw. seine Interessen an möglichst viele herantragen. Dies ist auch der Hintergrund, warum Abschalom seine Bemühungen zum Aufstand gegen David am Stadttor beginnt (2 Sam 15, 1–6).

7. Welche Parallelen kennen Sie zur Genealogie Rut 4, 18–22?

Zunächst ist hier die Genealogie von Hezron bis David in 1 Chr 2, 9–15 zu nennen. Unbedingt beachten sollten Sie aber auch die Genealogie Jesu Mt 1, 1–17 (vor allem V. 3–6) und die genealogische Liste Lk 3, 23–38 (vor allem V. 31–33).

Literatur: O. Loretz: Das Verhältnis zwischen Rut-Story und David-Genealogie im Rut-Buch, in: ZAW 89, 1977, S. 124–126.

Hoheslied

Das Hohelied wird als Rolle zum Paschafest (Pessach) gelesen. Die Voraussetzung hierfür ist die allegorische Deutung der eigentlich profanen Liebes- und Hochzeitslieder, die mit den großen Rabbinen des 1. Jahrhunderts – vor allem Rabbi Akiba – einsetzt und u. a. auch die Kanonisierung dieses biblischen Buches, das auf Salomo zurückgeführt werden soll, ermöglicht hat. Die Befreiung aus Ägypten wird dann als erster Schritt der Liebe zwischen Gott und seinem Volk Israel betrachtet, der schließlich in der Erfüllung der Erwählungszusage zur Hochzeit führt. Inwieweit die erwachende Natur eine Rolle spielt, ist umstritten.

1. Von einem kompositorischen Gesamtaufbau des Hohenliedes zu sprechen ist angesichts der immer wieder versuchten Auffassung, das Hohelied als eine zusammenhängende Handlung (u. a. Travestie) zu sehen, problematisch. Sie sollten sich deshalb darum bemühen, einen allgemeinen Überblick über diese assoziative Sammlung profaner Liebeslieder zu erhalten. Einen wirklichen Gewinn haben Sie jedoch erst, wenn Sie diese Lieder laut lesen und vielleicht sogar in der Stimmung sind, in der Sie von diesen Versen existentiell betroffen werden. Die hier gesammelten Lieder sind dann kein Lernstoff für eine Prüfung, sondern Lebensbegleiter

1,1: Die Überschrift: Das Hohelied Salomos
1,2–4: Die Wonne des Liebesgenusses am gemeinsamen Zufluchtsort (»Süßer als Wein ist deine Liebe«, V. 2)
1,5 f.: Preis der eigenen, braungebrannten Schönheit
1,7 f.: Das schöne Mädchen auf der Suche nach ihrem Geliebten
1,9–11: Preis der Einzigkeit der Geliebten: Vergleich mit der Stute an Pharaos Wagen
1,12–14: Preis des Geliebten, ausgedrückt durch den Wohlgeruch (»Eine Hennablüte ist mein Geliebter mir aus den Weinbergen von En-Gedi«, V. 14. Den Duft der Hennablüte und die Oase von En-Gedi inmitten der judäischen Wüste muß man erlebt haben, um dieses Liebeslied ganz zu erfassen!)
1,15–17: Wechselseitiger Preis der Schönheit der beiden Liebenden (»Schön bist du, meine Freundin, ja, du bist schön«, V. 15.)
2,1–3: Wechselseitiger Preis der beiden Liebenden: Vergleich der Geliebten mit einer Lilie und des Geliebten mit einem Apfelbaum
2,4–7: Die Liebe im Weinhaus

2,8-14: Das Aufeinander-Zukommen der beiden Liebenden mit dem Preis der Schönheit und der Schilderung des Frühlings

2,15-17: Die beiden Liebenden gehören einander
(»Der Geliebte ist mein, und ich bin sein ...«, V. 16.)

3,1-5: Suchen und Finden des Geliebten

3,6-11: Der Geliebte, verglichen mit großen Kostbarkeiten Salomos, kommt

4,1-7: Preis der Schönheit der Geliebten: Vergleich mit ausgewählten Schönheiten (»Alles an dir ist schön, meine Freundin; kein Makel haftet an dir«, V. 7.)

4,8-11: Gemeinsames Entfliehen und Preis der Liebe

4,12-5,1: Das Aufeinander-Zukommen der beiden Liebenden: das Mädchen als Liebesgarten (»Ein Lustgarten sproßt aus dir ... Mein Geliebter komme in seinen Garten und esse von den köstlichen Fürchten ... Freunde, eßt und trinkt, berauscht euch an der Liebe!«, 4,13. 16; 5,1.)

5,2-8: Verhindertes Rendevous und erfolgloses Suchen des Geliebten in der Nacht

5,9-16: Preis der Schönheit des Geliebten

6,1-3: Dialog vom Suchen und Finden des Geliebten
(»Meinem Geliebten gehöre ich, und mir gehört der Geliebte, der in den Lilien weidet«, V. 3.)

6,4-7: Preis der Schönheit der Geliebten: Die Schönheit wird als etwas Begehrenswertes und als etwas Unerreichbares erfahren

6,8-10: Preis der Einzigartigkeit und Unvergleichlichkeit der Geliebten

6,11-7,1: Das verhinderte Aufeinander-Zukommen der beiden Liebenden

7,2-6: Preis der Schönheit der Geliebten

7,7-11: Preis der Schönheit und Verlangen nach der Geliebten
(»Wie schön bist du und wie reizend, du Liebe voller Wonnen ...!
Ich gehöre meinem Geliebten, und ihn verlangt nach mir«, V. 7. 11.)

7,12-14: Gemeinsames Entfliehen und Sichlieben in der Natur, ausgehend von der Initiative des Mädchens

8,1-4: Die Sehnsucht des Mädchens, ihren Geliebten im Haus der Mutter zu lieben (»Ach, wärst du doch mein Bruder ...«, V. 1.)

8,5-7: Die Liebe ist stark wie der Tod
(»Leg mich wie ein Siegel auf dein Herz, wie ein Siegel an deinen Arm! Stark wie der Tod ist die Liebe, die Leidenschaft ist hart wie die Unterwelt. Ihre Gluten sind Feuersgluten, gewaltige Flammen«, V. 6.)

8,8-10: Gespräch der Brüder mit ihrer jungen Schwester über die Reife zur Liebe

8,11 f.: Die Überlegenheit der Geliebten gegenüber auch der Prächtigsten: Vergleich mit Salomos Weinberg

8,13 f.: Die Sehnsucht des jungen Mannes nach der Aufforderung zur Liebe durch das Mädchen

Eine schöne Nachdichtung dieser Liebeslieder finden Sie in der Bibelausgabe *Die Bibel in heutigem Deutsch. Die Gute Nachricht des Alten und Neuen Testaments.*

Überblick über die Bedeutung der menschlichen Schönheit im AT

Es dürfte wohl unbestreitbar sein, daß das Hohelied wie wohl kein anderes Buch im AT Liebe und Schönheit thematisiert! Zugleich ist es aber bei der Erarbeitung der Cantica wichtig, sich einen Überblick über die Bedeutung der menschlichen Schönheit im gesamten AT zu verschaffen.

1. Die menschliche Schönheit in der Begegnung der Geschlechter (außerhalb des Hohenliedes)
a) Der schöne Mensch in der Begegnung von Mann und Frau als künftige (Ehe-) Partner: *Rebekka* Gen 24,16; *Rahel* Gen 29,17; *Abigajil* 1 Sam 25,3.
b) Verführung: *die fremde Frau* Spr 6,25 (u.ö.); *die Stadt (meist Jerusalem)* Jer 4,30; Ez 16,13 f. 25. 32; Nah 3,4 (u.ö.).
c) Verführung als versuchte Inbesitznahme: Josef Gen 39,6.
d) Inbesitznahme: *Menschentöchter* Gen 6,2; *Sara* Gen 12,11; *Rebekka* Gen 26,7; *die Kriegsgefangene* Dtn 21,11, *Bastseba* 2 Sam 11,2.
e) Vergewaltigung: *Tamar* 2 Sam 13,1 (*Dina* Gen 34,3).
2. Die menschliche Schönheit im Königtum
a) *Saul* 1 Sam 9,2; (10,23).
b) *David* als König 1 Sam 16,12; 17,42.
c) *Der König allgemein* Jes 33,17; Ez 28,12. 17; 31,7 f. (9 f.); Ps 45,3.
d) *Die Königin* Ps 45,12; Est 1,11; 2,3 f. 7.
e) *Die Königssöhne* 2 Sam 14,25; 1 Kön 1,6; Ps 45,17 (Ri 8,18).
f) *Die Höflinge* 1 Sam 16,18 (*David*), Dan 1,4.
g) *Die Dienerinnen* 1 Kön 1,3 f. (Ps 45,15 a).

Bei den in Klammern stehenden Stellen wird die Schönheit nicht explizit erwähnt.

Literatur: M. Augustin: Der schöne Mensch im Alten Testament und im hellenistischen Judentum, BEATAJ 3, 1983 (dort auch weitere Literatur). – *G. Gerleman:* Ruth · Das Hohelied, BK AT XVIII, ²1981, S. 43–75. – *H. Gollwitzer:* Das hohe Lied der Liebe, KT 29, 1978. – *W. Herrmann:* Gedanken zur Geschichte des altorientalischen Beschreibungsliedes, in: ZAW 75, 1963, S. 176–197. – *Ch. W. Reines:* Beauty in the Bible and the Talmud, in: Judaism 24, 1975, S. 100–107. – *C. Westermann:* Das Schöne im Alten Testament, in: *H. Donner/R. Hanhart/R. Smend (Hrsg.):* Beiträge zur Alttestamentlichen Theologie, Festschrift für W. Zimmerli zum 70. Geburtstag, 1977, S. 479–497.

2. Bestimmte Motive kehren im Hohenlied häufig wieder. Geben Sie zu
   den angeführten bitte die jeweiligen Textstellen an:
   – Die Beschwörung der Töchter Jerusalems
   – Das nächtliche Suchen des Geliebten
   – Mein Geliebter ist mein, und ich bin sein
   – Ich bin krank vor Liebe

Zur Beschwörung der Töchter Jerusalems: 2,7; 3,5; 5,8; 8,4. An drei Stellen ist
sie mit der Aufforderung verbunden, die Liebe nicht zu stören und sie nicht
aufzuwecken, bis es ihr selbst gefällt. Das nächtliche Suchen des Geliebten findet sich in 3,1-5 und 5,2-8. Mein Geliebter ist mein, und ich bin sein: 2,16; 6,3
– vgl. 7,11.
Ich bin krank vor Liebe: 2,5; 5,8.

3. Benennen Sie die Lieder, in denen die Schönheit des Körpers des
   geliebten Partners gepriesen wird

Der Körper der Geliebten wird in 4,1-7 und in 6,4-7, der Körper des Geliebten
in 5,9-16 gepriesen und im Vergleich mit besonderen Schönheiten beschrieben.

4. Das Hohelied der Liebe weist in 8,6f. ein Übersetzungsproblem auf,
   das weitreichende Folgen hat. Können Sie dieses benennen?

In 8,6b heißt es: »Ihre Gluten sind Feuersgluten, eine gewaltige Flamme.« Die
Endung *jah* wurde und wird als Kurzform des Gottesnamens gedeutet, was bedeuten würde, daß auch im Hohenlied der Gottesnamen vorkommt (vgl. hierzu
die Frage 4 zum Buch Ester, Seite 325). Es handelt sich aber wahrscheinlicher
um ein Intensivsuffix, so daß die Übersetzung »gewaltige, mächtige Flamme«
zu wählen ist.

314

Kohelet

Das Buch *Kohelet* ist nach seinem Verfasser benannt, der in 1,1. 2. 12; 7,27;
12,8. 9. 10 erwähnt wird. In Koh 1,1 heißt es: »Worte Kohelets, des Davidsoh-
nes, der König in Jerusalem war.« Bestimmte Kreise, sahen in diesem König Salomo, was bei der Kanonisierung dieses Buches eine wichtige Rolle gespielt hat.
Von daher findet sich für *Kohelet* auch oft der Name *Prediger Salomo,* den Lut-
her in Anlehnung an die Bezeichnung der Septuaginta und Vulgata *Ecclesiastes*
verwendete. Kohelet bedeutet etwa der *Versammelnde,* der *Versammlungsleiter.*
Das Buch Kohelet gehört zu den fünf Megillot und wird als Rolle zu Sukkot
(Laubhüttenfest) gelesen, an dem man Gott am Ende des Jahreszyklus für den
Ertrag der Früchte des Landes dankt. Die Laubhütte (sukka) symbolisiert die
Vergänglichkeit und das Dahinwelken aller Pflanzen. Diese Grundaussage der
Vergänglichkeit alles Irdischen, aller Freude und allen Glückes ist auch diejeni-
ge des Buches Kohelet.

Grobgliederung:
1–3: Der ewige Kreislauf
3–6: Alle haben das gleiche Schicksal
7–9: Angesichts dieser Welt: Esset und trinket!
10–12: Klugheitsregeln

1. Bestimmen Sie den Aufbau des Buches Kohelet

1–3: Der ewige Kreislauf
1,1: Überschrift des Buches
1,2–11: Es gibt nichts Neues unter der Sonne, alles ist ewiger Kreislauf; alles ist
nichtig und ein Haschen nach Wind
1,12–2,2: »Viel Wissen, viel Ärger.«
»Was krumm ist, kann man nicht gerade biegen; was nicht da ist, kann man
nicht zählen« (V. 15). – »Viel Wissen, viel Ärger, wer das Können mehrt, der
mehrt die Sorge« (V. 18).
2,3–11: Lebensgenuß ist sinnlos (Biographie einer Königsexistenz im Luxus)
2,12–23: Auch Wissen, das eigentlich gut ist, ist angesichts des Todes sinnlos
»Der Gebildete hat Augen im Kopf, der Ungebildete tappt im Dunkeln«
(V. 14) – aber: »Alle Tage besteht sein Geschäft nur aus Sorge und Ärger,
und selbst in der Nacht kommt sein Geist nicht zur Ruhe« (V. 23).
3,1–8: »Alles hat seine Zeit …«
3,9–15: Gott hat alles unveränderlich eingerichtet, alles kommt durch ihn so,
wie es ist

3,16–22: Ungerechtigkeit im Leben und das gleiche Schicksal für Mensch und Tier: der Tod. Darum gibt es für den Menschen nur eines: die Gegenwart genießen.

4,1–6: Ausbeutung und Konkurrenzkampf
»Jede Arbeit und jedes erfolgreiche Tun bedeutet Konkurrenzkampf zwischen den Menschen« (V. 4). – Folgerung: »Besser eine Handvoll und Ruhe, als beide Hände voll und Arbeit und Luftgespinst« (V. 6).

4,7–12: Fluch der Einsamkeit
»Zwei sind besser als einer allein … Denn wenn sie hinfallen, richtet einer den anderen auf« (V. 9 f.). – »Wenn zwei zusammen schlafen, wärmt einer den andern; einer allein – wie soll er warm werden?« (V. 11).

4,13–16: Die Vergänglichkeit und Unberechenbarkeit der Gunst der Massen: selbst Könige werden vergessen

4,17–5,6: Gottesfurcht und Gelübde

5,7 f.: Depravation der Macht auf dem Lande

5,9–6,9: Die verschiedenen Auswirkungen des Reichtums: Nutzlosigkeit des gierigen Hängens am Geld (»Süß ist der Schlaf des Arbeiters, ob er wenig oder viel zu essen hat. Dem Reichen raubt sein voller Bauch die Ruhe des Schlafs«, V. 11); Verlust durch Konkurs; Glück im Genuß; Glücklosigkeit durch Nichtgenuß: Im Angesicht des Todes sind alle Vorteile sinnlos.

6,10–12: Die Ohnmacht angesichts der Determiniertheit des Lebens

7–9: Angesichts dieser Welt: Esset und trinket!

7,1–10: Trauer ist besser als Fröhlichkeit; Tugend der Bildung und Gelassenheit

7,11–24: Weisheit (chokmah)
  a) als Wissen um den goldenen Mittelweg (»Halte dich nicht zu streng an das Gesetz, und sei nicht maßlos im Erwerb von Wissen! Warum solltest du dich selbst ruinieren?«, V. 16);
  b) als starker Schutz;
  c) Unerreichbarkeit der Weisheit.

7,25–8,1: »Bitterer als der Tod ist die Frau.«
»Sie ist ein Ring von Belagerungstürmen, und ihr Herz ist ein Fangnetz, Fesseln sind ihre Arme. Wem Gott wohlwill, der kann sich vor ihr retten, wessen Leben verfehlt ist, wird von ihr eingefangen« (V. 26).

8,2–8: Gehorche dem König! Deine Zukunft weißt du nicht.

8,9–17: Die Ungerechtigkeit in der Welt: Vielen Gottlosen geht es gut, vielen Frommen schlecht

9,1–6: Alle trifft das gleiche Schicksal, und nur für die Lebenden gibt es noch Zuversicht

9,7–10: Fazit der Ungerechtigkeit und des gleichen Schicksals aller in der Welt: Iß, trink, sei voller Freude und genieß das Leben mit einer geliebten Frau, da du dies alles in der Unterwelt nicht mehr kannst.

316

9,11 f.: Zufall und Zeit

9,13-18: »Wissen ist besser als Macht, aber das Wissen des Armen gilt nichts«
(V. 16). – Der kluge Mann in der belagerten Stadt

10-12: Klugheitsregeln
10,1-16: Dummheit und ihr gesellschaftlicher Einfluß
10,17-20: Vom König und Mächtigen und vom Verhalten ihnen gegenüber
11,1-8: Die Zukunft ist unberechenbar, tu du aber das Deine
11,9-12,7: Freude in der Jugend im Blick auf das Alter und den Tod
12,8: Leitmotiv des Kohelet (s. Frage 2)
12,9-11: 1. Epilog: über Kohelet
12,12-14: 2. Epilog: Warnung vor zuviel Schreiben, Lesen und Nachdenken.
Neues Fazit: Gottesfurcht

2. Prägen Sie sich das Leitmotiv Kohelets ein, das die tiefste Erkenntnis seiner Philosophie darstellt: »Alles ist nichtig und ein Haschen nach Wind.« Sie können dies auch wie A. Lauha: Kohelet, BK AT XIX, 1978, z. St., übersetzen: »Eitelkeit (der Eitelkeiten), alles ist eitel!« oder wie die Einheitsübersetzung: »Windhauch, das ist alles Windhauch.« Stellen Sie sich bitte die Stellen zusammen, an denen diese Wendung in verschiedenen Variationen vorkommt

1,2; 1,14; 1,17; 2,1; 2,11; 2,15; 2,17; 2,19; 2,21; 2,23; 2,26; 4,4; 4,8; 4,16; 5,6; 5,9; 6,2; 6,9; 7,6; 8,10; 8,14; 11,8; 11,10; 12,8.

3. Ein zentrales Thema ist bei Kohelet die Reflexion über den Tod – und zwar nicht in der bisher überwiegenden Weise des Tun-Ergehen Zusammenhanges als göttliche Belohnung oder als göttliche Strafe, sondern als Gleichmacher der im Leben vorhandenen Unterschiede, da angesichts des Todes alle das gleiche Schicksal haben. Sie sollten sich diese Aussagen zusammenstellen und noch einmal im Zusammenhang lesen

Es handelt sich hierbei um folgende Texte: 2,12-21; 3,19-22; 4,2; 6,6; 7,1; 8,10-13; 9,5f.; 9,10; 12,5-7. 7,25-8,1 gehört nicht in diesen Zusammenhang.

4. Das Buch Kohelet enthält eine ganze Anzahl von Sprüchen, die wir im weiteren Sinne als Lebensweisheiten bezeichnen können. Während bei der Feingliederung bereits einige kontextual aufgeführt

worden sind, werden sie hier nach bestimmten Gesichtspunkten
geordnet wiedergegeben

A. Leitmotiv

»Alles ist nichtig und ein Haschen nach Wind.«
Nach der lateinischen Übersetzung hat Goethe seinem Lied »Ich hab' mein
Sach auf nichts gestellt« die Überschrift »Vanitas! vanitatum vanitas!« gegeben.
Ebenso hat Annette von Droste-Hülshoff eines ihrer Gedichte »Vanitas vanitatum!« betitelt. Über sein Kirchenlied »Die Herrlichkeit der Erden muß Rauch
und Asche werden« (EKG 328) schrieb der Dichter Andreas Gryphius ebenfalls
die Worte »Vanitas! Vanitatum vanitas!« Schließlich entstand in Anlehnung an
dieses Leitmotiv Kohelets auch der Ausdruck »Markt der Eitelkeit« bei den
englischen Dichtern John Bunyan und William Makepeace Thackeray. Sie sehen also, welche Wirkung dieses Wort Kohelets gehabt hat.

B. Kohelets Lebensphilosophie

  I. »Was geschehen ist, wird wieder geschehen, was man getan hat, wird man
     wieder tun: Es gibt nichts Neues unter der Sonne« (1, 9; s. auch 3, 15).
 II. »Es gibt kein Glück, es sei denn, der Mensch kann durch sein Tun Freude
     gewinnen« (3, 22; s. auch 3, 12).
III. »Also: Iß freudig dein Brot, und trink vergnügt deinen Wein; denn das,
     was du tust, hat Gott längst so festgelegt, wie es ihm gefiel ... Mit einer
     Frau, die du liebst, genieß das Leben alle Tage deines Lebens voll Wind-
     hauch, die er dir unter der Sonne geschenkt hat, alle deine Tage voll
     Windhauch. Denn das ist dein Anteil am Leben und an dem Besitz, für
     den du dich unter der Sonne anstrengst« (9, 7. 9.; s. auch 5, 17; 8, 15).
 IV. »Allein – siehe, das habe ich gefunden, daß Gott die Menschen rechtschaf-
     fen gemacht hat, aber sie suchen vielerlei schlaue Künste« (Übersetzung
     A. Lauha). Dies hat Matthias Claudius in seinem Lied »Der Mond ist auf-
     gegangen« (EKG 368) in der 4. Strophe verarbeitet: »Wir stolzen Men-
     schenkinder/sind eitel arme Sünder/und wissen gar nicht viel./Wir spin-
     nen Luftgespinste/und suchen viele Künste/und kommen weiter von dem
     Ziel.«

C. Allgemeine lebensweisheitliche Erkenntnisse

  I. »Besser sich ärgern als lachen; denn bei einem vergrämten Gesicht wird
     das Herz heiter« (7, 3).
 II. »... zu einer Zeit, wo der Mensch seine Macht über den andern Menschen
     dazu benutzte, diesem zu schaden ...« (8, 9).
III. »... das Geld macht alles möglich« (10, 19).

D. Lebensregeln aus guter Erfahrung
  I. »Laß dich nicht aufregen, so daß du dich ärgerst, denn Ärger steckt in den Ungebildeten« (7,9).
  II. »Doch frag nicht: Wie kommt es, daß die früheren Zeiten besser waren als unsere? Denn deine Frage zeugt nicht von Wissen« (7,10).
  III. »Hör auch nicht auf all die Worte, die man so sagt. Denn niemals wirst du einen Untergebenen über dich schimpfen hören, und doch bist du dir bewußt, daß auch du sehr oft über andere geschimpft hast« (7,21 f.).

E. Regeln zum klugen Verhalten (Klugheitsregeln)
  I. »Wenn der Herrscher gegen dich in Zorn gerät, bewahre die Ruhe; denn Gelassenheit bewahrt vor großen Fehlern« (10,4).
  II. »Wer eine Grube gräbt, kann hineinfallen, wer eine Mauer einreißt, den kann die Schlange beißen, wer Steine bricht, kann sich dabei verletzten, wer Holz spaltet, bringt sich dadurch in Gefahr« (10,8 f.).
  III. »Ist einer träge, so senkt sich das Gebälk, läßt er die Hände sinken, so dringt der Regen ins Haus« (10,18).
  IV. »Nicht einmal in Gedanken schimpf auf den König, nicht einmal im Schlafzimmer schimpf auf den Reichen; denn die Vögel des Himmels können dein Wort verbreiten, alles, was Flügel hat, könnte die Nachricht weitermelden« (10,20).
  V. »Verteil dein Kapital auf sieben oder gar auf acht; denn du weißt nicht, welches Unglück über das Land kommt« (11,2).
  VI. »Wer ständig nach dem Wind schaut, kommt nicht zum Säen, wer ständig die Wolken beobachtet, kommt nicht zum Ernten« (11,4).
  VII. »Denk an deinen Schöpfer in deinen frühen Jahren, ehe die Tage der Krankheit kommen und die Jahre dich erreichen, von denen du sagen wirst: Ich mag sie nicht.« (12,1).
Zu II. s. Spr 26,27; zu III. Spr 20,4. VII. steht in der Tradition des *memento mori,* auch wenn dieses nicht als historisches traditum zu verstehen ist.

F. Folgerung, die aus Kohelets Schaffen zu ziehen ist (und nicht nur aus diesem!): »Worte von Gelehrten sind wie Ochsenstecken, Sprüche aus Sammlungen aber sitzen wie eingetriebene Nägel – sie sind die Gabe eines einzigen Hirten« (12,11).

G. Zum Schluß sei noch eines erwähnt, ein gemeinsamer Stoßseufzer von Lernenden und Lehrenden: »Es nimmt kein Ende mit dem vielen Bücherschreiben, und viel Studieren ermüdet den Leib« (12,12). Unsere Bibelkunde steht natürlich auch unter dieser Warnung- Warnung an uns und Warnung an Sie.

5. Schließlich sollten Sie sich einprägen, daß Kohelet eines der drei atl. Bücher ist, in denen der Gottesname nicht vorkommt. Wissen Sie noch, welches die beiden anderen sind?

Die beiden anderen atl. Bücher sind Ester und das Hohelied unter Berücksichtigung der hier angegebenen Übersetzung von Hld 8,6.

Literatur: *R. Braun:* Kohelet und die frühhellenistische Popularphilosophie, BZAW 130, 1973. – *F. Crüsemann:* Die unveränderbare Welt. Überlegungen zur »Krisis der Weisheit« beim Prediger (Kohelet), in: *W. Schottroff/W. Stegemann (Hrsg.):* Der Gott der kleinen Leute. Sozialgeschichtliche Bibelauslegungen, Band 1: Altes Testament, 1979, S. 80–104. – *H. Gese:* Die Krisis der Weisheit bei Kohelet (1963), in: Vom Sinai zum Zion, BEvTh 64, ²1984, S. 168–179. – *G. von Rad:* Weisheit in Israel, 1970.

---

6. Da sich biblische Texte besser einprägen, wenn man ihre Wirkungsgeschichte kennt, möchten wir Sie zum Schluß noch fragen, ob Sie wissen, wie Koh 3,19: Menschen und Tiere haben das gleiche Schicksal. *»Wie diese sterben, so sterben jene«* rezipiert worden ist?

Dieser Spruch ist die textliche Grundlage der ersten der vier ernsten Gesänge *Johannes Brahms* (op. 121), der letzten Lieder überhaupt, die er kurz vor seinem Tod komponiert hat. (2. Lied: Koh 4,1) Der französische Filmregisseur *Claude Chabrol* hat dies zu dem Titel seines 1969 entstandenen Spielfilms »Das Biest muß sterben« abgewandelt.

Klagelieder

Im Kanon der hebräischen Bibel gehören die Klagelieder zum dritten Teil, den Schriften, während sie in der Septuaginta und Vulgata – und von dort aus auch in den deutschen Bibelübersetzungen – hinter dem Buch Jeremia stehen. Wahrscheinlich geht dies darauf zurück, daß in 2 Chr 35,25 Klagelieder (qinôt) Jeremias erwähnt werden und sich auch im Jeremiabuch Klagen finden . Erkennbar ist, daß das Buch der Klagelieder auf die Zerstörung Jerusalems zurückblickt. Nach der Bezeichnung der griechischen und lateinischen Bibel nennt man dieses Buch auch oft *Threni* bzw. *Lamentationes*. Der hebräische Name *'ækah* »ach«, »wie« richtet sich nach dem ersten Wort dieses Buches.

Das Buch der Klagelieder gehört zu den fünf Megillot und wird als Festrolle zum 9. Ab (Tisch'a ᵇab) gelesen, neben dem Yom Kippur der strengste Fastentag, an dem der Zerstörung des ersten und zweiten Tempels sowie Betars im Bar-Kochba-Aufstand gedacht wird (im Juli/August). An diesem Tag wird 24 Stunden gefastet.

1. Dieses biblische Buch besteht aus fünf Klageliedern. Für Ihr bibelkundliches Wissen ist es wichtig, daß Sie im großen und ganzen den Inhalt der jeweiligen Klagelieder kennen, der im folgenden zusammengestellt ist:

1,1–22: Jerusalem, die trauernde Witwe: Verödung, Vertreibung; Verzweiflung der Bewohner; keiner, der tröstet; Schuldbekenntnis

2,1–22: Die Stadt ist zerstört und vernichtet: Das war der Wille Gottes; das Leid der Betroffenen; der Hohn der Nachbarn; Klage und Flehen zu Gott

3,1–66: Klage eines einzelnen: Ich habe das Leid durch die Rute deines Grimms erlebt (V. 1), dennoch Vertrauen auf Gott, da er Hilfe erfahren hat

4,1–22: Das grauenhafte Schicksal der Kleinkinder; die Schuld der Propheten und Priester; Eroberung Jerusalems und das Schicksal des Königs; Warnung an Edom und absehbares Ende der Schuld Zions

5,1–22: Das Schicksal des Volkes: Unterdrückung, Zwangsarbeit, Vergewaltigungen, Hinrichtungen; Bitte um erneute Zuwendung Gottes

Die ersten vier Kapitel sind alphabetische Klagen. Dabei ist interessant, daß in den Kapiteln 2–4 das Alphabet in der alten Reihenfolge ס, פ, ע vorkommt. Ein solches alphabetisches Lied nennt man Akrostichon.

Das fünfte Kapitel ist so gestaltet, daß die hebräischen Anfangsbuchstaben der jeweiligen Zeilen einen Satz ergeben, der in deutscher Übersetzung lautet: »Die

Hurenden, das Volk, verschmähe ich, strafend mit Verachtung. So klagt dein Gott« (»sonim 'am 'a'ib 'ones buz schänanah älohäka«).

2. Das hebräische Wort *'ækah,* zugleich auch der hebräische Name dieses biblischen Buches, weist auf zwei Formen der Klage hin, die in den Klageliedern miteinander verbunden sind. Um welche handelt es sich?

'Ækah, das auch als »wehe« übersetzt werden kann, weist sowohl auf die Toten-, als auch auf die Leidklage hin. Jerusalem wird zwar als Tote beklagt, zugleich wird jenseits des Leides das absehbare Ende der Schuld Zions deutlich und damit die Möglichkeit der erneuten Zuwendung Gottes.

3. Klgl 4,21 wird auch Edom die Zerstörung als Strafe für die begangene Schuld angekündigt. »Juble nur, und freue dich, Tochter Edom, die du wohnst im Lande Uz. Auch zu dir wird der Becher kommen, du wirst dich betrinken und dich entblößen.« Kennen Sie weitere Strafansagen gegen Edom?

In Jes 34,1–17; Jer 49,7–22; Ez 25,12–14; Joël 4,19; Obd 1–21 wird Edom das Gericht angekündigt. Aber obwohl der Bruder des Volkes Israel, der auf Esau zurückgeht und dessen Siedlungsgebiet östlich der Arava im heutigen westlichen Jordanien gegenüber dem Negev liegt, oft in Feindschaft zu seinem westlichen Nachbarn lebte und gerade die Situation nach der Zerstörung Jerusalems, von der die Klagelieder berichten, ausnutzte, entsteht bei den Israeliten angesichts des Untergangs keine Schadenfreude, ja bei Amos und auch bei Obadja kommt eine gewisse Betroffenheit zum Ausdruck. Immerhin wird ein untadeliger und rechtschaffener Mann wie Ijob in Edom angesiedelt (Ijob 1,1)

Literatur: S. Bergler: Threni V – nur ein alphabetisierendes Lied? Versuch einer Deutung, in: VT 27, 1977, S. 304–320.

Ester

Das Buch Ester wird als Rolle zum Purimfest gelesen. Im Unterschied zu den vier anderen Megillot wird die Einführung dieses Festes in Est 9,20–32 selbst berichtet. Purim, das am 14./15. Adar (Ende Februar/Anfang März) gefeiert wird, entspricht in einigen Zügen unserem Fasching. Kinder lärmen mit besonderen Purim-Rasseln, wenn der Name Haman genannt wird. Man verkleidet sich. Als besonderes Gebäck werden Haman-Öhrchen hergestellt. Mit Bezug auf Est 9,22 macht man den Freunden und Armen Geschenke, ißt (u. a. gekochte Bohnen und Erbsen) und trinkt gut.

Grobgliederung:
1–2: Ester wird Königin
3–5: Der Plan des Judenfeindes Haman
6–7: Die Erhöhung Mordechais, Hamans Entlarvung und Hinrichtung
8–10: Die Rettung der Juden und die Einführung des Purimfestes

1. Bestimmen Sie den Aufbau des Buches Ester

1–2: Ester wird Königin am persischen Hof
1,1–9: Das große Festmahl im Palast des Königs Xerxes
1,10–22: Die Königin Waschti weigert sich, bei diesem Fest ihre Schönheit zur Schau zu stellen und wird daraufhin verstoßen, damit die Herrschaft der Männer und das Gesetz der Meder und Perser erhalten bleibe
2,1–18: Vorbereitungen zur Auswahl einer neuen Königin unter den an den Hof geholten Jungfrauen und Erhebung Esters zur Königin
2,19–23: Die Aufdeckung eines Attentatsplanes gegen den König durch Esters Pflegevater Mordechai

3–5: Der Plan des Judenfeindes Haman
3,1–15: Haman, König Xerxes Vertrauter, erwirkt einen königlichen Erlaß zur vollständigen Vernichtung der Juden (Holocaust-Erlaß) im gesamten persischen Reich. Der Anlaß hierfür ist die verweigerte Huldigung Hamans durch Mordechai.
4,1–17: Mordechai bewegt Ester zur Intervention für ihr Volk beim König
5,1–14: Nach erfolgreicher Audienz beim König lädt Königin Ester ihren Gemahl Xerxes und Haman zu einem Festmahl ein; Hamans haßerfüllter Hinrichtungsplan gegen Mordechai

6–7: Die Erhöhung Mordechais, Hamans Entlarvung und Hinrichtung
6,1–14: Als Belohnung und zur Auszeichnung für die Aufdeckung des Attentatsplanes gegen den König (2,19–23) wird Haman gezwungen, Mordechai
größte Ehre zu erweisen
7,1–10: Ester bittet Xerxes um Verschonung ihres Volkes; Hamans Pläne werden entlarvt; er fleht auf Esters Bett um Gnade, wird aber an dem von ihm
für Mordechai aufgestellten Galgen aufgehängt

8–10: Die Rettung der Juden und die Einführung des Purimfestes
8,1–17: Ester erreicht einen königlichen Erlaß, der den Juden im gesamten persischen Reich präventive Schutzmaßnahmen bis hin zur Tötung ihrer Feinde
erlaubt
9,1–19: Blutbad der Juden an ihren Gegnern: 75 000 Tote (Septuaginta: 15 000).
Als Termin wird der 13. Adar angesetzt, jener Tag, an dem nach 3,1–15 eigentlich die Juden vollständig vernichtet werden sollten.
9,20–10,3: Die Einführung des Purimfestes als Gedenktag des Sieges der Juden
über ihre Feinde

Bei dieser Feingliederung ist nur der Text des kanonischen Esterbuches berücksichtigt worden, wie Sie ihn in der hebräischen Bibel finden. Die Einheitsübersetzung bietet darüber hinaus einige Texte der griechischen Bibel, die jedoch
nicht in den Kanon des AT aufgenommen worden sind.

2. Das Büchlein Ester erschließt sich erst, wenn man das hier erzählte
Geschehen kennt. Versuchen Sie deshalb, nach Ihrer Lektüre den
Inhalt selbständig nachzuerzählen. Wenn sie dies bei Rut bereits
mit Erfolg getan haben, dürfte es Ihnen hier auch nicht schwerfal-
len

3. Ester steht in zweifacher Hinsicht in der Reihe der großen Frauengestalten des AT: Sie gehört einerseits zu jenen Müttern Israels, die
konstitutiv für die vom AT ausgehende (vor allem jüdische) Gemeinde sind, und sie gehört andererseits zur Traditionslinie der
Retterin Israels. Nennen Sie noch weitere Frauengestalten, die zu
einer der beiden Linien gehören

● Zu den Müttern Israels gehören in erster Linie die sogenannten Ahnfrauen
Sara, Rebekka und Rahel, dann aber auch Mirjam, Debora (s. Ri 5,7), Rut u.a.
Die Bedeutung Esters liegt hier wie die Ruts darin, daß sie im Mittelpunkt eines
nach ihr benannten kanonischen Buches des AT steht.

●● In hellenistischer Zeit bildet sich ein Motivkreis der schönen Retterin Israels heraus, die auf Grund ihrer Schönheit ein Geschehen in Gang setzt, das zur Befreiung von den Feinden führt. Neben Ester gehören hierzu vor allem Judit und Jaël (Ri 4,17–24 und entsprechende Stellen aus jüdisch-hellenistischen Schriften).

4. Während das Buch Ester im Judentum eine besonders herausragende Stellung einnimmt, ist im Christentum zumindest die Relevanz dieses Buches für den christlichen Glauben immer wieder bestritten worden. Luther hat dies in seinen Tischreden folgendermaßen ausgedrückt: »Ich bin dem Buch und Esther so feind, daß ich wollte, sie wären gar nicht vorhanden; denn sie judenzen zu sehr und haben viel heidnische Unart ...« (Werke, Tischreden I, 1912, S. 208). Inhaltlich hat aber nicht nur das überdimensionale Blutbad, das die Juden an ihren Feinden angerichtet haben, sondern auch eine andere Tatsache häufig Anstoß erregt. Wissen Sie, welche?

Im gesamten Esterbuch kommt der Gottesname kein einziges Mal vor. Dies scheinen bereits die Übersetzer der Bibel ins Griechische als Mangel empfunden zu haben, da in der Septuaginta zahlreiche Zusätze enthalten sind, die explizit Gott erwähnen, z. B. der Traum Mordechais am Anfang und dessen Deutung am Ende des griechischen Esterbuches und die beiden Gebete Mordechais und Esters nach 4,17 (kanonischer Text). Während Sie diese Texte in der Lutherbibel unter den Apokryphen finden, stehen sie in der Einheitsübersetzung an den eben erwähnten Stellen.
Neben Ester gibt es nur noch zwei atl. Bücher, in denen der Gottesname fehlt, die Klagelieder und das Hohelied (zum Hohenlied s. jedoch Frage 4, Seite 314).

5. Beim ersten Lesen erweckt das Buch Ester den Eindruck eines historischen Romans. Viele Hinweise sprechen jedoch dafür, daß eine spätere Ansetzung, vermutlich im 3. Jahrhundert, anzunehmen ist. So kann man wohl eher davon sprechen, daß ein historisierender Rahmen gewählt worden ist, um der eigentlichen Absicht, der Situation der jüdischen Minorität in der persischen Diaspora, eine historische Umhüllung zu geben. Wie würden Sie dann die Gattung des Esterbuches bezeichnen und welcher anderen Geschichte im AT steht sie nahe?

Die häufigste Gattungsbezeichnung für das Buch Ester ist die der Novelle. Da jedoch weitgehende Übereinstimmungen zur Josefsgeschichte bestehen, ist von *A. Meinhold* als Gattungsbezeichnung *Diasporanovelle* vorgeschlagen worden.

Literatur: A. Meinhold: Die Gattung der Josephsgeschichte und des Estherbuches: Diasporanovelle I, ZAW 87, 1975, S. 306–324; II, ZAW 88, 1976, S. 72–93. – *Ders.:* Das Buch Esther, ZBK 13, 1983, S. 14–17.

6. Noch eine Frage zum Schluß: Haben Sie sich eigentlich schon gefragt, warum das Purimfest *Purim*fest heißt?

Vielleicht haben Sie bei der Lektüre des biblischen Buches zunächst nicht soviel Augenmerk auf die entsprechenden Stellen gelegt, so daß Sie die Frage nicht sofort beantworten können. Dann sollten Sie Est 9,24. 26 noch einmal lesen.

Daniel (ca. 168–164)

1. Bestimmen Sie den Aufbau des Buches Daniel

1,1–21: Daniel und seine Freunde werden an Nebukadnezzars Hof berufen. Sie erhalten als schöne Jünglinge eine umfassende Ausbildung in Weisheit, Sprache und Kultur, ernährt werden sie von der königlichen Tafel. Sie erhalten neue Namen: Beltschazzar für Daniel, Schadrach für Hananja, Meschach für Mischaël und Abed-Nego für Asarja. Um die jüdischen Speisevorschriften einzuhalten, essen sie fleischlos, trotzdem ist ihr Aussehen besser als das der anderen jungen Leute. Sie werden in den königlichen Dienst übernommen.
2,1–3: Nebukadnezzars Traum und das Zusammenrufen seiner Traumdeuter

2,4–7,28: Aramäisch
2,4–49: Nebukadnezzars Traum vom Standbild und Daniels Deutung
Nebukadnezzar weigert sich, seinen Traum zu erzählen. Er droht, die Traumdeuter umbringen zu lassen, wenn sie Inhalt und Deutung des Traumes nicht kennen. Daniel, der dies erfährt, erbittet eine Bedenkfrist. Er betet und bietet sich an, den Traum zu deuten. Zuerst verweist er auf die Macht Gottes, dann erzählt er Nebukadnezzar dessen *Traum:* Standbild von Gold, Silber, Bronze, Eisen sowie Eisen + Bronze wird von einem Fels zertrümmert. Die *Deutung:* Goldkopf = Nebukadnezzar; Silber = das Reich nach Nebukadnezzar (= Meder); Bronze = ein drittes Reich (= Perser); Eisen = das vierte Reich (= Alexander der Große); Bronze + Eisen = Diadochenreiche; der Fels: Gott selbst als Herrscher. Der babylonische König erkennt daraufhin die Überlegenheit Gottes an.
3,1–30: Die drei Männer im Feuerofen
Nebukadnezzar läßt ein goldenes Standbild aufstellen und verlangt von allen dessen (göttliche) Verehrung. Schadrach, Meschach und Abed-Nego werden wegen Verweigerung angeklagt. Der König verlangt von ihnen daraufhin Proskynese unter Androhung der Verbrennung. Sie weigern sich unter Berufung auf ihren Gott. Sie werden in den siebenmal stärker angeheizten, glühenden Ofen geworfen. Die dies ausführenden Diener des Königs verbrennen; nicht aber die drei Freunde. Im Feuer sind jedoch vier Männer, der vierte sieht aus wie ein Göttersohn/Engel. Daraufhin werden die drei wieder

herausgeholt: Sie sind unversehrt. Der König stellt sie nun unter besonderen Schutz

3,31–4,34: Nebukadnezzars zweiter Traum und Daniels Deutung
Der König teilt seinen *Traum* in einem Brief mit: Wachsen eines mächtigen Baumes, dessen Höhe bis an den Himmel reicht und der auf der ganzen Erde zu sehen ist – Fällen des Baumes im Auftrag eines Engels – die Wurzel bleibt in der Erde und wird gefesselt, er erhält ein Tierherz. Daniels *Deutung:* Der Baum ist Nebukadnezzar; er wird sieben Jahre wie ein Tier vegetieren müssen; danach wird die Herrschaft an ihn zurückfallen.
Dies – so sagt der Brief – sei auch eingetroffen. Er habe Gott angebetet und sei wieder an die Macht gelangt, nachdem er sieben Jahre unter Tieren gehaust habe.

5,1–6,1: Belschazzars Gastmahl – Die Entweihung der heiligen Tempelgeräte
Bei einem Gastmahl Belschazzars werden die heiligen Gefäße des Jerusalemer Tempels entweiht, indem Wein daraus getrunken wird und die Götter gelobt werden. Eine geheimnisvolle Schrift erscheint während des Gastmahls an der Wand; keiner der Babylonier kann sie lesen; Daniel wird geholt; der König verspricht Belohnung. Daniel erzählt zunächst das Schicksal des wahnsinnig gewordenen Nebukadnezzars (vgl. Kap. 4), der durch seine Umkehr zu Gott geheilt wurde, während Belschazzar Götzendienst treibt. Die Schrift: *Mene, mene, tekel u-parsin* = gezählt, gezählt, gewogen, zerteilt. Daniel wird belohnt, Belschazzar ermordet, der Meder Darius wird König.

6,2–29: Daniel in der Löwengrube
Daniel ist einer der drei Provinzstatthalter unter Darius (522–486). Seine Rivalen erwirken einen Erlaß: Keiner darf innerhalb von 30 Tagen einen Gott oder Menschen anbeten außer den König. Daniel betet 3mal täglich Richtung Jerusalem; er wird denunziert. Der König zögert, doch wird er daran erinnert, daß *das Gesetz der Meder und Perser* unwiderruflich ist. Daniel wird in die Löwengrube geworfen. Am nächsten Morgen findet der König nach durchfasteter Nacht Daniel lebend. Daniel wird befreit, die Rivalen von den Löwen zerfleischt. Der Gott Daniels wird per Dekret zum verehrungswürdigen Gott erklärt.

7–12: Gesichte Daniels

7,1–12: Die vier Weltreiche
Vision von den vier Tieren: Löwe mit Adlerflügeln; Bär, der viel Fleisch frißt; Panther mit vier Köpfen und Vogelflügeln; Untier mit Eisenzähnen, das alles frißt und zermalmt, 10 + 1 Hörner, anmaßende Rede. Der alte Mann auf dem Thron und die Vernichtung des Tieres.

7,13f.: Der Menschensohn
Er erhält Herrschaft, Würde und Königtum über alle Völker.

7,15–28: Deutung der Vision

Die Deutung geschieht durch einen anonym bleibenden Deuter. Die vier Tiere sind vier Weltreiche; die Hörner sind Könige. Der 11. König ist der schlimmste: Er wird das Gesetz Gottes und die Feste abschaffen (= Antiochus IV. Epiphanes, 167 Verbot des Jerusalemer Tempelkults); 3½ Jahre Herrschaft (= bis 164), dann herrscht das Gottesvolk.

8,1–27: Die Vision vom Widder und Ziegenbock und ihre Deutung

1–14: Die Vision: Widder mit zwei Hörnern als das stärkste Tier; Ziegenbock aus dem Westen mit einem Horn kämpft mit dem Widder und besiegt ihn; das Horn bricht ab, vier Hörner wachsen nach, am vierten ein weiteres, das bis in den Himmel reicht. Dieses Horn untersagt die täglichen Opfer und entweiht das Heiligtum. Zwei Engel fragen nach der Dauer der Entweihung: 1150 Tage (3 Jahre und 55 Tage).

15–27: Die Deutung: Der Engel Gabriel deutet die Vision: Widder mit zwei Hörnern = Meder und Perser; Ziegenbock = Griechen; 1 Horn = Alexander der Große; 4 Hörner = 4 Diadochenreiche; das letzte Horn: ein besonders mächtiger und grausamer König = Antiochus IV. Epiphanes.

9,1–27: Daniels Nachdenken über die 70 Jahre Exil des Buches Jeremia

a) Daniel denkt über die Angabe der 70 Jahre nach;
b) Daniels Sündenbekenntnis und Klage (V. 4–19);
c) Der Engel Gabriel deutet die 70 Jahre auf 70 Jahrwochen.

10,1–11,1: Das Gesicht vom Mann, der in Leinen gekleidet ist und einen goldenen Gürtel trägt

Der Mann erscheint als Engel, der Daniel mitteilt, daß er das Ende der Zeit schauen wird. Der Mann selbst hat mit dem Engelfürsten des Perserreiches zu kämpfen. Dabei hilft ihm der Engel Michael.

11,2–45: Die Geschichte der Ptolemäer und Seleukiden bis Antiochus IV. Epiphanes

Schilderung des Übergangs der persischen zur Herrschaft Alexanders des Großen; verschiedene Etappen der Auseinandersetzung zwischen Ptolemäern und Seleukiden. V. 14 lehnt ausdrücklich den bewaffneten Aufstand der Juden gegen die Seleukiden ab. Ausführliche Schilderung der Greueltaten Antiochus' IV. Epiphanes: Tötung des Hohenpriesters von Jerusalem; Kriege gegen den König des Südens (Ptolemäer); Rückzug auf Grund römischer Intervention; Entweihung des Tempels; Aufstellen eines entsetzlichen Scheusals (Luther: Greuel der Verwüstung). Juden werden ihren Glauben aufgeben, aber es gibt auch Treue, die verfolgt werden und die eine kleine Hilfe (= Makkabäer) erfahren. Der König wird noch verschiedene Kämpfe führen, aber dann schließlich sterben.

12,1–3: Michaels Eingreifen, die Endzeit und die Auferstehung der Toten

Michael, der große Engelfürst, wird für Israel kämpfen; jeder, der im Buch des Lebens verzeichnet ist, wird gerettet. »Von denen, die im Land des Staubes schlafen, werden viele erwachen, die einen zum ewigen Leben, die anderen zur Schmach, zu ewigem Abscheu« (V. 3).

12,4: Befehl an Daniel, diese Worte geheimzuhalten und das Buch bis zur Zeit des Endes zu versiegeln

12,5–13: Die Frage nach der Dauer

3½ Jahre (gemeint ist die Zeit der Entweihung des Tempels) bzw. 1290 Tage vom Verbot bis zum Wiederaufleben der täglichen Opfer im Tempel (3 Jahre und 195 Tage); Daniel wird die Auferstehung verheißen.

Problemanzeige: Während in der Septuaginta und darauf folgend auch in der Vulgata und u. a. in den deutschen Bibelübersetzungen das Buch Daniel als viertes der großen Propheten zwischen Ezechiel und dem Zwölfprophetenbuch steht, hat es im hebräischen Kanon seine Aufnahme unter den *Schriften* gefunden. Wahrscheinlich war zur Zeit der Entstehung des Danielbuches (nach 164) die Sammlung der prophetischen Bücher bereits abgeschlossen, während die Zusammensetzung der Schriften bis zum Abschluß der Kanonbildung ja offen war. Es ist aber auch möglich, daß mit dieser Zuordnung eine gewisse Abwertung des Buches Daniel gegenüber den eigentlichen prophetischen Büchern vorgenommen wurde.

Der Text der Septuaginta ist weitaus umfangreicher. Er enthält vor allem in Kapitel 3 *Das Gebet des Asarja* und *Den Lobgesang der drei jungen Männer* und im Anhang die *Erzählung von der Rettung Susannas durch Daniel* sowie die beiden Erzählungen *Daniel und die Priester des Bel* und *Daniel und der Drache*. Luther hat diese Schriften unter die *Apokryphen* eingeordnet, während die Septuaginta, Vulgata und in ihrem Gefolge die Einheitsübersetzung diese Texte als eine Einheit bieten.

2. In welcher anderen atl. Erzählung bzw. Novelle spielt die Traumdeutung durch einen Israeliten ebenfalls die entscheidende Rolle?

In Gen 37–50, wo Josef dem Pharao seine Träume deutet (40 f.); s. aber auch Josefs eigene Träume (37).

3. Das Danielbuch enthält eine Reihe historischer Fehler. Stellen Sie diese bitte zusammen

1,1: Die Deportation der Jerusalemer geschah im 3. Jahre Jojakims.
Richtig: Sie geschah unter Zidkija 587.
5,2: Belschazzar ist Nebukadnezzars Sohn und folgt ihm auf dem Thron nach.

6,1: Er ist der letzte babylonische König.

Richtig: Nebukadnezzar hatte noch drei Nachfolger; Belschazzar war der Sohn Narbonids, des letzten babylonischen Herrschers und damit nur Kronprinz, nicht aber selbst Herrscher.

6,1 setzt voraus, daß der Meder Darius Babel eroberte.

Richtig: Dies geschah durch den Perser Kyrus.

6,29: Kyrus folgte Darius in der Herrschaft

Richtig: Die Reihenfolge lautet Kyrus – Darius – Xerxes.

9,1: Darius ist Sohn des Xerxes.

Richtig: Es ist gerade umgekehrt; s. die Reihenfolge zu 6,29.

11,2: Es folgen noch vier persische Könige.

Richtig: Es sind noch neun.

6,2: Das persische Reich ist in 120 Satrapien eingeteilt, nach Est 1,1; 8,9 sogar in 127, wodurch wohl auch die Lesart der Septuaginta in Dan 6,2 beeinflußt ist.

Richtig: Das persische Reich ist seit Darius in 20 Satrapien eingeteilt gewesen.

4. Sie kennen sicher den Ausdruck *Koloß auf tönernen Füßen,* der wohl zuerst für das zaristische Rußland des 19. Jahrhunderts, heute aber allgemeiner für ein unsicheres politisches Regime gebraucht wird. Auf welche Stelle bei Daniel geht dies zurück?

Richtig, auf Nebukadnezzars ersten Traum. Lesen Sie noch einmal Dan 2,31–35.

5. In Dan 4 wird die Tradition des Weltenbaumes auf Nebukadnezzar angewandt. In welchem anderen atl. Text geschieht dies ebenfalls?

In Ez 31,3–8 (9) wird die Schönheit und der Untergang des Weltenbaumes auf den ägyptischen Pharao bezogen.

6. Dan 5, Belschazzars Gastmahl, ist Grundlage eines bekannten Gedichts? Kennen Sie es vielleicht noch aus der Schule?

Es heißt *Belsazar,* stammt von *Heinrich Heine* und beginnt mit den Worten »Die Mitternacht zog näher schon; In stummer Ruh lag Babylon.«

7. Dan 5 ist auch die Grundlage zweier geflügelter Worte, die Ihnen sicher schon bei der Lektüre des biblischen Textes aufgefallen sind. Um welche handelt es sich?

Ausgehend von V. 25, spricht man von einem *Menetekel* als einer allgemeinen Warnung. Aus der Deutung von *tekel* in V. 27 wurde die in unserer Umgangssprache übliche Wendung *gewogen und zu leicht befunden.*

8. Auch Kapitel 6 stellt in ähnlicher Weise Merkhilfen zur Verfügung. Außer *Daniel in der Löwengrube* für eine schlechte bzw. gefährliche Gesellschaft ist Ihnen vielleicht ein zweiter Ausdruck aufgefallen

V. 13 spricht vom *unwandelbaren Gesetz der Meder und Perser.*

9. Dan 7,13 spricht vom *Menschensohn.* Wo kommt dieser im AT noch vor? Worin bestehen die Unterschiede zwischen diesen beiden Stellen?

Zunächst besteht ein Unterschied in der Terminologie. In Dan 7,13 findet sich das aramäische *bar 'ænasch,* das dem hebräischen *ben 'adam* entspricht. Während aber dem Menschensohn in Dan 7,13 schon gewisse messianische und apokalyptische Züge nicht abzusprechen sind, die dann in den Jüdischen Schriften in hellenistisch-römischer Zeit ihre Ausprägung finden und christlicherseits in den christologischen Hoheitstitel münden, gilt dies für die 152 hebräischen Stellen (davon allein 93 bei Ezechiel) nicht. Hier ist *ben 'adam* am besten mit *Menschenkind* oder *Mensch* wiederzugeben. Bei der Verwendung des Begriffes *Menschensohn* ist auf die inhaltliche Unterscheidung zu Dan 7,13 zu achten. Auch die einzige Stelle, die *ben 'ænosch* aufweist, Ps 144,3, ist wie *ben 'adam* zu verstehen.

10. Man geht im allgemeinen davon aus, daß die in Dan 7,15–28 genannten vier Weltreiche mit denen von Kap. 2 identisch sind. Welche sind das?

Löwe mit Adlerflügeln   = Babylon
Bär   = Meder
Panther   = Perser
Untier mit Eisenzähnen = Alexander der Große bzw. Griechen
10 Hörner   = 10 Ptolemäer- und Seleukidenherrscher
1 Horn   = Antiochus IV. Epiphanes

11. In Dan 9,2 erfahren wir, daß Daniel das Jeremiabuch liest, um dort etwas über die Dauer der Verwüstung Jerusalems zu erfahren. Wo findet sich bei Jeremia der Hinweis auf die Dauer von 70 Jahren?

Jer 25,11–14; 29,10–14.

12. Das große Sündenbekenntnis in Dan 9 hat Entsprechungen in anderen Büchern des AT. Nennen Sie diese bitte

Jer 14; Esr 9; Neh 9.

13. Wie interpretiert Dan 9 die Situation seiner Zeit?

Als eine Zeit der Verfehlung und des Eintreffens der Flüche von Dtn 28 (vgl. vor allem V. 11). Der ständige Bezug auf das Gesetzbuch des Mose ist auffallend.

14. Das Danielbuch steht in enger Beziehung zum Buch der Offenbarung des Johannes. Im folgenden sind drei wichtige Motive angegeben, zu denen Sie bitte die Entsprechungen im ntl. Buch aufsuchen sollen

– Die Vision von den vier Weltreichen – Offb 13
– Die Vision vom uralten Mann auf dem Thronsessel – Offb 5
– Auftreten des Engels Michael (Dan 10; 12) – Offb 12,7
Zu Dan 12,2 und der Frage nach der Auferstehung im AT s. Frage 7 zu 2 Könige, Seite 146.

Literatur: J. C. H. Lebram: König Antiochus im Buche Daniel, in: VT 25, 1975, S. 737–772. – *K. Koch/M. T. Niewisch/J. Tubach:* Das Buch Daniel, EdF 144, 1980. – *O. Eißfeldt:* Die Menetekel-Inschrift und ihre Deutung (1951), in: *ders.:* Kleine Schriften III, 1966, S. 210–217. – *O. Eißfeldt:* Daniels und seiner drei Gefährten Laufbahn im babylonischen, medischen und persischen Dienst (1960), in: *ders.:* Kleine Schriften III, 1966, S. 513–525.

Die Bücher Esra und Nehemia

Die Bücher Esra und Nehemia enthalten eine Reihe von Problemen, auf die hier nur hingewiesen werden kann. Sie bieten eine Darstellung der Geschichte Israels nach dem babylonischen Exil. Inwieweit sie zusammen mit den Chronikbüchern ein Geschichtswerk – nämlich das chronistische – bilden, ist angesichts der weitgehenden Unabhängigkeit von den Chronikbüchern fraglich und in der Forschung umstritten.

Im hebräischen Kanon werden beide Bücher zusammen gesehen, wobei nach der Tradition Esra als ihr Verfasser gilt (vergleiche im babylonischen Talmud die bereits Seite 13 erwähnte Stelle Baba batra 14 b. 15 a). Die Aufteilung in Esra und Nehemia ist durch die Septuaginta und Vulgata belegt und seit dem Mittelalter auch in den hebräischen Handschriften anzutreffen.

Eine weitere Besonderheit liegt darin, daß zwei größere Teile des sonst hebräisch geschriebenen Buches Esra in aramäisch verfaßt sind. Dieser Wechsel in den Sprachen ist bis heute noch nicht befriedigend geklärt. Sodann enthält das Buch Nehemia sowohl Er-Berichte als auch Ich-Berichte (Memoiren). Schließlich sind die Jahreszahlen häufig unklar.

Problemanzeige: In Neh 8–10 taucht unvermittelt Esra auf. Diese Kapitel unterbrechen den Bericht von Nehemias Mauerbau. Sachlich gehören sie zu Esras Bemühungen um eine Reorganisation des Kultes und des Verbots der Mischehen (vergleiche Esra 9 f.; Neh 10). Deshalb wird in der Forschung eine weitgehend anerkannte Kapitelumstellung angenommen, um den mutmaßlich ursprünglichen Zusammenhang wiederherzustellen: Esra 1–6; 7–8; Neh 8–10; Esra 9–10; Neh 1–7; 11–12; 13. Da es Aufgabe der Bibelkunde ist, Inhalte der biblischen Bücher in ihrer kanonischen Endgestalt zu vermitteln, wird die Gliederung des Textes in der uns heute vorliegenden Reihenfolge geboten.

Grobgliederung:
Esra 1–6: Die Heimkehr nach Jerusalem und der Wiederaufbau des Tempels; darin: 4,8–6,18 aramäisch
Esra 7–10: Esras Auftrag, seine Reise nach Jerusalem und sein Kampf gegen die Mischehen; darin: 7,11–26 aramäisch
Neh 1–7: Nehemias Rechenschaftsbericht (Ich-Form): Der Mauerbau
Neh 8–10: Esras Gesetzesverlesung und Verpflichtungserklärung des Volkes
Neh 11–12: Namenlisten und die Einweihung der Stadtmauer
Neh 13: Nehemias Reformen (Ich-Form)

1. Bestimmen Sie den Aufbau der Bücher Esra und Nehemia

Esra 1–6: Die Heimkehr nach Jerusalem und der Wiederaufbau des Tempels
1,1–4: Edikt des Kyrus (538 v. Chr.) // 2 Chr 36,22 f.
1,5–11: Aufbruch der Exilierten; Rückgabe der Tempelschätze an Schesch-bazzar, den Statthalter Judas
2,1–35: Liste der Heimkehrer: insgesamt 42360
3,1–6: Wiederaufbau des Altars; Wiederaufnahme der täglichen Opfer und des Laubhüttenfestes
3,7–13: Grundsteinlegung für den Tempel (520 v. Chr)
4,1–5: Ablehnung der samaritanischen Hilfe beim Tempelbau durch Serubbabel
4,6 f.: Zwei Briefe aus Samaria an die persischen Könige Xerxes und Artaxerxes gegen die Bewohner von Jerusalem und Juda

---

Aramäisch: 4,8–6,18

4,8–16: Brief der Samaritaner an König Artaxerxes mit Angriffen gegen Jerusalem und Beschwerde über den Mauerbau (ca. 465!!!)
4,17–24: Brief des Artaxerxes: Verbot des Wiederaufbaus Jerusalems
5,1–5: Haggai und Sarcharja ermutigen Serubbabel zum Weiterbau des Tempels → Haggai/Sacharja
5,6–17: Brief des persischen Statthalters an König Darius (522–486) mit der Frage nach der Existenz des Kyrus-Edikts
6,1–12: Auffinden des entsprechenden Erlasses und Brief des Darius mit ausdrücklicher Erlaubnis des Wiederaufbaus
6,13–18: Einweihung des Tempels (515 v. Chr.)

6,19–22: Feier des Paschafestes

Esra 7–10: Esras Auftrag, seine Reise nach Jerusalem und sein Kampf gegen die Mischehen (Ich-Form 8,1–9,15)
7,1–10: Der aaronitische Priester Esra zieht mit Sondervollmacht des Königs Artaxerxes nach Jerusalem.

Aramäisch: 7,11–26

7,11–26: Vollmacht des Artaxerxes für Esra. Er ist Beauftragter für das Gesetz. Materielle Ausstattung

---

8,1–20: Liste der mit Esra Heimgekehrten

8,21–36: Reisevorbereitungen; Übergabe der Wertgegenstände an Leviten; Ankunft in Jerusalem und Übergabe der Gegenstände an die Priester des Tempels

9,1–15: Esras Klage über Mischehen

10,1–44: Landtag zur Mischehenfrage; Verstoßung der Frauen; Liste der Mischehepartner

Neh 1–7: Nehemias Rechenschaftsbericht (Ich-Form): Der Mauerbau

1,1–4: Nehemia erfährt von der Not der Heimkehrer und der Zerstörung der Stadtmauer Jerusalems

1,5–11: Nehemias Klage zu Gott

2,1–10: König Artaxerxes beurlaubt seinen Mundschenk Nehemia und bevollmächtigt ihn zum Wiederaufbau der Mauern von Jerusalem

2,11–20: Nächtliche Besichtigung der zerstörten Mauer; erste Vorbereitungen des Wiederaufbaus; Spott Sanballats und Tobijas

3,1–32: Liste der am Mauerbau Beteiligten und deren Zuständigkeiten
Folgende Tore der Stadtmauer werden genannt: Schaftor (wohl = Wachtor), Fischtor, Jeschanator, Taltor, Misttor (wohl = Aschentor), Quelltor, Wassertor. Nicht lokalisierbar ist das Roßtor. Vgl. auch Neh 2,11–15. Folgende Türme werden genannt: Turm der Hundert (= Hammea), Turm Hannan'el, Ofenturm, vorspringender Turm.
Einteilung der Mauer in verschiedene Bauabschnitte.

3,33–38: Spott Sanballats und Tobijas; Klage Nehemias

4,1–17: Bedrohung der Bauleute durch Sanballat und Tobijas; Ständige Bewaffnung der Bauarbeiter

5,1–13: Erlaß der Schuldforderungen;
Klage der Judäer über Schulden und Schuldsklaverei; Aufhebung durch Nehemia

5,14–19: Nehemia verzichtet auf sein Gehalt als Statthalter

6,1–14: Komplottversuche gegen Nehemia
a) 1–9 politisch: Behauptung der Verschwörung gegen Artaxerxes;
b) 10–14 kultisch: Versuch, durch einen gedungenen Propheten Nehemia zur Verunreinigung des Tempels zu bewegen.

6,15 f.: Vollendung des Mauerbaus nach 52 Tagen

6,17–19: Komplottversuch gegen Nehemia
c) konspirative Briefe

7,1–3: Einsetzen der Tore und Regelung der Wachdienste

7,4–72: Liste der Heimkehrer aus dem babylonischen Exil – vgl. Esra 2

Neh 8–10: Esras Gesetzesverlesung und Verpflichtungserklärung des Volkes
8,1–12: Verlesung und Unterweisung im Gesetz
8,13–18: Die Feier des Laubhüttenfestes
9,1–37: Bußgottesdienst und Bußgebet des Volkes (mit geschichtlichem Rückblick)
10,1–40: Verpflichtungserklärung auf das Gesetz und Namenliste derer, die sich verpflichten, sowie Inhalt der Verpflichtung

Neh 11–12: Namenlisten und die Einweihung der Stadtmauer
11,1–36: Liste der Familienhäupter und deren Ansiedlung in Jerusalem und Juda
12,1–26: Liste der Priester und Leviten, die mit Serubbabel heimkehrten
12,27–43: Feierliche Einweihung der Stadtmauer mit Chorgesang und Opfern
12,44–47: Ordnung und Verwaltung der Abgaben

Neh 13: Nehemias Reformen (13,4–31 Ich-Form)
13,1–3: Aussonderung aller Fremden aus der Mitte der Gemeinde
13,4–9: Tobijas Vorrecht im Tempel wird beseitigt
13,10–14: Wiederherstellung der Einkünfte der Leviten; Eintreibung des Zehnten
13,15–22: Verschärfte Sabbatbestimmungen: Verbot des Lebensmittelverkaufs auch durch Nichtjuden am Sabbat; Schließung der Stadttore
13,23–27: Verbot der Mischehen
13,28: Ausschluß eines Priestersohnes vom Tempel
13,29–31: Abschließende Bitte Nehemias an Gott, daß er ihm all diese Taten zum Guten anrechnen möge

2. Vergleichen Sie den Wortlaut des Kyrus-Edikts in 2 Chr 36,22f. mit dem in Esra 1,1–3. Welche wichtigen Unterschiede fallen Ihnen auf?

Esra 3,3 aβ.b »der soll nach Jerusalem in Juda (hinaufziehen) und das Haus des Herrn, des Gottes Israels, aufbauen; denn er ist der Gott, der in Jerusalem wohnt« findet sich nicht im Chroniktext. Beachten Sie dabei die sich hieraus ergebende besondere Betonung Jerusalems.

3. Versuchen Sie, anhand einer archäologischen Karte von Jerusalem den Verlauf der nehemianischen Stadtmauer zu verfolgen

Diese Frage gehört zugegebenermaßen nicht zum engeren Gebiet einer Bibelkunde. Es dürfte aber für Sie von Nutzen sein, diese bei der Lektüre recht trokkenen Fakten auf diese Art und Weise plastisch werden zu lassen. Schließlich bilden diese Angaben die Grundlage der topographischen und archäologischen Untersuchungen.

Literatur: H. Donner: Jerusalem, in: *K. Galling (Hrsg.):* Biblisches Reallexikon, HAT I/1, ²1977, Sp. 157–165. – *E. Otto:* Jerusalem – die Geschichte der Heiligen Stadt, Urban-Taschenbuch 308, 1980, S. 100–109.

4. Da wir gerade bei Jerusalem sind: Bis in unsere heutige Zeit heißt Jerusalem »die Heilige Stadt«; ja, man kann sogar sagen, daß dieser Begriff als Eigenname vor allen anderen, wie z. B. Rom oder Mekka, auf Jerusalem zutrifft. Auf welche atl. Bibelstelle geht dies zurück?

Es handelt sich um Neh 11,18.

5. In Esra 6 wird von einem großen Paschafest aus Anlaß der Tempeleinweihung berichtet. Welche anderen atl. Texte kennen Sie, die auch von großen zentralen Paschafeiern berichten?

Ex 12 f.; Jos 5; 2 Kön 23; 2 Chr 30. Beachten Sie, daß alle diese Paschafeste zu einem bestimmten Zeitpunkt gefeiert werden, an dem etwas Neues zwischen Gott und seinem Volk beginnt.

6. In die gleiche Richtung wie Frage 5 weist auch die hier gestellte: Woher kennen Sie den in Neh 8 berichteten Vorgang der Gesetzesverlesung noch?

Sie sollten ihn aus Ex 24; Jos 8; 24; 2 Kön 23 kennen.

7. Es ist auffallend, daß in den beiden Büchern Esra und Nehemia zweimal von der Feier eines Laubhüttenfestes berichtet wird, nämlich in Esra 3,4 und Neh 8,13–18. Welche anderen atl. Texte sind Ihnen in diesem Zusammenhang bekannt?

Außerhalb der Tora (s. dort vor allem Lev 23,34–43 und Num 29,12–38) wird im kanonischen AT die Feier des Laubhüttenfestes nur noch Sach 14,16–19 ausgeführt. Es handelt sich also insgesamt um späte Texte. Wie Lev 23,36 und

Num 29,35 erwähnt Neh 8,18 den achten Tag als Festtag, der noch heute als *Schemini azärēt* (der achte Tag, ein Festtag) begangen wird. Im Lande Israel ist dieser Tag identisch mit dem Fest *Simchat Tora,* dem Freudenfest der Tora oder dem Tag der Gesetzesfreude, an dem die Torarollen nach Verlesung des letzten Toraabschnitts in tanzender Begeisterung um die Synagogen getragen werden, ehe die Lesung der Tora wieder mit Gen 1,1ff. beginnt (vgl. auch Tabelle Seite 75).

8. In der Feingliederung finden Sie die Texte zur Mischehenproblematik sowie zur Sabbatverschärfung. Stellen Sie diese bitte zusammen und verdeutlichen Sie sich ihre Bedeutung für die nachexilische Gemeinde! Nach dem Verlust der nationalen Souveränität gewinnt die kultische Identität eine herausragende Dominanz, die von hier aus für alle Juden, vor allem in der Diaspora, über die Jahrtausende hinweg bis heute entscheidend geblieben ist

9. Merken Sie sich die Textstellen der aramäischen Teile von Esra

Es handelt sich um Esra 4,8–6,18 und um Esra 7,11–26. Sie finden diese Texte in der Feingliederung (Frage 1) graphisch hervorgehoben.

10. Wo finden sich im AT sonst noch aramäische Texte bzw. Textteile?

Gen 31,47; Jer 10,11 und Dan 2,4b–7,28.

Literatur: A. H. J. Gunneweg: Die aramäische und hebräische Erzählung über die nachexilische Restauration – ein Vergleich, in: ZAW 94, 1982, S. 299–302. – *S. Japhet:* The supposed Common Authorship of Chronicles and Ezra-Nehemia Investigated Anew, in: VT 18, 1968, S. 330–371. – *U. Kellermann:* Nehemia. Quellen, Überlieferung und Geschichte, 1967. – *S. Mowinckel:* »Ich« und »Er« in der Ezrageschichte, in: *A. Kuschke (Hrsg.):* Verbannung und Heimkehr, FS für W. Rudolph zum 70. Geburtstag, 1961, S. 211–233. – *H. G. M. Williamson:* Ezra, Nehemiah, WBC 16, 1985.

Die Bücher der Chronik

1 Chronik

Grobgliederung:
1–9: Von Adam bis Saul
10–21: David
22–26: Tempelbauvorbereitung
27–29: Letzte Anweisungen Davids

Vorbemerkung: In den Chronikbüchern bedeutet S = Sondergut, d. h. Texte, die sich nicht in den Büchern Samuel/Könige als Paralleltexte finden, S* = überwiegend Sondergut.

1. Bestimmen Sie den Aufbau des ersten Buches der Chronik

1–9: Von Adam bis Saul
1,1–27: Von Adam bis Abraham//Gen 5; 10; 11
1,28–34: Von Abraham bis Jakob und Esau//Gen 25
1,35–54: Edomiter//Gen 36
2,1–17: Von Jakob über die Nachkommen Judas zu David//Gen 38; Rut 4
2,18–55: Kalebiter
3,1–24: Die davidische Dynastie//2 Sam 3; 5
Von David bis zu den Nachkommen Serubbabels
4,1–8,40: Die Genealogien der Stämme:
    4: Juda; Simeon
    5: Ruben; Gad; Ostmanasse; Levi (über Mose bis zu Jozadak, dem Priester, der ins Exil mußte)
    6: Levi
    a) Gerschoniter, Kehatiter und Merariter//Num 3
    b) Söhne Aarons
    c) Gebiete der Leviten//Jos 21
    7: Issachar; Benjamin; Naftali; Manasse; Efraim; Ascher
    8: Benjamin (einschließlich Saul)
9,1–34: Die Bewohner Jerusalems nach dem Exil//Neh 11
9,35–44: Ein weiterer Saulidenstammbaum//Kap. 8

10–21: David
10,1–14: Sauls Tod//1 Sam 31
11,1–9: David wird König über Israel in Hebron; Eroberung Jerusalems// 2 Sam 5,1–10

340

11,10–47: Davids Helden//2 Sam 23
S 12,1–23: Überläufer zu David
  Lobpreis des David durch Amisai
S 12,24–41: Davids Heer (297 400 Mann)
13,1–14: Die Überführung der Lade nach Jerusalem I.//2 Sam 6
  Abholung von Kirjat-Jearim; Tod Usas beim Berühren; Wartezeit im Haus
  Obed-Edoms
14,1–17: Davids Philisterkriege//2 Sam 5
15,1–16,6: Die Überführung der Lade nach Jerusalem II.//2 Sam 6
  Vorbereitung der Überführung durch Organisation der Leviten (S)
S 16,7–36: »Danket dem Herrn«//Ps 105 + 96 + 106
16,37–43: Die Überführung der Lade nach Jerusalem III.
  Organisation des Gottesdienstes (S)
17,1–15: Natanverheißung//2 Sam 7
18,1–20,8: Kriege Davids
  18,1–14: Siege über Philister, Moabiter, Syrer; Damaskus; Hamat schickt
  Geschenke; Edomiter//2 Sam 8
  18,15–17: Davids Beamte//2 Sam 8
  19,1–20,3: Ammoniter- und Syrerfeldzug; Eroberung von Rabbat-Ammon//
  2 Sam 10; 12
  20,4–8: Philisterheldentaten//2 Sam 21
21,1–22,1: Volkszählung und Strafe; die Tenne des Arauna//2 Sam 24

22–26: Tempelbauvorbereitungen
S 22,2–19: David gibt Salomo den Auftrag zum Tempelbau;
  Materialbeschaffung wird vorbereitet
S 23,1–32: David setzt die Dienstgruppen der Leviten ein:
  Tempeldiener – Richter – Torwächter – Sänger
S 24,1–31: David ordnet die Dienstgruppen der Priester;
  Weitere Levitengruppen
S 25,1–31: Tempelsänger
S 26,1–32: Torhüter – Schatzkammeraufseher

27–29: Letzte Anweisungen Davids
S 27,1–34: Heerführer und königliche Verwaltungsbeamte
S 28,1–21: Letzte Anweisungen zum Tempelbau
  a) Beauftragung Salomos mit dem Tempelbau und Mahnung zum Halten
     der Gebote
  b) Übergabe der Baupläne an Salomo
  c) Ermahnung zum mutigen Baubeginn
S 29,1–9: Spendenaktion zum Tempelbau

S 29,10–19: Dankgebet Davids vor der Volksversammlung
S 29,20–25: Salomos Inthronisation
29,26–30: Zusammenfassung der Regierung Davids; Regierungswechsel David/
Salomo. Hinweis auf die Chroniken der Propheten Samuel, Natan und Gad

2 Chronik

Grobgliederung:
1–9: Salomo
10–12: Reichsspaltung
13: Abija
14–16: Asa
17–20: Joschafat
21: Joram
22–24: Ahasja, Atalja, Joasch
25–28: Amazja bis Ahas
29–32: Hiskija
33: Manasse, Amon
34–35: Joschija
36: Die letzten Könige Judas

2. Bestimmen Sie den Aufbau des zweiten Buches der Chronik

1–9: Salomo (965–926)
1,1–18: Salomos Zug zum Heiligtum nach Gibeon; Opfer Salomos und Erscheinung Gottes; Salomos Bitte um Weisheit; sein Reichtum//1 Kön 3; 10
2,1–16: Salomos Vertrag mit Huram von Tyros//1 Kön 5
3,1–5,1: Tempelbau//1 Kön 6 + 7
Vorhalle – Hauptraum – Allerheiligstes; Cherubim – Säulen Jachin und Boas,
Altar – Bronzebecken – Leuchter – Geräte
5,2–14: Tempeleinweihung//1 Kön 8
Überführung der Lade; Inbesitznahme des Tempels durch die Herrlichkeit
Gottes (kabod JHWHs) I.
6,1–42: Tempeleinweihungsgebet Salomos//1 Kön 8
S 7,1–3: Inbesitznahme des Tempels durch den kabod JHWHs II.
7,4–11: Opferdarbringung mit Dauer des Einweihungsfestes//1 Kön 8
7,12–22: Theophanie vor Salomo//1 Kön 9
Ankündigung von Beistand beim Halten der Gebote, des Unheils bei Abfall
von Gott

8,1–18: Siege, Baumaßnahmen und Kultordnungen Salomos; vgl. 1 Kön 9
9,1–28: Die Königin von Saba sowie Salomos Pracht und Macht//1 Kön 10

10–12: Reichsspaltung

10,1–19: Rehabeam (926–909) lehnt Fronarbeitserleichterung ab; Abspaltung Israels//1 Kön 12
11,1–23: Ereignisse der Regierungszeit Rehabeams
Schemaja verhindert Bruderkrieg; Festungsbauten; israelitische Priester und Leviten wandern in den Süden aus; Rehabeams Frauen und Söhne
12,1–16: Pharao Schischaks Feldzug und Plünderung Jerusalems//1 Kön 14

13: Abija (909–907)

13,1–23: Krieg zwischen Abija und Jerobeam I. Große Ansprache Abijas (Verweis auf den Bund JHWHs mit David; auf den richtigen Kult in Jerusalem); Sieg Abijas//1 Kön 15

14–16: Asa (907–871)

14,1–14: Asas Friedensregierung; Gottessieg (nach Gebet) über den König von Äthiopien (S)
15,1–18: Asa schafft Götzenbilder ab (Abrenuntiation); Verpflichtung auf JHWH; vgl. 1 Kön 15
15,19–16,14: Asas Vertrag mit Benhadad von Damaskus gegen Israel;
Der Prophet Hanani kündigt dafür ständigen Krieg als Strafe an; Asas Krankheit (Ärzte statt Gott)//1 Kön 15

17–20: Joschafat (871–851)

S* 17,1–19: Joschafats Friedensregierung; alleinige Verehrung JHWHs. Einrichtung von Tora-Unterricht; seine Heerführer
18,1–34: Koalitionskrieg von Joschafat und Ahab von Israel gegen Damaskus//1 Kön 22
Micha ben Jimla kündigt Niederlage an (Streit: wahre und falsche Propheten); Ahabs Tod
S 19,1–11: Joschafat ordnet das Rechtsleben
Wort des Propheten Jehu ben-Hanani; Einsetzen von Richtern; Appellationsgericht in Jerusalem
S 20,1–37: Sieg über Ammon und Moab
Große Bedrohung; Bittgebet Joschafats; Geistbegabung Jahasiels; Ermutigung; Danklied vor der Schlacht; Gottessieg; Dankfeier; Joschafats Ende

21: Joram (851–844)//2 Kön 8

21,1–20: Tötet seine Brüder; Abfall Edoms; Errichtung von Opferstätten auf den Bergen; Brief Elijas mit Ankündigung von Krieg und Krankheit (S); Philistersieg; Jorams Krankheit (S)

22–24: Ahasja, Atalja, Joasch

22,1–9: Ahasja (844) (!)//2 Kön 8; 9
Ahasja besucht den im Krieg verwundeten Joram von Israel; Hinrichtung durch Jehu

22,10–23,21: Ataljas Diktatur und Joaschs Aufstand (844–838) (!)//2 Kön 11

24,1–14: Tempelrenovierung unter Joasch//2 Kön 12

24,15–27: Jojadas Tod; Auftreten vieler Propheten; Anklage Secharjas; Plünderung Jerusalems durch Damaskus (S); Ermordung Joaschs als Strafe für die Liquidierung des Sohnes Jojadas

25–28: Amazja bis Ahas

25,1–28: Amazja (800–785) (!)
S* 25,1–16: Tötung der Mörder Joaschs; Krieg gegen Edom. Prophetische Kritik wegen israelitischer Söldner; Sieg über Edomiter und efraimitische Plünderung Judas
S 25,14–16: Prophetische Kritik wegen der Aufstellung edomitischer Götter. Kampf Amazjas gegen Joasch von Israel//2 Kön 14 endet mit der Zerstörung der Stadtmauer Jerusalems; Ermordung in Lachisch

26,1–23: Usija (Asarja) (785–746)//2 Kön 14; 15
Sieg über Philister; Bautätigkeit; große Armee; Machtentfaltung; Versündigung, weil er selbst Räucheropfer darbringt; Aussatz als Strafe

27,1–9: Jotam (746–742)//2 Kön 15
Bautätigkeit; Ammonitersieg

27,1–27: Ahas (742–725)//2 Kön 16
Baalstandbilder; Niederlagen gegen Damaskus und Israel; Oded von Samaria fordert die Freilassung der judäischen Gefangenen (S); Ahas Hilfegesuch an Tiglat-Pileser gegen die Edomiter und Philister wird zu einer Unterwerfung; Schließung des Tempels; Altäre in der Stadt

29–32: Hiskija (725–696)//2 Kön 18

29,1–36: Zentralisierung des Tempelkults; Reinigung des Tempels und Wiedereinweihung (S)
S 30,1–27: Gesamtisraelitisches Paschafest
S 31,1–21: Neuordnung des Tempeldienstes und der Abgaben
32,1–23: Assyrischer Einfall in Juda; die Bedrohung Jerusalems;
Schmähungen durch Sanheribs Diener und wunderbare Rettung Jerusalems//2 Kön 18 ≙ Jes 36

33: Manasse (696–642), Amon (642–640) (!)//2 Kön 21

33,1–20: Manasse: Höhenheiligtümer; Zauberei; Gefangennahme des Königs und Deportation nach Babylon; Bestrafung und Begnadigung (S); Baumaßnahmen und Kultreform in Jerusalem (S)
33,21–25: Amon: Götzenverehrung; Verschwörung und Ermordung

34–35: Joschija (640–609)
34,1–33: Die joschijanische Reform//2 Kön 22; 23
35,1–19: Die Paschafeier
35,20–25: Tod bei Megiddo im Kampf gegen Pharao Necho//2 Kön 23
35,26 f.: Chroniknotizen

36: Die letzten Könige Judas//2 Kön 23; 24 ≙ Jer 52
36,1–21: Joahas, Jojakim, Jojachin, Zidkija; Der Untergang Judas, Zerstörung
des Tempels
36,22 f.: Das Edikt des Kyros: Tempelbau und Rückkehr//Esra 1

3. Im Unterschied zu den deutschen Bibelübersetzungen, die der Anordnung der Septuaginta und Vulgata folgen, stehen die beiden
Chronikbücher (zusammen mit Esra und Nehemia) im hebräischen
AT im dritten Teil des Kanons, den Schriften. Womit könnte diese
zusammenhängen?

Aus der Lektüre des biblischen Textes und den Feingliederungen (Fragen 2 und
3) dürfte Ihnen bereits deutlich geworden sein, daß es sich bei dieser nachexilischen Geschichtsschreibung um Geschichtsschreibung handelt, durch die die
Geschichte von Adam bis zum babylonischen Exil als Halt und Hoffnung für
die Jerusalemer Gemeinde geschildert wird. Die Lehre, die aus ihr gezogen
wird, heißt: den Willen Gottes durch rechte Kultausübung und Gesetzeserfüllung tun. Unter diesen Gesichtspunkten wird Geschichte interpretiert, werden
aus den Vorlagen übernommene Vorgänge einer neuen Bewertung unterzogen.
Die besondere Bedeutung, die dem Kult dabei zukommt, verbindet die Chronikbücher mit den übrigen Schriften des dritten Kanonteils (vgl. S. 307).

4. Wir sprechen immer von den *Chronikbüchern* bzw. den *Büchern
der Chronik*. Wissen Sie, woher diese Bezeichnung kommt, und
kennen Sie weitere für diese biblischen Bücher?

● Den Namen *Chronik* hat Luther vom Kirchenvater Hieronymus übernommen, der in seinem prologus galeatus die Bezeichnung *chronicon* totius divinae
historiae verwendet.
●● Der hebräische Name *Dibre ha-Jamim* ist am besten mit *Ereignisse der Tage,*
d.h. *Annalen,* zu übersetzen. In der Septuaginta heißen diese Bücher *Paraleipomena,* d.h. Ergänzungen (zu den Samuel- und Königsbüchern). Eine Mischung
aus beiden Namen bietet die Vulgata: *Verba Dierum seu Paralipomenon.*

345

5. Die Hauptvorlage für den Chronisten ist zweifelsohne das deuteronomistische Geschichtswerk. Ein synoptischer Vergleich macht dies offenkundig (vgl. Sie auch die Tabellen Seite 354 ff.).

Literatur: P. Vannutelli: Libri Synoptici Veteris Testamenti seu Librorum Regum et Chronicorum Loci Paralleli, I 1931, II 1934. – *A. Bendavid:* Parallels in the Bible, 1972. – *J. Kegler/M. Augustin:* Synopse zum Chronistischen Geschichtswerk, BEATAJ 1, 1984 (dort weitere Literatur).

Gerade angesichts dieser kompositionellen Arbeit des Chronisten fällt auf, daß einige große Komplexe nicht in das chronistische Geschichtswerk aufgenommen worden sind. Nennen Sie bitte die wichtigsten

● Es fehlt die gesamte Geschichte des Nordreiches Israel, soweit sie nicht unmittelbar mit dem Südreich verzahnt ist. Hierin zeigt sich die Auffassung, daß das Nordreich ohne das legitime davidische Königtum und den Tempel in Jerusalem nicht mehr zum Gottesvolk gehört.
●● Es fehlt dann auch der Komplex der Elija-Elischa-Geschichten.
●●● Schließlich fehlt die das königliche Familiengeschehen verarbeitende und wohl teilweise als anstößig empfundene Thronfolgegeschichte ganz.

6. In 1 Chr 1 f. werden ein Volk und ein Stamm in besonderer Weise hervorgehoben und damit in eine enge Beziehung zu Israel gestellt. Um welche beiden handelt es sich?

Bei dem Volk handelt es sich um die Edomiter. Die Edomiterkönige werden in der Königschronik 1 Chr 1,43–51 a, die Edomiterfürsten in der Namenliste 1 Chr 1,51 b–54 angegeben.
Bei dem Stamm handelt es sich um die Kalebiter. In zwei Genealogien 1 Chr 2,18–24 und 1 Chr 2,42–50 a werden die Söhne Kalebs als Verwandte Judas behandelt (Kaleb als Urenkel Judas).

7. Wo finden sich weitere Traditionen über Kaleb?

In Num 13 im Zusammenhang der Kundschafter, in Jos 14 f. bei der Verteilung des Westjordanlandes und der Aufteilung des judäischen Stammesgebietes sowie in Ri 1. In diesem Zusammenhang sollten Sie sich merken, daß Hebron dem Kaleb gegeben wurde.

8. Anhand von 1 Chr 3, 10–16 können Sie sich die judäischen Könige recht gut merken

Rehabeam,
Abija, Asa, Joschafat   (A–A–J)
Joram, Ahasja, Joasch,   (J–A–J)
Amazja, Asarja, Jotam,   (A–A–J)
Ahas, Hiskija, Manasse,   (Alphabetisch)
Amon, Joschija, Joahas,   (A–J–J) (Joahas fehlt!)
Jojakim, Jojachin, Zidkija (J–J–Z)

9. Vergleichen Sie die Funktionen, die David und Salomo im deuteronomistischen und im chronistischen Geschichtswerk für den Tempelbau haben

Die beiden für die Beantwortung dieser Frage wichtigen Kapitel 1 Chr 22; 28 haben keine Parallele. Sie sollten sich deshalb zunächst 1 Kön 5,15–7,51 verdeutlichen. Kommt im dtr. Geschichtswerk Salomo die alleinige (menschliche) Initiative zu, so werden in dem Baubericht 1 Chr 22,2–5 die Vorbereitungsmaßnahmen für den Tempelbau durch David getroffen, der die Durchführung des Tempelbaus in zwei Bauaufträgen 1 Chr 22,6–16. 17–19 Salomo und den Fürsten überträgt. In 1 Chr 28 wird Salomo von David mit dem Bau des Tempels beauftragt (V. 1–10), wobei David ihm ein Tempelmodell und die Berechnung der erforderlichen Edelmetalle (V. 11–19) übergibt. Kann David auf Grund der Weisungen Gottes den Tempel selbst nicht bauen, so liegt dem Chronisten daran, David einen möglichst großen Anteil am Tempelbau zukommen zu lassen.

10. Signifikant ist ein weiteres Mittel der chronistischen Redaktoren: die bewußte Veränderung der Vorlage im Sinne einer sachlichen und/oder theologischen Korrektur. Nennen Sie hierfür einige Beispiele

a) Die Einführung der Leviten als Träger der Lade (1 Chr 15,27 ≠ 2 Sam 6,10);
b) Die Erhöhung der Zahl der geopferten Tiere bei der Ladeüberführung (1 Chr 15,26 ≠ 2 Sam 6,13);
c) Die Darstellung der Inthronisation Salomos durch David vor der Volksgemeinde (1 Chr 29,20–25 ≠ 1 Kön 1);

d) Die Theologisierung der Antworten Hurams von Tyros auf Salomos Lieferungsersuchen (2 Chr 2,2–15 ≠ 1 Kön 5,27–32);
e) Die Vermeidung des Begriffes Fronarbeit (2 Chr 2,16 f. ≠ 1 Kön 5,27–32);
f) Hurams Abtreten von Städten an Salomo (2 Chr 8,1–2 ≠ 1 Kön 9,10–14, wo Salomo Städte abtritt);
g) Die Relativierung der Eroberung Jerusalems durch Schischak (2 Chr 12,1–12 ≠ 1 Kön 14,25–28);
h) Die Behauptung einer kriegslosen Zeit während der Regierungszeit Asas (2 Chr 15,19 ≠ 1 Kön 15,16);
i) Die Kritik Joaschs an den Priestern wegen der Vernachlässigung der Tempelrenovierung wird übergangen (2 Chr 24,4–14 ≠ 2 Kön 12,4–17);
j) Die Bedrängnis Ahas' durch Tiglatpileser (2 Chr 28,16–25 ≠ 2 Kön 16,6–18).

11. Der Chronist bewertet die Regierungen der einzelnen Könige nach ihrem Verhalten JHWH gegenüber. In den Königschroniken werden die positiv beurteilten Könige mit bestimmten Topoi bewertet, so vor allem mit dem Topos Bauen, dem Topos Heeresverfassung und dem Topos Kriegsbericht (mit positivem Ausgang). Die folgende Tabelle über die Königschroniken im chronistischen Geschichtswerk mag dies verdeutlichen:

Tabelle: Königschroniken im Chronistischen Geschichtswerk

Edomiterkönige 1 Chr 1,43–51 a		
Regierungsbeginn Davids 1 Chr 3,4 aβb		Regierungszeit
David/Salomo 1 Chr 29,26–30	David	a) Regierung des Königs b) Regierungszeit c) 1. Tod
	Salomo	2. Nachfolge (Sohn) d) Quellenangabe
Salomo/Rehabeam 2 Chr 9,29–32		a) Quellenangabe b) Regierungszeit c) 1. Tod 2. Begräbnis
	Rehabeam	3. Nachfolge (Sohn)

Rehabeam/Abija	a) Stärke des Königs
2 Chr 12,13–13,2	b) Alter (bei Regierungsantritt)
	c) Regierungszeit
	d) Königinmutter
	e) Theologische Beurteilung: negativ
	f) Quellenangabe
	g) Kriegsnotiz
	h) 1. Tod
	2. Begräbnis
Abija	3. Nachfolge (Sohn)
	i) Regierungsantritt
	j) Regierungszeit
	k) Königinmutter
	l) Kriegsnotiz

Abija/Asa	a) Stärke des Königs
2 Chr 13,21–14,7	b) Königinnen
	c) Kinderreichtum
	d) Quellenangabe
	e) 1. Tod
	2. Begräbnis
Asa	3. Nachfolge (Sohn)
	f) Theologische Beurteilung: positiv
	g) Kultreformnotiz
	h) Baunotiz mit theologischer Beurteilung
	i) Heeresverfassungsnotiz

Asa/Joschafat	a) Quellenangabe
2 Chr 16,11–17,6	b) Notiz (Besonderes Ereignis seiner Regierungszeit)
	c) 1. Tod
	2. Begräbnis mit Notiz über die Grabstätte
Joschafat	3. Nachfolge (Sohn)
	d) Stärke des Königs
	e) Heeresverfassungsnotiz
	f) Theologische Beurteilung: positiv
	g) Tributnotiz
	h) Kultreformnotiz

Joschafat/Joram	a) Regierung des Königs
	b) Alter (bei Regierungsantritt)
2 Chr 20,31–34;	c) Regierungszeit
21,1–7	d) Königinmutter
	e) Theologische Beurteilung: eingeschränkt positiv
	f) Quellenangabe
	g) 1. Tod
	2. Begräbnis
Joram	3. Nachfolge (Sohn)
	h) Familiennotizen

		i) Alter (bei Regierungsantritt)
		j) Regierungszeit
		k) Theologische Beurteilung: negativ
Joram/Ahasja		a) Alter (bei Regierungsantritt)
2 Chr 21, 20–22, 4		b) Regierungszeit
		c) 1. Tod
		2. Begräbnis
	Ahasja	3. Nachfolge Sohn
		d) Alter (bei Regierungsantritt)
		e) Regierungszeit
		f) Königinmutter
		g) Theologische Beurteilung: negativ
Regierungsbeginn Joaschs		a) Alter (bei Regierungsantritt)
2 Chr 24, 1–3		b) Regierungszeit
		c) Königinmutter
		d) Theologische Beurteilung: eingeschränkt positiv
		e) Königinnen
		f) Kinderreichtum
Jojada		
2 Chr 24, 15		a) 1. Tod
		b) Alter (bei Tod)
		a) 2. Begräbnis
		c) Theologische Beurteilung: positiv
Joasch/Amazja		
2 Chr 24, 27–25, 4		a) Quellenangabe
	Amazja	b) Nachfolge (Sohn)
		c) Alter (bei Regierungsantritt)
		d) Regierungszeit
		e) Königinmutter
		f) Theologische Beurteilung: eingeschränkt positiv
		g) Notiz (Besondere Ereignisse seiner Regierungszeit)
Amazja/Usija		a) Lebensalter (synchronistisch
2 Chr 25, 25–26, 4		b) Quellenangabe
		c) Notiz (Besonderes Ereignis seiner Regierungszeit mit theologischer Deutung)
		d) 1. Tod
		2. Begräbnis
	Usija	3. Nachfolge und Alter (bei Regierungsantritt)
		e) Baunotiz
		f) Alter (bei Regierungsantritt)
		g) Regierungszeit
		h) Königinmutter
		i) Theologische Beurteilung: positiv

Usija/Jotam/Ahas	a)	Quellenangabe
2 Chr 26,22–28,4	b)	1. Tod
		2. Begräbnis mit Notiz
		(Besondere Ereignisse seiner Regierungszeit)
Jotam		3. Nachfolge (Sohn)
	c)	Alter (bei Regierungsantritt)
	d)	Regierungszeit
	e)	Königinmutter
	f)	Theologische Beurteilung: positiv
	g)	Baunotizen
	h)	Kriegsnotiz
	i)	Tributnotiz
	j)	Stärke des Königs und theologische Beurteilung: positiv
	k)	Quellenangabe
	l)	Alter (bei Regierungsantritt)
	m)	Regierungszeit
	n)	1. Tod
		2. Begräbnis
Ahas		3. Nachfolge (Sohn)
	o)	Alter (bei Regierungsantritt)
	p)	Regierungszeit
	q)	Theologische Beurteilung: negativ
	r)	Kultreformnotiz (negativ)
Ahas/Hiskija	a)	Quellenangabe
2 Chr 28,26–29,2	b)	1. Tod
		2. Begräbnis mit Notiz
Hiskija		3. Nachfolge (Sohn)
	c)	Alter
	d)	Regierungszeit
	e)	Königinmutter
	f)	Theologische Beurteilung: positiv
Hiskija/Manasse	a)	Quellenangabe
2 Chr 32,32–33,9	b)	1. Tod
		2. Begräbnis mit Notiz
Manasse		3. Nachfolge (Sohn)
	c)	Alter (bei Regierungsantritt)
	d)	Regierungszeit
	e)	Theologische Beurteilung: negativ
	f)	Kultreformbericht (negativ)
Manasse/Amon/Joschija	a)	Quellenangabe mit Notizen
2 Chr 33,18–34,2	b)	1. Tod
		2. Begräbnis
Amon		3. Nachfolge (Sohn)
	c)	Alter (bei Regierungsantritt)

		d) Regierungszeit
		e) Theologische Beurteilung: negativ
		f) 1. Tod (Mord)
		2. Notiz (Bestrafung der Verschwörer)
	Joschija	3. Nachfolge (Sohn)
		g) Alter (bei Regierungsantritt)
		h) Regierungszeit
		i) Theologische Beurteilung: positiv
Regierungen der letzten		a) Quellenangabe
judäischen Joahas		b) Nachfolge (Sohn)
Könige Joschija/Joahas/		c) Alter (bei Regierungsantritt)
Jojakim/Jojachin/		d) Regierungszeit
Zidkija		e) Notiz (Besonderes Ereignis seiner Regierungszeit)
2 Chr 35,26–36,12		f) Tributnotiz (negativ)
	Jojakim	g) Nachfolge (Bruder)
		h) Alter (bei Regierungsantritt)
		i) Regierungszeit
		j) Theologische Beurteilung: negativ
		k) Notizen (Besondere Ereignisse seiner Regierungszeit)
		l) Quellenangabe
	Jojachin	m) Nachfolger (Sohn)
		n) Alter (bei Regierungsantritt)
		o) Regierungszeit
		p) Theologische Beurteilung: negativ
		q) Notiz (Besonderes Ereignis seiner Regierungszeit)
	Zidkija	r) Nachfolger (Onkel)
		s) Alter (bei Regierungsantritt)
		t) Regierungszeit
		u) Theologische Beurteilung: negativ

Literatur: M.Augustin: Beobachtungen zur chronistischen Umgestaltung der deuteronomistischen Königschroniken nach der Reichsteilung, in: *M.Augustin/J.Kegler (Hrsg.):* Das Alte Testament als geistige Heimat, Festgabe für H.W.Wolff zum 70. Geburtstag, EHS.T XXIII/177, ²1984, S.11–50. – *P.Welten:* Geschichte und Geschichtsdarstellung in den Chronikbüchern, WMANT 42, 1971.

12. In den »Ansprachen« aus dem Mund von Königen, Priestern und Propheten werden mitunter Zitate aufgenommen bzw. überarbeitet, die aus älteren Teilen des AT stammen. Nennen Sie hierfür einige Beispiele und verdeutlichen Sie sich die Bedeutung der hier zitierten atl. Texte zur Zeit des Chronisten

Sach 4,10	in 2 Chr 16,9
Jer 29,14	in 2 Chr 15,2b und 1 Chr 28,2b
Jer 31,15	in 2 Chr 15,7b
Dtn 10,17	in 2 Chr 19,7
Zeph 3,5	in 2 Chr 19,7
Ex 14,13	in 2 Chr 20,17
Jes 7,9	in 2 Chr 20,20
Jos 10,25	in 2 Chr 32,7
Jer 17,5	in 2 Chr 32,8
Jer 29,18	in 2 Chr 29,7
Ps 132,7	in 2 Chr 28,2

Literatur: D. Mathias: »Levitische Predigt« und Deuteronomismus, in: ZAW 96, 1984, S. 23–49. – *G. von Rad:* Die levitische Predigt in den Büchern der Chronik (1938), in: *ders.:* Gesammelte Studien zum Alten Testament, ThB 8, ⁴1971, S. 248–261.

13. Stellen Sie bitte die Quellen zusammen, auf die die Chronikbücher verweisen

- Das Buch der Könige von Juda und Israel,
- Das Buch der Könige von Israel und Juda,
- Das Buch der Könige Israels,
- Die Ereignisse (dibre) der Könige Israels,
- Der Midrasch des Buches der Könige,
- Die Ereignisse Samuels, des Sehers,
- Die Ereignisse Natans, des Propheten,
- Die Ereignisse Gads, des Sehers,
- Die Prophezeiungen des Ahia von Silo,
- Die Schauungen des Sehers Iddo,
- Die Ereignisse des Propheten Schemaja und des Sehers Iddo,
- Der Midrasch des Propheten Iddo,
- Die Ereignisse Jehus ben-Hananis,
- Die Ereignisse Usijas, die der Prophet Jesaja ben-Amoz schrieb,

- Die Schauung des Propheten Jesaja ben-Amoz,
- Die Worte der Seher.

Eine solche Auflistung von benutzten Quellen erweckt den Eindruck von Historizität. Es ist dem jedoch entgegenzuhalten, daß eine Verifizierung dieser Quellen im AT nicht möglich ist, und es bleibt die Frage, ob der Chronist wirklich Vorlagen gehabt hat, die über die uns bekannten (vor allem das deuteronomistische Geschichtswerk) hinausgehen.

14. Schließlich folgt noch eine synoptische Übung: Stellen Sie die beiden Texte 2 Chr 35, 20–25 und 2 Kön 23, 29 f. gegenüber, vergleichen Sie sie und betrachten Sie vor allem das Sondergut des Chronisten. Erörtern Sie, wie der Tod Joschijas in der Schlacht bei Megiddo theologisch gedeutet wird

Liste 1: Der Aufbau des Chronistischen Geschichtswerks mit Parallelen

1 Chr 1, 1–4	Gen 5, 1–32
1 Chr 1, 5–7	Gen 10, 2–4
1 Chr 1, 8–16	Gen 10, 6–8. 13–18 a
1 Chr 1, 17–23	Gen 10, 22–29
1 Chr 1, 24–27	Gen 11, 10–26
1 Chr 1, 28	–
1 Chr 1, 29–31	Gen 25, 13–16 a α
1 Chr 1, 32 f.	Gen 25, 1–4
1 Chr 1, 34	Gen 25, 19–26
1 Chr 1, 35–37	Gen 36, 4–5. 9–14
1 Chr 1, 38–42	Gen 36, 20–28
1 Chr 1, 43–51 a	Gen 36, 31–39
1 Chr 1, 51 b–54	Gen 36, 40–43
1 Chr 2, 1 f.	Gen 35, 22–26; Ex 1, 1–5
1 Chr 2, 3 f.	Gen 38, 2–7. 27–30
1 Chr 2, 5	Gen 46, 12 b β
1 Chr 2, 6	–
1 Chr 2, 7	–
1 Chr 2, 8	–
1 Chr 2, 9–15	Rut 4, 18–22
1 Chr 2, 16 f.	–
1 Chr 2, 18–24	–
1 Chr 2, 25–41	–
1 Chr 2, 42–50 a α	–
1 Chr 2, 50 a β–55	–
1 Chr 3, 1–4 a α	2 Sam 3, 2–5

1 Chr 3,4 a β b	2 Sam 5,5
1 Chr 3,5-9	2 Sam 5,14-16
1 Chr 3,10-14	–
1 Chr 3,15-24	–
1 Chr 4,1-23	–
1 Chr 4,24-33	Gen 46,10 = Ex 6,15; Jos 19,2-8
1 Chr 4,34-38	–
1 Chr 4,39 f.	–
1 Chr 4,41-43	–
1 Chr 5,1-3	Gen 46,9
1 Chr 5,4-8 a	–
1 Chr 5,8 b-9	–
1 Chr 5,10	–
1 Chr 5,11-17	–
1 Chr 5,18-22	–
1 Chr 5,23 f.	–
1 Chr 5,25 f.	–
1 Chr 5,27-41	Gen 46,11; Ex 6,16-25; Num 3,2
1 Chr 6,1-15	Num 3,17-20; 1 Sam 8,2 a
1 Chr 6,16-32	–
1 Chr 6,33-38	–
1 Chr 6,39-66	Jos 21,10-42
1 Chr 7,1-5	Gen 46,13
1 Chr 7,6-12	Gen 46,21
1 Chr 7,13	Gen 46,24
1 Chr 7,14-19	–
1 Chr 7,20-29	–
1 Chr 7,30-40	Gen 46,17
1 Chr 8,1-40	1 Sam 14,49-51
1 Chr 9,1-34	–
1 Chr 9,35-44	–
1 Chr 10,1-12	1 Sam 31,1-13
1 Chr 10,13-14	–
1 Chr 11,1-3	2 Sam 5,1-3
1 Chr 11,4-8	2 Sam 5,6-9
1 Chr 11,9	2 Sam 5,10
1 Chr 11,10-25	2 Sam 23,8-23
1 Chr 11,26-47	2 Sam 23,24-39
1 Chr 12,1-16	–
1 Chr 12,17-19	–
1 Chr 12,20-23	–
1 Chr 12,24-39 a	–
1 Chr 12,39 b-41	–
1 Chr 13,1-14	2 Sam 6,1-11
1 Chr 14,1	2 Sam 5,11
1 Chr 14,2	2 Sam 5,12

1 Chr 14,3–7	2 Sam 5,13–16
1 Chr 14,8–12	2 Sam 5,17–21
1 Chr 14,13–16	2 Sam 5,22–25
1 Chr 14,17	–
1 Chr 15,1–16,6	2 Sam 6,12–19 a
1 Chr 16,7–36	Ps 105, 1–15; 96,1–13;
	106,1. 47. 48
1 Chr 16,37–43	2 Sam 6,19 b–23
1 Chr 17,1–15	2 Sam 7,1–17
1 Chr 17,16–27	2 Sam 7,18–29
1 Chr 18,1–14	2 Sam 8,1–15
1 Chr 18,15–17	2 Sam 8,16–18
1 Chr 19,1–20,3	2 Sam 10,1–11, 1 + 12,26–31
1 Chr 20,4–8	2 Sam 21,18–22
1 Chr 21,1–22,1	2 Sam 24,1–25
1 Chr 22,2–5	–
1 Chr 22,6–16	–
1 Chr 22,17–19	–
1 Chr 23,1	–
1 Chr 23,2 f.	–
1 Chr 23,4 f.	–
1 Chr 23,6–23	–
1 Chr 23,24	–
1 Chr 23,25 f.	–
1 Chr 23,27	–
1 Chr 23,28–32	–
1 Chr 24,1–19	–
1 Chr 24,20–31	–
1 Chr 25,1–31	–
1 Chr 26,1–12	–
1 Chr 26,13–19	–
1 Chr 26,20–28	–
1 Chr 26,29–32	–
1 Chr 27,1–15	–
1 Chr 27,16–22	–
1 Chr 27,23 f.	–
1 Chr 27,25–34	–
1 Chr 28,1–10	–
1 Chr 28,11–19	–
1 Chr 28,20–21	–
1 Chr 29,1–9	–
1 Chr 29,10–19	–
1 Chr 29,20–25	–
1 Chr 29,26–30	1 Kön 2,10–12
2 Chr 1,1–5	1 Kön 2,46 b
2 Chr 1,6–13	1 Kön 3,4–15

2 Chr 1, 14–17	1 Kön 10, 26–29
2 Chr 1, 18	–
2 Chr 2, 1	–
2 Chr 2, 2–15	1 Kön 5, 15–26
2 Chr 2, 16–17	1 Kön 5, 27–32
2 Chr 3, 1–5, 1	1 Kön 6, 1–28; 7, 15–26. 40–51
2 Chr 5, 2–7, 11	1 Kön 8, 1–9, 1
2 Chr 7, 12–22	1 Kön 9, 2–9
2 Chr 8, 1 f.	1 Kön 9, 10–14
2 Chr 8, 3–10	1 Kön 9, 15–23
2 Chr 8, 11	1 Kön 9, 24
2 Chr 8, 12–16	1 Kön 9, 25
2 Chr 8, 17–18	1 Kön 9, 26–28
2 Chr 9, 1–12	1 Kön 10, 1–13
2 Chr 9, 13–28	1 Kön 10, 14–29
2 Chr 9, 29–31	1 Kön 11, 41–43
2 Chr 10, 1–19	1 Kön 12, 1–19
2 Chr 11, 1–4	1 Kön 12, 21–24
2 Chr 11, 5–12	–
2 Chr 11, 13–17	–
2 Chr 11, 18–21	–
2 Chr 11, 22–23	–
2 Chr 12, 1–12	1 Kön 14, 25–28
2 Chr 12, 13–13, 2	1 Kön 14, 21–24. 29–31
	1 Kön 15, 1–2. 7 b
2 Chr 13, 3–20	–
2 Chr 13, 21–14, 7	1 Kön 15, 7 a. 8. 11
2 Chr 14, 8–14	–
2 Chr 15, 1–18	1 Kön 15, 13–15
2 Chr 15, 19–16, 6	1 Kön 15, 16–22
2 Chr 16, 7–10	–
2 Chr 16, 11–17, 6	1 Kön 15, 23–24
2 Chr 17, 7–9	–
2 Chr 17, 10–13	–
2 Chr 17, 14–19	–
2 Chr 18, 1–34	1 Kön 22, 1–38
2 Chr 19, 1–3	–
2 Chr 19, 4–11	–
2 Chr 20, 1–30	–
2 Chr 20, 31–34	1 Kön 22, 42–46
2 Chr 20, 35–37	1 Kön 22, 49–50
2 Chr 21, 1–7	1 Kön 22, 51; 2 Kön 8, 17–19
2 Chr 21, 8–11	2 Kön 8, 20–22
2 Chr 21, 12–15	–
2 Chr 21, 16–19	–
2 Chr 21, 20–22, 4	2 Kön 8, 24–27

2 Chr 22, 5–9	2 Kön 8, 28–29
2 Chr 22, 10–12	2 Kön 11, 1–3
2 Chr 23, 1–15	2 Kön 11, 4–16
2 Chr 23, 16–21	2 Kön 11, 17–20
2 Chr 24, 1–3	2 Kön 12, 1–3
2 Chr 24, 4–14	2 Kön 12, 4–17
2 Chr 24, 15–16	–
2 Chr 24, 17–22	–
2 Chr 24, 23–26	2 Kön 12, 21–22 a
2 Chr 24, 27–25, 4	2 Kön 12, 20. 22 b; 14, 2–6
2 Chr 25, 5–13	2 Kön 14, 7
2 Chr 25, 14–16	–
2 Chr 25, 17–24	2 Kön 14, 8–14
2 Chr 25, 25–26, 4	2 Kön 14, 17–22; 15, 2–3
2 Chr 26, 5–15	–
2 Chr 26, 16–21	2 Kön 15, 5
2 Chr 26, 22–28, 4	2 Kön 15, 6–7. 33–38; 16, 2–4
2 Chr 28, 5–8	2 Kön 16, 5
2 Chr 28, 9–15	–
2 Chr 28, 16–25	2 Kön 16, 6–18
2 Chr 28, 26–29, 2	2 Kön 16, 19–20
2 Chr 29, 3–36	–
2 Chr 30, 1–27	–
2 Chr 31, 1–21	1 Kön 18, 4
2 Chr 32, 1–23	2 Kön 18, 13. 17–37; 19, 35–37 par. Jes 36, 1–22; 37, 36–38
2 Chr 32, 24–31	
2 Chr 32, 32–33, 9	2 Kön 20, 20–21, 9
2 Chr 33, 10–13	–
2 Chr 33, 14–17	–
2 Chr 33, 18–34, 2	2 Kön 21, 17–22, 2
2 Chr 34, 3–7	–
2 Chr 34, 8–33	2 Kön 22, 3–23, 3
2 Chr 35, 1–19	2 Kön 23, 21–23
2 Chr 35, 20–25	2 Kön 23, 29–30
2 Chr 35, 26–36, 12	2 Kön 23, 28. 31–24, 19 Par. Jer 52, 1–3
2 Chr 36, 13–21	2 Kön 24, 20–25, 21
2 Chr 36, 22–23	Esra 1, 1–3

Liste 2: Das gattungsmäßige Sondergut des Chronistischen Geschichtswerks

1 Chr 2, 6	1 Chr 24, 1–19
1 Chr 2, 7	1 Chr 24, 20–31
1 Chr 2, 8	1 Chr 25, 1–31
1 Chr 2, 16 f.	1 Chr 26, 1–12

Liste 3: Explizites Sondergut des Chronistischen Geschichtswerks innerhalb übernommener Gattungen

Gattungsumfang	*Sondergut*
1 Chr 1, 43–51 a	1 Chr 1, 51 a
1 Chr 2, 9–15	1 Chr 2, 13 aβ–15 a
1 Chr 5, 1–3	1 Chr 5, 1–2
1 Chr 5, 27–41	1 Chr 5, 30 b–41
1 Chr 6, 1–15	1 Chr 6, 5–12. 14–15
1 Chr 7, 1–5	1 Chr 7, 2–5
1 Chr 7, 6–12	1 Chr 7, 7–12
1 Chr 7, 30–40	1 Chr 7, 31 b–40
1 Chr 8, 1–40	1 Chr 8, 1–33 a. 33 bβ–40
1 Chr 11, 1–3	1 Chr 11, 3 bβ
1 Chr 11, 4–8	1 Chr 11, 6 aβb. 8 b
1 Chr 11, 26–47	1 Chr 11, 36. 41 b–47
1 Chr 13, 1–14	1 Chr 13, 1–4
1 Chr 15, 1–16, 6	1 Chr 15, 1–24; 16, 4–6
1 Chr 16, 7–36	1 Chr 16, 7
1 Chr 16, 37–43	1 Chr 16, 37–42
1 Chr 21, 1–22, 1	1 Chr 21, 1 a. 3 aβb. 6–7. 16. 20 aβ–21 aα. 26 b–22, 1
2 Chr 1, 1–5	2 Chr 1, 2–5
(2 Chr 2, 2–15	2 Chr 2, 4–6. 10. 12–13)
2 Chr 3, 1–5, 1	2 Chr 3, 1. 14; 4, 1. 6–10
2 Chr 5, 2–7, 11	2 Chr 5, 11 b–13; 6, 5 b–6 a. 13. 40; 7, 1–3. 6. 9
2 Chr 7, 12–22	2 Chr 7, 12 bβ–15
2 Chr 8, 3–10	2 Chr 8, 3
2 Chr 8, 11	2 Chr 8, 11 b
2 Chr 8, 12–16	2 Chr 8, 14–15
2 Chr 12, 1–12	2 Chr 12, 1. 3–8. 12
2 Chr 13, 21–14, 7	2 Chr 13, 21–23 b; 14, 2–7
2 Chr 15, 1–18	2 Chr 15, 1–15
2 Chr 16, 11–17, 6	2 Chr 16, 12 b. 13 b. 14 aβ.b; 17, 1 b–2. 5–6
2 Chr 18, 1–34	2 Chr 18, 1. 31 b
2 Chr 20, 35–37	2 Chr 20, 37
2 Chr 21, 1–7	2 Chr 21, 2–4
2 Chr 21, 8–11	2 Chr 21, 10 b–11
2 Chr 21, 20–22, 4	2 Chr 21, 20 bαγ; 22, 1 aβγ, 4 b
2 Chr 22, 5–9	2 Chr 22, 7–9
2 Chr 23, 1–15	2 Chr 21, 1 aβ–2 a. 3 b. 5 b–6
2 Chr 23, 16–21	2 Chr 23, 18 aβ–19
2 Chr 24, 1–3	2 Chr 24, 3
2 Chr 24, 4–14	2 Chr 24, 5 aβ–7. 9–10. 14 b
2 Chr 24, 23–26	2 Chr 24, 23–24

Gattungsumfang	Sondergut
2 Chr 25, 5–13	2 Chr 25, 5–10. 12–13
2 Chr 26, 16–21	2 Chr 26, 16–20
2 Chr 26, 22–27, 9	2 Chr 26, 23 a β; 27, 3 b–6
2 Chr 28, 1–4	2 Chr 28, 2 b–3 a
2 Chr 28, 5–8	2 Chr 28, 5 a β. b β. 6 a β–8
2 Chr 28, 16–25	2 Chr 28, 18–19. 25
2 Chr 28, 26–29, 2	2 Chr 28, 27 a β γ
2 Chr 31, 1–21	2 Chr 31, 1 a α.a γ–21
2 Chr 32, 1–23	2 Chr 32, 2–8. 19. 22–23
2 Chr 32, 32–33, 9	2 Chr 32, 33 a β γ
2 Chr 33, 18–34, 2	2 Chr 33, 18 a α². 19. 23
2 Chr 34, 8–33	2 Chr 34, 12 a β–14. 33
2 Chr 35, 1–19	2 Chr 35, 1 b–17
2 Chr 35, 20–25	2 Chr 35, 20 a α. 21–23. 24 b–25
2 Chr 35, 26–36, 12	2 Chr 36, 6 b–7. 12 b
2 Chr 36, 13–21	2 Chr 36, 13 a β–16. 17 a β– 21

Aus: J. Kegler/M. Augustin: Synopse zum Chronistischen Geschichtswerk a. a. O.; Abdruck mit freundl. Genehmigung des Verlages Peter Lang, Frankfurt am Main/Bern/New York/Nancy..

Literatur: S. Japhet: The Ideology of the Book of Chronicles and its Place in Biblical Thought, BEATAJ 8, 1987. – *T. Willi:* Die Chronik als Auslegung. Untersuchungen zur literarischen Gestaltung der historischen Überlieferung Israels, FRLANT 106, 1972. – *H. G. M. Williamson:* 1 and 2 Chronicles, NCB, 1982.

Gesamtübersichten

Die Bedeutung der hebräischen Eigennamen in den Bezeichnungen der biblischen Bücher

Josua = Jehoschua = JHWH (der Herr) ist Hilfe
Samuel = Schemuel = Erhörung Els (Gottes)
Jesaja = Jeschajah = Jah (= JHWH) (hat ge)rettet
Jeremia = Jirmejah = Jah (= JHWH) werde erhoben/erhebe/erhöht
Ezechiel = Jechesqel = El (Gott) stärkt/stärke/stärkte
Hosea = Hoschea = Er rettete
Joël = Jo (= JHWH) ist El (Der Herr ist Gott)
Amos = getragen (?)
Obadja = Obadjah = Diener Jahs (= JHWHs)
Jona = Jonah = Taube
Micha = Michah = Michajah(u) = Wer ist wie Jah (= JHWH)?
Nahum = Nachum = Trostreich
Habakuk = Chabaquq = eine Gartenpflanze; Basilienkraut
Zefanja = Zefanjah = Jah (= JHWH) hat bewahrt
Haggai = Chaggai = Mein Fest/Meine Festfreude
Sacharja = Sacharjah = Jah (= JHWH) gedenkt/gedenke
Maleachi = Mal'achi = Mein Bote
Ijob = Ijjob = Feind, Anfeinder, Angefeindeter oder: wo ist der Vater?
Rut = Freundin (?)
Prediger = Kohelet = Versammlungsleiter
Ester = Ischtar (?)
Daniel = El (= Gott) richtet, Gott ist Richter, Gott ist mächtig
Esra = die Hilfe (?)
Nehemia = Nechemja = Jah (= der Herr, JHWH) tröstete

Briefe im Alten Testament

Problemanzeige: Der gebräuchliche hebräische Begriff für *Brief* ist umfassender und wird ebenfalls u. a. für *Buch* oder *Urkunde* gebraucht (sefer). Der heute im modernen Hebräisch gebräuchliche Begriff für *Brief* (michtav), der eine deutlichere Abgrenzung darstellt, kommt dagegen im biblischen Hebräisch nur recht selten vor. Bei der nachfolgenden Tabelle kommt es deshalb neben dem Begriff vor allem auf den Vorgang an.

1. Urkunden: Dtn 24,1 Scheideurkunde; Jer 32,10 Kaufurkunde;
2. Offizielle Schreiben, die der Administration dienen: Esra 1,1-4; 4,8-16; 4,17-24; 5,6-17; 6,1-12; 7,11-26; 2 Chr 36,22 f.;
3. Briefe konspirativer Natur: 2 Sam 11,15; 1 Kön 21,8-10; 2 Kön 10,1-3; Neh 6,5-7;
4. Empfehlungsschreiben: 2 Kön 5,5 f.;
5. Briefe von Propheten an einzelne 2 Chr 21,12-15 oder an eine Gemeinde Jer 29,1-23;
6. Brief als literarisches Stilmittel: Dan 3,31-4,34;
7. Erwähnung von Briefen ohne Mitteilung des Inhalts: 2 Kön 20,12 = Jes 39,1; Est 9,20.

Beachten Sie ebenso den Vorgang 2 Kön 19,10-14. In den Versen 10-13 schickt Sanherib Boten zu Hiskija. Aus V. 14 erfahren wir, daß die Boten ein Schreiben bei sich hatten.

Gottesvorstellungen im Alten Testament

Durch zahlreiche Bilder, Metaphern und Vorstellungskomplexe werden im Alten Testament göttliche Eigenschaften, Wesenszüge und Handlungsweisen beschrieben, ja mitunter wird Gott sogar direkt bezeichnet. Wir wollen Ihnen aus der Fülle dieses Reichtums eine Auswahl bieten, einmal, um Ihnen einen Eindruck von der Vielgestaltigkeit des biblischen Redens von Gott zu vermitteln, zum anderen, um Sie anzuregen, bei Ihrer Bibellektüre selbständig neue Metaphern und Motive zu entdecken. Der Metaphernreichtum steht dabei in auffallendem Kontrast zum Bilderverbot, das für das AT von grundsätzlicher Bedeutung ist. Dieser Kontrast läßt sich damit erklären, daß das Bilderverbot ursprünglich sehr konkret auf die (materielle) Herstellung von Götterbildern oder -statuen bezogen war. Reden von Gott ist, weil es menschliches Reden ist, ohne Bilder und Symbole, Metaphern und Motive, die aus der Erfahrung menschlicher Existenz stammen, nicht möglich. Um diesen Sachverhalt zu veranschaulichen, setzen wir bei den wichtigsten Texten zum Bilderverbot ein, um dann – gruppiert nach Themen und Vorstellungskomplexen – das metaphorische Reden von Gott vorzustellen.

1. Bilderverbot (Verbot der Herstellung gegossener oder geschnitzter Götterbilder)
Ex 20,22 f.: Verbot der Herstellung von Göttern aus Gold und Silber
Ex 34,14: Verbot der Verehrung fremder Götter
Ex 34,17: Verbot der Herstellung von Gußbildern
Lev 19,4: wie Ex 34,14 + 17
Lev 26,1: Verbot der Herstellung von Götterbildern und Steinmalen
Dtn 27,15: Verfluchung der Hersteller von Götzen und Gußbildern

Dtn 5,8 ≙ Ex 20,4: Tendenz zur Ausweitung des Bilderverbotes auf himmlische, irdische und unterirdische Wesen

Jes 44,9–20: Rationalistische Kritik an dem Machwerkcharakter von Götterbildern (vgl. Jes 40,18–20; 41,21–29; 43,9; 46,5–8; Jer 10,3–5; Dan 5,23); Infragestellung der *Wirksamkeit* der babylonischen Götter.

2. Gottähnlichkeit des Menschen (imago Dei)

Gen 1,26 f.: Der Mensch (Adam) als Bild, das Gott ähnlich ist

Gen 5,1: Adam als Bild Gottes; seine Gottebenbildlichkeit

Gen 3,5. 22: Der Baum der Erkenntnis läßt, nach Genuß seiner Früchte, den Menschen werden »wie Gott«.

3. Gott als Schöpfer

Hier ist traditionsgeschichtlich zu unterscheiden zwischen dem Reden von Gott als dem Weltschöpfer und dem Reden von ihm als dem Erschaffer des/der Menschen. Beide Traditionen haben eine eigene Ursprungsgeschichte und verarbeiten vielfältige Motive, in denen die Art, das »Wie« der Schöpfung beschrieben wird. Hier mag eine Übersicht über die wichtigsten Texte genügen:

Menschenschöpfung	Weltschöpfung
Jes 43,1; 44,1 f. 24; 45,7–13; 49,5; 54,5	Jes 40,18. 22–25; 42,5; 44,24–28; 45,7–13. 18–21; 48,12 f.; 51,9–15
Ijob 10; 14; 15; 31,15; 32,33; 33,4–6; 34,14 f.; 35,10; 36,3	Ijob 5,10; 9; 26,7–13; 38–39
Ps 8; 22; 33; 71; 89,48; 90; 94; 103; 119,73; 138; 139; 144	Ps 19; 24; 33; 74; 75; 89; 90; 93; 95A; 96; 102; 103; 104; 113; 119,89–91; 121; 129; 134; 135; 136; 146; 147; 148
Gen 1,26–30; 2,4–7. 21–25	Gen 1,1–25. 31–2,4; 2,8–14. 19–20; 14,19
Hos 8,14	Am 4,13; 5,8; 9,5 f.
Dtn 32,6–18	
Spr 22,2	
	Jes 37,16
	Jer 10,12–16; 31,35 f.; 33
	Jona 1,9
	Sach 12,1
	Neh 9,6

Vgl. dazu die Übersicht »Traditionen und Motive in Jes 40–55«, o. S. 182 und Frage 3 S. 21.

364

4. Gott als persönlicher Schutz, Fels, Schirm, Helfer, Zufluchtsort

Ps 11,1: »Beim Herrn finde ich Zuflucht.«

Ps 22,11: »Von Geburt an bin ich geworfen auf dich,
  vom Mutterleib an bist du mein Gott.«

Ps 22,20: »Du aber, Herr, halte dich nicht fern!
  Du, meine Stärke, eile mir zu Hilfe!«

Ps 23: Gott als Hirte, der den Beter schützt und nährt

Ps 31,4 f.: »Denn du bist mein Fels und meine Burg;
  um deines Namens willen wirst du mich führen und leiten.
  Du wirst mich befreien aus dem Netz ...«

Ps 40,2 f.: »Ich hoffte, ja ich hoffte auf den Herrn.
  Da neigte er sich mir zu und hörte mein Schreien.
  Er zog mich herauf aus der Grube des Grauens ...
  Er stellte meine Füße auf den Fels ...«

Ps 46,2: »Gott ist uns Zuflucht und Stärke,
  ein bewährter Helfer in allen Nöten.«

Ps 46,8: »Der Herr der Heerscharen ist mit uns,
  der Gott Jakobs ist unsre Burg.«

Ps 56,12: »Ich vertraue auf Gott und fürchte mich nicht ...«

Ps 62,2 f.: »Bei Gott allein kommt meine Seele zur Ruhe,
  von ihm kommt mir Hilfe.
  Nur er ist mein Fels, meine Hilfe, meine Burg;
  darum werde ich nicht wanken.«

Ps 71,3: »Sei mir ein sicherer Hort, zu dem ich allzeit kommen darf.
  Du hast mir versprochen zu helfen; denn du bist mein Fels und meine Burg.«

Ps 71,5 f.: »Herr, mein Gott, du bist ja meine Zuversicht,
  meine Hoffnung von Jugend auf.
  Vom Mutterleib an stütze ich mich auf dich,
  vom Mutterschoß an bist du mein Beschützer ...«

Ps 91,1 f.: »Wer im Schutz des Höchsten wohnt und ruht im Schatten des All-
  mächtigen,
  der sagt zum Herrn: ›Du bist für mich Zuflucht und Burg,
  mein Gott, dem ich vertraue.‹ «

Ps 121,5: »Der Herr ist dein Hüter, der Herr gibt dir Schatten;
  er steht dir zur Seite.«

Ps 124,1–3: »Hätte sich nicht der Herr für uns eingesetzt – so soll Israel sagen –, hätte sich nicht der Herr für uns eingesetzt, als sich gegen uns Menschen erhoben, dann hätten sie uns lebendig verschlungen ...«

Ps 138,7: »Gehe ich auch mitten durch große Not:
  du erhältst mich am Leben.
  Du streckst die Hand aus gegen meine wütenden Feinde,
  und deine Rechte hilft mir.«

Ps 140,8: »Herr, mein Gebieter, meine starke Hilfe,
du beschirmst mein Haupt am Tag des Kampfes.«
Ps 142,6: »Herr, ich schreie zu dir, ich sage:
Meine Zuflucht bist du, mein Anteil im Land der Lebenden.«

5. Gott als König

Ri 8,22–27: Programmatische Aussage: Gott allein soll König sein
1 Sam 8: Die Forderung nach einem irdischen König bedeutet Verwerfung
JHWHs (V. 7)
1 Kön 22,19: Gott als thronender König inmitten seines Hofstaates;
vgl. hierzu auch Ijob 1
Ps 93: JHWH als König auf einem ewigen Thron
Ps 96,10: JHWH als König und Richter der Völker
Ps 97: JHWH als König mit Elementen von Wetter- und Feuersymbolen
Ps 99: JHWH als König und Heiliger, der Gesetze und Gebote erläßt
Ps 82: Gott als Vorsitzender des Götterrates, in dem er Gericht hält
Jes 6: Gott als Thronender mit dienenden Wesen im Tempel

6. Gott als Herr der Völker

Jes 10: Die Assyrer sind Werkzeuge, die Gottes Strafhandeln an Israel vollziehen
Jes 45: Kyrus ist Werkzeug JHWHs, dazu ausersehen, Israel aus der babylonischen Gefangenschaft zu befreien und Jerusalem und den Tempel wieder aufbauen zu lassen
Zef 3,8: Die Völker als Werkzeug des strafenden Handelns JHWHs an den Reichen des eigenen Volkes
Hierher gehören auch die Fremdvölkersprüche der Propheten und einige Zionspsalmen.

7. Gott als Richter

Gen 3: Beim Übertreten des Verbots, von der Frucht des Baumes der Erkenntnis zu essen
Gen 4: Bei dem Brudermord Kains
Gen 19: Über Sodom, das die Gastfreundschaft verletzt ·
Num 14 u.ö.: Über die rebellierenden Israeliten in der Wüste
Num 20,12: Über Mose und Aaron wegen der fehlenden Verherrlichung JHWHs vor den Israeliten
Jos 23: In der Mahnung Josuas erscheint Gott als wachsamer Richter, der Gebotsübertretungen ahndet
2 Sam 12: In der Reaktion auf Davids Vergehen. Analoges findet sich in den prophetischen Gerichtsreden und partiell in der Tradition vom Tag JHWHs (dazu s.o. S.164)

Ps 64: Gott als Richter über die Feinde
Ps 76: Gott als Richter über die Völker
Ps 82: Gott als Richter über die unteren Götter
Ijob 9; 11; 12: Gott als ungerechter Richter
Jes 2 ≙ Mi 4: Gott als Schlichter zwischen den Völkern

8. Gott als Gesetzgeber

Gen 9,1–6: Erlaubnis tierischer Nahrung für den Menschen; Verbot der Men-
   schentötung
Ex 12: Bestimmungen über das Pascha- und Mazzotfest
Ex 20 ≙ Dtn 5: Der Dekalog
Ex 20,22–23,33: Gesetzesbestimmungen als göttliches Recht
Ex 25–31; 35–40: Kultgesetze als göttliches Recht
Lev 1–7: Opfergesetze
Lev 12–26: Gesetzessammlung mit Schwerpunkt auf Reinheitsbestimmungen
Dtn 12–26: Gesetzessammlung mit Schwerpunkt auf Kultzentralisation, -ein-
   heit und -reinheit und sozialrechtlichen Bestimmungen
Ps 19 B: Preis der Gesetze JHWHs
Ps 119: Großer Hymnus auf die Gebote, Ordnungen, Mahnungen, Befehle,
   Satzungen und Gesetze Gottes

9. Gott als Anwalt der Armen

Ex 3: Gott hört die Schreie der unterdrückten Israeliten
Ex 22,20–26: Schutzbestimmungen Gottes für Schwache, Fremde, Witwen und
   Waisen
Dtn 10,10–22: Parteinahme für Waisen, Witwen und Fremde (hebr.: ger)
Jes 5,8–24: Weherufe gegen soziales Unrecht, das von bestimmten Gruppen im
   Volk gegen andere ausgeübt wird
Jes 10,1–4: Weherufe über die, die das Recht der Armen beugen
Jer 5,1–6: Die Glieder der Oberschicht sind in besonderem Maße verantwort-
   lich für das Ausüben des Rechts
Jer 7,1–15: Gottes Nähe im Tempel hängt daran, Fremdlinge, Waisen und Wit-
   wen zu schützen und das Leben Unschuldiger zu bewahren.
Ez 11: Anklage gegen die Oberschicht, die die Stadt zu ihrem Privatbesitz er-
   klärt
Am 4,1–3: Anklage gegen die Oberschicht, die die Geringen vergewaltigt und
   die Armen schindet
Mi 3: Anklage gegen die Führenden, die das Volk ausbeuten
Ps 68,6 f.: »Ein Vater der Waisen, ein Anwalt der Witwen ist Gott in seiner heiligen Wohnung. Gott bringt die Verlassenen heim, führt die Gefangenen hinaus in das Glück ...«

Ps 82: Gott als Anwalt der Armen, Waisen, Elenden und Bedürftigen im Kreis der Götter

Ps 107: Gott, der Armen, Zerstreuten, Verängstigten hilft

Ps 146: Gottes Parteinahme für Opfer von Gewalt und Hunger

10. Gott als »Revolutionär«, der die bestehende Ordnung umstößt

1 Sam 2: Hannas Danklied: Die Starken werden niedergeworfen, die Schwachen und Geringen von Gott erhöht

Jes 40,23: »Er macht die Fürsten zunichte, er nimmt den Richtern der Erde jeden Einfluß.«

Ps 75: Gott erniedrigt die Gottlosen und erhöht die Gerechten

Ps 113: Gott erhöht den Armen aus dem Dreck und setzt ihn neben Fürsten.

Ps 147: Gott richtet das wieder auf, was zerstört ist (vgl. Ps 146)

Ijob 12,13-25: Gottes revolutionäres Tun ist Ausfluß seiner despotischen Willkür

11. Wettermetaphorik (vgl. hierzu Frage 20 zu Exodus, o. S. 50)

Ri 5,4 f.: Hier finden sich die Elemente: Erdbeben (wankende Berge beim Einherschreiten JHWHs), Regen

Ex 19: Donner, Blitz, Wolke, Posaunenschall, Rauch, Feuer, Erdbeben

Hab 3,3-6: Licht, Strahlen (Pest und Seuche), Erdbeben, Zerstören der Berge

Ps 18,8-16: Erbeben, Rauch, Feuer, Neigung des Himmels, Dunkel, Wind, Hagel, Blitze, Donner

Ps 68,8 f.: Erdbeben, Regen

Ps 97,2-5: Wolken, Dunkel, Feuer, Blitze, Schmelzen der Berge (Vulkanismus)

Ijob 37: Gott als Herr über die Wettererscheinungen (Donner, Blitz, Sturm, Schnee, Regen, Frost, Wolken)

12. Gott als Krieger und Kriegsherr

Ex 15,3: »JHWH ist ein Kriegsmann, JHWH ist sein Name.«

Ex 15,21: »Singt JHWH, denn hoch erhaben ist er,
    Roß und Reiter stürzt(e) er ins Meer.«

Ex 17,15: »JHWH ist mein Feldzeichen.«

Die Vorstellung von JHWH, der seinem Volk im Krieg gegen Feinde helfend zur Seite steht, findet sich in vielen Erzählungen, die von JHWH-Kriegen handeln, z. B. Ex 14; 17; Num 21, Dtn 3; Jos 6; 8; 10; Ri 4 f.; 7,14 f.; 1 Sam 7; 14 u. ö. Davon zu unterscheiden sind solche Aussagen, die von einem direkten Kämpfen JHWHs sprechen, z. B.:

Num 10,35: »Steh auf, JHWH, damit deine Feinde sich zerstreuen und die, die dich hassen, vor dir fliehen.«

Dtn 20,4: »Denn JHWH, euer Gott, zieht mit euch, um mit euch gegen eure Feinde zu kämpfen und um euch zu retten.«

Jos 10,14: »Niemals geschah es wieder wie an diesem Tag, weder früher noch später, das JHWH auf die Stimme eines Mannes hörte, denn JHWH kämpfte für Israel.«

Jes 27,1: Gott als ur-/endzeitlicher Kämpfer gegen Leviatan, das Chaosungeheuer

Jes 34,5 f.: JHWHs bluttriefendes Schwert bei seinem Kampf gegen Edom

Ps 48: Gott kämpft vom Zion aus gegen die anstürmenden Völker, die Jerusalem zerstören wollen

Ps 68,2: »Gott steht auf, seine Feinde zerstieben; die ihn hassen, fliehen vor seinem Angesicht.«

Ijob 16,13 f.: Gott stürmt wie ein bewaffneter Belagerer gegen Ijob an, um ihn zu zerstören

Ijob 26,12: Gottes Kampf gegen das Chaosungeheuer Rahab

Ijob 40 f.: Gottes Kampf gegen die als Nilpferd und Krokodil materialisierten Chaosmächte Behemot und Leviatan

(Die hier angeführten Zitate sind eigene Übersetzungen der Autoren.)

13. Gottes Eifer/Eifersucht (auf andere Götter)

Ex 20,5 ≙ Dtn 5,9: Gottes Eifersucht sucht die Missetat derer, die anderen Göttern dienen, bis in die 4. Generation hinein heim

Ex 34,14 f.: Gottes Eifern gilt seiner Ausschließlichkeit; vgl. auch Dtn 4,24 f.; 6,15

Eifer als Zorn: Num 25,11; Dtn 29,19; Ez 5,13; 16,38. 42; 23,25; 35,11; Zef 1,18; 3,8; Ps 79,5

Eifer für das Volk: 2 Kön 19,31; Jes 9,6; 37,32; Sach 1,14; 8,2;

Eifer für seine Ehre: Jes 59,17; Ez 36,5 f.; 38,19

Eifer als Kampflust: Jes 26,11; 42,13; 63,15

14. Gott als Dämon

Gen 32: Als Unbekannter im Kampf mit Jakob/Israel am Jabbok

Ex 4,24–26: Als Wesen, das Mose töten will und das durch einen Beschneidungsritus abgewehrt wird; Vgl. Jos 5,13–15: Josuas Begegnung mit einem bewaffneten Anführer des Heeres JHWHs

Am 6,10: Das Aussprechen des Namens JHWHs in der todgeweihten Stadt ist höchst gefährlich

15. Gott als Feind

Gen 22: Bei dem Befehl zur Opferung Isaaks erscheint JHWH für Abraham wie ein Gegner

Ex 7–10: JHWH als Feind des Pharao bei den Plagen

Jer 20,7–18: In der Klage Jeremias escheint Gott als jemand, der Jeremia seinen Willen aufzwingt – ihm zum Schaden

Ijob 6f.: JHWH erscheint Ijob als ein Jemand, der ihn unablässig quält, ihm keine Ruhe gönnt
Ijob 9: JHWH als Mächtiger, der sich keinem Recht zu beugen bereit ist
Ijob 16: JHWH hat Ijob bekämpft wie ein Feind eine Stadt bekämpft
Ijob 19: JHWH achtet Ijob seinen Feinden gleich (V. 11)

16. Gott als todbringende Macht

Ex 19,24: Das Volk darf sich Gott nicht nähern, wenn es leben bleiben will
Ex 33,20: Mose darf Gottes Angesicht nicht sehen; es wäre todbringend
Dtn 5,5: Mose ist der Mittler, weil das Volk die Nähe Gottes fürchtet
Als todbringende Macht erscheint Gott auch in vielen prophetischen Unheilsansagen und Gerichtsreden, oft verbunden mit Begriffen für »Zorn«, »Grimm« oder »Wut«, z. B.:
Hos 5,10; Jes 9,18; 10,6 – 'äbrah
Hos 8,5; Jes 5,25; 10,4f. – 'af
Hos 11,9; Zef 2,2; 3,8 – charon-'af
Jes 2,10,19. 21 – pachad
Jes 10,5; 30,27; Zef 3,8 – za'am
Jes 30,30 – za'am-'af

17. Gott als Vernichter von Waffen

Jes 2,1–5 ≙ Mi 4,1–5: Das Umschmieden der Waffen zu nützlichen Werkzeugen ist Folge des schlichtenden Einspruchs Gottes
Ps 46,10: »Er setzt den Kriegen ein Ende bis an die Grenzen der Erde; er zerbricht die Bogen, zerschlägt die Lanzen, im Feuer verbrennt er die Schilde.«
Ps 76,4: »Dort (d.h. in Salem = Jerusalem) zerbrach er die blitzenden Pfeile des Bogens, Schild und Schwert, die Waffen des Krieges.«
Vgl. ferner die Tabelle »Friedenstexte«, o. S. 164.

18. Gott als der Heilige

Lev 19,2: »Seid heilig, denn ich, der Herr, euer Gott, bin heilig« (so oder ähnlich häufig im Buch Levitikus)
1 Sam 2,2: »Niemand ist heilig, nur der Herr; denn außer dir gibt es keinen (Gott); keiner ist ein Fels wie unser Gott.«
Jes 5,16: Gott, der Heilige, erweist sich durch sein Gericht und seine Gerechtigkeit als heilig
Jes 6,3: »Heilig, heilig, heilig ist der Herr der Heere. Von seiner Herrlichkeit ist die ganze Erde erfüllt.« Der Hymnus der Serafim in der Thronvision Jesajas
Jes 57,15: Als der Heilige ist JHWH der Hilfreiche
Ez 39,7: JHWHs Heiligkeit soll auch allen anderen Völkern kund werden
Ps 22,4: »Aber du bist heilig, du thronst über dem Lobpreis Israels.«
Ps 99: JHWH ist heilig, darum wird er gepriesen (vgl. Ps 111,9)

19. Gott als Vater

Ps 2: Gott als Vater des Königs: »Mein Sohn bist du. Heute habe ich dich gezeugt.« (V. 7)

2 Sam 7,14: Gott als Vater des Königs; formuliert als Verheißung (»Ich will für ihn Vater sein, und er wird für mich Sohn sein.«)

Dtn 32,6: Gott als Vater des Volkes und zugleich sein Schöpfer und Herr

Jes 63,8: Israel ist Gottes Volk, sie sind seine Söhne

Jes 63,16: Gott als Vater Israels in Überbietung der Vaterschaft Abrahams

Jer 2,27: Zum Holz wird gesagt »Du bist mein Vater« – statt zu Gott

Jer 3,4: »Vater« als schmeichelnde Anrede der Hure Israel an Gott (»Mein Vater, der Freund meiner Jugend bist du«, V. 4)

Jer 31,20: Efraim als Lieblingssohn JHWHs

Hos 11,1: Israel als Sohn, den Gott aus Ägypten rief

Hos 11,3: Gott mühte sich um Israel wie ein Vater um ein Kleinkind

Mal 1,6: »Wenn ich der Vater bin – wo bleibt dann die Ehrerbietung? Wenn ich der Herr bin – wo bleibt dann die Furcht vor mir?«

Mütterliche Züge Gottes finden sich vereinzelt, z.B.:

Jes 66,13: »Wie eine Mutter ihren Sohn tröstet, so tröste ich euch ...«

20. Gott als Hirt

Gen 48,15: Israel/Jakob segnet Josef(s Söhne) und sagt: »... Gott, der mein Hirt war mein Lebtag bis heute ...«

Jes 40,11: Gott wird kommen und Juda/Jerusalem als seine Herde weiden wie ein Hirt

Jer 31,10: JHWH wird das zerstreute Israel sammeln und hüten wie ein Hirt seine Herde

Ez 34,12f.: Wie ein Hirt seine Schafe sucht, wird Gott Israel suchen und retten und sammeln

Hos 4,16: Ein negatives Bild: Soll Gott Israel, das sich wie eine tolle Kuh verhält, frei weiden lassen?

Mi 7,14: Bitte an Gott, sein Volk mit seinem Stab zu weiden

Ps 23: Gott als der gute Hirte des Betenden

21. Gott als Liebhaber (Israels)

Hos 2,4–17: Gott, der zürnende und strafende, wird wieder der neu Liebe Schenkende trotz Israels Hurerei

Hos 3,1: Gott wirbt um Israel trotz erfahrener Ablehnung

Hos 11,8f.: Gottes Liebe zu Israel ist größer als sein Zorn

Jer 3,6–10: Gott hoffte, daß Juda von seiner Hurerei zu ihm, der es liebte, zurückkehren würde.

Ez 16: Das Gleichnis von dem Findelkind Jerusalem, das Gott großzog und bräutlich schmückte, dann aber von ihm sich abwandte, als Ausdruck der Liebe Gottes zu Juda

22. Gott als Retter/Befreier
a) Gott als Retter einzelner Menschen
Gen 12,10–20: Saras beim Pharao
vgl. Gen 20: Saras bei Abimelech
Gen 16: Hagars und Ismaels
Gen 21: Hagars und Ismaels
Dan 6: Daniels in der Löwengruber
vgl. Dan 3
  (und häufig in den Psalmen einzelner)
b) Gott setzt Retter ein
Ex 3: Mose als Retter aus ägyptischer Fron
Ri 2,18: Richter als Retter
Ri 3,9: Otniël als Retter vor den Aramäern
Ri 3,15: Ehud als Retter vor den Moabitern
Ri 6,14. 37: Gideon als Retter vor den Midianitern
Ri 13,5: Simson als Retter vor den Philistern
c) Gott rettet/hilft durch Menschen
1 Sam 10,19: Durch Saul
1 Sam 14,23. 39: Durch Jonatan und Saul
1 Sam 19,5: Durch David (vgl. 2 Sam 3,18; 8,6)
2 Sam 23,10: Durch Davids Helden
2 Kön 13,5: Durch Joahas bzw. einen anonymen Retter
2 Kön 14,27: Durch Jerobeam II.
2 Chr 20,17 Durch Joschafat
d) Gott als alleiniger Retter
Ex 14,13. 30: Kernstelle: Gott rettet Israel am Schilfmeer vor den verfolgenden Ägyptern
Hos 13,4: »Ich aber, ich bin der Herr, dein Gott, seit der Zeit in Ägypten; du sollst keinen anderen Gott kennen als mich.
  Es gibt keinen Retter außer mir.«
Jes 43,3: »Denn ich, der Herr, bin dein Gott, ich, der Heilige Israels, bin dein Retter.«
Jes 43,11: »Ich bin Jahwe, ich, und außer mir gibt es keinen Retter.«
Jes 45,21: »... Es gibt keinen Gott außer mir; außer mir gibt es keinen gerechten und rettenden Gott.«
Jes 49,26: »Dann werden alle Sterblichen erkennen, daß ich, der Herr, dein Retter bin und ich, der Starke Jakobs, dein Erlöser.«
Jer 14,8: »Du, Israels Hoffnung, sein Retter zur Zeit der Not ...«

Jer 30,10 ≙ 46,27 Gott als Retter Israels aus der Diaspora
Ez 34,22: Der Hirte Israels, Gott, hilft seiner Herde
Ez 37,23: Gott will Israel von allen Sünden erretten (vgl. 36,29)
1 Sam 14,39: Hier wird Gott »Retter Israels« genannt
Sach 9,16: Künftiges Rettungshandeln Gottes an Israel
Ps 7,11: Gott hilft denen, die aufrechten Herzens sind
Ps 17,7: Gott rettet alle, »die sich an deiner Rechten vor den Feinden bergen«.
Hierher gehören auch die vielen prophetischen Texte, die von einem künftigen
Rettungshandeln Gottes an seinem Volk sprechen.

23. Gottes Wohnsitz
Die atl. Aussagen über das Wohnen Gottes sind alles andere als einheitlich. Das
folgende Schaubild will die wichtigsten nennen.

Lade	Kerubim	Zelt	Tempel	»Ort, den JHWH	Seïr
Num 10,35 f. (als Fußschemel Ps 132,7)	Ps 99,1 Ps 80,2 Ez 10,18	2 Sam 7,6 Ex 40,34–38	Jes 6 Ez 43,7 1 Kön 8,10	erwählt hat, um dort seinen Namen wohnen zu lassen« Dtn 12,11 u.ö.	Ri 5,4
Himmel Gen 11,5 Ps 14,2 Ps 33,13 Ps 102,20	Zion Jes 2,2 u.ö.	Weder im Himmel, noch auf der Erde 1 Kön 8,27	Thron unspezifisch Ps 47,9	Thron über der Erde Jes 40,22	überall Ps 139,8 f.

24. Anthropomorphe und zoomorphe Redeweisen bzw. Vorstellungen von Gott
a) Gott in Menschengestalt
Gen 2f.: Im Garten Eden geht Gott am Abend durch den Garten
Gen 18: Gott besucht Abraham wie ein Mensch
Gen 28,13: Gott steht auf einer Treppe
Ps 44,24: Gott schläft und soll aufwachen
Auch hinter der Gottebenbildlichkeit Adams steht die Vorstellung eines men-
schengestaltähnlichen Gottes.
b) Körperteile Gottes, die denen von Menschen entsprechen
Augen (ʿajin): Am 9,8; Jes 1,15; 3,8; Dtn 34,10
Mund (päh): Jer 9,19; 23,16

Lippen (sfatajim): Jes 30,27
Zunge (laschon): Jes 30,27
Angesicht (panim): Jes 1,12; Ps 89,15 f.
Ohren ('osnajim): Ps 17,6
Arm (z°roa'): Hos 11,3; Jes 30,30
Rechte Hand (jad jamin): Jer 22,24
Hand (jad): Ex 13,3; 14,31; 1 Kön 18,46; Jes 5,12.25; 8,11; 9,11.16.20; 10,4;
   31,3; Am 7,7; 9,2; Ps 31,6; 139,5; 17,14; 32,4; 95,7; 88,6; 74,11
Herz (leb): Hos 11,8; Jer 31,20

c) Tätigkeiten und Affekte analog denen von Menschen

Hierher gehören die Schöpfungsverben wie sagen, sprechen, tun, machen,
scheiden, formen, bilden, weben, die Verben der Sinneswahrnehmung wie sehen, hören, schmecken, riechen, die Verben des Jagens, Kämpfens, Streitens,
Zerstörens, Verben der Gemütsbewegung wie brüllen, schreien, klagen, lachen,
spotten, weinen, lieben, hassen, eifern, zürnen und die entsprechenden Nomina.
Angesichts der Fülle der Belege soll dieser pauschale Hinweis genügen. Alle genannten Verben kommen im AT zur Bezeichnung eines Tuns Gottes vor.

d) Tiervergleiche

Hos 5,14: Gott ist wie ein (bedrohlicher) Löwe
Hos 13,7: Gott ist wie ein (auf Beute) lauernder Panther
Hos 13,8: Gott will Efraim anfallen wie eine Bärin, der man die Jungen fortnahm

e) ausgefallene Metaphern

1 Kön 19,12: Praesentia Dei in »d°mamah daqah« = einer leisen Stille
Hos 5,12: Gott wie Eiter und Fäulnis (oder nach anderen Übersetzern: wie
   Motte und Made/Wurmfraß)
Hos 7,12: Gott als Vogelsteller, der sein Netz auswirft
Hos 11,4: Gott wie einer, der ein Kind an die Wange hebt (= mütterlicher Zug?)
Hos 14,6: Gott wird für Israel sein wie Tau
Jes 5; 27,2–5: Gott als Weinbergbauer
Jes 42,13: JHWH stimmt Kriegsgeschrei an, er brüllt; vgl. Am 1,2 ≙ Joël 4,16
Jer 20,11: Gott ist wie ein starker Held
Jer 2,13: Gott als Quell sprudelnden Wassers

25. Gottes Licht – Symbol der Zuwendung und Lebensförderung

Num 6,25: »Der Herr lasse sein Angesicht über dich leuchten und sei dir gnädig.«
Ps 4,7: »Herr, laß dein Angesicht über uns leuchten!«
Ps 89,16: »Wohl dem Volk, das dich als König zu feiern weiß! Herr, sie gehen
   im Licht deines Angesichts.«
Ps 112,4: »Dem Redlichen erstrahlt im Finstern ein Licht: der Gnädige, Barm-
   herzige und Gerechte.«
Ps 36,10: »Denn bei dir ist die Quelle des Lebens, in deinem Licht schauen wir
   das Licht.«

Die wichtigsten Kommentarreihen zu den Büchern
des Alten Testaments in Übersicht

Biblische Bücher

	ATD	BK	HAT	HK
Genesis	G. v. Rad 1949–53 (1981[11])	C. Westermann 1–11 1974, 1983[3] 12–36 1981 37–50 1982		H. Gunkel 1902 (1977[9])
Exodus	M. Noth 1959 (1984[7])	W. H. Schmidt 1974 ff.	G. Beer / K. Galling 1939	B. Baentsch 1903
Levitikus	M. Noth 1962 (1986[5])	R. Rendtorff 1985 ff.	K. Elliger 1966	B. Baentsch 1903
Numeri	M. Noth 1966 (1982[4])			B. Baentsch 1903
Deuteronomium	G. v. Rad 1964 (1983[4])			C. Steuernagel 1923[2]
Josua	H. W. Hertzberg 1952 (1986[6])		M. Noth 1938 (1971[3])	C. Steuernagel 1923[2]
Richter	H. W. Hertzberg 1953 (1986[6])			W. Nowack 1900
1 Samuel	H. W. Hertzberg 1956 (1982[6])			W. Nowack 1902
2 Samuel	H. W. Hertzberg 1956 (1982[6])			W. Nowack 1902
1 Könige	E. Würthwein 1–16 1977	M. Noth 1–16 1968 (1983[2])		R. Kittel 1902
2 Könige	E. Würthwein I 17–II 25 1984			R. Kittel 1902
Jesaja	V. Herntrich 1950 O. Kaiser 1–12 1960 (1981[5]) 13–39 1973 (1983[3]) C. Westermann 40–55 1966 (1981[4])	H. Wildberger 1–12 1972 (1980[2]) 13–27 1978 28–39 1982 K. Elliger 40–45,7 1978		B. Duhm 1892 (1968[5])

HSchAT	KAT	KHC	SAT	ZB
P. Heinisch 1930	O. Procksch 1913 (1924[3])	H. Holzinger 1898	H. Gunkel 1911 (1921[2])	W. Zimmerli 1–11 1943 (1984[4]) 12–25 1976
P. Heinisch 1934		H. Holzinger 1900	H. Greßmann 1914 (1922[2])	
P. Heinisch 1935		A. Bertholet 1901	H. Greßmann 1914 (1922[2])	
P. Heinisch 1936		H. Holzinger 1903	H. Greßmann 1914 (1922[2])	
H. Junker 1933 (1952–54[2])	E. König 1917	A. Bertholet 1899	H. Greßmann 1922[2]	
A. Schulz 1924		H. Holzinger 1901	H. Greßmann 1922[2]	
A. Schulz 1926		K. Budde 1897	H. Greßmann 1922[2]	
K. A. Leimbach 1936	Caspari 1925 H. J. Stoebe 1973	K. Budde 1902	H. Greßmann 1921[2]	F. Stolz 1981
K. A. Leimbach 1936	Caspari 1925	K. Budde 1902	H. Greßmann 1921[2]	F. Stolz 1981
L. Landesdorfer 1927		G. Benzinger 1899	H. Greßmann 1921[2]	
L. Landesdorfer 1927		G. Benzinger 1899	H. Greßmann 1921[2]	
J. Fischer 1–39 1937 40–66 1939	O. Procksch 1–39 1930 P. Volz 40–55 1932	K. Marti 1–39 1900	H. Schmidt 1923	G. Fohrer 1–23 1960 (1967[2]) 24–39 1962 (1967[2]) 40–66 1964

Biblische Bücher

	BAT	ICC	OTL	CBC
Genesis	H. Frey 1–11 1935 (1977[8]) 12–25 1935 (1978[7]) 25–35 1938 (1978[7]) 36–50 1939 (1981[5])	J. Skinner 1910 (1956[3])		R. Davidson 1–11 1973 12–50 1979
Exodus	H. Frey 1–18 1952 (1984[5]) 19–24 1952 (1981[4]) 25–40 1953 (1982[4])		B. S. Childs 1974	R. E. Clements 1972
Levitikus	H. Lamparter 1980			J. R. Porter 1976
Numeri	H. Lamparter 1980	G. B. Gray 1903 (1956)		J. Sturdy 1976
Deuteronomium	H. Lamparter 1977	S. R. Driver 1902[3] (1951)		A. Philipps 1973
Josua	K. Gutbrod 1951 (1985[4])		J. A. Soggin 1972	J. M. Miller/ G. M. Tucker 1974
Richter	K. Gutbroad 1951 (1985[4])	G. F. Moore 1898[2] (1966[8])	J. A. Soggin 1981	J. D. Martin 1975
1 Samuel	K. Gutbrod 1956 (1975[4])	H. P. Smith 1912 (1953)		
2 Samuel	K. Gutbrod 1956 (1973[2])	H. P. Smith 1912 (1953)		
1 Könige	J. Fichtner 1964 (1979[2])	J.A. Montgomery/ H.S. Gehman 1951	G. B. Gray 1977[3]	J. Robinson 1972
2 Könige	K. D. Fricke 1972	J.A. Montgomery/ H.S. Gehman 1951	G. B. Gray 1977[3]	J. Robinson 1976
Jesaja	W. Eichrodt 1–12 1960 (1983[3]) 13–23. 28–39 1967 H. Frey 40–55 1937 (1985[7]) W. Kessler 56–66. 24–27 1960 (1974[2])	G. B. Gray 1–39 1912 (1956) A. S. Peake 40–66 1912 (1928[2])		A. S. Herbert 40–66 1975

Biblische Bücher

NCB	NIC	AB	CAT	IB
		E. A. Speiser 1964		
J. P. Hyatt 1980				
	G. J. Wenham 1979			
J. L. Mays 1979				
			J. A. Soggin 1970	
J. Mauchline 1971		P. K. McCarter Jr. 1980		
J. Mauchline 1971		P. K. McCarter Jr. 1980		
R. E. Clements 1980 R. N. Whybray 1975 (1981)		J. L. McKenzie 40–66 1968		J. Muilenburg 40–66 1956

Biblische Bücher

	LBC Layman's BC	NEB	EB	KeH
Genesis	Sh. G. Stever 1978	J. Scharbert 1983		A. Dillmann 1875 (1892[6])
Exodus	R. L. Cate 1979			A. Dillmann/V. Ryss 1897[3]
Levitikus	R. L. Honey 1975	W. Kornfeld 1983		A. Dillmann/V. Ryss 1897[3]
Numeri	R. L. Honey 1975			A. Dillmann 1886[2]
Deuteronomium	R. L. Honey 1975	G. Braulik 1–16, 17 1986		A. Dillmann 1886[2]
Josua	D. G. Kent 1980			
Richter	D. G. Kent 1980			
1 Samuel	J. D. Lewis 1980			
2 Samuel	J. D. Lewis 1980			
1 Könige	J. H. Taylor 1981	G. Hentschel 1984		
2 Könige	J. H. Taylor 1981			
Jesaja				A. Dillmann/ R. Kittel 1898[6]

EK	CB	EH	POT	BC
F. Delitzsch 1887				
E. König 1925[3]				
B. Jacob 1934				
U. Cassuto I heb. 1944 = engl. 1961 II heb. 1949 = engl. 1964				
U. Cassuto heb. 1951 = engl. 1967				
	N. H. Snaith 1967			
	N. H. Snaith 1967			
	G. B. Gray 1967			
C. F. Burney 1920[2]	G. B. Gray 1967	V. Zapletal 1923		
		A. Schulz 1919		
		A. Schulz 1920		
W. R. Wifall 1975 M. Rehm 1979		A. Šanda 1911/12		
E. König 1926 E. J. Kissane I 1941 (1960) A. Bentzen 1944		F. Feldmann 1925		F. Delitzsch 1889[4]

Biblische Bücher

	SB	WB	BOT	Die hl. Schrift für das Leben erklärt
Genesis	R. de Vaux 1962		J. de Fraine 1963	E. Kalt 1947
Exodus	B. Couroyer 1968		J. de Fraine 1963	E. Kalt 1947
Levitikus	H. Cazelles 1958	W. Kornfeld 1972		E. Kalt 1947
Numeri	H. Cazelles 1958	A. Goldberg 1970		K. F. Krämer 1955
Deuteronomium	H. Cazelles 1966			K. F. Krämer 1955
Josua	F. M. Abel 1958		J. Alfrink/ J. De Fraine 1952/55	
Richter	A. Vincent 1958		J. Alfrink/ J. De Fraine 1952/55	
1 Samuel	R. de Vaux 1961		A. v. d. Born 1956/58	P. Ketter 1940
2 Samuel	R. de Vaux 1961		A. v. d. Born 1956/58	P. Ketter 1940
1 Könige	R. de Vaux 1958		A. v. d. Born 1956/58	P. Ketter 1953
2 Könige	R. de Vaux 1958		A. v. d. Born 1956/58	P. Ketter 1953
Jesaja	R. Auvray/ J. Steinmann 1957		A. Schoers I + II 1972	

SBBS	Das AT (E. Reuß)	L'Histoire Sainte et la Loi	Holy Bible Commentary	KK
A. Cohen 1956	E. Reuß 1893	E. Reuß 1879	F. C. Cook 1871	H. L. Strack 1894
A. Cohen 1956	E. Reuß 1893	E. Reuß 1879	F. C. Cook 1871	H. L. Strack 1894
A. Cohen 1956	E. Reuß 1893	E. Reuß 1879	F. C. Cook 1871	H. L. Strack 1894
A. Cohen 1956	E. Reuß 1893	E. Reuß 1879	F. C. Cook 1871	H. L. Strack 1894
A. Cohen 1956	E. Reuß 1893		F. C. Cook 1871	S. Oettli 1893
A. Cohen 1950	E. Reuß 1893	E. Reuß 1879	F. C. Cook 1872	S. Oettli 1893
A. Cohen 1950	E. Reuß 1892	E. Reuß 1874	F. C. Cook 1872	S. Oettli 1893
S. Goldman 1951	E. Reuß 1892	E. Reuß 1874	F. C. Cook 1872	A. Klostermann 1887
S. Goldman 1951	E. Reuß 1892	E. Reuß 1874	F. C. Cook 1872	A. Klostermann 1887
W. Slotki 1950	E. Reuß 1892	E. Reuß 1874	F. C. Cook 1872	A. Klostermann 1887
W. Slotki 1950	E. Reuß 1892	E. Reuß 1874	F. C. Cook 1872	A. Klostermann 1887
W. Slotki 1949	E. Reuß 1892	E. Reuß 1876	F. C. Cook 1880	D. C. v. Orelli 1904

	ATD	BK	HAT	HK
Jeremia	A. Weiser 1952 (1979[9]) 1–25, 14 1981[8] 25, 15–52 1982[7]		W. Rudolph 1947 (1968[3])	F. Giesebrecht 1907[2]
Ezechiel	W. Eichrodt 1–18 1959 (1978[4]) 19–48 1966 (1985[3])	W. Zimmerli 1966 (1979[2])	G. Fohrer/ K. Galling 1955[2]	R. Kraetzschmar 1900
Hosea	A. Weiser 1950 (1985[8]) J. Jeremias 1983	H. W. Wolff 1961 (1976[3])	Th. H. Robinson 1939 (1964[3])	W. Nowack 1897 (1922[3])
Joël	A. Weiser 1950 (1985[8])	H. W. Wolff 1969 (1985[3])	Th. H. Robinson 1939 (1964[3])	W. Nowack 1897 (1922[3])
Amos	A. Weiser 1950 (1985[8])	H. W. Wolff 1969 (1985[3])	Th. H. Robinson 1936 (1963[3])	W. Nowack 1897 (1922[3])
Obadja	A. Weiser 1950 (1985[8])	H. W. Wolff 1977	Th. H. Robinson 1936 (1964[3])	W. Nowack 1897 (1922[3])
Jona	A. Weiser 1950 (1985[8])	H. W. Wolff 1977	Th. H. Robinson 1936 (1964[3])	W. Nowack 1897 (1922[3])
Micha	A. Weiser 1950 (1985[8])	H. W. Wolff 1982	Th. H. Robinson 1936 (1964[3])	W. Nowack 1897 (1922[3])
Nahum	K. Elliger 1949 (1982[8])		F. Horst 1936 (1964[3])	W. Nowack 1897 (1922[3])
Habakuk	K. Elliger 1949 (1982[8])		F. Horst 1936 (1964[3])	W. Nowack 1897 (1922[3])
Zefanja	K. Elliger 1949 (1982[8])		F. Horst 1936 (1964[3])	W. Nowack 1897 (1922[3])

HSchAT	KAT	KHC	SAT	ZB
F. Nötscher 1934	P. Volz 1922 (1928[2])	B. Duhm 1901	H. Schmidt 1923	
P. Heinisch 1923	J. Herrmann 1924	A. Bertholet 1897	H. Schmidt 1923	R. Brunner 1–24 1969[2] 25–48 1969[2]
J. Lippl 1937	E. Sellin 1922 (1929[3]) W. Rudolph 1966–1976	K. Marti 1904	H. Greßmann 1921	
J. Theis 1937	E. Sellin 1922 (1930[2–3]) W. Rudolph 1976	K. Marti 1904	M. Haller 1914	
J. Theis 1937	E. Sellin 1922 (1929[2–3]) W. Rudolph 1971	K. Marti 1904	H. Greßmann 1921	
J. Theis 1937	E. Sellin 1922 (1929[2–3]) W. Rudolph 1971	K. Marti 1904	M. Haller 1914	
J. Lippl 1937	E. Sellin 1922 (1929[2–3]) W. Rudolph 1971	K. Marti 1904	H. Schmidt 1923	
J. Lippl 1937	E. Sellin 1922 (1929[2–3]) W. Rudolph 1975	K. Marti 1904	H. Schmidt 1923	
H. Junker 1938	E. Sellin 1922 (1930[2–3]) W. Rudolph 1975	K. Marti 1904	H. Schmidt 1923	
H. Junker 1938	E. Sellin 1922 (1930[2–3]) W. Rudolph 1975	K. Marti 1904	M. Haller 1914	
H. Junker 1938	E. Sellin 1922 (1930[2–3]) W. Rudolph 1975	K. Marti 1904	H. Schmidt 1923	H. Kühner 1944

	BAT	ICC	OTL	CBC
Jeremia	H. Lamparter 1964 (1982³)	W. McKane I 1–25 1986		E. W. Nicholson I 1973 II 1975
Ezechiel	H. Lamparter 1968 (1986²)	G. A. Cooke 1936 (1951)		
Hosea	H. Frey 1957 (1976³)	W. R. Harper 1905 (1953)	J. L. Mays 1969	H. McKeating 1971
Joël	H. Frey 1941 (1977⁶)	J. A. Bewer 1911 (1948)		J. Watts 1975
Amos	H. Frey 1958 (1965²)	W. R. Harper 1905 (1953)	J. L. Mays 1969	H. McKeating 1971
Obadja	H. Frey 1941 (1977⁶)	J. A. Bewer 1911 (1948)		J. Watts 1975
Jona	R. v. Ungern-Sternberg/ H. Lamparter 1960 (1975²)	J. A. Bewer 1912 (1951³)		J. Watts 1975
Micha	R. v. Ungern-Sternberg 1958 (1979³)	J. M. Smith 1911 (1948)	J. L. Mays 1976	H. McKeating 1971
Nahum	R. v. Ungern-Sternberg/ H. Lamparter 1960 (1975²)	J. M. Smith 1911 (1948³)		J. Watts 1975
Habakuk	R. v. Ungern-Sternberg/ H. Lamparter 1960 (1975²)	W. H. Ward 1911 (1948³)		J. Watts 1975
Zefanja	R. v. Ungern-Sternberg/ H. Lamparter 1960 (1975²)	J. M. Smith 1911 (1948³)		J. Watts 1975

NCB	NIC	AB	CAT	IB
	J. A. Thompson 1980 (1981)	J. Bright 1965		J. P. Hyatt 1956
				L. May 1956
		F. Andersen/ D. Freedman 1980	E. Jacob 1965	
			C. A. Keller 1965	
			S. Amsler 1965	
			C. A. Keller 1965	
			C. A. Keller 1965	
			R. Vuilleumier 1971	
			C. A. Keller 1971	
			C. A. Keller 1971	
			C. A. Keller 1971	

Biblische Bücher

	LBC Layman's BC	NEB	EB	KeH
Jeremia		J. Schreiner 1–25, 14 1981 25, 15–52, 34 1984		
Ezechiel		H. F. Fuhs 1984		R. Smend 1880[2]
Hosea		A. Deissler 1981		
Joël		A. Deissler 1981		
Amos		A. Deissler 1981		
Obadja		A. Deissler 1984		
Jona		A. Deissler 1984		
Micha		A. Deissler 1984		
Nahum		A. Deissler 1984		
Habakuk		A. Deissler 1984		
Zefanja				

EK	CB	EH	POT	BC
K. H. Graf 1862 C. A. Cornill 1905 E. A. Leslie 1954				
C. A. Cornill 1886 G. Jahn 1905 V. Matthews 1939				
J. Wellhausen 1898[3] (1963[4])				
J. Wellhausen 1898[3] (1963[4]) M. Bič 1960				
J. Wellhausen 1898[3] (1964[4]) E. Hammers- haimb 1967 (engl. 1970)				
			A. S. v. d. Woude 1978	
V. Ryssel 1887 J. Wellhausen 1898[3] (1964[4])			A. S. v. d. Woude 1976	
J. Wellhausen 1898[3] (1963[4]) A. H. Edelkoort 1937			A. S. v. d. Woude 1978	
J. Wellhausen 1898[3] (1963[4]) B. Duhm 1906			A. S. v. d. Woude 1978	
J. Wellhausen 1898[3] (1963[4])			A. S. v. d. Woude 1978	

Biblische Bücher

	SB	WB	BOT	Die hl. Schrift für das Leben erklärt
Jeremia	A. Gelin 1959		B. N. Wambacq 1957	W. Lauck 1938
Ezechiel	P. Auvray 1957		A. v. d. Born 1954	P. M. Schumpp 1942
Hosea	E. Osty 1960	C. Hauret 1970	D. Deden 1953	P. M. Schumpp 1950
Joël	J. Trinquet 1959		D. Deden 1953	P. M. Schumpp 1950
Amos	E. Osty 1960	C. Hauret 1970	D. Deden 1953	P. M. Schumpp 1950
Obadja	J. Trinquet 1959		D. Deden 1953	P. M. Schumpp 1950
Jona	A. Feuillet 1966		D. Deden 1953	P. M. Schumpp 1950
Micha	A. George 1958		D. Deden 1953	P. M. Schumpp 1950
Nahum	A. George 1958		D. Deden 1953	P. M. Schumpp 1950
Habakuk	J. Trinquet 1959		D. Deden 1953	P. M. Schumpp 1950
Zefanja	A. George 1958		D. Deden 1953	P. M. Schumpp 1950

SBBS	Das AT (E. Reuß)	L'Histoire Sainte et la Loi	Holy Bible Commentary	KK
H. Freedman 1949	E. Reuß 1892	E. Reuß 1876	F. C. Cook 1880	D. C. v. Orelli 1905
S. Fish 1950	E. Reuß 1892	E. Reuß 1876	F. C. Cook 1881	D. C. v. Orelli 1888
A. Cohen 1957	E. Reuß 1892	E. Reuß 1876	F. C. Cook 1881	D. C. v. Orelli 1888
A. Cohen 1957	E. Reuß 1892	E. Reuß 1876	F. C. Cook 1881	D. C. v. Orelli 1888
A. Cohen 1957	E. Reuß 1892	E. Reuß 1876	F. C. Cook 1881	D. C. v. Orelli 1888
A. Cohen 1957	E. Reuß 1892		F. C. Cook 1881	D. C. v. Orelli 1888
A. Cohen 1957			F. C. Cook 1881	D. C. v. Orelli 1888
A. Cohen 1957	E. Reuß 1892	E. Reuß 1876	F. C. Cook 1881	D. C. v. Orelli 1888
A. Cohen 1957	E. Reuß 1892	E. Reuß 1876	F. C. Cook 1881	D. C. v. Orelli 1888
A. Cohen 1957	E. Reuß 1892	E. Reuß 1876	F. C. Cook 1881	D. C. v. Orelli 1888
A. Cohen 1957	E. Reuß 1892		F. C. Cook 1881	D. C. v. Orelli 1888

Biblische Bücher

	ATD	BK	HAT	HK
Haggai	K. Elliger 1949 (1982[8])	H. W. Wolff 1986	F. Horst 1936 (1964[3])	W. Nowack 1897 (1922[3])
Sacharja	K. Elliger 1949 (1982[8])		F. Horst 1936 (1964[3])	W. Nowack 1897 (1922[3])
Maleachi	K. Elliger 1949 (1982[8])		F. Horst 1936 (1964[3])	W. Nowack 1897 (1922[3])
Psalmen	A. Weiser 1950 (1979[9])	H. J. Kraus I 1–59 1961 (1978[5]) II 60–150 1961 (1978[5]) III 1979	H. Schmidt 1934	F. Baethgen 1892 (1940[3]) H. Gunkel 1929 (1968[5])
Ijob	A. Weiser 1951 (1980[7])	F. Horst (1–19) 1968 (1983[4])	G. Hölscher 1937 (1952[2])	K. Budde 1896 (1913[2])
Sprüche	H. Ringgren 1962 (1980[3])	O. Plöger 1985	B. Gemser 1937 (1963[2])	W. Frankenberg 1898
Rut	H. W. Hertzberg 1953 (1986[6])	G. Gerleman 1965 (1981[2])	M. Haller 1940 E. Würthwein 1969[2]	W. Nowack 1902
Hoheslied	H. Ringgren 1958 (1981[3])	G. Gerleman 1965 (1981[2])	M. Haller 1940 E. Würthwein 1969[2]	C. Siegfried 1898
Prediger	W. Zimmerli 1960 (1980[3])	A. Lauha 1978	K. Galling 1940 (1969[2])	C. Siegfried 1898
Klagelieder	A. Weiser 1958 (1967[2]) O. Kaiser 1981	H. J. Kraus 1956 (1983[4])	M. Haller 1940 O. Plöger 1969[2]	M. Löhr 1893 (1906[2])

HSch AT	KAT	KHC	SAT	ZB
H. Junker 1938	E. Sellin 1922 (1930$^{2-3}$) W. Rudolph 1976	K. Marti 1904	M. Haller 1914	
H. Junker 1938	E. Sellin 1922 (1930$^{2-3}$) W. Rudolph 1976	K. Marti 1904	M. Haller 1914	R. Brunner 1960
H. Junker 1938	E. Sellin 1922 (1930$^{2-3}$) W. Rudolph 1976	K. Marti 1904	M. Haller 1914	
H. Herkenne 1936	R. Kittel 1914 (1929^6)	B. Duhm 1899 (1922^2)	W. Staerk 1920	
P. Szczygiel 1931	G. Fohrer 1963	B. Duhm 1897	P. Volz 1911 (1921^2)	F. Hesse 1978
H. Wiesmann 1923		G. Wildeboer 1897	P. Volz 1911	
	W. Rudolph 1939 (1962^2)	A. Bertholet 1898	H. Greßmann 1922^2	
A. Miller 1927	W. Rudolph 1939 (1962^2)	K. Budde 1898	W. Staerk 1911	
A. Allgeier 1925	H. W. Hertzberg 1932 (1963)	G. Wildeboer 1898	P. Volz 1922^2	
Th. Paffrath 1932	W. Rudolph 1939 (1962^2)	K. Budde 1898	H. Schmidt 1923	

	BAT	ICC	OTL	CBC
Haggai	H. Frey 1941 (1977[6])	H. G. Mitchell 1912 (1951[3])		R. Mason 1977
Sacharja	H. Frey 1941 (1977[6])	H. G. Mitchell 1912 (1951[3])		R. Mason 1977
Maleachi	H. Frey 1941 (1977[6])	J. M. Smith 1912 (1951)		R. Mason 1977
Psalmen	R. Abramowski I 1938 II 1939 H. Lamparter I 1958 (1977[3]) II 1959 (1978[3])	Ch. H. Briggs I 1906 (1969) II 1907 (1969)		
Ijob	H. Lamparter 1951 (1979[5])	S. R. Driver/ G. B. Gray 1921 (1951) 1964[3]		N. C. Habel 1975
Sprüche	H. Lamparter 1955 (1975[3])	C. H. Toy 1899 (1948[4])	W. Mc Kane 1970	R. N. Whybray 1972
Rut	H. Lamparter 1962 (1977[2])			W. J. Fuerst 1975
Hoheslied	H. Lamparter 1962 (1977[2])			W. J. Fuerst 1975
Prediger	H. Lamparter 1955 (1975[3])	G. A. Barton 1908 (1959)		W. J. Fuerst 1975
Klagelieder	H. Lamparter 1962 (1977[2])			W. J. Fuerst 1975

NCB	NIC	AB	CAT	IB
			L. Amsler 1981	
			L. Amsler/ A. Lacocque 1981	
			R. Viulleumier 1981	
		M. Dahood I 1966 II 1968 III 1970		
		M. H. Pope 1965 (1974^3)	S. Terrien, 1963	
		R. B. Y. Scott 1965		
		E. Campbell 1975		
		M. H. Pope 1977		
		R. B. Y. Scott 1965		
		D. R. Hillers 1972		

Biblische Bücher

	LBC Layman's BC	NEB	EH	KeH
Haggai				
Sacharja				
Maleachi				
Psalmen	A. H. Mc Eachern 1981			
Ijob		H. Groß 1986		
Sprüche	L. D. Johnson 1982		V. Hamp 1954	
Rut	D. G. Kent 1980			
Hoheslied	L. D. Johnson 1982	G. Krinetzki 1980		
Prediger	L. D. Johnson 1982	N. Lohfink 1980		W. Nowack 1883
Klagelieder				

EK	CB	EH	POT	BC
J. Wellhausen 1898³ (1963⁴)				
J. Wellhausen 1898³ (1963⁴) M. Bič 1962				
J. Wellhausen 1898³ (1963⁴) A. v. Bulmerincq I 1921 (1926) II 1929 (1932)				
E. J. Kissane I 1953, II 1954 A. Deissler 1979²				F. Delitzsch 1859 (1894⁵)
M. Buttenwieser 1925 P. Dhorme 1926 E. König 1929 N. H. Torczyner 1941 F. Stier 1954 R. Gordis 1978 A. de Wilde 1981		N. Peters 1928		F. Delitzsch 1864 (1876²)
J. M. Sasson 1979	G. B. Gray 1967			
	R. Gordis 1954 (1974²) G. Krinetzki 1981 A. Robert/ R. Tourney/ A. Feuillet 1963			
V. Zapletal 1911²				F. Delitzsch 1875
H. Wiesmann 1954 Gordis, R. 1954 (1974²)				

	SB	WB	BOT	Die hl. Schrift für das Leben erklärt
Haggai	A. Gelin 1960		D. Deden 1953	P. M. Schumpp 1950
Sacharja	A. Gelin 1960		D. Deden 1953	P. M. Schumpp 1950
Maleachi	A. Gelin 1960		D. Deden 1953	P. M. Schumpp 1950
Psalmen	R. Tournay/ R. Schwab 1964	A. Deissler 1–41 1966[3] 42–89 1967[2] 90–150 1969[2]	M. v. d. Ploeg 1973	
Ijob	C. Larcher 1957		C. Epping/ J. T. Nelis 1968	
Sprüche	H. Duesberg/ P. Auvray 1957			
Rut	A. Vincent 1958			
Hoheslied	A. Robert 1958			
Prediger	R. Pautzel 1958	A. Strobel 1967		
Klageleider	A. Gelin 1959		B. N. Wambacq 1957	H. Schneider 1954

SBBS	Das AT (E. Reuß)	L'Histoire Sainte et la Loi	Holy Bible Commentary	KK
A. Cohen 1957			F. C. Cook 1881	D. C. v. Orelli 1888
A. Cohen 1957	E. Reuß 1892		F. C. Cook 1881	D. C. v. Orelli 1887
A. Cohen 1957			F. C. Cook 1881	D. C. v. Orelli 1887
A. Cohen 1950	E. Reuß 1893	E. Reuß 1879	F. C. Cook 1882	H. Keßler 1899
		E. Reuß 1878	F. C. Cook 1882	S. Oettli/ W. Volck 1889
A. Cohen 1952		E. Reuß 1878	F. C. Cook 1882	F. W. Schulz 1888
A. Cohen 1952	E. Reuß 1894	E. Reuß 1878	F. C. Cook 1872	S. Oettli/ J. Meinhold 1889
A. Cohen 1952	E. Reuß 1893	E. Reuß 1879	F. C. Cook 1882	S. Oettli/ W. Volck 1889
A. Cohen 1952		E. Reuß 1878	F. C. Cook 1882	S. Oettli W. Volck 1889
A. Cohen 1952	E. Reuß 1893	E. Reuß 1879	F. C. Cook 1880	S. Oettli W. Volck 1889

Biblische Bücher

	ATD	BK	HAT	HK
Ester	H. Ringgren 1958 (1981³)	G. Gerleman 1973 (1982²)	M. Haller 1940 E. Würthwein 1969²	C. Siegfried 1901
Daniel	N. W. Porteous 1962 (1985⁴)		A. Bentzen 1937 (1952²)	G. Behrmann 1894
Esra	K. Galling 1954 (1958)		W. Rudolph 1949	C. Siegfried 1901
Nehemia	K. Galling 1954 (1958)		W. Rudolph 1949	C. Siegfried 1901
1 Chronik	K. Galling 1954 (1958)		W. Rudolph 1955	R. Kittel 1902
2 Chronik	K. Galling 1954 (1958)		W. Rudolph 1955	R. Kittel 1902

	BAT	ICC	OTL	CBC
Ester		L. B. Paton 1908		
Daniel	W. Kessler 1950 (1973⁴)	J. A. Montgomery 1927 (1964³)		
Esra	W. Kessler 1971 (1985²)	L. W. Batten 1913 (1949)		R. Coggins 1976
Nehemia	W. Kessler 1971 (1985²)	L. W. Batten 1913 (1949)		R. Coggins 1976
1 Chronik		E. L. Curtis- A. A. Madsen 1910 (1952)		R. Coggins 1976
2 Chronik		E. L. Curtis- A. A. Madsen 1910 (1952)		R. Coggins 1976

HSch AT	KAT	KHC	SAT	ZB
J. Schildenberger 1941	H. Bardtke 1963	G. Wildeboer 1898	M. Haller 1924	A. Meinhold 1983
J. Goettsberger 1928	O. Plöger 1965	K. Marti 1901	M. Haller 1914	J. C. H. Lebram 1984
H. Schneider 1959[4]	A. H. J. Gunneweg 1985	A. Bertholet 1902	M. Haller 1914	
H. Schneider 1959[4]		A. Bertholet 1902	M. Haller 1914	
J. Goettsberger 1939	J. W. Rothstein/ l J. Hänel 1927	J. Benzinger 1901	M. Haller 1914	
J. Goettsberger 1939		J. Benzinger 1901	M. Haller 1914	

NCB	NIC	AB	CAT	IB
		C. A. Moore 1971		
		L. F. Hartman/ D. Lello 1978	A. Lacocque 1976	
		J. M. Myers 1965	F. Michaeli 1967	
		J. M. Myers 1965	F. Michaeli 1967	
		J. M. Myers 1965	F. Michaeli 1967	
		J. M. Myers 1965	F. Michaeli 1967	

Biblische Bücher

	LBC Layman's BC	NEB	EB	KeH
Ester		W. Dommershausen 1980		
Daniel				
Esra				
Nehemia				
1. Chronik	I. D. Lewis 1980			
2. Chronik	J. H. Taylor 1981			

	SB	WB	BOT	Die hl. Schrift für das Leben erklärt
Ester	A. Barucq 1959			H. Bückers 1953
Daniel	P. J. de Menasce 1958		A. v. d. Born/ J. T. Nelis 1954	H. Schneider 1954
Esra	A. Gelin 1960		J. de Fraine 1961	H. Bückers 1953
Nehemia	A. Gelin 1960		J. de Fraine 1961	H. Bückers 1953
1. Chronik	H. Cazelles 1961		A. v. d. Born 1960	H. Bückers 1952
2. Chronik	H. Cazelles 1961		A. v. d. Born 1960	H. Bückers 1952

EK	CB	EH	POT	BC
			J.A.Loader 1980	
M.Delcor 1971				
	L.H.Brockington 1969			
	L.H.Brockington 1969			

SBBS	Das AT (E.Reuß)	L'Histoire Sainte et la Loi	Holy Bible Commentary	KK
A.Cohen 1952	E.Reuß 1894	E.Reuß 1878	F.C.Cook 1873	S.Oettli/ J.Meinhold 1889
I.W.Slotki 1951	E.Reuß 1894	E.Reuß 1898	F.C.Cook 1881	
I.W.Slotki 1951	E.Reuß 1893	E.Reuß 1878	F.C.Cook 1873	S.Oettli/ J.Meinhold 1889
I.W.Slotki 1951	E.Reuß 1893	E.Reuß 1878	F.C.Cook 1873	S.Oettli/ J.Meinhold 1889
I.W.Slotki 1952	E.Reuß 1893	E.Reuß 1878	F.C.Cook 1873	S.Oettli/ J.Meinhold 1889
I.W.Slotki 1952	E.Reuß 1893	E.Reuß 1878	F.C.Cook 1873	S.Oettli/ J.Meinhold 1889

Abkürzungsverzeichnis

AB	The Anchor Bible, Garden City, N.Y.
ATD	Das Alte Testament Deutsch, Göttingen
BAT	Die Botschaft des Alten Testaments, Stuttgart
BC	Biblischer Kommentar über das AT, Leipzig
BK	Biblischer Kommentar, AT, Neukirchen-Vluyn
BOT	De Boeken von het Oude Testament, Roermond
CAT	Commentaire de l'Ancien Testament, Neuchâtel
CB	The Century Bible, London und Edinburgh
CBC	The Cambridge Bible Commentary on the New English Bible, Cambridge
EB	Echter Bibel, Würzburg
EH	Exegetisches Handbuch zum AT, Münster
EK	Einzelkommentar
HAT	Handbuch zum AT, Tübingen
HK	Handkommentar zum AT, Göttingen
HSch At	Die Heilige Schrift des AT (Kautzsch), Tübingen 1922/23[4]
IB	The Interpreter's Bible, New York und Nashville (Tenn.)
ICC	The International Critical Commentary, Edinburgh
KAT	Kommentar zum AT, Leipzig
	Kommentar zum AT, Gütersloh
KeH	Kurzgefaßtes exegetisches Handbuch zum AT, Leipzig
KHC	Kurzer Hand-Commentar zum AT, Freiburg, Leipzig und Tübingen
KK	Kurzgefaßter Kommentar zu den Heiligen Schriften Alten und Neuen Testaments, München
LBC	Layman's Bible Commentary, Richmond
NCB	New Century Bible, London
NEB	Die Neue Echter Bibel, Würzburg
NIC	The New International Commentary on the Old Testament, Michigan
OTL	Old Testament Library, Philadelphia
POT	De Prediking van het Oude Testament, Nijkerk
SAT	Die Schriften des AT, Göttingen
SB	La Sainte Bible, Paris
SBBS	The Soncino books of the Bible, London und Bournemouth
WB	Die Welt der Bibel, Düsseldorf
ZB	Zürcher Bibelkommentare, Zürich und Stuttgart